万泉河水清又纯

吴越海　著

海南出版社
·海口·

图书在版编目（CIP）数据

万泉河水清又纯 / 吴越海著. -- 海口 : 海南出版社，2024. 9. -- ISBN 978-7-5730-1698-0

Ⅰ. I247.5

中国国家版本馆CIP数据核字第2024C24U76号

万泉河水清又纯

WANQUAN HESHUI QING YOU CHUN

作　　者：吴越海

责任编辑：蒙水连

封面设计：颜晓彦

内文排版：卢雅彬

海南出版社　出版发行

地　　址：海口市金盘开发区建设三横路2号

邮　　编：570216

电　　话：0898-68567076

印刷装订：海南永发印刷股份有限公司

开　　本：787 mm × 1 092 mm　1/16

印　　张：37

字　　数：450千字

版　　次：2024年9月第1版

印　　次：2024年9月第1次印刷

书　　号：ISBN 978-7-5730-1698-0

定　　价：88.00元

如发现印装质量问题，影响阅读，请与海南出版社联系调换。

序

大音希声

晓剑

吴越海与我素昧平生，当他把厚厚6大本文稿交到我的手中时，我才第一次见到这个很质朴的中年男人。

他真诚地请我为他即将出版的长篇小说《万泉河水清又纯》作序。

以我个人的意愿，我既不求人为自己的文学作品作序，也没有为别人作序的冲动，唯一一次主动请缨，是看了广东作家郭东的长篇小说《中国知青部落》后，压抑不住激情，花了一个晚上的时间，为他写了一篇3000字的序。

终究知青岁月打下的烙印太深，情结太重，要表达的心绪太多，感慨太浓。

自我徒有点小虚名以后，已经婉言谢绝了几十个找我作序的作者。

不过，我还有一个原则，假如作者是海南籍的，假如作品的内容是描写海南生活的、知青生活的及农垦生活的，假如作者还觉得我是块写序的料而找上门来，那我一定义不容辞。为此，也接受了几十桩写序的差事。

这是生活经历给我的理由，人生50多载，在唐山、在天津、在北京、在云南都留下了生活的印记，但无非是几年或十几年而已，唯有在海南，从1988年至今，已经不算浑浑噩噩地度过了30多个春秋。

毫无疑义，我的后半生都将抛洒在海南！

于是，海南作者创作出刻画海南人和事的文学作品，我当然先睹为快，也理所当然为之讴歌和赞颂，这其实是在为自己人生涂抹亮色，以使当代移民能够更好地浸润在海南文化的怀抱中，并将外来文化与之在碰撞中融合。

而农垦于我就是知青！

或者说知青于我也是农垦！

上个世纪60年代，我离开北京，插队落户的地方是云南农垦，具体称呼是：云南农垦总局红河分局河口农场槟榔寨分场八队。整整6年，青春和汗水流淌在红土地上，亚热带雨林在几代人的共同努力下，悲哀地消失。因而，对农垦爱恨交加的感情是无法割舍的，印记是耿耿于怀的。

吴越海先生刚好吻合我为他人写序的原则：海南作家、海南农垦、海南的人和事。

还有一个我不能拒绝的缘由：他是东太农场的！

那是一片让我记忆很深的亚热带雨林，在上个世纪90年代初期，我作为总撰稿，陪同中央电视台记者为农垦拍摄专题片《海南不会忘记》，来到了位于万泉河上游的这个海南农垦人的家园，植物的繁茂多样，河水的清澈平缓，人们的热情质朴，环境的宁静安谧，历历在目，与都市形成强烈反差。

长期生活在这里的农垦干部，写出来的长篇小说一定很有味道。

40多万字的稿件，阅读起来有些辛苦，但并不枯燥。

这是一部正面勾勒海南农垦改革轮廓的文学作品，按作者自己的概括：是以写实的手法，艺术地再现了海南农垦由计划经济到市场经济这一转型期，农垦橡胶人从迷茫恐惧、困惑无奈到坦然应对这一变化历程；再现了上个世纪90年代中后期海南农垦陷入困难时期农场橡胶人的生存状态和为橡胶、为生存而拼搏的悲壮故事；全面展示并深刻剖析了这一时期海南农垦国有企业改革的全过程。

作者在作品中没有回避尖锐矛盾，一针见血地触及矛盾产生的根源，毫不留情地揭示出改革的艰难和阵痛，撕心裂肺地呼唤有远见卓识的改革勇士，饱含真诚地告诉读者其中的酸甜苦辣。

不知道作品里面的风风雨雨是否侵袭过作者，也不知道作者的影子是否在作品里时隐时现，更不知道作者是否亲历了作品里面一桩桩惊心动魄的事件，但可以肯定的是，作者的感情色彩极浓，他把对时代的、社会的、人生的、农垦的认知一股脑地表达出来，近乎杜鹃啼血，有些肝脑涂地。

也许，因着哲学基础打下得不够扎实，因着整体环境把握得不够全面，因着未来诉求提出得不够科学，因着文学技巧运用得不够熟练，所以小说纵观下来还远谈不上深刻，但绝对真实，绝对是海南农垦基层的现实写照。

比如故事的开篇，从原场长赵为民在三叶农场鼎盛时期经历的由市场经济引发的大起大落风波，到新领导韩劲松大刀阔斧、壮士断腕的改革做法导致的更大风波，其覆盖和影响都不亚于一场强热带气旋登陆。

轰轰烈烈掀开新的篇章，壮志未酬誓不休，然而，八方反对，四面楚歌，支持与抵制同在，坚信和怀疑共存，这就是农垦改革和改革者面对的境况，既是小说中的个案，也是带有共性的中国式难题。

因而，我愿意把此篇作品看成是写实主义风格的，这刚好吻合了目前写实主义在中国文学界回归的浪潮，也许作者并没有意识自己与文学大环境的这种巧合，但经历了所谓先锋派、现代派、后现代派、网络形式的风靡之后，众多的中国作家终于本能地感觉到写实的力量无可比拟！

无论从主流意识形态的要求和文化市场化的规律，写实主义文学作品都还有着强大的生命力，曾经以及当下走红的《活着》《许三多卖血记》《驻京办主任》《羊的门》《国画》《红袖》《亮剑》《历史的天空》等，都可以列入写实文学的范畴。

而写实文学，无论从形式到内容，都属于传统写法。

《万泉河水清又纯》的作者执着地使用传统写法，当然是一种个人艺术风格的追求，但也说明中国文人传统的责任感和使命感在驱使着他的创作。

不改革，毋宁死！

这一定是作者写作的原动力和出发点，他关注的是整个农垦人的生死命运，在刻画的芸芸众生中发现的是大历史。尽管他没有体现出宏大叙事的能力，也没有完成农垦人真正的预期，但无疑，他已经说出了大部分海南农垦人心底的声音。

这就是这部长篇小说的可贵之处，价值所在！

至于对人物的分析，情节的诠释，细节的论述，对话的褒贬，非我所长，还是留给读者见仁见智吧。

熟悉海南的人都知道，海南三分天下农垦有其一，但认真探寻，描写农垦题材的文学作品并不多，尤其是大部头的长篇小说或报告文学几乎罕见，这与其庞大的群体不符，与其波澜壮阔的历史发展更不符。从解放军转业官兵扎根琼岛到号称广东知青落户天涯，有多少催人泪下、可歌可泣的人和事值得以文学的形式传颂啊！

但是，一些农垦的文学爱好者，只是把目光投向椰子树、沙滩、茅草房、水牛、蓝天、白云乃至小草、鲜花，写出一些千篇一律的小散文，抒发一点虚假的小资情调。而那些化剑为犁、放火烧荒、橡胶北移、阶级斗争、人定胜天、上山下乡、十年浩劫、拨乱反正、改革开放直至资源重组、改造上市等却被忽视，甚至忘记，没有与之相匹配的鸿篇巨制问世。

这应该是海南农垦人的悲哀。

我希望，《万泉河水清又纯》的出版，能够像里面描写的要彻底改变农垦现状一样，振聋发聩地改变农垦文学作者的写作初衷，体现宽大胸怀，探索社会问题，关注曲折人生，剖析农垦具象，提升文学境界，把握历史命脉，瞄准大作家、大作品的方向努力。

客观地评价，《万泉河水清又纯》的文字颇为质朴，描写也平实，人物不矫揉造作，情节不胡编乱造，最重要的是，作者在其中实现了自己的理想。

胶林虽无声，灵魂在震撼，因而，大音希声。

（晓剑，中国作家协会会员，
海南省作家协会原副主席，著名作家）

目录
CONTENTS

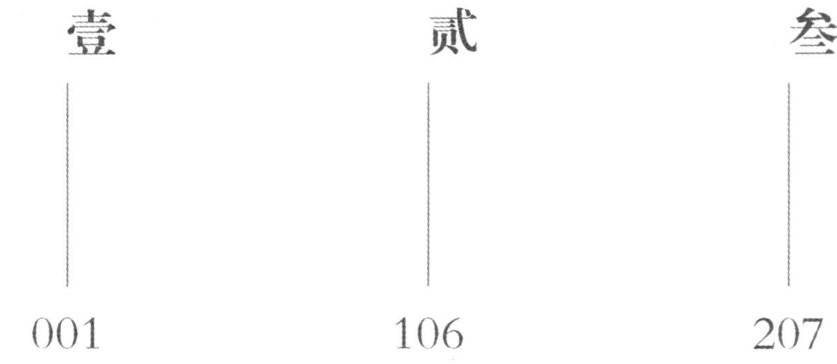

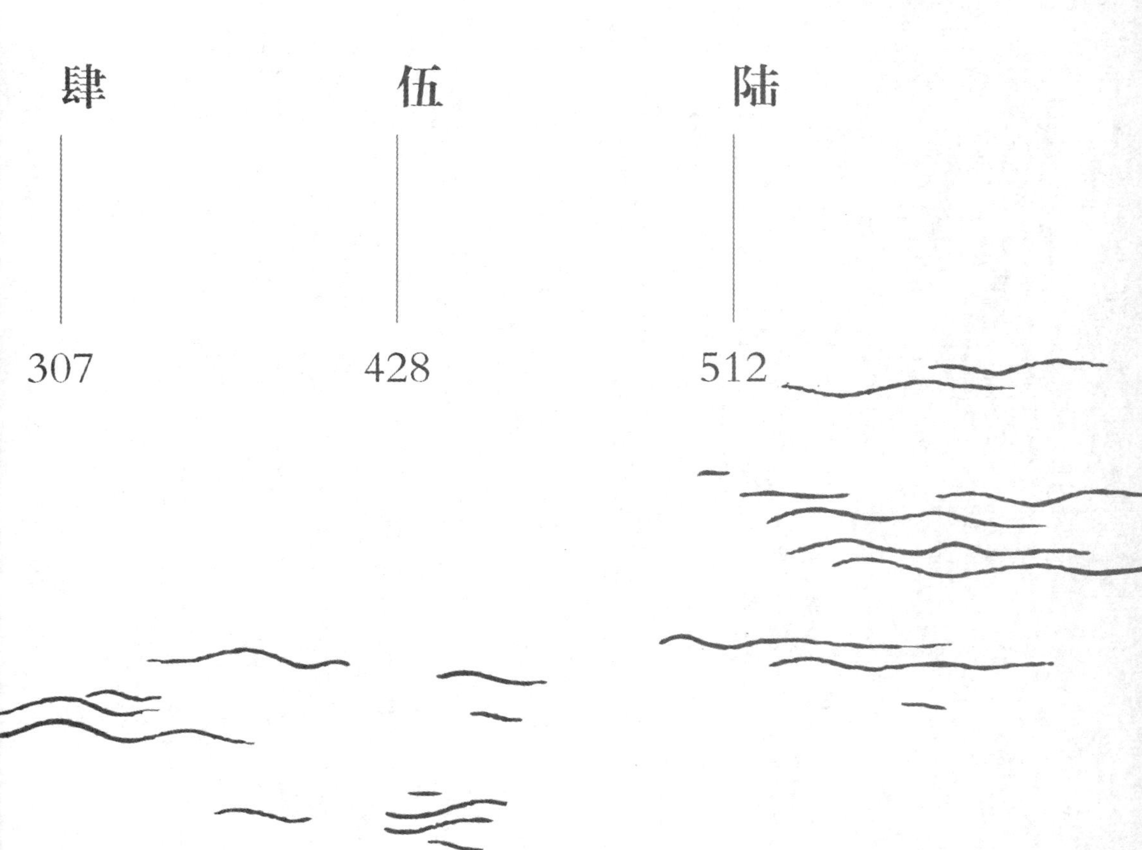

壹

一

早春二月，北方的天空，凛冽还在徘徊；广袤的土地，万物始在复苏；而在南方，美丽的海南岛已是春风和煦绿满琼州了。被誉为海南母亲河的万泉河，更是水岸一色，绿意醉人。清风吹拂，碧浪携绿野翻滚起伏，连绵不绝；一河两岸，绿水青山，生机勃勃，景象万千。

从海南东部名城嘉积镇沿万泉河溯流而上，掠过椰子寨，穿过石壁滩，进入合口嘴就到了万泉河上游流域。这里灌木稠密，乔木参天，山野莽莽；这里群山起伏，层峦叠嶂，峰回水转。这里的万泉河，从烟霭缭绕的山谷中，从遮天蔽日的丛林中蜿蜒而出，露出了最初的真容。她犹如纯美的少女，含情脉脉，又带着几分羞涩楚楚动人，惹人怜爱；她碧波轻漾，清纯的水体犹如少女舞动的身段，柔美无比。从空中俯瞰，这里山水相依，缠缠绵绵；这里山颜水色，浑然一体，宛若人间仙境。

20世纪50年代初期，一支神秘的小分队，背负着国家特殊使命从石壁北岸渡过万泉河，在南岸河边茂密的丛林下就地取材，搭建了几排茅房安营扎寨住下来。此后，一批又一批怀揣同样使命的人从四面八方源源不断会聚到这里，展开了一场异常艰苦却关乎国家尊严和国防工业建设的垦荒大会战。十年后，这里悄然诞生了一个震惊中外的奇迹——这群隐匿在热带丛林中的拓荒者，以血肉之躯，用锄头、砍刀、手锯等古老的垦荒工具在这片蛮荒之地开荒挖穴，成功种植了四千公顷橡胶树。这种能生产战略物资的橡胶树很快遍布全岛，打破了地球北纬17度以北不能种植橡胶的国际权威论断，实现了“橡胶作为重要战略物资必须争取自给”的国家战略目标。

40年后，坚守在这里的农垦拓荒人和他们的后代在美丽的万泉河畔建起了一座美丽的小城——三叶农场。几十年来，三叶人为守护好这一方橡胶林，一直湮没在茫茫的崇山峻岭中。他们在这里生产生活，繁衍生息，外界鲜为人知；而橡胶林下发生的故事，更是无人知晓；只有那源源流淌着的万泉河默默地见证了这里发生的一切。

本文讲述的是20世纪90年代中后期发生在这里的故事。

公元1996年2月初。这一年冬季，三叶农场6万亩橡胶树落叶异常齐整，漫山遍野的橡胶林褪去了绿装，露出光秃秃的树枝。在海南绿意盎然的二月天里，这里竟成了一个独有的景致。然而，三叶人都知道，落叶是橡胶树生长的自然规律，用不了多久，光秃秃的橡胶树又会长满惹人喜爱的新绿。

橡胶落叶前，胶树已停割。辛苦了一年的农场职工，在离春节还有十余天的日子里，开始休养生息，享受生活。很多人早早就踩着单车，开着“狗仔”，搭乘三脚猫，从分散在各个山旮旯里的连队走出来，不约而同地会集到场部，涌入农贸市场。这条狭长的南北走向的商业街区很快就热闹了起来，沸腾了起来。这热闹这沸腾，从南边公路街头一直延伸到北端三角街尾。那车身人影，你拥我堵，混杂交错，挤爆了一条长街。

赶早出来的职工有买东西的，有卖东西的，也有什么都不干，只想在热闹的街上走走逛逛的。遇见熟人，就邀约一块走进茶店，几个人围坐一桌，歪靠在椅背上，抽根烟，聊聊天；再喝杯热茶，咬根油条，嚼个煎堆，吃个薏粑……这一天就很满足了。

逛街趁圩，买卖东西，喝茶说古，农场职工要在胶树停割又临近春节的这段时间，以这样简单随意的方式，好好放松一下紧绷僵硬的筋骨，感受一下人世间生活的乐趣，化解掉一年来的辛苦劳累，为来年的割胶生产养精蓄锐。

这天上午，三叶农贸市场的人流里，出现了一个身材偏瘦却生得眉清目秀的青年仔。他骑着一辆红色狗仔车在密集的人群中闪闪躲躲、歪歪扭扭由南向北穿行。这狗仔车穿过闹市中心，开到三角街区三叶书店门前时，冷不防撞着了一个二十出头的妹子，她一个趔趄跌坐在地，手里托着的一摞书散落一地。青年仔紧急刹车，两脚点地，不知所措。

被撞的妹子坐在地上蒙了一会才回过神。这地方正是泥土路和青石路的交界处，那妹子跌坐泥路这边，感觉没什么疼痛就撑起身，蹲着一言不发地捡拾地上的书。她收拾完书抱在怀里才站起来，一把撩开遮住了半边脸的长发，厉声说："喂，你开的什么车？把我的书全撞到地上了！"

青年仔扑哧一声笑出来。

"你还敢笑我！"女孩子愤怒了，一双丹凤眼射出硌人的光。

青年仔立刻止住笑。他不敢看她那咄咄逼人的大眼，低声说："我不是故意撞的，真不是故意的。我、我自己也不知道怎么就撞到你了……”

那大眼妹子看开车撞她的是一位俊朗斯文的小伙，心中的怒气瞬间消了一截，说话的声调也降了下来：“我不管你怎么撞到我的，你——你要向我道歉！”

突然，青石路那头的场部机关大楼响起了噼噼啪啪的鞭炮声。

“坏了！放炮了！开会了，我要迟到了！”小伙子慌乱说着扭转油门，狗仔车呼地冲过去。慌张中车头把柄又擦碰一下这妹子的手臂，她被车的惯力一带，手中的书又散落了一地。

“哎，哎，你——你回来！”再次被撞的大眼妹子连连跺脚，“哎，哎——你这个倒神仔！”

看他远去了，没了人影，大眼妹子只好回身弯腰重新捡起书，拨开围观的人圈，朝着向西分岔的土路走了。

这骑狗仔车撞人赶路的青年仔是三叶农场宣传科干事王秀文。他今天上午有报道任务，大清早就从十八队的父母家里赶来场部，参加农场一年一次的职工代表大会。

炮声响过，国歌奏起，三叶农场第十四届职工代表大会在全场最高大的建筑——场部机关大楼四楼的大会堂里隆重召开。大会堂主席台上方横额高挂，十面红旗分插两边；台下300多名职工代表个个精神饱满，气色俱佳。

国营三叶农场场长兼党委副书记赵为民身着正装，端坐在主席台前排中央。刚过知天命之年的赵为民身体魁梧，面泛红光，气质不凡，看上去像四十出头的中年人。

赵为民开始念工作报告。他中气很足，念报告的声音十分洪亮：“同志们，去年我场在总局党委的正确领导下，在全场干部职工的共同努力下，经济建设和各项工作取得了令人鼓舞的成就！经济效益显著提高。1995年，我场工农业总产值1.49亿元，比上年增加3878万元，增长35.2%；经营利润1909万元，比上年增加1419.8万元，增长142%；职工收入大幅度提高，生活有了较大的改善。”

“橡胶生产跨上新台阶。1995年完成干胶5110吨，比去年增加2063吨，增长67.59%；单株产量3.9公斤，比去年提高0.2公斤；橡胶中小苗平均增粗5公分，完成总局下达的计划指标。

“第三产业有了新的发展。1995年我场投资168万元，建成了占地面积9.5亩、建筑面积为4870平方米的新型农贸市场；投资195万元，开通了200门程控电话；投资2000万元，在万泉河上游建成了山猪岭水电站，不久将并网发电……”

赵为民那充满豪情与喜气的讲话不时被代表们一阵又一阵热烈的掌声打断。

大会场里，宣传科新闻干事黎文乐和王秀文忙而不乱。黎文乐用圆珠笔在笔记本上沙沙快速地记下这振奋人心的场面；王秀文端着照相机，从不同角度不停地按下快门，摄下代表们发自内心的喜悦兴奋的表情——代表们用鼓掌这种简单而直接的方式痛快淋漓地宣泄自己的感情，这样的场面王秀文还是第一次见。

赵为民念的报告能引起如此热烈的反响，不单是他声音洪亮好听，也不单因为他是三叶农场行政一把手，更是报告中列举的每一组数据和每一项成绩，都是实实在在的，不含水分的。在过去的1995年，三叶农场主业干胶产量一举突破5000吨，胶工收入月月攀升，很多家庭成了万元户，他们的辛苦劳作终于换来了幸福生活。这一切，怎能不让在深山丛林里苦干苦挨了几十年的三叶人心潮澎湃和无比喜悦呢！赵场长的报告，把他们心里想要说的话和想要表达的情感，在这样一个隆重的场合集中而准确地表达了出来，又如何不让人兴奋得痛快淋漓呢！

长达一个多小时的工作报告到了结束语。赵为民喝了一大口茶，清清嗓子，提高了声调说：“同志们，我们肩负着跨世纪的重任，我们面临着再创辉煌的光荣，让我们团结一心，振奋精神，鼓足干劲，为实现今年的各项目标、为三叶农场跨世纪腾飞而努力奋斗！”

赵为民念这段话时，完全融入了他内心全部的情感，使尽了他全身的力气，因而发出的声音通过扩音器震撼了整个大会堂。大会堂里沉静了数秒钟之后，猛然爆发出雷鸣般的掌声。他望着一张张熟悉的或不太熟悉的激动而兴奋的面庞，眼眶里涌出了泪花，心里充满了一种从未有过的豪情壮志。

最后一段结束语，也是赵为民内心情感的猛烈喷涌。在开职代会之前，他在海口与农垦总局签订了新一轮场长目标责任书，任期5年，任职到2000年底。他心里清楚，这是他政治生涯中的最后一个5年。他有一个强烈的愿望：就是在三叶农场主政的最后5年里，再创一个新的辉煌，为自己将要结束的仕途画上一个圆满的句号，在三叶农场辉煌的历史上再留下浓重的一笔。

二

万泉河在合口嘴上游河段，冲出了一个巨大的弓形河床。北岸是悬崖峭壁，崖下的水流，时而冲击着垂直硕大的石壁，撞出哗哗的响声；时而贴着光滑的石面，低声轻吟地流淌，仿佛在弹奏一首美妙的钢琴曲。南岸是平缓宽阔的河滩，河滩一半是沙滩，洁白无瑕；一半是沙泥地，草木葱茏。

离南岸不远处，孤兀地横着一座山丘，三叶农场机关大楼坐北朝南耸立于丘顶。据说当初大楼选址时，办公室主任刘金福专门请了一位风水大师来勘查。这位大师拿着罗盘经过一番实地考察，看上了这座山丘。他认为此山东西走向，北高南低，呈一个倒置的扇形，既能聚纳东南祥瑞之气，亦能躲避西面冲来的煞气。站在山顶上，前能俯瞰整个场部地区，后可眺望万泉河旖旎风光，是一块不可多得的风水宝地。赵为民听了汇报当即拍板在此建了这座三叶农场最高最大的楼。

说来也神奇，这大楼建好后，三叶各项工作顺风顺水，一路蒸蒸日上；特别是主业橡胶产量年年攀升，去年产干胶竟超过5000吨，震动全局。三叶如一匹黑马一跃冲起，从良好企业闯进了优秀企业行列。看来风水这东西，不信还真不行。当然赵为民心里清楚，若没有三叶6000多名干部职工的埋头苦干，单靠风水创造三叶奇迹是绝不可能的，今年的各项工作主要还得靠他们。

开春几个月是橡胶农场最忙碌的时节。胶园冬春管理、橡胶两病防治、新老胶工培训、制订干胶计划、检查林段树位……基层的干部职工每天忙碌在嫩芽新绿俏满枝头的橡胶林里。

而在机关大楼，23个科室部门的140多名机关干部也没闲着，一个个工作计划，一项项工作方案，一份份生产文件在他们手中拟订形成，然后下发到九大作业区和42个生产单位。三叶农场，这个庞大而沉重的国有橡胶企业在一条条指令、一份份文件的指挥牵引下正常有序地运转着。

机关大楼一楼居中的大房间是全楼唯一的大套间。正房是会议室，西室是场长办公室，东室是书记办公室。老书记上个月刚退休，新书记一直没调来，书记办公室就一直空着作为接待室。

此时的会议室里，赵为民正主持召开每月一次的场务例会。5位副场级领导和34位正科级干部全部到齐，他们围坐在一张特大的椭圆形会议桌旁等候赵为民讲话。

赵为民坐在背靠后窗正对大门的位置上主持会议。他扫了一眼会议室，缓缓地说："8点开会，人都到齐了吧。今天开会的主要议题是讨论我场今年搞横向发展的几个项目。过去由于种种客观因素的限制，我们只能求人进来合作，大钱都让人家赚走了。现在形势不同了，我们已经有能力打出去向外发展赚别人的钱了！目前国家提倡搞市场经济，国内形势非常之好，我们就要抓住这个难得的机遇大胆走出去，发展第二、第三产业，培植和壮大我场新的经济增长点，增强我场的经济实力，为三叶实现跨世纪腾飞插上坚实的翅膀。前段时间，我们派人经过考察论证，又经过党委会的研究讨论，决定今年要主动走出去搞他几个项目；具体情况由办公室主任刘金福给大家详细说明，大家再议一议，看看这样做行不行。”

刘金福站起来——他细高精瘦，精神气色很好，那双深陷而又犀利的眼睛显示出了他的精明强干。他用一种沙哑又坚决的口气说：“我场对外发展的第一个项目是投资160万在省城海口市成立东晟实业有限公司。成立这个公司，主要是经营各种汽车零配件，还可以方便我场人员到海口办事住宿。据我们调查了解，海口目前搞汽修和经营汽车零配件的行业最赚钱。第二个项目是投资200万在我市购买地皮搞房地产。据我们调查了解，目前我市正在大规模扩建，房地产业非常火爆，各类地皮非常抢手，搞房地产稳赚不赔。第三个项目是投资150万在我市市郊承包土地种反季节瓜菜。目前海南的反季节瓜菜在大陆非常畅销，行情非常看好，利润丰厚。据我们测算，这三个项目搞得好，当年就可回收70%到80%的成本，第二年就可获利，然后再滚动发展，前景相当美好！我的发言完了。”

刘金福精练的发言赢来一片叫好声。他满脸笑容，刚坐下，对面就传来了一个阴冷的声音：“这些想法好是好，可我总觉得这么搞不怎么实际。”

刘金福没看清是谁说话就敛起笑容反问道：“怎么个不实际法？”

提反对意见的是工会副主席徐克坚。他48岁，是三叶农场颇有争议的一个古怪人。此人年轻时当过割胶辅导员、队长，因能写会说被调入场机关室任干事，又因为办事能力强，很快被提拔为副科长、科长。当了科长后，他不识时务，经常和场领导争辩顶撞，被降到生产科当副科长；他当了副科长后还不老实，又被调入工会任工会副主席坐了冷板凳。徐克坚由于说话常常不会转弯，在机关得了个“四方脑”的绰号。

“去海口开公司做生意，到市里买地皮搞房地产，去市郊区租地种反季节瓜菜，这些想法都不错。可是大家想过没有，我们农场向来是搞农业吃橡胶饭的，除了跟种瓜菜还有点瓜葛外，和另外两个项目都不沾边。诸位，经商做生意是我们的弱项，搞农业才是我们的强项啊！”

徐克坚板着刀子脸，翘着嘴角，斜眯着左眼继续说：“我们与其拿着大笔的钱舍近求远去外头开发二、三产业，还不如用这笔钱在我们的土地上搞农业开发，调整产业结构，改变我场产业结构单一的局面。”

刘金福反驳道：“我们走出去发展二、三产业也是调整产业结构。我们场建场快50年了，发展就像乌龟爬行，变化还不如农村快，这是为什么？就是因为我们胆子太小了，思想太保守了，两眼只盯着地里的那几十块钱、几百块钱的效益怎么能发展呢？老徐，你的这种思想观念在90年代初期就已经落伍了，跟不上形势了。”说完，他用犀利的眼光盯了一眼这个比自己还高瘦但身板结实的“四方脑”——他最讨厌徐克坚的讲话姿态：歪着头，板着脸，翘着嘴角斜眯着眼，伸着一个指头指指点点，一副把人看扁的模样。

徐克坚不理会刘金福，继续说：“我是怕这几百万拿出去打了水漂。我们现在不是还有三四千万银行贷款没还吗？这几百万与其拿去打水漂，还不如拿去银行还贷，减轻一下农场的负担。”

“啪！”刘金福给激怒了，一掌拍在桌上，指着徐克坚大声说：“徐克坚，你算老子！还不还银行贷款还轮不到你来说！”

“吵什么吵！”赵为民突然打断了两人的争吵，“这里是会议室，现在开的是场务会，不是叫你们来吵架的，谁想吵架回家吵去！大家继续讨论。”

会场沉默了一会，工会主席严守纪接着发言：“现在提倡负责经营，借鸡生蛋。企业发展壮大了，偿还贷款的能力自然就增强了。再说，现在哪个农场没有个几千万负债的？很正常嘛。”身子开始发福的严守纪中等个头，头发光亮，衣着整洁，面容祥善，语气平和。

分管计划财务和生产的副场长李智全插了一句话：“这几个项目，投资都不算小，我看还是要慎重一点，派人再实地考察论证一下再考虑实施。”

“我同意李副场长的意见。”班子中唯一的女性——分管文教、医疗卫生的副场长陈惠明接过话茬，“这三个项目投资都是上百万的，先不要急着上马……”

“周副场长，你的意见呢？”赵为民打断了她的话，把脸转向班子中年纪最小、仅有39岁的周自成。这位高大英俊、被认为是下任场长最佳人选的周自成思忖了一下，才不紧不慢地说：“作为一个快有50年历史的国有企业，如果只想到要保持现状，那无异于故步自封、作茧自缚；只有敢于创新，打破陈规旧俗，企业才能把经济效益这个蛋糕做大，也才不会被日益发展的社会所淘汰。当然创新是要冒一定风险的。但大家不要忘记，风险和利润一般情况下是成正比的。我的发言完了。”

“好！说得很好！”赵为民把脸转向坐在自己右侧的党委副书记林诗锦：“林副书记，你还没有谈你的看法呢。”

文质彬彬、科班出身，与周自成同为39岁的林诗锦本来不想表态，但被人点了名只好说："我认为，看准了的，又有九成以上把握的事，就可以去做。俗话说机不可失，时不再来，如果有了机遇我们不去很好地把握，我们就会失去一个发展的好机会——"

"我有两个问题想请教一下诸位。"徐克坚突然插话进来，"首先，我想请问周副场长，刚才你说的风险和利润在一般情况下是成正比的，但如果出现了特殊情况怎么办？第二个问题我想请问一下林副书记，如果我们抓住的机遇是一颗定时炸弹，这样的机遇你还敢紧紧握着，抱在怀里吗？"

"哈哈哈——"会场一下哄笑起来。

"好了好了！不要再钻牛角尖了！"赵为民不耐烦地说，"我看这样吧，大家举手表决，同意搞这三个项目的就举手。"说完自己先举起了左手。参加会议的人一个接一个举起了手，只有徐克坚阴沉着脸一动不动地坐着。

"好，这三个项目只有一人反对，通过。"赵为民放下手，"具体工作我这里讲一下，这三个项目由周副场长、林副书记两个人全面负责实施。海口办公司的事，由商贸公司具体操作；市里买地皮的事由工建科具体操作；在市郊租地种瓜菜的事由农业开发办具体操作。经管科、财务科、生产科、劳工科、审计科、供销科等部门要大力协助配合，共同把这三个项目搞好，力求全胜。"

赵为民布置完后，往真皮制作的柔软舒适的老板椅上一靠，习惯性地用右手轻轻来回地抚摸着宽大油亮的额头。

"大家还有什么要说的吗？"

"场长，有几个客户昨天就来到我场，要预订全年的乳胶，你看怎么办？"供销科科长谢伟发言。谢伟四十出头，身材笔挺，穿着西装，头发油亮，在会场里很显眼。

"哪几个客户？他们要多少？价格怎么样？"

“都是去年的老客户。一个是广东茂名的李老板，要150吨；一个是浙江的温老板，要300吨；一个是上海的吴老板，要500吨。他们说按现在的市场价每吨13500元现金交易，我们怎么回复？另外，今天早上又有几个客户打电话来要预订我们的标胶——”

“很好嘛！这说明今年的橡胶市场行情又要看涨。谢科长你跟他们再谈谈，如果价格再高一点就卖给他们。

“好的，好的。”谢伟连连点头。

赵为民兴奋地说：“胶价这么好，大家对今年的橡胶生产有什么好的意见？”

生产科科长孙志远、经管科科长江浩成、组织科科长方珏、宣传科科长苏俊才、财务科科长朱晋良、劳工科科长程祖荣等人先后发言，谈了自己的看法。

赵为民仰后往柔软舒适的老板椅上一靠，用右手轻轻来回地抚摸着宽大油亮的额头，说：“大家都听到了吧，现在还没有开割，客户就已经上门来预定乳胶标胶了，很振奋人心啊！在座的各位除了我和朱科长过52岁外，你们都比我年轻，周副场长今年才39岁，林副书记今年也还不满40岁，你们都是年富力强的人啊，正是做工作干事业的最佳年龄，前途无量啊！大家要努把力，共同把橡胶生产抓好。1995年我们干胶生产突破了5000吨，打了一个漂亮的翻身仗，今年我们要拿下5500吨，力争突破6000吨大关，挤进全局前三名！”

会议室响起了热烈的掌声。场务会在一片热烈欢快的氛围中结束。

众人散去，赵为民刚进到办公室，刘金福和朱晋良就跟着走了进来。

“你们两个还有什么事？”赵为民走进办公桌，靠坐在老板椅上问。

刘金福抢先说：“场长，山猪岭水电站收尾工程已经结束，两台机组正在调试，预计下个月就可以举行开机剪彩仪式。”

“好！很好嘛！”赵为民连声说好。

刘金福继续说：“在万泉河上建水电站，对三叶来说是件史无前例的大事，我们应该要好好地庆祝一下。”

“这是为三叶的职工群众办的一件大好事，是要好好地庆祝一下的。”赵为民连连点头。

“我想，摆酒席这类东西就不要搞了，就给全场每个干部职工发一份纪念品，场长您看怎么样？”

“发纪念品，这个主意好！”赵为民点点头。

“场长，水电站剪彩就剪彩，纪念品我看就不要发了。”朱晋良插话说，“我们账面上虽有700多万，除去搞项目的钱，能动的只有200多万，刚好够三、四月份的工资和费用。按往年情况，我们五月份才能正常割胶拿胶水，就这样四、五月份还要断一个半月的粮，资金缺口约有250万。”朱晋良不到50岁就戴上了老花眼镜。他衣着朴素，是三叶中层领导干部中穿着最不讲究的一位科长。

“250万算什么嘛？你去跟农行打声招呼，贷他300万，不行就贷500万。银行现在的态度怎么样？”

“现在各家银行都争着给我们贷款，这个问题不大。只是——场长，我们现在每年要付给银行的利息就高达400多万，这一块要考虑……”

“老朱，这个不用你担心。刚才你也听谢科长汇报了，现在橡胶市场行情看涨，等五六月份胶水一出来，我新账旧账一起还，你就不用担心这个了。”赵为民摆摆手，“老朱，你还有什么事？”

朱晋良摇摇头，转身走了出去。

赵为民扭头对刘金福说：“刘主任，你要买什么纪念品？”

“这个我也想过了，职工每人发一个茶杯，大概10块钱一个；一般干部每人发一个携带式的磁化杯，每个价值约80元；科级干部，每人发一台小型磁化净水器，大约300元一台；场级干部每人发一台中型的磁化净水器，大约2000元一台。现在这种磁化净水器、磁化杯很时髦。据说喝了磁化了的水能强身健体，益寿延年呢。”

赵为民皱着眉头想了一会儿说：“买这些东西要花多少钱？”

“不多不多，我算过了，大约需要四五十万元。供货方我也已经找到谈妥了——就是经常来跟我们买胶的宏达公司。宏达公司老板何德煌先生是咱们的老朋友，我记得有几次我们资金周转困难的时候，都是何老板借钱给我们渡过难关的。”

赵为民心里掠过一丝不快：这个家伙又来先斩后奏，胆子是越来越大了。

赵为民习惯地摸了摸额头，不动声色地说：“何老板是借过几次钱给我们，可利息也不低啊！好吧，就照你说的办。这事就由你们办公室全权负责操办，不过以后类似这样的事情要先跟我打声招呼。”

刘金福连连点头称是，退出了场长办公室。

三

机关办公大楼西侧是狭长的半岛形地块，犹如一艘大船迎头挡住了直流而下的万泉河。从空中俯瞰，万泉河在此朝北转向，转出一个大河湾后才向东直流而下，形成数百米长的开阔河面，十分壮观。半岛尽头建有招待所，走上二楼打开后窗，万泉河尽入眼帘。流经这里的万泉河河段，犹如体态丰腴的少妇，热烈奔放，风情万种。

一条用青石块铺设的大道从招待所这里通往外面，与大楼前面的同样用青石块铺成的广场衔接。由广场向东延伸出去的青石路直通科长楼、加工厂、三叶中学、生产科研楼、三叶医院；在医院地界接入土路继续向东可通往红旗区、红星区、红岭区和前进区。从广场向南延伸出来的青石路直通市场三角街区，在此接入土路向南穿过农贸市场可通往坡塘区和沙洲区；从三角街区向西可通往双峰岭区、大罗岭区和山猪岭区。经过40多年的经营，三叶农场依靠自己的力量，在管理的15万亩的地域内建起了四通八达的山地林间公路网络。满载胶水的大卡车可以在公路网络上任意通行，到达所有的生产单位。

从机关大楼西侧到招待所一线的青石道两侧，沿路东西走向建起了规格统一的两层楼，上下楼为一套房；青石道北侧建有9幢楼，它们呈三纵三行排列，非常齐整，里面住的全是机关干部和家属。第三行紧挨万泉河边，靠东的一幢楼共有7套房，是专门给场级领导住的，中间的一套就是场长赵为民的住房。

这套房的会客厅里，每天从早到晚挤满了各种各样的客人。来的人有汇报工作的，有求办事的，也有来唱卡拉OK的，更多的是来和场长闲聊的。赵为民这段时间事事皆顺，心情特别好，谁来都欢迎，和谁聊兴致都很高，主客都谈得很尽兴。

这天上班号还没响，小客厅就来了三位预约前来的常客——李智全、孙志远和江浩成。为了躲开上班后来的不速之客，赵为民交代了几句就带着他们坐上三菱越野车匆忙下了队。明天是全场橡胶开割动第一刀的日子，赵为民要亲自检查九大作业区42个生产队开割前的准备情况。

他们从东线开始，听汇报，看林段，一个队一个队过关。经过的连队，干部职工干活的劲头空前高涨，胶架、胶杯、鸭舌已经全部安放完毕，只等场里一声令下就动刀要胶水。从面上看，赵为民对各队开割的准备情况还是比较满意的。

检查完东线红旗区、红星区12个队后已临近中午，赵为民仍兴致勃勃，意犹未尽。他叫司机小马开车掉头驶往西线直接去山猪岭区二十九队。

二十九队是进入山猪岭山区的门户，是西线最大的生产队，单是胶工就有120多人，年产干胶去年突破200吨，是农场排名第三的产胶大户。

队长兼支部书记杨明亮今年35岁，是农场第二代胶工队伍中脱颖而出的基层干部。赵为民对杨明亮的工作一向很满意，去年还点明要他队长、书记一肩挑。这是场领导对一个基层主管最大的信任和重用。

在二十九队队部里，中等个头、身板结实、浑身透着虎气的杨明亮不带任何材料，向赵为民一行人一口气汇报完了队里的基本情况，可结束语却给赵为民泼了一盆冷水——

“场长，我们二十九队请求推迟一个星期再动刀拿胶水。”

明天全场就要动第一刀了，杨明亮却要二十九队推迟一个星期才动刀，赵为民立刻皱起了眉头，问：“为什么推迟？”

“这几天我都在林段里转，一个树位一个树位认真查看，大部分林段还有30%到40%的树叶没有完全老化，有的甚至还在古铜期，不能开割呀！”

“二十九队怎么会出现这种情况？”赵为民拧起两道浓眉。

“今年树叶落得早，很多林段一月底就冒了芽，刚出新芽又遇到强冷空气，大山里头更冷，早出的叶子又全部脱落了。现在树叶抽的都是第二次芽，很多没有老化。我了解了一下，这种情况各队都有，特别是山区单位更为严重。树叶没有老化就动刀，会影响今年的产量，还会损伤胶树。”

赵为民今天的好心情被杨明亮这番话一下就搅没了。他不理会跟前的杨明亮，问旁边的孙志远：“孙科长，你是管生产的，你有什么看法？”

孙志远有一米八二的个头，比场长略高一点。他低下脖子说：“我个人认为，情况没有像杨队长说的那么严重，明天是可以动刀的。”

赵为民本想说具体情况具体处理，叶片老化的先割，但出口的却是另一句话：“李副场长，你是农场的智多星，你有什么看法？”

李智全不假思索地说：“动刀时间可以不变，但有些特殊情况我们可以特殊处理。像二十九队这种情况，树叶老化的先割，没有老化可以推迟几天再割，这样既不影响割胶生产，也不违反技术规程，做到两不误。”

不知从何时起，赵为民就有了一个习惯：他心里想说而没有说出口的东西，若是让别人先说出来了，即使是真理他也绝对不会同意或照搬的。

他沉吟了一下，说：“杨队长，你就按照场里的布置去做，明天按时动第一刀，树叶还没稳定的，可以浅割。”赵为民声音平缓却很坚决，“如果二十九队明天动不了第一刀，我就追究你杨明亮的责任。你现在就开广播布置下去。”

“场长，二十九队明天割不了第一刀——”杨明亮说，“不信，我们可以再去林段看一看——”

“明天必须动第一刀！”赵为民提高声调，“你现在的任务就是马上给我布置明天动刀的事。迟一天，按农场有关规定处罚。”说完站起身。

“场长，我还有一个问题。”杨明亮也站起身。

“你还有什么事？”赵为民有些不耐烦。

“去年我们三天补两刀的割法强度太大，今年是不是调整一下？”

“这个用不着你操心，农场怎么安排你就怎么割。”一股无名火直蹿上赵为民心窝。

“我队有很多‘600号’树出现了死皮树和半死皮树现象，我们认为这是割胶强度过大造成的，再这样割下去，胶树死皮率还会提高。”

“放屁!”赵为民拍桌而起。他真想把这个口出狂言的小队长狠狠痛斥一顿，想立即撤他的职叫他当胶工去。但他很快按捺下了胸中的火气，恢复了常态：“杨队长，关于‘600号’树死皮增多的情况，我们已经注意到了，今年的割法，农场会看情况调整的。你现在的任务就是马上给我布置明天动刀的事。迟一天，按农场有关规定处罚。”

赵为民说完站起身，带头走出队部，坐上小车。小马问：“场长，还要去哪个队?”

“不去了。”赵为民挥挥手，“打道回府。”

小车掉转车头向山外驶去。车上谁也没说话，空气显得有些压抑。

赵为民想起刚才杨明亮顶撞的话，一股无名火又蹿了上来。一个小小的队长竟敢当众顶撞场长，这还了得！看来这些不好好听话的人要考虑换位置才行了。

按惯例，新一轮场长任期开年，场党委都要对科级及以下干部进行全面考核，然后根据他们的德、能、绩、勤等综合考核情况，由场长重新聘任。二十九队是个年干胶产量达200吨的大队，队长至关重要。

这个杨明亮要不要换？赵为民心里也很纠结。

杨明亮，这个三叶高中毕业的农场职工子弟，是组织一手培养起来的基层优秀干部。他非常能干，在连队里威信很高。但这个家伙不知感恩，不识好歹，表扬了几句，有了点荣誉就不知道东西南北，不知道天高地厚了！这个杨明亮敢顶他第一次，就敢顶第二次、第三次，这种人必须敲打敲打才行。一下拿掉他会造成连队混乱，先免去他队长的职务，还让他当支书，一来可以叫他协助新队长工作，二来还可以警告警告他今后不要太放肆。赵为民清楚，杨明亮这种人是不会计较个人得失的。

四

组织科科长方珏是赵为民从基层一手培养提拔起来的中层干部。他四十开外，中等偏瘦身材，白净的长方脸显得温文尔雅，刮得发青的两腮给人以精明强干的感觉。他当组织科科长5年来，因办事认真周到和稳重而深得赵为民的赏识。他得知赵为民要调整二十九队班子的意图和人选后，马上组织人考察并向党委推荐了二十九队队长人选。

5月初，农场转入正常割胶，各项工作步入正轨后，场党委公布了新一轮场长任期聘用干部名单。这次聘用，机关变动不大，基层单位作了部分调整，撤换了几个不作为和不听话的生产队主管。杨明亮被免去二十九队队长职务，撤销享受副科级待遇，但保留支部书记职务；聘二十九队副队长韦小宝为队长。

党委会上午讨论作出的决定，杨明亮下午就得知了自己被免去队长的消息，他感到意外和不解。他很不服，脑袋一轰，就骑上那辆破旧的红色“狗仔”加大油门向场部冲去。

二十九队到场部有13公里的橡胶林间道路，杨明亮用了15分钟就赶到了。他气喘吁吁从西侧楼梯冲上三楼。组织科办公室设在三楼西侧第一间，方珏正收拾东西准备下楼，看到杨明亮急匆匆走进来，就说：“明亮，都快下班了，你上来有什么事吗？”

“方科长，我干得好好的，场里为什么要免掉我队长的职？”

方珏沉吟了一会说：“杨明亮同志，人事任免不是我个人决定的，是经过组织考察、党委讨论通过、场长任命的。”

“我没犯错误，去年还评了‘优秀’，为什么免掉我队长的职？我找赵场长去！”杨明亮转身就走。

方珏拦住杨明亮：“明亮，这是党委作出的决定，你找赵场长也改变不了。调整二十九队班子，有领导的考量，不是你有没有犯错误的问题，再说了，如果你真犯了错误，不要说队长，指导员你也当不成。”

杨明亮蒙住了。他痴痴地站着，心里感到很憋屈很难受。

方珏拍拍他的肩膀，说：“明亮啊，你高中毕业18岁就出来割胶，20岁就入了党，是个受党培养教育多年的干部。在这种情况下，胸怀要放开一些，以大局为重，服从组织的安排，不要计较个人的得失，不要闹个人情绪，好好协助新队长做好工作，千万不能站在一边当甩手掌柜，看着二十九队不管不问啊！”

“我知道了——”杨明亮沉默了一阵，带着一肚子委屈，拖着两脚，带着沉重的心情走出大门。

望着杨明亮的背影，方珏心里涌起了一种难以言状的复杂的感觉。他想追上去安慰他几句，但追上去又能说些什么呢？

杨明亮回到家，妻子吴玉兰和读一年级的儿子杨小聪已从学校回来。儿子歪斜着圆圆的脸蛋伏在桌上一笔一画认真地写作业。

“小聪，妈妈呢？”

“在厨房里煮饭呢。”小聪头也不抬。

杨明亮穿过房间，从后门走进低矮的厨房。吴玉兰正忙着烧水煮饭，有人进来她全然不觉。

该怎么向妻子说明这一切呢？看着体形瘦削的玉兰，杨明亮一时无语，一种从未有过的内疚涌了上来。

吴玉兰在离家五里远的农场第九小学教书。每天凌晨五点多钟，她就悄悄起床，煮好早餐喂好鸡鸭，再轻轻唤醒儿子，哄他吃下早餐，然后骑着单车驮上儿子悄然去了学校。放学了又骑着单车驮着儿子快乐地回来，然后收拾家室、煮水煮饭、洗衣喂鸡。休息日还上山捡拾柴火下地里种菜种豆；晚上队里人都围着电视看节目聊天的时候，她就开始辅导儿子学习，检查他的作业。儿子上床睡觉后，又忙着备课批改作业，一直到夜深才休息，几乎天天如此。正因为有了玉兰里里外外的辛勤操劳，他杨明亮才没有了后顾之忧，才得以放开手脚全力去抓橡胶生产，扭转了二十九队干胶生产落后的局面。去年，二十九队以全票通过的绝对优势被评为农场两个文明先进单位之一，他也被评为十佳干部，获得了农场的最高荣誉和奖励。而妻子吴玉兰却由于长期操劳过度患上严重的胃炎和十二指肠溃疡，她没到30岁，那清秀的脸庞却已过早地失去了青春的光泽。

看着日渐消瘦的妻子，杨明亮心里明白，对她的最好回报就是努力干好工作，干出个样子来。然而，就在他雄心勃勃准备大干一番的时候，却意外地被免掉了队长职务，失去了生产行政管理权，也就意味着他这个拼命三郎失去了施展才华的机会。

杨明亮在厨房门口木木站着，几次想开口说话，可话到嘴边又压了回去。吴玉兰忙完一件活儿，转过身，看见杨明亮站在身后，苍白瘦削的脸上露出了笑容："明亮——"

"玉兰——"杨明亮欲言又止。

"你的事我知道了。明亮，当队长事多，大事小事都得管；当队长够烦人的，大事小事都来找你，老婆不给老公进门睡觉也来找你，不当也罢，咱们清闲一点不是很好吗？"吴玉兰轻轻说道。

"玉兰，你不会认为我是——？"

"我什么都不会认为，我只知道你很优秀，你是一个称职的干部，我说的是真的！不管发生什么事，我都会支持你的。"

杨明亮长长叹了一口气，有了妻子这句话，他心里的憋屈一下释放了许多。

"队长！"

"明亮！"

突然，门外面咋咋呼呼闯进了一群人，堵死了厨房过道。领头的壮汉是割胶一班班长洪铁钢，后面跟着的全都是队里的骨干胶工。

杨明亮被免掉队长的事在队里传开后，很多胶工为他抱不平。下午大家伙聚一块磨胶刀聊天议论时，越说越气，洪铁钢大手一挥，掷下胶刀就去杨家找杨明亮。在场的十几个胶工也纷纷撂下胶刀跟了过去。

杨明亮和连队八户职工同住在球场北侧的一幢平房里。这幢平房西数第一间就是队长家。门口停的那辆红色的破轻骑，是杨明亮经常开进林段巡查、帮胶工拉胶水的助力车，洪铁钢他们看到车知道车在人在，便一齐拥了进去。

杨明亮看家里突然闯进一帮胶工，马上恢复了常态，说："你们——这是要干什么？"

洪铁钢瓮声瓮气地说："听说上面把你这队长给撸掉了，有这回事吗？"

"谁当队长那是组织上的事，不关你们事。铁钢我告诉你，你可别胡闹啊！"

"我胡闹？上面才是胡闹！"洪铁钢一跺脚说，"明亮你自己说说，韦小宝他哪一点比你强？你不好说是吧，那大家伙说说！"

"比不了！""差远了！"一群人跟着喊叫起来。

洪铁钢右手攥拳翘起拇指头，说："听说上面明天就下来宣布了，二十九队老子只认你杨队长！他们来吧，老子从明天起停割三天，罢工抗议！"

"停割三天，罢工抗议！"一群人也跟着喊。

杨明亮脸色一沉，用手指着洪铁钢厉声说："洪铁钢，我不当队长你就要带头罢工闹事，这不是想害我吗？你们——你们都给我听好了，明天谁要敢停割一株树，我和他就没有兄弟、朋友做了，我杨明亮说到做到！"

洪铁钢一下愣住了。杨明亮当队长三年，还没用手指过他发过这么大的火。他沉默了一会，说："杨明亮，你除了会欺负我洪铁钢，你还有什么本事！啊？走走走，回去磨胶刀。"

洪铁钢推开众人，头也不回就走了。其他胶工也一声不吭跟着走了出去。

洪铁钢他们走了，杨明亮还站着发呆。

吴玉兰从背后轻轻搂住丈夫："明亮，不去想那些不愉快的事了，好吗？你猜一下，我们的儿子他长大了想当什么？"

杨明亮摇摇头。

"语文老师今天在课堂问：杨小聪，长大了你想当什么？你猜你儿子怎么回答？"

杨明亮摇摇头。

"你儿子说，老师，机器人力大无比，我长大了要当机器人！"

杨明亮扑哧一声笑了。

"今天我班里有一个女生在课堂上用'可爱'这个词造句，你猜她是怎么造的？"

杨明亮想了想说："妈妈真可爱。"

"不对，你再猜猜。"

"爸爸真可爱。"

"还差一点，再猜一猜。"

杨明亮摇摇头："我猜不出来了。"

"那我告诉你，你听好了——可爱，我爸爸是一只可爱的小狗。"

"哈哈哈！"杨明亮终于忍不住大笑起来。

五

正常年份，夏秋两季是海南岛多雨的季节。地处万泉河上游的三叶山区，降雨更是频繁而奇妙。台风雨，日夜连绵，凄风冷雨，让人心生惆怅；黑云雨，电闪雷鸣，大雨如注，让人心生恐惧；太阳雨，雨丝在阳光中纷纷洒洒，生出五彩光芒，让人兴奋不已。还有一种雨，上午阳光灿烂，天气预报今天没雨，人们搬出被单被套晾晒，中午间却突然降下一顿短暂大雨，如同天上倒下一大盆水，晾晒的东西根本来不及收纳。你无奈地看看被淋湿的被单被套，再仰头望望飘走的那块云——刚才那阵雨，下得真让人莫名其妙，哭笑不得！

不要奇怪，这里的雨下得就是这么“奇葩”。

丰沛的雨水，滋养着整个流域的万物生灵，也使在这一方水土生长的野生林和人工种植的橡胶林枝繁叶茂，遮天蔽日。它们根系发达，保持水土，涵养水源，即使在干旱的季节，也为万泉河源源不断地涌出清凉的泉水，万泉河因此不曾枯瘦过，她那美丽的颜容和丰腴的体态得以常年保持，经久不衰。

然而，今年的气候却十分反常。7月份过半了，三叶农场还没下过一场透雨，空气显得异常闷热。

这天上午8时，赵为民走进场长办公室时，刘金福、孙志远、朱晋良已坐在里面的长沙发上等候了。赵为民刚坐下老板椅，刘金福就赶紧起身，掏烟递给场长，又帮着点燃了烟才坐回原位。

赵为民吸了两口才说：“孙科长，你先汇报，把近来的割胶生产情况讲一讲。”

孙志远打开小笔记本说：“今年自4月10日开割以来，鲜胶产量一直不错。到今天7月15日止，我们已经完成干胶1800吨，比去年同期增产了300多吨。这段时间每天的鲜胶产量都有七八十吨以上，最多的有100多吨，产胶情况良好。日鲜胶产量比较高的单位有二队、三队、六队、八队、十四队、十八队、二十一队、二十六队和三十六队。”

赵为民满意地点点头。说："上半年的产量看来还是不错的，老孙，下半年你们生产科要抓紧一些，今年完成干胶最起码要超过去年，如果能突破这个数，就给你们生产科记头功。"

孙志远把场长的话飞快地记录在小本上。

"孙科长，你现在的任务就是带人下队，每天给我巡回检查，产量的事一定要给我抓紧。"

"好的。"孙志远站起来，先走了出去。

"朱科长，你有什么事要说。"

"赵场长，上半年的财务报表已经搞好，你看看吧。"朱晋良也许是长年久坐，体态有些臃肿，他用力站起身把一叠报表递过去。

赵为民接过报表，扫了一眼就放在台上："你先汇报吧。"

朱晋良坐回原位，说："上半年，我场小车的费用和招待费用，这两项支出和去年同期对比增加了100多万——"

"有这么多吗？"

"这是报表，你看吧。"

赵为民吸了一口烟，说："唉，全机关有23个科室部门，还有几个科级直属单位，今天这个要车办事，明天那个要车出差，后天他要车开会，你不给又不行，那是没法子的事。家大业大，我这个家长难当啊！招待费用高这个问题我也很头痛，可是没办法啊，上面三天两头下来检查，你总不能叫他们吃工作餐吧，不招待好一点也不行啊，现在的事情就是这么难办。"

朱晋良接着说："赵场长，我场的综合生产成本一直居高不下，目前吨干胶成本已经超过了10000元，要压一压了。"

"压？叫我怎么压？压哪一块？全场10000多口人，6000多名职工，2700多个退休工人，都要吃橡胶饭；还有医院、学校，还有职工福利、养老保险等也都是吃橡胶头的，成本不高那才怪呢！"

朱晋良沉默不语。

赵为民叹了一口气，说：“三叶五一年建场，干部职工几千号人，他们蹲在山旮旯里，几十年奋斗在农场，把青春和汗水都奉献在橡胶上，你忍心减掉哪一个？压掉哪一个？不要他们干了，又叫他们去做什么呢？既然都在一条船上，有饭就大家一起吃吧。”

“场长，现在国家开始提倡市场经济，橡胶市场变幻莫测。今年开割以来胶价一直在下滑，6月份已经跌到1.3万。上半年我们的干胶产量是增加了，但销售收入却比去年同期减少了960万元，我担心——”

“这个担心你就不必担心了。”赵为民重新点燃一支烟说，“目前，橡胶产品期货市场虽有波动，现货交易也跌到了1.3万左右，但我们的产品还是供不应求的。你们也看到了，每天都有从外地来的车辆，在加工厂门前排队等着要货，胶价反弹的可能性不是没有的。退一步说，胶价不反弹，就是保持目前这个价位，我们只要拿到产量，利润还是很可观的嘛。”

“场长，我们还背着几千万元的债务呀！”

“老朱，你又来跟我提这个，现在不是提倡负债经营嘛！你看了最近的报纸没有？有一篇文章报道了一些企业大胆负债经营，结果起死回生，取得了很好的经济效益。负债的事你以后不用再提了。”

“就是负债经营也要讲究客观规律和客观实际呀！”朱晋良不理会赵为民那已经发生变化的口气。

赵为民一怔，很快又恢复了常态：“朱科长，你这个会计师的脑袋有些落伍了，要转变观念才能跟上形势的。好了，你先回去，把财务这块给我理好就行了。”

朱晋良叹了口气，起身走出了办公室。

赵为民吸一口烟，仰靠在椅背上，缓缓吐出烟雾。办公室里只剩下赵为民和刘金福两人。

刘金福确认外间的会议室没人了，才说："场长，山猪岭水电站机组安装调试工作已经完成，剪彩筹备工作也准备就绪，开机仪式我准备安排在下周二上午举行。你看这样安排行不行?"

赵为民点点头。

"为了把剪彩仪式搞得隆重些，我想叫办公室发个通知，通知全场的干部、计时人员和勤杂人员届时都要到现场参加剪彩开机仪式。凡是要求来参加开机剪彩仪式的，我想给每人发20块钱补贴，这样做行不行?"

"买纪念品已经花了几十万，每人还要补贴20块?"赵为民皱起了眉头。

"我算过了，要补助的人不过是一千五六人，每人补贴20块也不过是3万多一点，小钱。再说山猪岭水电站是我场建场以来修筑的最大的水电站，这是造福子孙后代的大事，花点小钱让大家高兴高兴我看是值得的。"

赵为民勉强点点头。

"还有一件事——"

"什么事?"

"场长，今天是周五了，这个周末您有什么活动安排没有?"

"这段时间忙得够呛，哪有时间考虑这些东西。"

"我们的老朋友、宏达公司的何德煌老板刚才打来电话，他说要请您今天下午下班后到石岭温泉泡一泡，放松放松。您看是去还是不去?"

"石岭温泉?"赵为民抬起头。

"那地方是新开发出来的，据说石岭温泉的水不是人工加温的，完全是地热温泉水，含有丰富的矿物质，经常泡这种温泉有利于身体健康，能益寿延年呢。"

赵为民来了兴趣："噢，这么好的温泉水我还真想去泡一泡。"

"场长，那这事我就去安排啦？"

赵为民点点头。

六

周一下午，机关到点下班了，王秀文还在伏案写材料。王秀文做工作有一个习惯；科里安排的任务，他加班加点也要提前完成。

科长苏俊才没有走，坐在一旁不吭声地看着他写。他很喜欢这个年轻人，喜欢他的才华和灵气，喜欢他工作起来的那种热情和专注，更喜欢他不声不响拼命工作的那股韧劲。

一个小时过去了，整幢大楼都安静了下来，王秀文还在埋头赶写材料，科长坐在一边他竟全然不知。

大房间里自然光线有些暗了，苏俊才起身拉亮电灯，王秀文才发现科长还在科室里。

"苏科长，材料马上就写完，你再等几分钟。"

王秀文抬头看了一眼苏科长，又继续埋头写材料。

苏俊才不走不是为了收他的材料，而是有一件重要的事情要告诉他。

王秀文终于写完稿件拿去交给了科长。

苏俊才认真看完了文稿才说："材料写得不错，我晚上再认真看一下。秀文，今早办公室的通知你也看到了，明天上午山猪岭水电站要举行开机剪彩仪式，赵场长下午又特别交代我，宣传科一定要全方位报道，好好对外宣传一番。我想这项工作就由你和乐哥两人负责完成，乐哥我已经交代过他了，怎么样？"

"苏科长，我保证完成任务。"

王秀文说完就匆匆走出门回家去了。苏俊才看着他的背影，心里感到一阵宽慰。

第二天一早王秀文就起了床。他简单漱了口，咬了一块大饼就水囫囵吞下后，就背起相机下楼找黎文乐。

黎文乐和王秀文都住科研楼。这幢楼单门独户立在场部东南一角，原作为生产科研用，现已改为职工宿舍楼。黎文乐一家住在一楼西起第三间的套房里，王秀文单身一人住在三楼西侧最后一个单间，俩人成了同事和邻居。

王秀文下来时，黎文乐夫妻俩正在客厅里吃粥。

“乐哥，都什么时候了，你还在吃早餐！”王秀文站在门口心急火燎地说。

黎文乐放下碗筷，指指手表：“现在是6点50分，早着呢。”

“还早呢？人家都去光了，你还在磨磨蹭蹭！”

黎文乐看着这位眉清目秀的小伙子，觉得他现在这个样子和自己年轻时十分相似，干什么事总有一股冲劲，他打心眼里喜欢这样的年轻人。

黎文乐不理会王秀文的焦急，叫妻子黄桂芳下厨房盛上一碗香喷喷的瘦肉粥，又拉王秀文进来坐下，笑哈哈地说：“吃碗粥再去，误不了事。我搞宣传报道也快10年了，什么大场面没见过？说是六点半出发，七点要准时到会场；可没到七点半没人上路，不到八点半，这大会开不成。不信你现在就去西线看看，公路上保准没几个人。人没到位你去早了拍什么写什么，是不？把这碗粥喝了，待会儿我用摩托车拉你去，怎么样？”

“秀文，愣着干吗？快吃呀！”黄桂芳也插话道，“等会我也去，农场花了这么多钱建了这个水电站，不去看看太可惜了。”

王秀文只好端起碗，刚喝了一口，黎文乐的女儿黎明珠从房间走出来，大声说：“爸，我也去看水电站剪彩！”她在市一所中学读高一，学校放暑假刚刚回来。

黎文乐收起了笑容，说：“阿珠，下学期你就读高二了，时间眨眼就会过去的，趁着暑假在家里好好复习功课，啊？你爸在机关干了十几年，今年43岁了，这辈子也就这样过了。我和你妈现在唯一的心愿就是希望你好好念书，将来能比爸妈有出息。”

她还想开口坚持要去，但一看到父亲那修剪得很短的两鬓已经全部发白，只好努着嘴走进自己的房间。

黎文乐，本市人，原本是海南“两院”毕业的高才生，一来农场就分配到生产科。他工作之余喜欢写东西，在《农垦报》上发表了很多的文章，让苏俊才看中，硬是找场长书记把黎文乐调到宣传科，此后他便成了宣传科的骨干力量。

他中等个头，身体微胖，五官憨厚，面目慈祥，两片厚厚的嘴唇总是张着，微笑起来就露出两个酒窝，让人感到很亲和。他精通农业种植，虽干上了宣传报道工作，却也没有忘记老本行，他下队采访时经常会顺带指导帮助职工栽培种植农作物。他对人有求必应，却从不图回报。熟悉他的人都喊他“乐哥”。“乐哥”喊多了，竟没人再叫他的名字，就连机关里的同事都跟着叫他“乐哥”了。

话说回来。当下王秀文端起碗吃了一口，就觉得这粥好吃，便一口一口吃起来。那瘦肉粥煮得水米交融，柔软而不黏糊，几口粥吃下去，香了口舌，暖了心肺，饱了肠胃，那味道跟妈妈在家里煮的是一模一样。

“时间还早，慢慢吃。”黄桂芳对着王秀文说道，“秀文，你今年多大了？”

“26岁了。”

“谈恋爱没有？”

“没有。像我这个样子，哪个女孩子会看上我？”

“你什么样了？人长得标致，不抽烟不喝酒不赌博，这样的年轻人去哪里找？谁家的妹子要嫁给你，我说是她有福气。”

“芳嫂，我还没女朋友，真的没有谈恋爱。”王秀文脸红了。

“芳嫂给你介绍一个怎么样？”

“我、我现在还不想谈。我——”

“乐哥24岁就结婚了，你也该谈了！秀文，你喜欢哪种类型的女孩子？说给芳嫂听听。”

“喜欢哪种类型的女孩子？我还没想过。”

“芳嫂认识几个妹子，年纪跟你相近，个人条件、家里情况都不错，我介绍你们相互认识一下，怎么样？”

王秀文摇摇头，说：“爱情这东西，是要讲缘分的。这事以后再说吧。”

王秀文吃完粥，黎文乐从屋里推出一辆黑色嘉陵70型摩托车，一脚踩响。王秀文跨上车后座坐稳了，黎文乐才开车搭着他朝西线慢速开去。

王秀文年初开狗仔在场部大街上撞了人后，至今很少开车出门，每次下队就搭乐哥的顺风车，两人成了宣传科的最佳搭档。

山猪岭水电站建在西部大山区。两年前，为了一劳永逸地解决场内用电问题，三叶农场党委经反复研究论证，决定在万泉河上游二十九队山猪岭河段修建一座水电站。总局批准立项后，农场筹集资金两千多万元，使用人海战术发动全场职工，自力更生，用一年时间硬是建成了一座高13米、长158米、坝顶可行驶东风卡车的拦河大坝。山猪岭水电站大坝牢牢衔住东西两岸的崖壁巨岩，拦腰截断了水流湍急的万泉河，高峡平湖的奇观异景出现在了三叶西部山区的群山林海中。

按设计方案，山猪岭水电站安装两台发电机组，年发电量为2000千瓦，不仅能彻底解决场内的用电问题，还有大量剩余电力向外输送；同时还可以解决西线万泉河对岸三十队、三十一队、三十二队、三十三队、三十四队、三十五队、三十六队等七个单位的交通运输难题，将产生巨大的社会效益和经济效益。

水电站从开工兴建到现在，无时无刻不在牵动着三叶一万多人的心。听说今天要剪彩开机发电了，各个区队都有职工群众自发赶来，从各路会集到场部三角街区，然后进入西线公路。人们或开着狗仔，或骑着摩托，或驾驶三脚猫，与步行走路的人流混合组成了一支庞大的队伍，浩浩荡荡地向山猪岭涌去。他们要亲眼看到农场人自己建成的万泉河大坝的雄姿，亲身体验三叶人创造的又一个奇迹和辉煌。

蜿蜒崎岖的山间公路上，一辆崭新锃亮的三菱越野车夹在大小车混合组成的人车流中缓慢行驶。越野车里坐着赵为民和李智全、周自成、陈惠明三位副场长。

赵为民一路上闭目养神，偶尔也听听坐在后排的三位副官的闲聊。

“建大坝时那个阵势，真像60年代我们垦荒队伍轰轰烈烈在大山里开荒种橡胶的场面啊！”李智全说道，“我们农垦人过去艰苦创业铸就的农垦精神，到现在还很管用的。唉！那个开荒种胶的年代，用‘峥嵘岁月’来形容也不为过啊。”

“用‘天不怕地不怕’这句话概括也不为奇。”陈惠明接过话茬，“那个时候，三叶这块地方到处是荒山野岭，我们这帮女青年也跟你们男同志一样，在大山里摸爬滚打，战天斗地。这是一种怎样的情怀呢？”

“何止是一种情怀，更是一种信念，一种信仰。五六十年代，70年代也应该算上，我们农垦人怀着为国家种出橡胶的坚定信念，靠着一双手两条腿，凭着一把锄头一把镰刀还有一颗对党对国家的赤胆忠心，硬是开出一座座荒山，种上了一行行橡胶。”李智全感慨地说，“那个时候的艰难困苦，那个时候的豪情壮志，不是两三句话能够概括的，也不是现在这一代人能够想象得出来的。”

陈惠明接着说道：“在那个战天斗地的年代，咱们农垦人思想单纯，没有杂念，一心为国家开荒种胶。大家来自五湖四海，相处一起就像一家人，真让人怀念啊！”

“咱农垦人现在的思想也没有变质。”周自成往后一仰说，“时代在进步，现在不用说开荒种地，连万泉河大坝这样的工程我们也敢搞了。开荒种胶，拦河筑坝，本质上都是造福三叶子孙后代的大事啊！”

一直闭目养神的赵为民听了周自成的最后两句话顿觉全身气血畅通，舒服至极。为官一任，造福一方。自己主政三叶十年，虽谈不上造福一方，但也为三叶人做了几件好事。远的不说，就说近几年，给职工加工资、盖楼房、建农贸市场、搞山猪岭水电站等等，整个农场呈现出人气旺盛百业兴旺的热闹景象。把一个穷山恶水几乎与外界隔绝的地方治理到这个份上，也算是可以了。将来三叶续修场史，这一段也是值得大书特书的。

越野车爬上一个长长的高坡后，开始进入山猪岭区域。小车沿着S形公路在林间穿行一阵后，缓慢驶下一个斜坡。坡底下面就是气势雄伟的拦河大坝。

10点整，山猪岭水电站开机剪彩仪式正式开始。大坝那头，四层楼高的机房挂满了长长的大红条幅，大坝两端和两岸的山坡上密密麻麻地站满了人。赵为民站在机房高台上作了一个简短的讲话后，下令开闸放水。

水坝闸门在鞭炮声中徐徐拉升，一股强大的水体哗哗地涌出，流过渠道一头冲撞下去，下面的水轮机随着巨大轰鸣声转动起来。站在西岸的人们欢呼起来，那欢呼声传到了对岸。

东岸这边的人们没有跟着欢呼雀跃，他们只是静静地听着看着，他们心里也一样激动，一样欢欣鼓舞。因为三叶人不靠天不靠地，不伸手向国家和政府要一分钱，只靠自己的力量解决了长期以来晚上靠点煤油灯照明的问题。

水电站开机剪彩仪式结束后，大坝两端用水泥混凝土浇筑成的观光护坡平台上，仍聚满观看的人群。

王秀文在大坝上兴奋地走来走去，两手端着相机选择不同的角度，对着坝堤和两边的风景咔嚓咔嚓不停地按着快门。

王秀文正拍得起劲，身后突然传来一声清脆甜美的声音：“哎，你能帮我拍个照吗？”

他吓了一跳，转过身，一个女孩子面带笑容站在他跟前。她穿着时髦的咖啡色套装，身段高挑丰满，面容清秀姣美，一双丹凤大眼含着热烈，也含着期待；她那乌黑发亮的长发被一条粉红色的纱巾束成了马尾辫，发梢在山风中飘浮起来，丝丝飞舞。

“是你！”王秀文一眼就认出这位时髦漂亮的女孩子正是五个月前自己开狗仔车在市场三角街区撞到的大眼妹子。

“是你呀！”这妹子也认出了眼前这位拿相机的青年哥，就不客气说：“那天你开车撞了我两次，你不道歉还敢跑——”

“我不是跑，我是急着要去开会……”

“你撞了人了，开会就可以跑吗？万一我受伤了怎么办呢？”

王秀文的脸一下子红了，低下头，不敢正视面前这个漂亮而大胆的姑娘。

“你那天撞了我，然后肇事逃逸，到现在还没向我道歉呢。”

“我不是肇事逃逸，那天我真的是着急去开会，我迟到了——”王秀文慌忙辩解，“开完会后，我到市场去找过你，想向你道歉，可没找到。过后，我几乎每个星期天上午都去书店逛逛，看能不能碰到你，可一直没碰见你，我怎么向你道歉?”

这妹子眨眨眼，说：“如果你今天帮我拍几张照片，你撞我的事就算过了。”

“可以可以。”一听要拍照王秀文马上来了劲，刚才的尴尬腼腆全没了。

王秀文左看右看挑选拍摄点。他带着大眼妹子爬上了大坝东头的护坡上面，这里是用混凝土浇筑岩石而成的三级平台，是大坝东头最佳的观景台。

他精心挑选了大坝斜对面一座双驼山峰为背景，给她拍了好几组全身镜头。

拍完照，王秀文说：“哎，相片要两个星期后才能给你。可我怎么找你呢?”

这大眼妹子粲然一笑，薄薄的嘴唇露出了齐整雪白的牙齿，说：“我叫郑水秀，家住在大山里头三十六队。过了这条大坝，再经过两个队就到三十六队了。相片怎么给我——我问你，你叫啥，是干什么的?”她说话时，那双含水的大眼睛一直盯着王秀文。

王秀文的脸更红了，他长这么大还是第一次碰到这么美丽秀气、这么大胆直率的女孩。

他又腼腆起来，说：“我叫王秀文，我父母家在南线十八队，我在场部宣传科当干事。今天就是出来拍照的。”

“王秀文——哎，我俩的名字都有一个‘秀’字，咱俩是不是挺有缘的?”郑水秀抿嘴一笑说，“相片什么时候给都没关系，你只要给我就行。谢了!”

郑水秀大大方方伸出手，说：“王秀文，你给我拍了照，你开车撞我的事就算一笔勾销了。有空到我家玩，万泉河水就从我家门前流过。那里的水更清山更秀，你来了还会看到更美的风景，拍到更美的照片呢。”

王秀文一握着水秀的手又不自在了，红着脸说：“有空，我、我一定去你们那里看看。”

“那边还有人等我，我走了，再见！”郑水秀转身就走，走两步突然回头，说：“以后你还敢开车撞我，我就吃掉你！”说完粲然一笑，一阵风似的跑了。她身后那条马尾辫子在风中摇摆，发梢不时在山风吹拂中飘成一朵丝花，很美。

王秀文愣在那儿，满脸通红，痴痴望着水秀的背影。

“秀文，看什么呢，这么出神？”在大坝另一头的黎文乐走过来。

“我没看什么。”王秀文慌乱地转过头。

“我都看见了。刚才那女孩子是谁？她好像跟你挺熟的。”

“她——就是今年2月份农场开职代会那天，我开轻骑撞到的那个女孩子。她叫郑水秀，我找她快半年了连影子都没见着，今天在这里碰到她，真巧了。”

“这叫‘踏破铁鞋无觅处，得来全不费工夫’。她还记得那件事不？”

“她记得比我还清楚。”

“她跟你算账没有？”

“她叫我给她拍照，撞她的事就算一笔勾销了。”

“这就——扯平了？”

“扯平了。”

“秀文，这笔交易她让利了，你合算。”黎文乐一脸笑容，说，“郑水秀，我早就认识她了。她家在三十六队，她是个林管工，是河西岸那边生得最漂亮的女孩子。”

“乐哥，你是怎么认识她的——”王秀文脸又红了，心里涌起了一种从未有过的异样的感觉。

“1994年你没调来宣传科时，我去过三十六队采访家庭农场，采访的就是她家。水秀虽然是林管工，但她喜欢读书，能写一手好字。她喜欢看咱们的《农垦报》，平时还喜欢练笔写文章，去年还向咱们的《三叶通讯》投过几次稿呢。水秀工作积极，性格开朗，思想活跃，是一个好姑娘。”

王秀文挠挠头，说：“今天怎么会这么巧——”

“这不是巧了，这就叫缘分。”黎文乐笑道，“我看你跟她有点缘啊。早上来的时候你还跟芳嫂谈缘分呢，你看，这缘分说来就来了。”

“她长得这么漂亮，怎么会看上我？乐哥，这种八字没一撇的事不能乱说啊。”王秀文脸又红了。

黎文乐转了话题：“秀文，我看你不停地拍，把水秀也拍进去了，今天收获挺大的吧？”

“去去去——任务完成了，咱们回去赶工。”

俩人骑坐摩托车返回了场部。

七

8月初，经管科核算的统计数字传出捷报：7月份全场拿下干胶791吨，同比增产158吨。赵为民看完统计报表，感到一阵欣慰。他拿起进度表又认真看了两遍，然后打电话叫孙志远、江浩成和程祖荣来场长办公室。

三位科长到齐后，赵为民说：“总局生产处昨天下午打来电话，说据省气象台网预报，最近一段时期，海洋气候出现异常，估计在8月中下旬会有一两个大的台风袭击海南岛，要我们从现在起密切注意每天的天气预报，安排好割胶生产。从8月10日的进度分析表上看，全场只有二十九队干胶产量下降得最厉害。半个月时间排位就从13名降到倒数第二了，这个队长我看他是不想干了。现在是9点20分，你们三个现在就跟我下去，到二十九队看看究竟是怎么回事。”

赵为民简单交代几句，就领着三人走出大楼，坐上三菱越野车直奔西线二十九队。

“这个韦小宝是怎么搞的？这队长当不到4个月产量就弄成这样。”坐在副驾座位上的赵为民一脸不满，“你们说说，二十九队的问题出在哪里？”

“谁知道，去了就清楚了。”程祖荣嘟哝了一句就闭目养神起来。车上无人再说话。

小马驾驶着越野车在弯曲起伏的公路上时隐时现，如流水般穿梭在崇山峻岭中。不到半小时，小车就停在了二十九队队部门前。

个头矮墩的韦小宝早早就站在队部门前，见车子一停就满脸笑容地迎了上去：“欢迎各位领导来我队检查指导工作。”

赵为民一行径直走进队办公室。

赵为民一坐下就问：“杨明亮呢？”

“我已经叫人去通知他了，他很快就到。”

几个人聊了一会，杨明亮才穿着一身散发出汗酸臭味的割胶服走进队部。

“明亮，你也去割胶了？”赵为民有些惊讶。

韦小宝抢先说：“队里有一位胶工病了，不能割胶，杨书记是临时上岗代刀。”

赵为民见队两位主管到齐了，就直接谈正题：“今天我们来，主要是想了解一下二十九队干胶产量下降的原因。6、7月份的报表和这段时间的进度表相信你们都看了。二十九队从6月份开始，产量开始下滑，特别是7月份以来跌得更厉害，到8月10日为止已经跌到了全场倒数第二名，跌幅为全场之最。我今天点名批评了你二十九队，专门叫他们三个下来帮助你们查找原因。韦队长，你是主管生产的，你先说吧。”

不知什么时候韦小宝额头上已沁出点点豆粒大的汗珠。

“二十九队干胶产量下降，主要原因我看是这个……这个……这个——”

“韦队长，不要紧张，有话慢慢说嘛。”程祖荣插了一句。

韦小宝抹了一把额头上的汗珠才继续说：“我队今年干胶产量下降的原因，我认为是场下给我们的计划产量太高。去年我们完成210吨，今年经管科就给我们下了230吨的任务，加了20吨产量。孙科长你说说，二十九队的胶树今年没多出一株，是吧？产量却要增加20吨，叫我去哪里要啊？”

“我就是去掉20吨你二十九队还是倒数第二，不信你现在就拿计算器算一算！”江浩成反驳道，“我们经管科今年下达的干胶指标，计划递增9%是全场统一的，不单单是你二十九队增加了。”

“明亮，你说一说吧。”赵为民岔开话题，目光转向杨明亮。

“你们是想听真话还是想听假话？”

“杨明亮，场长就在你面前，你怎么能这样说话呢？”程祖荣用手指了一下杨明亮。

“在谁面前我都是这样说话。”

“我们下来就是想听听真话。”赵为民说。

“你们想听真话，那我就实话实说。二十九队产量下跌的原因就是漏刀、漏位。我们队是个山区单位，外聘胶工比较多，全队120多个胶工就有三分之一是聘请工。他们不怕苦，干活实在，月收入高，都很乐意在二十九队安家落户。可是7月初，有7对聘请工夫妻突然双双弃岗，全家搬到了山里面的连队。我连夜去追赶他们，问他们为什么要走。他们说：‘我们老老实实割胶，可一发工资队长就开条来扣工资，我们也不知道哪里得罪了队长，我们惹不起他只能走了。’”

“杨明亮，你别听他们胡说八道！这几户聘请胶工割胶技术差，树位管理差，我是按规定扣罚他们。他们自己要跑，怎么能说是我的问题呢？”

杨明亮不理会韦小宝，继续说：“我去找了他们好几回，做了很多工作，才有3对夫妻转了回来，还有4对死活不肯回来。队里一下缺了8个胶工，16个岗位没人割。队里懂割胶的计时人员全顶了上去，我也顶上去了，可还是顾不过来。现在每天至少有三四个岗位没人割，产量能不下降吗？”

“杨明亮，我跟你没冤没仇，你不能在场领导面前乱说话啊！”

“我乱不乱说各位领导可以去调查嘛。”

“两位别争了，影响团结的话场长是不想听的。”程祖荣打断了两人的争论，“不就是缺几个聘请工吗？农场现在就像特区里的特区，谁都想往里头钻，还怕找不到几个聘请工了！韦队长，二十九队缺几个胶工？你们报上来，我劳工科负责给你们解决。”

“割胶是技术活，不是每个人一来就能够拿胶刀上岗的。”杨明亮说，“如果我们不从根本上解决问题，新胶工就是招来了谁也不敢担保他们会安下心来割胶，不再跑掉。”

程祖荣见杨明亮敢当众反驳他，心里很不舒服，一双圆眼几乎要鼓出来，说道：“你提的问题，也不是什么大不了的问题，不必去钻这个牛角尖。”

“慢慢说，大家慢慢说。”孙志远出来打圆场。

“缺的这8个胶工，我已经联系好了，过两天有4对广西夫妇要来二十九队割胶。”杨明亮站起来说，“我两三点钟就起床割胶，现在还没吃早餐，要是没其他事，我就先回去吃点粥再来。”说着转身走出了办公室。

杨明亮一出门，韦小宝就说："这个杨明亮，自从我当了队长，他心里就不舒服过，动不动就找碴跟我过不去，他就是想拆我的台！"

"韦队长，你这样说就不对了。"江浩成说，"你们俩作为队里的党政主要领导，要讲团结，要以大局为重。杨明亮当了几年队长，在生产经营管理上是有一套的，你要主动去找他学习，多和他沟通交流。还有，我们对待职工，不论是本场胶工还是外聘胶工，都要一视同仁，一碗水端平，才能留住他们，而不能光用扣罚这样简单的办法，这是工作方法也是领导艺术你懂吗？"

韦小宝连连点头称是。

赵为民看到杨明亮穿着割胶服从林段回来的那一刻，就意识到当初换错人了。听了杨明亮的分析，赵为民更是后悔当初免掉了他的队长职务。但事已至此，只能将错就错了。现在唯一的补救办法，就是暗中赋予杨明亮生产管理职权，以指导员的身份代行队长职务。

"我们到林段里走走吧。"赵为民带头走出队部。

他们到林段里钻了一大圈才回来。赵为民坐上小车后，对孙志远说："新队长经验不足，你们生产部门要多下去指导帮助他。另外，你回去后打电话告诉韦小宝，在生产方面，凡事都要征求指导员的意见；同时也告诉杨明亮，叫他必须全力协助新队长工作，否则，我连他的指导员也撤了。"

孙志远会意地点点头。

八

赵为民这段时间心情有些烦躁。

前几天山猪岭水电站黄站长向他报告了一个坏消息，说水电站的实际发电量还不到设计要求的三分之一，日发电量只能供本场自己使用。黄站长请市供电公司的工程师下来检查，结果发现，农场花了两百多万元从外省某公司买来的两台发电机组，全是翻新的旧货。两台发电机组购买合同还是赵为民签的字，这哑巴亏吃得可真不小。

接着工建科科长范海东报告，场部大门前面刚建好水泥桥，靠北边的石墩塌了半边，正在积极抢修。让赵为民头痛的是，这新桥是他赵为民的大舅子胡文斌承包建的。

这天，李智全一上班就来到场长办公室。他一进来就向赵为民建议，从纪审、基建、财务、经管、工会等科室部门抽调人员组成两个联合调查组，一组对两台旧发电机组开展溯源调查；一组对大门新桥桥墩垮塌事件展开调查。桥墩垮塌当日，范海东就把初步调查结果告诉了李智全——这座农场投入百万巨资建造的水泥桥，桥墩坍塌的主要原因是偷工减料。

赵为民可能是昨晚没睡好，眼睛里布满了血丝。他那一向精神饱满泛着红光的长脸盘此刻显得有些疲倦。他看着坐在对面沙发的李智全，说道："老李呀，你说的那两件事，我昨晚也想了一夜，想来想去也没想出个好的处理办法来，你看怎么个调查处理才好？"

"大门新桥桥墩垮塌事故，初步查明，主要是施工方偷工减料、做工粗糙和监管单位监管不力造成的，所有涉及的当事人都必须追究责任。旧机组一事，也要追查下去。这件事情并不复杂，只要我们下决心下力气去查，找到这个卖旧货的公司，就会弄清事情的来龙去脉，这样也许还能挽回一些经济损失。"

"这两件事——"赵为民顿了顿说，"我看这样，新桥桥墩垮塌也没伤到人，作内部处理算了；范科长也跟我汇报了，其主要责任在施工队，我们就重罚施工队。旧机组的事，要怪就怪我们没有这方面的人才，不懂得这方面的专业知识，人家怎么说，我们就怎么听，结果上了人家的当受了人家的骗，就当我们花钱买一个教训吧。老李，你看怎么样?”

“场长，旧机组的事可以放一放，但桥墩垮塌的事影响太大，光罚施工队恐怕难以服众——”

“还有胡文斌，我的这个大舅子也应该要立案调查，把他送上法庭让他坐牢是不是?”

“场长，我不是这个意思——”

“老李，我干脆把话说穿了，这两件事都牵连到我和我的亲戚，你搞大了，光处理别人不处理他们更难服众！你这么一来叫我怎么收场，是吧?”赵为民声音大起来。

“场长，我是担心他们这么搞下去，农场迟早会被掏空的——”

“塌了一个桥墩农场就空了，这是危言耸听!”

李智全沉默不语。

赵为民放缓了语速说：“塌半个桥墩算什么，现在胶价这么好，农场几万亩橡胶一年收入七八千万，丢掉一百几十万不过是一头牛掉了根毫毛！什么新机组旧机组，能发电就是好机组。农场就算丢掉200万，也不过是一株橡胶树上掉了几片叶子，有什么好大惊小怪的。退一万步来说，农场将来就算垮了，也轮不到你我来操这份闲心，是吧?”

“三叶1951年建场，我1965年来场参加工作，好歹也干了30多年，农场的事业也有我的一份，我为什么就不能操这份闲心?”李智全说这话有些激动，声音也大起来。

赵为民惊愕住了——他压根没想到这个他一手提拔起来，对他一直忠心耿耿的副手今天居然敢大声顶撞他。他想说：李智全你摸摸心口自己说，没有我赵为民，你能当上这个副场长吗？可他忍住了。他沉默了一会儿，缓缓站起身一言不发走出了大门。

几天后，三叶农场党委开会作出两项决定：一是重新修建新桥垮塌的桥墩；二是调整李智全与周自成分管的工作。即日起，由周自成接替李智全分管生产、经管、财务和基建工作，李智全改为分管市场、畜牧、自营经济工作。

李智全心里清楚，他已经失去了赵为民对他的信任。

这两件烦心的事虽然给压了下去，但新桥桥墩垮塌的影子还整天在赵为民脑里萦绕——新桥刚建好还没通车桥墩塌了半边，这是什么兆头？——不知为什么这几年赵为民越来越信命了，以至于每做一件大事之前，或是每发生一件大事之后，他都要冥思苦想好一番或是找风水先生算一算是否吉利，其中是否隐藏着什么凶险。在自己人生最得意、事业最辉煌的时候，新桥石墩突然塌掉半边，这难道是天意？其中有什么玄机？或是要暗示什么？这些都不得而知。但无论如何，这是一个不祥之兆。

赵为民还在为新桥墩塌掉半边的事纠结时，总局那边传来了一个坏消息：中央台气象预报，今年十二号强热带风暴进入南海海域后迅速发展成为台风，台风将在海南东部沿海一带登陆。这就意味着，台风可能要从本市登陆，三叶农场可能又要面临一场浩劫。植胶农场最怕台风，真所谓怕什么它就来什么啊。

赵为民看了一眼墙上的挂历，今天是8月20日，日子过得真快啊。再看看窗外的景色，眼前阳光灿烂，仰望晴空万里，没有一丝台风要来袭的迹象。他心里默默祈祷台风不要登陆海南，偏向西南一头撞向越南那边去；或是登陆海南之前减弱为低气压，让三叶农场躲过这场灾难。

说来也神奇，赵为民主政三叶农场以来，还没遇过一场大台风。连风水大师都说他额头宽阔，天庭饱满，属福大命大之人。对这些并无科学根据的话，赵为民虽说不置可否一笑了之，但他心里还是很受用，感到很舒服的。他相信自己的命格硬，世间凶险之事会绕开他走，他也相信在最后五年的任职期间，三叶农场也会平平安安顺顺利利度过的。

然而这次老天并未遂赵为民心愿。十二号强台风还是在海南东部海岸一带登陆了。三叶人午觉刚睡醒，这台风就夹着狂风骤雨凶猛地扑了过来。它就像一个旋转的黑色恶魔，所到之处瞬间被搅得昏天暗地，地动山摇。三叶农场6万亩胶园、120多万株橡胶树在狂风暴雨下如翻江倒海，水桶般粗壮的橡胶树在呼啸声中左摇右摆、东倒西歪，噼噼啪啪发出断裂的声音。不时有胶树轰然倒地，发出沉闷巨响，如同天崩地裂，令人心惊胆战。台风从下午一直刮到次日早晨，才悄然退去。

从台风袭来到退去的十几个小时里，赵为民一直守在场长办公室。他精神高度紧张，时刻关注着台风的动向和破坏情况。台风一退走，赵为民立刻召开紧急会议，要求机关干部全部下到联系点，了解受灾情况，协助生产队抗灾救灾，尽快恢复生产。仅半天时间，各连队的受灾损失情况就如雪片般报到了经管科。

在灾情汇报会上，江浩成通报了刚刚统计出来的损失数字：十二号台风造成了比较严重的损失，全场倒伏的橡胶树有6.7万株，断主干的有10.6万株，断主枝的有13.8万株，受害总株数30多万株，占全场胶树的25%；被台风摧毁不能恢复割胶的树有15.5万多株，预计全年要减产820吨到1000吨，造成直接经济损失1600万元；损失程度仅次于1973年十四号强台风。所幸的是，这次台风没有造成人员伤亡。

江浩成汇报完后，会场陷入一片沉默。

赵为民心里比谁都沉重。这场台风造成的损失远比他在风停后下去沿路查看到的要严重得多。

“接着汇报。”赵为民打破了会场的沉闷。

孙志远打开小笔记本，说：“我昨天和蔡副科长跑了东线、南线和西线，一路看过来，这次受灾是比较严重的。东线红旗区六队、西线山猪岭区三十二队、三十三队、三十六队受灾最为严重；其中三十六队约有一半以上的胶树受损，光倒伏的胶树就有3000多株。有两个山口处的林段，整条林几乎被摧毁，真是惨呐！我就补充这么多。”

科长们一个接一个汇报了联系点受灾的情况。赵为民绷着脸一直到听完汇报，才对坐在身旁的李智全说：“李副，你过去一直是主管生产的，你来说说。”

前段时间赵为民调整了部分场领导分工，李智全虽说已不再分管橡胶生产工作，但他仍然每天关注着全场的橡胶生产动态。他翻看笔记本，说：“我们目前要做的工作，就是要快速处理掉林段里的断枝断杆，清理好林段道路，尽快恢复生产。从汇报情况来看，这次台风，树倒了很多，机关干部恐怕要下到联系点帮助生产队扶树才行。”

“分散下去恐怕不行，我看得集中力量扶。”陈惠明插了一句。

“我赞同陈副的意见。”严守纪说道，“这次风吹倒的树多，还要动员学校、医院和直属单位的干部职工都下去帮胶工扶树。”

“灾后干部职工容易产生悲观失望的思想和情绪，这个时期要特别注意做好宣传工作。”李智全说道，“三叶人有艰苦创业、艰苦奋斗的精神和传统，要从这方面加大宣传力度，把人心给凝聚起来。我建议宣传部门要利用广播、简报等形式，每天跟踪报道抗风救灾情况，宣传先进典型，鼓舞人心士气。”

“这个意见很好。”赵为民点头赞同，转脸问周自成，“周副场长，你现在主抓橡胶生产，你有什么好建议，也亮出来给大家听听。”

身材魁梧的周自成思索了一下，说：“台风过后，职工收入会减少，一些家庭暂时会有困难。我们要动员职工搞一些周期短、见效快的种养项目，渡过眼前的难关。当然，关键还是要尽快恢复生产。”

赵为民认真听完每一个人的发言后才说：“听了大家的灾情汇报，我的心情和大家一样感到很沉重。十二号台风虽然给我场带来了较大的损失，但并不可怕，大家不要惊慌失措。我们有126万株开割树，目前只损失了15万株，还有110多万株树。换句话说，这场台风只伤了我们的皮肉，还没伤到我们的筋骨，三叶的元气还在，大家不要有悲观失望的情绪，要振作精神，全力以赴投入到抗风救灾中去，尽快恢复生产。刚才大家提了不少好的主意，我这里综合一下，对下步工作提几点要求：第一，从今天起，机关干部一律停止办公，全部下到各自的联系点，用两天时间帮助生产队清理林段道路，修复被雨水冲毁的林间道路和便桥，三天后必须恢复生产。第二，从第三天开始，机关各科室、部门，除了必要的留守和值班人员外，其余的人一律集中下队扶树。学校、医院、加工厂、基建队、汽车队、市管、商贸公司等所有单位的干部职工也要集中下去扶树，不完成扶树任务不收兵。第三，党员干部，特别是各级领导干部，要率先垂范，发挥模范带头作用。第四，要加强职工思想教育工作，稳定职工队伍；对受灾特别严重的单位，要保证职工群众的生活。苏科长，你们宣传科的人既要参加扶树，还要全方位报道抗风救灾情况，要大力宣传抗风救灾中涌现出来的典型人物和先进事迹。第五，要广泛发动职工群众搞一些投资少、见效快的短期种养项目，比如养鸡养鸭、种地瓜种木薯等等，开展生产自救。第六，要继续开展挖潜增产活动，抓好主业干胶生产，力争全年完成干胶4800吨，把台风损失降到最低限度。这几点意见大家看怎么样？”

“我完全同意场长提出的抗风救灾六点意见。”孙志远首先表态。其他人也纷纷表示同意。

赵为民习惯性地向后一仰，斜靠在椅背上说：“这次扶树，我提议由李副场长统一指挥——老李，怎么样?”

“我服从场长的安排。”

赵为民点燃一支烟，吸了两口说：“这次大规模扶树可能要持续半个月以上，中午饭一律在下面吃，由招待所统一做饭送饭，这项工作由办公室刘主任负责。现在是10点20分，散会后大家马上分头下去传达会议精神，开展抗风救灾和恢复生产工作。散会!”

九

23年前9月末的一个夜晚，夜空晴朗，群星闪烁。夜幕下的橡胶林悄无声息，林野间的连队屋舍宁静安详。劳累了一天的三叶人早早就进入了梦乡。午夜时分，一场罕见的超强台风突然袭来，一夜之间摧毁了三叶农场九成以上的房屋、八成以上的橡胶树，给三叶农场带来了巨大的灾难。三叶人从此记住了这两个数字符号：1973年、十四号台风。此后，三叶人展开了一场旷日持久、艰苦而又悲壮的抗灾自救大会战。这场大会战持续了整整8年，直到第二代橡胶树在报废的林段中长大投产，这场大会战才宣告结束。

时隔23年，这历史上的一幕又在三叶农场重现了。

天刚蒙蒙亮，农场机关和直属单位的几百名干部职工就陆陆续续来到办公大楼前的广场开阔地上集中。他们穿着从木箱底层翻出的旧衣服，带着草帽、锄头、砍刀、大锯、小锯、水壶和饭盆，如同建场初期的一支将要开进深山老林里进行开荒大会战的垦荒队伍。

三叶人经历了1973年那场台风浩劫后，一直风平浪静了23年，一直按部就班过了23年，原以为从此可以坐享太平下去，可谁也没想到，过得好好的日子无端地就被一场台风给搅乱了。三叶人又不得不再去经受一场台风带来的痛苦和磨难。

10辆东风大卡车和9辆不同型号的小车一字排开，在一边停靠待命。

赵为民在众人期待的目光中神情肃穆地来到了人群中间。他上身穿着一件发黄的白衬衣，下着一条老式的裤脚肥大的深蓝色裤子，背后扣着一顶新草帽。这身穿着已经完全没有了正处级领导干部的威严和模样。

李智全走过来，他身上的着装几乎和赵场长一样。

“场长，人员基本上到齐了，你给大家说几句吧。”

赵为民摇摇头，表示不想说了。

“场长，我想从西线扶起，那边受灾最严重。”

赵为民点点头：“行。时间不早了，不来的也不等了，上车出发。”

李智全一声令下，400多号人一哄而起，像蚂蚁上树一般爬上指定的卡车。一会，10辆载满人的东风卡车鸣着喇叭一辆接一辆缓缓驶出场部，经三角街区路口拐入西线公路，向大山深处开去。

机关大队人马奉命开进了西线受灾最严重的单位之一三十二队。樊队长把他们带到了一个风口林段。这个林段有南北两个山头和一条宽平的峡谷。山上山下到处都是倒伏的橡胶树，断主干主枝的更是不计其数，整个林段一片狼藉，惨不忍睹！

这场景让所有的人都倒吸了一口气，心情都异常沉重。赵为民更是心如刀绞。他长叹了一口气，说：“同志们，从今天上午开始，我们就要打一场硬仗了。这是一场检验我们每一个干部特别是党员干部思想政治素质高低的战斗，也是每一个干部立功受奖的一次机会。我们要发扬三叶人艰苦创业、以苦为荣、以苦为乐的光荣传统，学习第一代创业人的精神和干劲，打好扶树这场硬仗，不完成任务誓不收兵！下面由李副场长做具体分工安排。”

李智全表情严肃地说：“我讲三点，大家要注意听好。第一，有

6个人以上的科室自成一组，这些科室有生产科、劳工科、财务科、工建科、供销科、办公室、工会、派出所；6个人及以下的，两个科室并为一组，具体合并如下：组织科和宣传科并为一组，经管科和计生办并为一组，老协办和保胶办并为一组，自营经济办和教育科并为一组，审计科和卫生科并为一组，国土科和武装部并为一个组，综合治理办、保胶办和团委并为一个组；科长主任就是小组的负责人。场级领导愿意跟随哪组就跟随哪组。第二，扶树由外向里一个林段一个林段拉网式进行。各小组分头扶树，各自为战。扶树时要绝对注意安全，哪个组出现安全事故，我拿组长是问。第三，经研究决定，由工会副主席徐克坚同志作为这次扶树工作的总监，各组扶起的树必须经过他的验收，他说行了才算数。他说不行，一律要返工。下面由徐克坚同志讲一讲扶树的具体要求和要领。”

徐克坚刀条脸，绰号“四方脑”，他一米七八的个头，比李智全高出一头，俩人站在一块显得很不相称。徐克坚在公开场合发表讲话时，不论坐着还是站立，总是一个姿态：拧着脖子，歪脸斜眼，噘嘴叼烟，一手叉腰，一手攥拳伸出食指戳向天空，边抖动边说话。

“各位，你们当中大多数人都扶过树，应该都知道怎么扶树。扶树的要领和要求，我这里只说三点，你们都给我听好了！第一点，锯树时，树头至少要保留三米以上的树干，最好从树干开叉一米处锯断。锯的时候要从两头对称下锯，这样树身就不会撕裂。第二点，树头坑一定要挖大挖深，以树头能自然放下为标准。挖坑时要尽量保留主根和大根，不要贪图省事把主根大根都砍掉了，那样扶起的树就没用了。第三点，树一定要扶正了才能填土，回土时一定要填满打实，不然雨水就会渗下去沤烂树根，这株树就白扶了。回土填实后，一定要用树杈把树身顶牢了。这三条希望大家记住了，不要到时——哼哼，你们别怪我这四方脑袋不会转！我就说这几句。”

“大家都带饭盆来了吧?”李智全接着说，“中午饭招待所会送饭菜过来，大家就在队里吃，吃完了午饭就地休息，不要到处乱跑。不多说了，大家就按照刚才的分组，从这片林段开始扶树。”

100多名机关干部在林段分头散开，以组为单位拉网式清理风倒树，开始了他们近10年以来最为艰苦的一次体力劳动。很久没有出过大力流过大汗的机关干部个个憋足了劲，把积攒多年的力气全部使了出来。一时间，锯树声、砍木声和挖土声在林段里四处响起。不一会，扶树的号子声也跟着和在一起响成一片，沉静了数日的破败的橡胶园闹腾了起来。

孙志远带着生产科的7条“枪”来到了北山山腰。这里坡度高，倒伏树大，是整个林段扶树难度最大的地方。

“孙科长，没人指派生产科要到这里干，我们为什么非要挑这里来扶树?”科室里身子骨最瘦小的赖振春不满地嘀咕。

“振春，你看各组都有女同胞，只有我们科室全部是男同志，力量最强。这里就是块骨头，我们不啃骨头谁来啃呢?”孙志远扭头对科室里年纪最大的高广东说，“老高，你经历过1973年十四号台风，有扶树经验，你来当我们组的总指挥吧！有你这个老将在，我心里就踏实。”

“孙科长，不是我老高吹牛，其他的我不敢讲，扶树我比你们都有经验。1973年十四号台风吹倒的全是兵团树，那些兵团树啊，株株有大水桶粗，比这些‘600号’大多了，我们光扶树就扶了8个多月，干了差不多一年。振春、小邱、小唐，那时我才二十出头，年纪跟你们三个差不多。”

科里主管割胶技术的副科长蔡汝雄说：“老高，你负责指挥，告诉我们怎么做就行了，锯树挖坑的活就由我和殷东强、邱勇、唐海飞这几个体格强壮的人来干。我们把树扶起来了，你和振春拿树杈顶树春土就行了。”

“蔡副，你要是这么说，这个指挥我老高就不当了。我虽说56岁了，可力气也不减当年，我也要跟大家一块干！省得日后人家说我高广东这个大个子连一个妇女婆都比不上。”

大家一齐笑了。孙志远抬手一挥，大伙就围着一株风倒树分工干起来。这株倒伏树枝叶庞大，有三四十米长，像一把巨大的蒲扇倒伏在盘山带上。在高广东的指挥下，蔡汝雄和殷东强两个壮汉拉长锯专锯树干；邱勇和唐海飞拿镰刀专砍枝丫削树尾；孙志远和高广东、赖振春三个人拿锄头围着树头刨泥挖坑。七个人齐心协力，分工合作，不用一小时就把这棵倒伏树分解处理干净，把它修整成了一条光溜的四米见长的树头杆。

接下来就要使用人力把它扶起竖正。这株处理好的树干本身就有几百斤重，加上树根那头扎入泥土中，没有几千斤的力量是很难将它扶起的。

把风倒树扶起来竖正是扶树过程中最费力气也是最危险的环节。

孙志远点了蔡汝雄、殷东强和邱勇三个壮汉和他一块抬树身，叫高广东、唐海飞两人负责拉绳子助力，叫赖振春拿树杈待命。

高广东用麻绳套住树杈，往树头后拉开一段距离，和唐海飞攥住绳子站定；孙志远四人在树身这边一溜排开站稳，然后一起弯下腰，大家用两手把树干抱住箍紧。

孙志远看差不多了就大声喊：“准备——”

“等等！”高广东突然插了一句，“你们四个起身时，大家一定要一起用力抱紧，谁都不能松手。”

孙志远又喊道：“准备——一、二、三，起！”

四人“嗨”的一声同时发力，把粗大的树身一齐死死抱在怀里，再使出全身力气往上抱抬——4人的腰身在两脚的支撑下缓缓挺起，树身在他们的怀里抱着抬起与地面倾斜成25°角。

“一、二、嗨!”

“一、二、嗨!”

树身在4人的呐喊声中被一点一点抬高，那边树头也开始缓缓栽入坑穴。4人一波接一波地拼命使力，想把树身再抱高一点然后用肩膀顶住，可这点高度竟无法撼动。此刻4人力气几乎耗尽，树身抱在胸口前上不去也下不来，4人不敢放手，死死撑着。

在这危险关头，高广东冲下来，在他们身后弯腰钻入树底下，用左肩膀顶住树身，猛地往上一拱，高叫一声“换肩——”。高广东用猛力的一瞬间，孙志远4人趁势低头倏地往下一穿，4块肩膀顶住了树身，沉重的树干随即重重压在了5人的肩头上。巨大的压力压得他们个个龇牙咧嘴。

赖振春见状丢了树杈，也冲过来钻入最前位用肩膀顶住了树身。

“海飞，快拉绳!”高广东大喊，“快拉绳!”

说时迟，那时快，唐海飞一人在对面用力向后使劲拉麻绳。

高广东大声喊：“大家一齐用力!”

“一、二、嗨!”

“一、二、嗨!”

7个人一齐喊了起来。随着有力的号子声，7条汉子的力量全部汇聚在一个方向，这株水桶般粗细四米见长的树头杆，硬是一点一点地竖立了起来。

高广东大喊：“振春，你快去拿树杈顶住!”

赖振春钻出来，跑去捡起树杈对准树身，一戳就叉住了树身，顶住了风倒树。大家伙想松口气，可刚松一点劲，高广东又大喊：“不够直，不够直，再拉！再拉！再拉!”大家又重新使劲——

“一、二、嗨!”

“一、二、嗨!”

“好——好！直了！振春，拿杈跟上顶住。”

赖振春拿杈跟进顶住树身，其他人刨土填坑，夯实泥土，然后盖上草，一株风倒树终于扶好了。此时生产科组这7人已是个个大汗淋漓——毕竟，他们已经很久没有干过这样重的体力活了。

孙志远这组一连扶起了三株风倒树后才喘着粗气停下来休息。此时，其他组扶树正酣，胶林里到处是热火朝天的干活场面。扶树的号子声此起彼伏，这些简单有力节奏强烈的号子声，喊出了排山倒海的气势，非常震撼人心，也震撼了这一方的整片橡胶林。

仿佛是受到这些号子声的感染，孙志远他们没坐到10分钟就接着干起来。然而，这次当他们喊着号子拉起第四株风倒树时，意外发生了——这株风倒树头被推拉到70°时，绳子突然崩断，拉绳的两人仰面跌倒，4米多长的树干缓慢倒下。孙志远几个只得一齐松手闪身跳开，树身轰然倒下。

拉绳子的唐海飞用力过猛，仰面跌倒后滚入了下面盘山行的一个长条形施肥压青洞穴里。

赖振春嬉笑说：“海飞，这洞穴里舒服，你就躺在里面别出来了。”

唐海飞爬出洞穴，拍拍身子回敬道：“去你的！要舒服你来躺。”

这惊险的一幕刚好让巡查到这里的李智全看见。他绷着脸快步走过来，绕着重新倒下的树干转了两圈才站住，他捡起断绳，看了一眼就对孙志远说：“老孙，这绳子的韧度、强度都不够，这种绳子不能再用了，安全问题要放在第一位，你马上给我换一条粗的来。”

“李副，这里是野外林段，你叫我去哪里找粗绳子。”

“你去哪里找我不管，找不到粗绳子你生产科这组就给我撤回去，统统回家睡大觉去!”

“李副，没绳子我们一样可以干，我保证——”

“你保个屁证！压伤压死了人谁也保证不了！找不到粗绳子你这组今天就别干了！”

孙志远知道这个“李矮仔”的厉害，不敢再顶撞。正要去找绳子，站一边的高广东突然说：“李副，我有一个建议不知行不行？”

“什么建议？”

“1973年那场台风吹倒的兵团树，比这‘600号’大得多，我们那时扶树根本就不用绳子，用的全是野竹藤。这野竹藤又长又韧，比绳子还好使。”

李智全听了一拍大腿说：“对呀，1973年扶树，我们用的全是野竹藤，我怎么就忘了。这个建议好，野竹藤这里到处都是，可以就地取材。老高我先给你记上一功。”说着他扭头就往别的组走去，走了几步又回过头来警告孙志远：“孙志远，扶树可不是闹着玩的，砍、剁、锯、挖，用的全是锋利的铁家伙，抬树拉树不出事则已，一出事就是大事故，每个环节都要小心小心再小心，像今天这种危险的场面，以后绝对不准再发生。孙志远你听清楚了没有？”

孙志远连连应允。李智全扭头走了。

孙志远长长吐了口气，叫大家休息，自己拿刀带上老高砍野竹藤去了。

当了扶树总监的徐克坚，手里拿着一条一米多长小木棍，板着刀条脸，翘嘴叼烟，斜眯着三角眼在机关干部扶树的林段里这里走走那里看看；走到扶好的风倒树前，就停下来，先用木棍在树头周围乱刺乱戳，然后用手推推树身，再围着树头慢慢转，眼珠上下滑动，这里盯盯那里瞅瞅，总想挑出一些毛病来。然而他检查了20多株扶好的风倒树，并没有挑出什么大的问题。

徐克坚走进一个山坳，工会主席严守纪带着工会的13名干部职工在这里扶树。此时他们刚扶好一株风倒树，正坐在一边休息谈笑，看到徐克坚来了就立刻把话题转到他身上。

“这个四方脑，他怎么钻到这里来了？”女工主任钟燕说，“你们看他走路的模样，是不是像一条大灰狼？”

“我看他更像一只好斗的大公鸡。”会计覃丽说，“他来这里准没好事。”

出纳柳青接着说：“他去到哪里都没好事。”

“你们讲话客气点，他好歹是我们的工会副主席。”女工干事李秋红提醒大家，“这个四方脑，最好别去惹他。”

“副主席又怎么样？我们还有正主席呢。”

“覃丽，别说了，他走近了。”

“秋红，我们才是一伙的，怕他怎的？他是工会副主席，你爸还是农场副场长呢！”钟燕干脆大声喊起来，“徐副，刚才我们扶树的时候是多么盼望你来啊，可你该来的时候不来，现在这里不需要你了，你向后转吧，从哪来就回到哪儿去，啊？”

徐克坚不理会这些带点小刺但无恶意的话——这样的话他听多了，已经习以为常。他径直走到严守纪面前，说：“主席，辛苦了。工会这组扶了多少株？”

“工会女同志多，战斗力弱，到目前为止只扶好了五株。”严守纪指着刚扶起的树说，“这株是我们扶的，你给看看合不合格。”

徐克坚走过来，绕着树身慢慢转两圈，用木棍朝树头随意戳几下，又用手推推树身，才停下来对严守纪说：“主席，这株扶好的树存在四个问题。”

“噢，还有四个问题啊！我怎么看不出来呢？老徐，你可不要鸡蛋里挑骨头啊。”

“鸡蛋里挑骨头有什么不好？要真能挑出骨头来这鸡蛋肯定能上

吉尼斯世界纪录。”

“那你就挑吧。有问题我保证改。”

“那我就说了。第一，树干留得太短。场里要求主干到分叉最短也要留60公分，可你们只保留了20公分，这是不行的。第二，地上的这几条大侧根都要保留的，你们为了省事全部给砍掉了，这是不允许的。第三，我刚才用木棍戳了一下，不费劲就戳下去了，说明你们的填土不实。填土不实，下雨就容易积水沤坏树根，这株树就白扶了，这么做是不符合要求的。第四，这条顶杈太细，像一个小孩子去扶一个大人，能扶得住吗？那是扶不住的。主席，你们扶的树，要都是这样的话，一株都不合格。”

工会一帮人没想到徐克坚一口气挑出了四个毛病，个个听得目瞪口呆。

“老徐，你提的四点意见我们今后一定注意。”严守纪拍拍徐克坚的肩膀说，“这五株扶好的树我看就算了，天气这么好，不会刮风也不会下雨，不存在水沤树根、树身倒伏的问题。再说，你看看这些女同志，个个累得叫爹叫妈的，我看就算了。”

“我刚才还听见她们在笑呢。”徐克坚板着脸说，“你们把树干锯短了，把大根砍掉了已经没办法补救，但填土必须返工，树杈必须换粗的，不然的话，你们扶的树一律不算数。我还要向场长汇报，你们看着办吧。”

严守纪没想到徐克坚一点面子都不给，心里有些恼火，但没有发作。他清楚徐克坚的脾气——这个四方脑要跟你较上了劲，你越跟他理论结果只会越糟，说不准他又给你找出十个八个毛病来叫你返工。

“老徐啊，你现在是总监，比我这主席大，好好，你说什么就是什么，我听你的。”

严守纪不再搭理徐克坚，指挥手下人把在山坳里扶好的几株风倒树返工。他们个个绷着脸，气冲冲地把填好的土一点一点刨出来，再一点一点地填回去，重新捣实，然后再换上粗大的顶木。

严守纪他们返好工后，徐克坚又认真地检查了一遍。

“四方脑，这下过关了吧？”钟燕气哼哼地说，“下次我们煮地瓜不给你吃！”

徐克坚不理会钟燕，面对严守纪说：“主席，这里才四株，你不是说扶好了五株吗？还有一株呢？”

“在山坳那边。”严守纪一挥手，“走，大家一块去，把最后那一株返好工，让这个徐总监满意。”

大家伙儿骂骂咧咧地向山坳口走去，徐克坚在背后跟着。他们走出山坳，就看见赵为民和组织科、宣传科这组正在南边山顶上干得正欢。

覃丽突然停下来，指着路口一株刚扶好的风倒树转头对徐克坚说：“四方脑，你说这株树合不合格？”

徐克坚走上来，看了一眼就说：“不合格。树身扶得不够正，歪向了一边。这是哪个组扶的？”

没人应。

“这株树是哪个组扶的？”徐克坚提高了嗓门。

还是没人应。

“徐副，你的声音不够响亮，再喊大声一点。”钟燕激了一句。

“这株树是哪个组扶的？”徐克坚果然扯开嗓门大喊。

“是我们扶的。”赵为民带着方珏、苏俊才从山上走了下来，“老徐，这株树有什么问题吗？”

徐克坚愣了一下，说：“场长，这株树是你们扶的？”

“是呀，是我们扶的。”

“啊呀，是场长他们扶的呀！徐副，这株树——刚才你是怎么说来的?”钟燕故意大声说。

徐克坚没吭声。

覃丽也逼了一句:“徐副,刚才你怎么说来的?接着说呀!”

柳青也跟着说:“徐副,10分钟之前,你阳刚之气还十足的嘛。”

“是啊,你刚才的那一身正气哪去了?”钟燕又激了一句。

工会的人除了李秋红闭口不语外,其他人也跟着七嘴八舌故意挑逗起来——他们要看看徐克坚怎样处理。

“你们都给我站到一边去。”徐克坚走近风倒树,突然一脚勾开支撑的树杈,扶起的风倒树慢慢歪斜,终于扑倒在地,树头连根带泥一块翘了起来。

众人还没反应过来,徐克坚就拍拍手掌,冷笑一声,说:“钟燕、覃丽、柳青,你们自己说说,场长他们扶的这株树到底合不合格?”

“我——”钟燕顿时面红耳赤,不知如何回答。在现场的人也面面相觑,暗暗倒抽了一口冷气。覃丽扮了一个鬼脸不再说话。

赵为民虽然对徐克坚这手早已领教多年,此时心里也暗暗吃惊。“徐克坚同志做得对。”赵为民首先打破尴尬的场面,“老徐对工作一丝不苟、认真负责的态度是很值得我们大家学习的。我再强调一遍,徐克坚同志作为这次扶树工作的总监,他有权检查任何人扶起的任何一株树,不经他检查验收通过的,一律不算数,我也不例外。方科长、苏科长,你俩马上带人返工,把这株树重新扶起来。”说着,他提起一把锄头走过去自己先动手干起来。

工会这组人不敢再吱声,悄悄走了。钟燕边走边嘟哝:“这个四方脑真够四方的,这家伙谁碰着谁倒霉!”

徐克坚连场长扶的树都敢一脚钩倒叫返工,这消息迅速传遍了工地。这回徐克坚的话没人再敢不当回事了,惹恼了这四方脑真的没好果子吃。

十

李智全与徐克坚不同，他巡查到哪里就动手干到哪里，一上午下来，也弄得一身泥水，头发和衣服沾满了斑驳的胶水。他身体已经很累了，心情却很兴奋——大家挥汗如雨拼命干的场面，让他又一次感受到了三叶人在危难时候所迸发出来的坚强意志和团结一心的强大力量。有了这样的精气神，无论遇到什么样的灾难，三叶人都不会屈服，也不会倒下的。

李智全看看手表，已经是中午12点多。他下意识地抬头看了一眼天空，白色的太阳已悬在头顶。连队工人已经收工了，机关各小组还在不停地干。此时李智全已感到又热又渴、又累又饿，更何况是他们，必须停工休息、吃饭了。

李智全下令收兵，全部回队里吃饭。

机关干部全部撤出林段后，李智全才最后一个走出来。他走出公路，看见一辆三菱越野车停在路边。赵为民伸出手招呼他上车。小马也探出头说："李副，场长在这里等你好一阵子了。"

李智全听了这话，心里涌起了一股热流——赵为民的信任和关心让他疲惫的身躯又充满了能量。

小马开着越野车沿着坑坑洼洼的林段公路朝三十二队驶去。他两眼专注前方，双手灵活操纵着方向盘，车轮像长了眼似的不时地避开大水坑和泥泞的洼地。小车时而碾压路肩，时而借助隆土线灵巧平稳地向前行驶。

"老李，今天你辛苦了，喝口水吧。"车内赵为民转头递过一瓶矿泉水。

李智全接过水，一口气喝了大半瓶，才停下。

“老李，今天扶树情况怎么样？”

“场长，今天上午的扶树，总的来看，全体机关干部表现得都很不错。特别是生产科、计划科、派出所、供销科、工会、组织科、宣传科这几个组表现得都很出色，他们扶起的树也比较多。我统计了一下，上午机关一共扶了208株风倒树，这个进度看来还是可以的。如果全场都有这个进度，我估计半个月，也就是9月初以前可以全面完成扶树任务。”

“好，很好！”赵为民仰了仰身，右手摸了摸额头，说：“我们除了抓进度外，还要抓好宣传工作，要做好职工思想工作，鼓舞一下士气。我最近听到了一些议论，说农场很快就要支撑不住了，快要发不出工资了。哼，1973年十四号台风这么厉害也没有吹垮三叶农场，这个台风就想摧毁三叶？哪那么容易！”

李智全不语，默默地看着车窗外被台风刮得东倒西歪的橡胶树，心里一阵阵痛惜，这些看起来粗壮的橡胶树怎么就如此不经台风吹刮呢？

嘎吱——越野车在三十二队队部前停下。

招待所饭堂已把饭菜送来。饭菜都用大水桶装着，在队部门前一溜排开。一身泥水的机关干部拿着自带的饭盆口盅，围着机关炊事员老廖和老夏打饭菜。

赵为民刚打开车门，刘金福就笑着走了过来，小声说：“赵场长，别下车，你的饭我另外准备了，回招待所再吃。”

“不，我就在这里吃。”赵为民下了车。

“这是什么饭？又黄又硬叫人怎么吃？”人群中突然有人喊了起来，“这是什么菜，肥肉、咸菜、冬瓜汤，谁吃得下？”劳工科干事谭东大声嚷嚷起来。他身板结实，肤色黝黑，得了个“谭黑子”的绰号。

“谭黑子，场长来了，有胆你去跟他说呀！”

“你以为我不敢呀!”谭东果真端着饭盆朝赵为民走去。

“赵场长，您看，这饭这菜，干活这么苦就吃这东西！你叫我们怎么吃得下?”谭东双手端着饭盆递到赵为民眼前。

赵为民看了一眼饭盆，就皱起了眉头——这个刘金福，10块钱的标准竟搞出这种东西来。这家伙又想搞什么名堂!

“同志们，今天的伙食是差了一点，但既然做好送来了，大家就将就一下，吃了饭下午才有力气干活呀。明天的伙食，我赵为民向你们保证，一定不会是这个样子的。”赵为民说着一把拿过谭东的饭盆当众吃起来。

一脸怒气的谭东一下哑了，在场所有的人都愣住了。刚才还满肚怨气的人群平静下来，他们不再出声，端起饭盆重新排队，打了饭菜后就各自找了一块地方吃起来：场长都吃了还有什么好说的?

大家伙吃完了午饭，各自找地方休息去了。赵为民才把刘金福叫进车子说：“我的刘大主任，大家扶树都很辛苦，你们把伙食尽量搞好一点。”

“场长，你给我10块钱的伙食标准，我还能搞出大鱼大肉来呀?能搞出这个样子来就算不错了。”刘金福摊摊手，“要不，明天我来扶树，你叫别人来管后勤好了。”

赵为民思索了一下，说：“从明天起，每人每天再增加三块钱伙食费。这回你不要再让人家端着饭盆过来叫我吃了。”

“好的好的。”刘金福连连点头。

十一

机关全体干部下去扶树的消息不胫而走，迅速传遍全场。这消息，像一则无声的战斗檄文，很快就激起了全体三叶人的共鸣和响应。

不用号召，不用下令，区队干部、计时人员主动放下了所有的工作，全部上林段扶树。一线胶工上午割胶，下午不顾劳累也全部加入了扶树的行列。一场大规模的抗灾自救行动在全场42个生产队、在三叶的6万亩橡胶林里全面展开了。

40多年的相依相伴，40多年的不离不弃，橡胶树，已经和三叶人融成了一体！橡胶林已不单单是农场的橡胶园，更是他们灵魂的家园！

黎文乐和王秀文白天参加扶树，晚上还要加班加点，收集各队送来的抗风救灾材料，整理分类，写成消息、通讯送给农场调频广播站广播，然后又把稿子编辑成简报，每五天出版一期，印发给各单位。

广播站两名专职女播音员每天轮流值班，早、中、晚轮番播报抗风救灾的消息。办公大楼四层楼顶上的四个高音大喇叭，每天不停地响着女高音唱的高亢有力的歌曲。整个机关和场部地区的上空，每天涌动着一种使人亢奋，能让每一个人热血沸腾的气氛。这种气氛，能产生巨大的精神力量，凝聚起全场干部职工的斗志，共同抗击风灾。每天都有两千多人苦战在扶树工地上，6万多亩橡胶园里到处是沸腾的激动人心的扶树场面。

赵为民连续扶了7天树后，感到全身骨头像散了架，疲惫不堪，实在无力支撑。他在刘金福和李智全的反复劝说下，只好退出一线，每天在办公室里看陈秘书送来的抗风救灾简报，等李智全下午收工回来汇报扶树进展情况。

这天下午，下班时间已过，赵为民和往常一样坐在办公室里等着李智全，等着他走进大楼时踏出的沉稳的脚步声。

傍晚时分，一辆辆载满扶树人的卡车鸣着喇叭从下面林段回来了。赵为民手指夹着烟静静坐着。天色完全暗了下来，李智全才带着一身泥水和汗臭味走进了已亮起电灯的场长办公室。

“老李，今天这么晚才回来！”赵为民递过一杯早已泡好的茶。

李智全一口气喝光了茶水，喘了口气说：“今天上午，西线各队的风倒树，除三十六队以外已经全部扶完；下午机关大队人马还在三十三队扶树，其他单位已全部开进南线各队。我到各队转了一圈，我们三叶的干部职工——真的是好样的！”

“老李，坐下来慢慢说。”赵为民又给他倒满了一杯茶水。

李智全又一口气喝光了茶水才坐下来：“下午4点多，我和老孙坐车到各区队林段跑了一圈，下面的干部职工已经全部出动。特别是我们的党员、干部，每天带头奋战在工地上，没有一个逃避。三十二队、三十四队扶完树后，这两个队的干部又组织队伍增援南线的兄弟单位。十五队队长刁英才感冒发烧到39℃还坚持上林段扶树；二十三队队长陆海华，扶树时扭伤了腰，坚持不下火线；二十九队支书杨明亮，他老婆胃病复发，白天夫妻俩上林段扶树，晚上回来他才骑车带着老婆去医院打针，7岁大的小孩锁在家里饿得哇哇直叫；三队队长齐永春身体本来就差，还带头拼命干，今天下午累倒在工地上被人抬了回来——”李智全说到这里停了下来。

“老李，你往下说。”

李智全喝了一口茶水又接着说下去：“最让人感动的是退休工人。我们的退休工人，他们也自发组织起来了，和干部职工一起上林段扶树。我今天了解到另一个重灾单位三十六队，这个队在老队长符海涛的带动下，在家的39名退休工人，全部上林段扶树。就连70多岁的吴秀英老阿婆也拄着拐杖跟着去了，别人怎么劝都不肯回来。她说，阿婆老了，阿婆没有力气扶树，但阿婆还可以给你们送开水……”

李智全说着哽咽住了。

赵为民的眼眶里也衔满了泪水。

两人沉默了一会，赵为民才说：“三叶的干部职工是好样的！三叶的退休职工是好样的！”

“老李，明天机关这一块是不是去三十六队扶？”

“是的。西线只剩下三十六队没有扶完。”

“明天我也要跟着机关去三十六队。另外，你带上几箱矿泉水和几箱菊花茶，我要去看一看这些退休工人。”

“好的，场长，我现在就去办。”李智全站了起来。

“这事交给办公室老刘办就行了。你累了一天，赶紧回去冲凉休息吧，明天还有很多事情等着你去做。”

“好吧。”李智全告辞走了出去。

赵为民看着李智全蓬松的头发和消瘦了许多的身影，心底里涓起了一种从来没有过的内疚——李智全是一个德才兼备的人，更是一个实干家。上次党委会虽然调整了他分管的工作，不让他再管橡胶生产，但他依旧每天早出晚归下队抓生产，毫无怨言。他从一名生产科技术员，干到生产科副科长、科长，又干到副场长，早就够条件向上级推荐作为场（处）级正职的后备人选，而且也有两次推荐机会，但赵为民都没有动过这个念头，让他这个最早的三叶农场副场（处）级干部一直干到现在还是原地踏步。

赵为民内疚之余，突然冒出一个想法：这次老书记退休了，总局党委目前还没有任命新人，不管有没有机会，他都要全力推荐李智全。

十二

像往常一样，天灰蒙蒙亮的时候，一辆接一辆满载机关人员和工具的东风大卡车从场部广场缓缓驶出，经三角街区拐入西线公路，朝崇山峻岭、沟壑纵横的山猪岭区开去。

车厢里的人已没有了刚开始扶树时的那种新鲜与兴奋。他们相互贴靠站立着，目视前方，没有人说话，没有人谈笑；个个表情肃穆，面显疲容。连续半个月的扶树，让三叶农场很多机关干部第一次尝到了台风给他们带来的皮肉之苦和筋骨之累。虽然这次台风没有给三叶农场带来灾难性的后果，但一株株倒伏的胶树，一条条折断撕裂的橡胶树干，也足以令人痛惜——从开行挖穴，到小苗定植，到中小苗管理，再长成大树开割，每一株橡胶树都凝聚了三叶农场两代人的心血和艰辛！历经沧桑的橡胶园啊，你何时才不再遭受自然灾害的侵袭呢?

天空下起了小雨，早晨的凉风裹着冰凉的雨点呼呼扑在他们的脸上，车上的人一动不动地站着任凭雨点冲击。汽车不时鸣着喇叭，小心翼翼地在崎岖的山间公路上行驶，驶向农场西线最边远的单位三十六队。

半个小时后，五台东风卡车一辆跟着一辆徐徐开入建在西部深山腹地的三十六队。这个队三面环山一面临水，种有6万多株橡胶树，去年完成干胶180吨，是西线仅次于二十九队的产胶大户。雄心勃勃的三十六队人今年要向200吨干胶的目标冲刺，但这场突如其来的台风无情地刮掉了他们本可以实现的目标。

卡车队在队部门前的球场停下来。机关干部刚爬下汽车，赵为民和李智全乘坐的越野车也到了。小车后备箱里堆放着几箱矿泉水和菊花茶。

赵为民还没下车，三十六队队长何书平就迎了上来。这位参加过自卫反击战的退伍军人小跑到小车前立正，向车上的赵为民行了一个军礼。

何书平面容粗糙，个头不高却体形壮实；穿着一身已摘除了标志的部队军服，显得十分精神和精干。

“何队长，你们辛苦了！”赵为民跨下车紧紧握着何书平的手说，“你们队是全场受灾最严重的单位，今天机关干部全部过来了，帮你们扶树，咱们一起努力共渡难关。这里的情况怎么样？”

“场长，这次台风，我们队倒了3000多株开割树，断主干的有8000多株，吹掉了22个树位。我们队组织退伍兵和党员干部成立了突击队，连续扶了9天树。现在队里能上的人都上了，连退休工人也自发组织起来了，这几天一直跟着我们上林段扶树。场长，你看——”何书平转身指着队部门前站着的一群老工人说，“今天下着雨，他们又带着工具出来了，怎么劝都不肯回去。场长，你去劝劝他们吧！”

赵为民心头一热，朝这群退休工人走去。

“赵场长，您还认得我吗？”人群中，一个光头老人举手向赵为民打招呼。他中等个头，浓眉凸眼，身板硬朗。

赵为民一眼就认出了这位长着一双牛眼的前任队长符海涛。

“老队长！”他快步迎上去，紧紧握住了符海涛那双粗硬干糙、长满老茧的大手。

“老队长，我听说，三十六队的退休工人全都上林段扶树了，我听了我这心里……我这心里……很感动啊！”

“赵场长啊，看到橡胶园给台风打成这个样子，我们在家里坐不住啊！”

“老队长，你们这些老工人，五六十年代就来三叶，在农场辛辛苦苦干了几十年，退休了还想着为农场分忧，我、我这心里实在是很感动、很感动啊！”

“这些橡胶树都是我们一株一株种起来的，看到它们给台风吹成这个样，我们这心里难受啊！我们去扶起一株，这心里就好受一点。”

“老队长，我知道、我知道。”赵为民松开符海涛的手，走上一堆小石子——他想要向三十六队的老工人说一些感谢的话。可一看到这群饱经风雨和磨难的退休职工，原先想好的话已说不出来了：面对着这些白发苍苍、脸上刻满皱纹，有的连腰杆都挺不直的退休工人，你还能说什么?！此时此刻，任何感谢的话、任何赞美的言辞说出来都是苍白无力的。

阴沉的天空又下起了小雨。雨落风惊，笔直的雨丝在山风中飘摇飞舞。远处，巍峨的群山已朦胧成了一片。

风雨中，机关干部，三十六队职工和退休工人静静地站立着，注视着在石子堆上站着的赵为民——只要他一声令下，他们就会毫不犹豫地冲向他指向的地方。

赵为民努力压制着心中的激动，尽量用一种平和的语气说："同志们，我今天来，是准备要讲很多话的，但我现在只说一句：今天天气不好，下雨，下雨。退休的同志，请你们今天就不要去林段了，不要去了，不要去了——"他说不下去了，眼泪再也无法抑制地从眼眶里流了出来。

沉默，沉默。只有风雨在飘摇。

"赵场长——"一位弯腰驼背的老阿婆拄着木棍颤巍巍地走到赵为民面前，说："场长，这橡胶树是我们种的，为什么不让我们去扶树?"

"阿婆，你是——"

"我叫吴秀英，三叶1951年建场时我就来了，怎么着?"吴秀英用木棍叩击地面，说，"我钻大山开荒种胶的时候，你还不知道在哪里呢，你有什么资格不要我们去扶树！啊？阿婆老了，没力气扶树了，阿婆还可以送开水、砍树枝——"

"阿婆，我、我不是这个意思。"

"你不是这个意思是什么意思？阿婆今天就要上林段去！"

李智全走过来说："阿婆，我是扶树的总指挥，我同意你参加。阿婆你呢，就在家里负责煮水给扶树的同志们喝，这样也等于你参加扶树了，可以吧?"

吴秀英这才点头作罢。

风大了，雨丝也变得粗大密集起来。

李智全望着阴沉灰暗的天空，对赵为民说："场长，看来今天的天气不好，可能要下大雨，怎么办?"

赵为民转身面向机关干部大声说："同志们，天要下大雨了，大家说怎么办?"

"干!"人群中有人喊起来。

"干!"他们一齐喊起来。

"老李，你是总指挥，你来说吧!"

李智全扫了一眼神情肃穆的人群，用有些嘶哑的声音说："退休工人暂时留下，另有任务。机关全体人员跟着队干部职工出发。雨天扶树，大家要绝对注意安全!"

何书平带着退伍军人和胶工组成的突击队走在前面，机关大队人马扛着锄头、镰刀、砍刀，拿着大锯、斧头、绳索紧跟后面，迎着风雨朝大山深处的橡胶园蜿蜒挺进。

"李副场长，你给我们安排什么任务?"符海涛走过去拽住李智全迫不及待地问。

李智全笑了笑，说："老队长，今天你们的任务，跟吴阿婆一样，就在家里煮一些红糖姜水，送给扶树的人喝，预防风寒感冒，这也算你们参与扶树了，怎么样?"

"好!"符海涛爽快地答应了，回身对聚集在他身后的一群老人说，"雨天干活容易感冒，大家都回去各煮一锅姜糖水，煮好了再集中到队部送去给扶树的同志们喝。"经符海涛这一说，退休工人才各自散去。李智全长吁了一口气。

“老李，你的点子还真不少啊。”赵为民走下石子堆，“我们带来的矿泉水和菊花茶还没发给退休工人呢。”

“中午再发也不迟！”李智全说，“场长，我想下午从直属单位再调三个组上来，集中力量突击搞完三十六队，我实在不忍心再看到这些退休工人上林段扶树了。”

“好！就这么定吧。走，我们也到林段去。”两人在连队支书老冼的陪同下朝橡胶林走去。

十三

罗汉山胶园是三十六队受灾最严重的地方。机关全部人马在山脚下一字排开，从山脚向山顶扫上去。他们扶了这么多天的树，今天是第一次在风雨中奋战。湿漉漉的地皮，湿漉漉的树身，湿漉漉的工具，给扶树工作增添了不少难度和危险。挖坑溅起的泥水浆，砍树飞起的带有白色胶水的树屑，飞溅在人们的衣服、头发和脸上。挖泥坑声、锯树干声、砍树枝声和号子声混合在一起，响成了一片。仿佛是受了退休工人的感染，他们忘记了连日来扶树的劳累，个个使出全身力气拼命干。组与组之间展开了无声的竞赛：刚扶好一株，马上又清理下一株，没有一个组停下来歇息半刻。连徐克坚也加入工会这组动手干起来。

组织科、宣传科这组在盘山行中段连续扶起5株树后，10条汉子身上的旧衣裤全都变成了泥水衣。方珏怕大家累坏身体，下令就地休息。大家伙这才放下沾满泥水的工具，东倒西歪瘫坐在草地上。

不知什么时候，雨停了，风也温和了许多。灰暗的天空开了一个大口子，露出了清蓝的底色，太阳洒下了斑斓的光芒。

“该死的雨，总算停了。”苏俊才嘟哝了一句。

“有风有雨干活才爽快。”方珏也说了一句。

“雨天扶树，树容易活。”黎文乐解开白衬衫，拧成一条绳，黄色的泥水一块块掉下来。他里面穿的后背有个破洞的白背心也湿透了。

王秀文用手一点一点捏扯沾在头发上的胶水，说：“今天的扶树场面要是拍下来可以上省报，可惜没带相机来。”

“没相机就用笔写出来呗。”苏俊才说，“乐哥，你回去把今天扶树的情况赶一篇通讯出来。”

“腹稿我已经打好了，回去我就动手写。”黎文乐把拧成条的衬衫抖开，重新穿在身上。

“姜糖水来了，大家快来喝啊!”林段里有人喊起来。

大家循声望去，几个退休工人抬着一桶小碗和一桶红糖生姜水吆喝着走了过来，在盘山行中间停放了下来。

姜糖水送到林段，对又湿又累的机关干部来说无异于雪中送炭。

“姜糖水可以预防感冒，大家都去喝。”方珏一挥手，带着本组人马走过去，附近其他组的人员也放下手中工具围了过去。他们用小碗盛满姜糖水送到嘴边就吸溜吸溜地喝起来。

刚煮出来的红糖姜水冒着热气，散发出红糖的甜香味和生姜特有辛香味，这种味道很诱人也很可口，几口下去，胸口就暖和开来；一碗下肚，顿感气血涌动，额头冒汗，全身舒畅淋漓，疲惫的身躯又提起了精神。

王秀文舀了一碗姜糖水，一人独自站一边小口小口地抿着、喝着。他很久没喝过姜糖水了，他要细细品尝，好好感受一下姜糖水吞咽入喉后那沁人心脾、全身舒畅的感觉。

“哎!”突然有人在后面拍了一下他的肩膀。

王秀文转过身，一个高挑的大眼妹子笑盈盈地站在他面前。

“郑——水秀！”王秀文在扶树林段里遇到郑水秀是又惊讶又惊喜。

郑水秀今天穿着一身藏青色的工作制服，显得精神饱满。她知道机关干部今天全部来三十六队扶树，就趁着大伙休息喝姜糖水的工夫在林段里到处走。她心里渴望遇到一个人，走着找着就真遇到了。

“王秀文，我以为你把我忘记了。”

“我，我怎么会忘记你呢。”

“咯咯咯——”郑水秀笑起来，两只大眼一眨不眨地看着王秀文说，“你没有忘记我？那我问你，你在山猪岭电站大坝上给我拍的照片呢？不是说好两个星期就可以给我吗？现在两个月过去了，照片呢？我看你是忘得一干二净了吧！”

王秀文不敢看她那双含水含情又含火的大眼睛。垂下眼光说：“我没忘，照片我早洗好了，可我一直没碰到你。这段时间事情多，一直没空来三十六队。这样吧，明天扶树我带过来。”

“不用。我经常出场部买东西，有时间我上宣传科到你那儿取，我还想看看你拍的其他照片呢。欢迎我去吗？”郑水秀仍是笑盈盈地盯着他。

“欢迎，欢迎。”

王秀文见郑水秀的衣服上沾满了胶水和泥土，就问：“你也来扶树啊？”

“我也是农场一分子，为什么不能来扶树？”郑水秀抿起薄薄的嘴唇，右手握拳曲着手臂说，“是不是你小看了我们女孩子？告诉你，我们女子扶树不比你们男的差！”

郑水秀说这话时两边脸颊现出红晕，露出了浅浅的酒窝，整个人显得水灵秀气。

王秀文有些慌乱，连忙说：“我不是那个意思，我是说女孩子不要出来扶树——不是不是，我是说女孩子不能扶树，不对不对——我的意思是说扶树很辛苦——”

郑水秀咯咯咯笑了，说：“我懂你的意思了。哎——你家在十八队是吧?”

“我父母住在十八队，我现在一人住场部科研楼三楼的单间宿舍。”

“你——没结婚?”郑水秀低下眼睫。

“没有。”

“有对象了吧?”她抬头看胶树的叶片。

“没有。像我这种人，哪个女孩子会看上我——”

“哎，你们机关干部下队扶树挺累的吧?”郑水秀突然转了话题。

“不累是假的。干到第三天，整个人像散了架似的，一坐下来就不想动了。不过现在挺过来了，适应了，就不觉得有什么了。”

“唉，我也是累坏了!”郑水秀还想说什么，后边有人喊她。水秀应了声转身就走，走了几步又停下来回过头说：“哎，中午到我家休息吧，连队东头，大路出口，左手边有一幢单家独院的平顶房，那就是我的家。”说着转身快步走了。她背后马尾辫左跳右晃，像一只调皮的小松鼠跟着她跳跟着她跑。

王秀文望着她的背影，心中涌起了一种异样的兴奋。

喝了姜糖水的机关干部很快又投入到紧张的扶树战斗中。

王秀文突然间由一个文弱书生变成一个大力士，挖坑、砍树、锯树样样抢着干。平时很少谈笑的他，边干活边说笑个不停，快活得像发表了得意的作品。他的举动让大家感到有些惊讶，只有黎文乐心里明白是怎么回事。

十四

中午收工回来，王秀文在队部外头三下五下就囫囵吞完了半盆饭菜。他收拾好东西，一个人悄悄朝连队东头的路口走去。道路尽头是出队的路口，左侧果然有一幢单家独院的平顶房。离平房还有20多米，他心口就怦怦剧烈地跳动起来。一个小伙子无缘无故就去一个刚认识不久的姑娘家，脸皮真厚！想到这，王秀文脸上一阵发烫，脚步也停了下来。他站着犹豫了一会，终于转身往回走。

“哎，王秀文，你怎么往回走啦？”一个清脆的声音迎面而来。

王秀文一惊，抬起头——郑水秀扛着一段大腿粗细的橡胶木站在他面前。

“哎，前面就是我的家了，你怎么不走了？”

王秀文的脸一下红到了耳根：“我——”

“不敢进去是吧？跟我来。”郑水秀一低头甩肩，木头就从右肩滑过了左肩，“你跟我走。”

王秀文只好跟着郑水秀走。郑水秀走到平房东侧，把肩上的木头撂在木柴堆上才带着王秀文走进平房。这平房有80多平方米，中间开一个大门，进屋就是客厅，客厅两侧各套着一间卧室；穿过客厅后门，里面是一个不大不小的院子，院子两边是围墙，院子后面是三间大瓦房——这是三叶农场当下最时兴的私建公助房的样式，也是三叶农场时下一个职工家庭富有的特征。

院子靠西墙边有一口压泵深水井。郑水秀领王秀文到井边，压出一桶清凉的井水说：“秀文，你先洗洗手脚，我去拿我二哥的衣服给你换。”

她走进平房，一会就拿了一件新的白衬衫和一条新的黑裤子走出来：“我二哥身材和你差不多，他的衣服应该合你穿。厨房边的小房间是冲凉房，你进去换吧。”

王秀文大脑好像没了思维，他顺从地机械地接过衣服，走进冲凉房换上了干净的衣服。他提着换下的又脏又湿的衣裤走出来，水秀上前一把拿过脏衣裤，说：“我帮你洗，你先到客厅里休息，茶我已经泡好了，你自己喝。”

王秀文的脸又红了，不好意思地说：“水秀，我来你家，给你添麻烦了。”

“有什么麻烦的。”郑水秀蹲下来，就着一块水泥板台埋头唰唰唰地洗起了他的衣服。

王秀文走进客厅，在靠着西墙的长沙发上坐下来。客厅里摆了不少时髦贵重的东西：一套红木短沙发夹着茶几摆在对面，一辆125本田摩托车停放中间，29寸大屏彩电贴着北墙对着大门骑在组合柜上，先锋组合音响摆放在彩电两边——仅从这些摆设就可以知道这是一个比较富有的家庭。彩电上方，靠近右墙角处，挂着一位中年男人的遗像。从相貌和年龄判断，应该是水秀父亲。

王秀文坐了一会儿，一位50多岁很有福态的妇女扛着一把锄头走进来，后面跟着一男一女两个30岁出头的年轻人。

王秀文估计他们是郑水秀的家人，就起身打了一个招呼。两位年轻人对他点点头就下了厨房，那胖妇女却停了下来，上下打量着王秀文——王秀文猜得没错，走进厨房的两人是水秀的二哥二嫂，而停下来打量他的正是水秀妈，叫潘莲芳。他们刚从自办的家庭农场里扶树回来。

潘莲芳进来后一直站着，不停地打量着家里这位不速之客。

“你是——”

“我是……”王秀文看见她那尖利的目光心里就慌了神，一时手足无措，不知如何回答。

郑水秀走了进来，介绍说：“妈，他叫王秀文，是场部下来的机关干部，是来帮我们队扶树的。他是我请来的客人。”最后一句话郑水秀说成了重音。

“哦，你是机关干部，是下队来扶树的。”潘莲芳又瞅了王秀文一眼才下了厨房。

“秀文，她是我妈，刚才那两位是我二哥二嫂，他们也刚扶树回来。我家办了个家庭农场，种有两千多株橡胶树，都还是中小苗，这次给台风刮倒了不少。你先坐着，我下去煮饭菜了。”说完急忙走了。

潘莲芳在院子里洗了手脚又走进客厅，在王秀文对面坐了下来，面无表情地问：“你叫什么啊？”

“我叫王秀文。”

“家住在哪里？”

“我父母住在十八队，我一个人住在场部生产科研楼职工宿舍。”

“你在机关是做什么的？”

“在宣传科当干事。”

“你一个月工资多少？”

“基本工资400块，加上一些补贴和奖金一个月能拿五六百块。”

“你家里面有几个人？都是做什么的？”

“我家有四口人，我父母退休了，我有个弟弟在儋州那大帮人开车。”

“你十八队的家——”

“我父母住的是公家房，连队分的，有一间正房，后门有一个小天井，带一间厨房，没您的房子大。”

“我不是吹，我建的房子，在河西这边几个队，虽不是数一数二，那也是排得上号的。你看我屋里的这些东西，光这辆摩托车，就一万多块钱！我们家早就是万元户了！”

王秀文感到有些不自在。

“你十八队父母家里——”

“我十八队的家里有两张旧床，有几张老旧凳椅，都是我爸上山砍木料自己做的；我开的那辆轻骑价值1700多块，我家不是万元户，日子还过得去。”

“农场现在的家庭——”潘莲芳指着客厅里的东西说，“没有置齐这些东西，人家是看不起的！”

王秀文此时感到如坐针毡。他站起来说：“阿姨，你跟水秀说，我有事先走了。”说完也不管对方的反应，抬脚就往大门口走去——他不想再听她的絮叨。王秀文出了大门，径直往队部走去。

在队部门口，黎文乐刚好从屋里走出来，便拦住他：“秀文，你刚才到哪里去了？我到处找你。”

“哦，刚才，我去了一趟厕所。”王秀文第一次对好朋友撒了谎。

黎文乐没有注意到他换了一身干净的衣服，说：“有采访任务。刚才苏科长交代，十八队有一位老工人，在这次抗风救灾中表现很突出，他叫你下午不用去扶树了，去十八队采访这位老工人，回来后写一篇报道好好宣传宣传。”

“乐哥，写文字报道你比我拿手啊！”

黎文乐拍拍王秀文肩膀笑道：“你也能写，谁去都一样。科长点了你的名，你就去吧。”

黎文乐从裤兜里掏出一把钥匙交给王秀文，说：“秀文，今天我正好开车上来，你就开我的车去吧，油我已经加满了，路上要小心，不要开太快，要注意安全。到了十八队，先回家里看看父母再去采访。”

王秀文一一点头应承了下来，刚才的不快也全消失了。

从西线三十六队到南线十八队路途较远，王秀文驾着黑色的嘉陵70，从山里开到场部三角街区，再转向南穿过市场大街朝南线公路驶去，走了近一个小时才开车到十八队。

王秀文刚进连队就碰到了队长冯清安，他把来意向冯队长说明。冯清安说：“我接到你们苏科长的通知，说是乐哥要下来的，怎么是你呢？”

王秀文一听就明白了——从没说过谎的乐哥，第一次用一个谎言骗他接手了下午采访的活儿。这项工作比扶树轻松多了，还能让他顺道看看年迈的父母。王秀文心里涌起了一阵感激——对这位善解人意、经常像亲大哥一样关心照顾他的乐哥，他还从没有萌生过这样的情感。

王秀文也对冯队长说了个谎：“乐哥他临时有任务，科长就安排我来了。”

“秀文，你来了也好。你要采访的这位老工人是你爸。”冯清安说，“你爸这几天天天带着一帮老工人上林段扶树，今天上午他在南六林段扶树时突然晕倒了，我们抬你爸回来后他又醒了——”

冯清安说这话时脸上有些不安，他偷看一下王秀文的脸色，又说道：“秀文，你爸不是队里叫他去扶树的，是他自己硬要上去的，还说这些橡胶树是他们种的。我们拿他们真没办法！你、你不会怪我们吧，秀文？”

王秀文摇摇头，说：“我了解我爸。他们这辈人对橡胶树的感情，不是我们这一代人能理解的——不说了，冯队长，既然是采访我爸，我一个人去就行了，队长你就忙你的吧。”

十八队球场南北两边各有一幢公家盖的东西走向的平房，南边那幢平房西起第二间就是王秀文的家。

王秀文开车到家门口停放好走进家门，父亲王土生正躺在靠门边的一张旧木床上休息。25平方米的屋里堆满了杂七杂八的陈旧东西。

“机关不是都下去扶树了吗？你不去扶树跑回家里来干什么？”

王土生见儿子突然回来，有些意外，两手一撑，坐了起来。他上着汗渍斑斑的白背心，下着宽大的蓝色短裤，头发已经全部花白，两腮凹陷下去，脸庞上的皱纹又粗又深，拉成了一个长长的“川”字。

王秀文突然觉得父亲老了很多。

“爸，你身体怎么样了？”

王秀文在床头对面一张粗糙的没有上色的木制短沙发上坐下来。

“我死不了！我问你，你下午不去扶树跑回家里来干什么？”

“爸，我听队长说你今天上林段扶树时昏倒了，你没事吧？”

“唉，人老了不中用喽。其实这点事也算不了什么，我年轻时就昏过好几回。”

“啊！”王秀文有些吃惊，这些事父亲还没给他讲过。

“我和你妈1956年从广东老家来到农场，感觉最辛苦的是1960年、1961年、1962年这三年。这几年我们连饭都吃不饱，每天照样上山开荒种胶。有一天很晚了，我们才从工地回来，我走着走着，眼看就到家门口了，两脚一软就倒了下去。工友们把我抬进家里，卫生员过来看了我一眼，就冲了一碗白糖水拿给我喝，我喝下去就好了。第二天我又跟随大队人马进山搞大会战去了。”

王土生扭了一下身体，半靠着床头说：“记得是1968年，我在丙八林段里割胶时，胃突然大出血，倒在盘山行里没人知道。后来你妈在那边山头割完了胶，走过来才发现我昏倒在草丛里，她跑去叫人才救了我这条命。1973年台风我去扶兵团树，让一根倒挂的树干把我给砸晕了，我在场部医院躺5天才回来。人家都说我命大。哼，你爸叫什么？叫王土生，土生土生，有土就能生，我的命硬着呢！”

王秀文静静听着，默默看着饱经苦难的父亲，心里一阵酸楚。

“秀文，你今天跑回来干吗？”

“爸，十八队的树扶得怎么样了？”

“天气好的话这两天可以扶完。扶树得抢时间，拖不得，时间拖得越长，扶起的树就越难活。哎，全场都在扶树，你跑回来干吗？”

王秀文迟疑了一下，把采访他的事说了出来。

王土生听了哈哈大笑起来："儿子采访老子，有点意思。我在农场干了几十年，农场先进我当过，职工代表我当过，可就是没人写过我。秀文你写，让你老爸也在报纸上露露脸。"

"爸，你们退休工人这次主动出来扶树，为农场分忧，连场长都感动了。爸，你心里是怎么想的？说给我听听。"

"怎么想的？也没怎么想。看到这么多树倒了，我心急啊！心疼啊！当年种这些橡胶树有多辛苦你知道吗？"王土生坐直腰，说，"我是心疼这些树才去扶树的，其他的没想过。"

王秀文点点头，又问："妈去哪了？"

"她在厨房里煲绿豆汤。"

父子俩正说着，秀文的母亲苏凤英端着一大碗绿豆汤从后门走了进来。她看到儿子突然出现在家里，高兴得咧嘴直笑。

"咦，秀文，你回来了！"

"妈，我刚回到家。"

苏凤英把这碗绿豆汤搁在床对面的斑驳褪色的茶几上，又下厨房给儿子盛来了一大碗绿豆汤，才在儿子旁边的短沙发上坐下来。

"秀文，你有一个多月没回家了，工作多忙都要注意身体，注意休息啊。"

一家人聊了一会儿，苏凤英突然问儿子："秀文，你什么时候能给妈带一个媳妇回来？"

"妈，我每次一回来你就媳妇媳妇的，你没话说了吗？真是的——"

"你今年都26岁了，还小吗？咱家隔壁许家二女许静霞，多好的一个姑娘呀！她比你小两岁，皮肤虽然黑了点，但人勤快，模样也不错，她割胶月月一等。队里很多青年仔都想追她，特别是你的那个好朋友舒荣，追她追得很紧，他俩的2号树位挨一块，阿荣割完胶，还经常去帮阿霞割呢，人家都看到了……”

“妈，我一回来你就唠叨个不停，真是烦人！”

母子正说着话，许静霞突然出现在门口。她两手捧着一个白色的大口盅，口盅上面印着的一朵红花很醒眼。她有一米六的个头，齐整的短发顺到了耳后，刘海下面是两条均匀细长的眉毛，眉毛下一双黑眼睛特别明亮。她上身穿着蓝色碎花短袖衬衣，衣胸前的布条束了一个花结；下穿棕色的直筒裤子，脚上穿着中跟凉鞋，整个人显得亭亭玉立。

“阿霞——你今天穿这身衣服太好看了！”苏凤英起身抓住许静霞的胳膊，热情招呼，“快进来坐，快进来坐。”

许静霞走进屋说：“凤英姨，我爸中午下琼安河抓到了一条黑鱼，我妈拿它炖了一点鱼汤，叫我送过来给土生叔吃。我爸说黑鱼有营养，土生叔吃了能补身子。”

苏凤英满心欢喜地接过口盅搁在茶几上，又拉着许静霞摁她坐下，就匆匆下去冲茶。

不一会儿，苏凤英就用自炒的绿茶泡了一杯茶水端放在许静霞面前，说：“静霞，你爸妈有心了！你也有心了。”她扫了一眼王秀文，用眼神示意他跟许静霞讲话。

王秀文只看了一眼大口盅里的黑鱼汤，并不理会母亲的眼神。

许静霞隔着茶几看着王秀文，没说话就先咧开厚嘴唇笑了，方圆的脸上露出了两只浅浅的酒窝。

“秀文哥，好久不见你了，你好像瘦了，工作很忙吧？”她主动说话。

“白天扶树，晚上加班加点赶材料，忙得够呛。”王秀文移开目光，没有看她。

“今天下午怎么有空回来了？”

“科室安排我到十八队采访一位老工人，到了连队我才知道，我要采访的人是我爸。”

许静霞又抿着嘴唇笑了，说：“用你们文化人的话说，这叫‘无巧不成书’。秀文，你有工作我就不打扰了。土生叔，您好好休息。凤英姨，我走了，口盅我晚上再过来拿。”她端起茶杯，连喝了几口还烫嘴的茶水，喝完了才放下杯子站起身往门外走去。

苏凤英急忙扯儿子的衣服，示意他送送许静霞。王秀文只得起身快步跟上去。两人刚走出门口，许静霞突然回身，对王秀文莞尔一笑，说：“秀文哥，我家就在你家隔壁，不用送了。以后回来，有空就进我家里坐坐。”说完转身走了。

王秀文折身回屋刚坐回原处。苏凤英对儿子说：“阿霞是一个好姑娘，你调去场部上班，你弟弟又去了那大开车，你们兄弟两个都不在家，我们平时有什么事，都是叫阿霞过来帮忙的。阿霞也很乐意帮咱们。她人好，力气大，干活勤快，要是能当我们王家媳妇那该有多好啊！”

“妈，你又来了——”王秀文说，“你说你烦不烦？”

“你烦？我还烦呢！你看对面人家的阿华，他跟你同年同月生，他的儿子都一岁了，你还是光棍一条！你还想光棍到什么时候？”

“妈，我一回来你就拿这事唠唠叨叨个不停，你让我安静一下好不好？”

“凤英，你就别再说了！”王土生不满地盯了她一眼，“婚姻这事是能急得了的？当年我26岁也没娶媳妇，我妈也说我这一辈子要打光棍了，可我打光棍了没有？我30岁结婚，娶你的时候只花了两担谷子——”

“你还好意思说出来！要不是我看上你，你家牵两头牛来我也不会进你王家的门！”

“我说的也就是这个理！婚姻是你情我愿的事，勉强不得。”

“好了好了，什么时候都是你有理！快喝鱼汤吧，要是有人端鱼汤给我喝，我就知足了，我就闭嘴什么话都不会说。”

“秀文回来，晚上连菜都没有，这黑鱼汤端下厨房，咱们晚饭一起吃吧。”

苏凤英捧起大口盅，用鼻子闻了一下说：“真香啊！要不是人家阿霞，你们能有黑鱼汤喝？”她说着捧着大口盅下了厨房。

苏凤英从厨房上来时，手里拿了两梳没熟的生芭蕉，对儿子说：“秀文，这两梳芭蕉是咱家种的，你拿去阿霞家，放两天就可以吃了。”

“她拿鱼汤过来，你就叫我拿两梳芭蕉过去，还是生的，我不去，你自己拿去。”

“你这小孩——你不拿去今晚你别喝鱼汤。”

“我吃生芭蕉行了吧？妈，你再啰唆，我采访完我立马就走，我不吃晚饭了。”

苏凤英看儿子真生气了，只好自己拿着芭蕉去了许家。

母亲走出门，王秀文才开始仔细询问父亲事情的经过。问完父亲后，又去找冯队长和一些在场的老工人详细了解情况，最后又到扶树现场实地察看一番才结束采访。

王秀文吃了晚饭就起身告别父母，他出门骑上摩托车正要踩脚踏，苏凤英追了过来。她拽着儿子的衣服跨上车背，她双手紧紧抱着儿子，侧脸贴在儿子的背肩上。

“妈，你要去哪？”

“我不想你走——”苏凤英紧紧搂着儿子的腰。

王秀文静静地让母亲抱了一会儿才说：“妈，我再不走，天就黑了。”

苏凤英这才松手下了车。

王秀文踏响摩托车，头也不回就开走了。后面传来了父亲苍老的声音："路上开车小心点——"

王秀文扭大油门，驾着黑色的嘉陵70驶出了连队。

十五

声势浩大的扶树大会战一直持续到9月上旬才全部结束。机关正常上班的第一天，正科级以上干部就集中在一楼会议室里开场务会议。

场务会依旧由赵为民主持。

李智全首先汇报全场扶树的情况："同志们，到昨天为止，我们整整扶了20天树。全场共扶起风倒树5.8万多株，占全倒树的88%。可以说，能扶起的树，我们都扶起来了，比计划提前了5天完成扶树任务。这次扶树，大家表现得都很好，特别是退休职工，他们对农场对橡胶树的深厚感情，他们上林段扶树的态度和干劲，是我始料不及的。还有一线工人，他们上午割胶、下午扶树，每天劳动时长达16个小时以上，最苦最累的是他们！这次高强度扶树，我们的干部职工没有一个人叫苦叫累，一直坚持到最后。三叶农场有这么好的干部职工，有这样深明大义的退休工人，我李智全真的很感动！我很感激他们！下面，我汇报机关各组完成的情况——"

李智全汇报完后，各组组长也轮流向赵为民汇报了本组扶树的具体情况。

赵为民认真听完每一个人的讲话后，才最后作总结发言："同志们，刚才听了大家的汇报，我很感动，也很满意！各区队在风灾面前不悲观畏缩，不等待观望，发扬了三叶人艰苦奋斗的光荣传统和连续作战的顽强作风，苦干了半个多月，提前五天完成了全场的扶树任务。这说明了什么？说明了我们的干部职工包括退休工人是有较高的思想觉悟的，是有战天斗地这样一股精神和干劲的！组织部门和宣传部门要好好总结一下这次扶树的情况，挖掘一批典型，然后开个表彰大会进行表彰。”

赵为民说到这，扫了一眼会场，话锋突然一转，说：“这场台风过后，我也听到下面有人议论，说农场很快就发不出工资了，我们有的干部也跟着在那里起哄！看来这些人是唯恐天下不乱啊。今天在这里，我可以告诉大家，你们的工资一分不减，经费一分不减！”

赵为民顿了一下，又说：“这次台风虽然给我场造成了较大的损失，但还没有伤到我们的筋骨，农场的元气还在！8月份我们受了风害，还拿了526吨干胶，比去年同期增产了18吨；风后的产量还一直保持着稳定上升的势头。虽然目前的胶价有所下降，但还有1.3万多一点，而且供不应求。照这种势头，胶价反弹的可能性是很大的，大家完全可以不用担心。当然喽，我们也要按照总局的要求紧缩开支，做到保生产、保生活、保稳定，争取实现全年财务收支平衡。下一步，我们要全力以赴抓好割胶生产，力争9月份完成干胶总量超过去年同期水平，确保全年干胶完成4800吨。”

细心的与会者发现，赵为民第一次在公开场合把全年干胶完成的目标改成了4800吨，这也就意味着这场台风造成的减产已成定局。

会议一直开到中午12：30才结束。散会后，朱晋良没有走，跟着赵为民从北侧门进了场长办公室。

赵为民在老板椅上坐下，朱晋良坐在他对面的真皮沙发上。

赵为民揉了揉隐隐发痛的太阳穴，说：“老朱，什么事？你说吧。”

“场长，我们的财务计划是不是要调整一下？”朱晋良开口说道。

“唔？调整财务计划？”赵为民直起腰。

“场长，从今年以来，胶价一直下跌，到目前为止已跌至1.3万，光是售价，我们每吨干胶就要比去年减收1500多万。今后胶价跌不跌还很难预料，我们应该要早做一些打算了。”

赵为民不以为然地说：“从目前的销售情况看，胶价很可能要回升，不必惊慌失措。”

“场长，这次台风袭击，我们损失不小。我问过生产科，他们说后4个月干胶预计要减产820吨，加上价格因素，我们全年的收入就要比年初的预算减少1570万元。这样一来，我们的财务缺口就有1500多万元啊。”

“有这么严重吗？十二号台风虽然给我场带来了一定的损失，但也只吹掉了15万株胶树啊，我们还有100多万株开割树，元气还在嘛。8月份我们能够完成560多吨干胶就很说明了这一点，不要这么悲观嘛。年底我们完成4500吨到4800吨干胶是不成问题的。”

“场长，我们今年要还农行贷款660万，还世行贷款130万，还农垦供销公司借款450万，还银行利息450万，总计有1600多万。另外还有一些数目不小的私人借款，如果算上这些，我们的缺口就更大了。”

赵为民没有吭声。

“场长——”朱晋良继续说道，“我们调整一下财务计划，这也是符合总局的精神和要求的。我们的生产成本本来就高，加上费用开支又大，致使我场的综合生产成本居高不下。目前我场的吨干胶成本已经高出1.2万元，不压缩一下费用开支看来是不行了。”

赵为民两边的太阳穴又隐隐作痛起来。他用两个拇指头分别按住两边的太阳穴慢慢揉起来，揉按了一会才松开手，说：“好吧，那就按总局的文件精神，调整一下吧。老朱，你们先把方案搞出来，我们再专门开个会讨论。”

“场长，调整方案我已经搞出来了。”朱晋良把手里的一份材料递给了赵为民。

赵为民接过材料，放在台上说："这份材料我先看一下，再定个时间召开企管会讨论。"

朱晋良起身走了。办公室里只有赵为民一人。他点燃一支烟，仰靠在椅背上，陷入了沉思。

十六

金秋十月，海南岛的气候是温暖宜人的。然而今年的十月却出现了反常气象：冷空气三番五次过早地光顾了海南这块美丽而又温暖湿润的土地。冷空气虽然不强，却让人感到了丝丝寒意。这对以橡胶为主业的三叶农场来说不是一个好兆头。

不知是受了台风影响抑或是其他因素的影响，三叶风后第一个月——9月份只完成250多吨干胶，比去年同期减少一半；10月份尽管开展了轰轰烈烈的挖潜增产劳动竞赛，可10月份过半了也只完成了205吨干胶，比去年同期减产了70多吨。主业没有拿到预期的产量，而外面的市场胶价却持续下跌；对三叶农场来说，这无疑是雪上加霜，农场的经济形势骤然紧张起来。

照目前这样的生产势头，全场今年拼死也只能拿到3800吨到3900吨干胶，与年初计划要相差一两千吨。这样的产量，即便目前的售价保持到年底，全年也要减收2300万元。这头一减收，那头的财务缺口就是3000万元之巨。这是包括赵为民在内的全体班子成员谁都不愿意看到的。

有很多年没有为资金发过愁的赵为民开始为下个月工资乃至年终奖金的发放问题担忧发愁了。

今年的财务缺口已经可以预见，这么大的一个窟窿拿什么去填补？办法只有两个：一个是继续向银行贷款；另一个是调整财务计划，压缩开支。

继续向银行贷款？银行对三叶农场的贷款态度发生了微妙的变化。过去一直热情主动地给三叶农场放贷的农行开始变得不爽快了。你一提贷款，农行就讲条件，要你先把今年的贷款和往年利息还了再说，而且口气坚决，没有商量的余地。

压缩开支？也不容易。干部职工的工资是不能减的；医院、学校、工会的经费是减不得的；还有护林保胶经费、运输加工费用、养路修路费用等等也都是必要的。能减的只有招待费用、干部和计时人员及杂勤人员的奖金补贴和机关干部的包干经费等等。可这些经费一旦减下来，就会影响这部分人的情绪，挫伤他们生产工作的积极性。压缩开支这条路虽然不好走，但还是可以走的。

赵为民认真看了朱晋良送来的财务调整计划，也开始左右为难，感到很不好下手。他本来还想等等，等待胶价反弹起来，但眼前的形势发展变化得太快，已经不容许他再犹豫再等下去，必须立即召开企管会讨论此事了。他翻了一下日历，今天是星期五，明天就是大礼拜，不能再拖了。

他叫秘书老陈通知企管会的全体成员下午提前半小时上班，到一楼会议室开一个重要会议，谁都不能缺席。

下午2点整，一楼会议室里，由6位场级领导、23个科室部门及4个直属单位的头头和8个作业区的主任、书记共53名正科级干部外加一名队长、一名胶工组成的农场企管会成员全部到齐就座。

赵为民习惯性地扫了一眼椭圆桌两边的下属，开门见山地说道：“今天叫大家来开会，主要是讨论怎么样压缩开支的问题。大家都知道，十二号台风打过后，我场的干胶产量一直在减。干胶减产还不算，橡胶产品市场也在持续疲软，胶价现在是一路下跌，一天跌一个价，形势对我们来说是越来越严峻了。总局这段时间也三番五次开会，下文件要求今后几个月要紧缩开支，把有限的资金用到保生产、保生活、保稳定上，力争实现全年财务收支平衡。我们今天开这个会，就是要贯彻总局的会议和文件精神。大家具体讨论一下该怎么压怎么减，究竟压哪块减哪块。老朱，你先把调整方案向大家详细说一遍。”

朱晋良戴上老花眼镜说：“今年干胶减产和胶价大幅度下跌，给我场造成了较大的财务缺口。就是按照最好的结果来测算，全年也要缺口1550万。目前我们要调整的开支主要有四大块：一是压减干部计时人员工资奖金和各类补贴380万；二是压缩基建工程项目400万，取消的项目主要有三叶市场大道硬板化改造工程和场中心幼儿园的装修工程；三是压缩行政费用110万，包括减少护林保胶经费50万和减少场级、科级领导的经费等；四是压减场内胶水运输费、加工费和养路修路费82万。这四块共计压减开支972万。即便是这样压减，我们的财务缺口还有570多万，我场的财务还将面临困难的状况。大家议一议，看看这么压减行不行。”

“行政费用这一块，我看场级领导的经费就不用减了。”刘金福首先发言。

“要减经费，领导首先就要带头。”徐克坚立即反驳，“上行下才能效，光减当兵的经费不减当官的经费难以服众。”

“我不同意老徐的意见。”程祖荣说，“场领导开会多，出差多，事务多，承担的责任大，减少了恐怕不利于工作。大家说是吧？”

一些科长也纷纷发言，赞同程祖荣的意见。

“大家还有什么意见？”朱晋良环顾一圈，会场一片沉默。

“那好，按大家意见，场级领导的经费就不减了。”朱晋良拿笔在材料上做了个记号。

“胶工的干胶单价可以调低一点，干部计时人员的工资我看就不要减了，减一点奖金和补贴就行了。”严守纪作为场级领导第一个开了口，“干部现在的工资只有四五百块，加上奖金补贴也只有五六百块，与外面的比起来算是很低的。”

严守纪的发言赢来了一片附和声。朱晋良用笔记了下来。

“行政费用这一块包不包括小车费用和招待费用？”李智全突然发问。

“这个，包含在里头。”朱晋良回答。

“那行政费用这一块减得太少。我看小车费用和招待费用这两项就得压减100万。”李智全提高了声调，“十几部小车天天跑，月月修，一年下来100多万。还有招待费，今天一小宴，明天一大宴，一个月下来就吃掉好几万！不压狠点，这样下去怎么得了！”

“李副说的话不错。”刘金福也提高了声调，“可我们办公室也有难处啊！全场23个科室还有4个直属单位，每天都有七八个部门来要车，还有场级领导也要用车，你给了这个不给那个就要得罪人，统统都得给！是吧？就是现有的13台小车还不够用呢！费用大有什么办法。至于招待费过高，那也是没办法的事。今天上面这个处室来检查工作，明天那个处室来检查生产，你能搞工作餐给他们吃吗？还有场里今天这个部门开会，明天那个部门开会，吃喝都冲着我办公室来，有的连招呼都不打就上酒楼下饭店，吃完了就拿发票来报账，招待费能不高吗？”

“车不够用，我看是公车私用的多吧？”徐克坚冷不防插了一句。

刘金福不满地睥睨了他一眼，说：“在座各位有谁没有用公车办过私事？我记得今年7月份，你徐克坚去海口出差，就用皮卡车顺道接了你两个孩子回来，我说得没错吧？话说回来，小车费用是高，招待费也不低，但基本上都花在了公事上，花在了大家的身上，要加要减大家定吧，我都没意见。”

“我看，农场还不至于困难到连坐车吃饭的钱都没有吧。”周自成说，“小车费用和招待费用一年开支也不过一两百万，这点钱像我们这样的企业还是可以承受得起的。”

周自成的发言又赢来了一片附和声。

李智全想说什么，看到众人的反应又沉默不语了。

一直保持沉默的林诗锦终于开口说道：“我作为党委副书记，主管政法这一块。我认为，目前偷卖胶现象比较严重，护林保胶压减50万是不是太多了？能不能减少一点？30万行不行？”

“护林保胶这块油料用得太多，补贴也发得太高，我们主要是减这两块。”朱晋良解释道。

赵为民说了一句：“我看护林保胶这块就按林副书记说的减30万就行了。”

场长一句定乾坤，没人再反对。

朱晋良抬起头：“其他要减的项目，大家还有什么意见？”

没人表态。

“大家可以自由发表意见。”赵为民点燃一支烟，仰靠着椅背吸起来，“在座的大都是农场的中层干部，有什么好的意见和建议都可以提出来。老孙、方珏，你们两个坐大半天了，也该说说话了。”

“我同意大家的意见。”方珏说。

“我也同意场里的调整计划。”孙志远也跟着说了一句。

朱晋良综合了大家的意见后，把最后压减的数额算了出来，说：“根据刚才大家提的意见，除去152万，最后压减的总额为820万。大家还有什么要补充的？”

会场一片沉静。

“好，全体通过。”朱晋良习惯性地摘下眼镜。

赵为民照例作最后总结发言："同志们，刚才经过大家的研究讨论，财务调整方案基本上定下来。这个调整计划，从10月1日开始正式执行。这次压缩开支，只是我们应急的一个措施，并不意味着三叶的经济状况从此要恶化下去。橡胶市场疲软、胶价下跌这种情况，我们不是第一次碰到过，顶多一阵子就过去了，没有什么可怕的。按往年惯例，冬季一到，橡胶树停割了，胶价马上就会飙升起来，请大家不要这么悲观，把精神振作起来。今天的会就开到这，散会。"

赵为民嘴上虽然这么说，可他心里也是七上八下的没有什么底。三叶未来的前景如何，他也只能在心里祈祷了。

十七

大礼拜六是机关干部最放松的日子，可王秀文一早就起来对窗伏案赶写起一份材料。

昨夜下了一场小雨。窗外，椰子树、槟榔树、石榴树、九里香和地面上的小草都还有些湿漉，它们散发出的花蕊的清香和草叶青的清鲜气味，随清凉的晨风弥漫开来，飘入房间，沁人心脾，让人感到格外的清爽和舒服。

雨后放晴的早晨，天空如清水洗抹过一般，一块比一块蔚蓝，一块比一块纯净。柔和的阳光透过树叶的空隙投下一束束橘黄色的柔和的光芒，让人感到了人间的温暖，也感到了大地万物充满了生机与活力。

也许是受到窗外的景致所感染，王秀文文思泉涌，10点钟不到就赶好了材料。他舒展了几下手臂，正要起身离开，突然想起了什么，从抽屉里拿出一个信封，从信封里抽出一沓照片——这是他三个月前在山猪岭电站大坝给郑水秀拍的一组照片。他抽出一张全身照仔细看起来——郑水秀微笑着面对镜头，侧身站在大坝护坡的高台上。她身后的万泉河水面平静，微荡涟漪；水波尽处是巍峨苍翠的群山，水秀就定格在美丽的山水之间。她身段高挑、丰满匀称，五官秀丽袭人，特别是她那双含水含情的大眼睛，更是楚楚动人。即便是照片，你也不敢与之对视。这是一种天生丽质的美。

不知怎的，在山猪岭电站大坝第二次遇到郑水秀后，她的身影，她的音容笑貌就久不久地出现在他眼前。天下的事情就这么古怪，郑水秀才刚刚进入他的视线，就又在三十六队扶树时遇见她。这次偶遇后，水秀的音容笑貌更是不时清晰地浮现在他脑帘中，仿佛是黏住似的怎么赶也赶不走，莫不是自己喜欢上了这个姑娘？

一想到这，他心里就会有两个小人在对话。一个说：“王秀文啊王秀文，你这副寒酸相，郑水秀怎么会看上你呢？别自作多情了。”另一个则说：“不对，她要是对我没意思，为什么要主动跟我说话？为什么主动邀我去她家？为什么拿她二哥的新衣服给我穿？为什么要帮我洗衣服？她肯定是喜欢上了我。”可这个又说：“呸呸呸，王秀文你别自作多情了！水秀长得这么漂亮，她怎么会看上你呢？她家境这么好怎么会嫁给你这个穷小子？不要自作多情了。”

两个小人不时相互争辩，没有输赢，搅得王秀文有些心烦意乱。

王秀文放下郑水秀的照片，突然又想起了水秀母亲那天问他的情形。她那口气那神态，就像审问犯人，真让人受不了——他这辈子都不想再踏进这样人家的门槛——可不去她的相片怎么办？她二哥的衣服穿回来了怎么还回去？又厚着脸皮去一趟她家？不不不，打死我也不去她家了。

正当王秀文胡思乱想时，黎文乐突然推门进来，站在门边冲着他一直盈盈地笑。

王秀文慌忙把相片塞回抽屉里，说：“乐哥，看你笑得怪怪的，有什么事你说嘛！”

黎文乐回头对门外说：“进来吧。”

一位身着白色套装的姑娘走了进来，她身上斜挎着一只自缝的蓝底碎花布袋，亭亭立在王秀文面前。

“咦，郑水秀！”王秀文慌忙起身招呼，“水秀，快进来坐，快进来坐。”

郑水秀大大方方走过来，走了几步站住了，四下打量着房子——这是一间25平方米的单间，一只白色布柜安放中间，把房间一隔为二。布柜里面，靠西墙安放着一张铁床，床上的被子没有叠，乱成一团；铁床对面摆着一个三层书柜，里头齐整地排满了书刊；一张书桌朝北靠着后窗，上面铺满了材料和稿纸。坐在木椅上伏桌写稿，窗外的景色可以一览无余。布柜外面，挨西墙摆放着一张小圆桌，小圆桌上是一些碗筷、铁盆、口盅等吃饭喝水的用具；一个液化气瓶像一颗炸弹立在墙角；靠前窗搭着一张木板台挨着了门框，上面摆着电饭煲、燃气炉、铁锅等炒菜的用具用品和盐油酱醋；木板台下面堆放着两只盛满水的红色塑料水桶和一些杂物……整个房间简陋而杂乱。

王秀文见郑水秀四处打量房间，慌忙收拾小圆桌上的碗筷，又跑去叠床上的被子。他简单收拾了一会儿，才打开一张折叠椅说：“水秀，你坐，等等，我用布抹一抹——”

没等他说完，水秀就一屁股坐了下去。

“秀文、水秀，你们两个聊，我有事先走了。”黎文乐咧着宽厚的嘴唇笑了笑，转身走了。

王秀文也搬了一张折叠椅在水秀对面坐下来。他第一次和郑水秀近距离在房间里面对面坐着，感到全身上下不太自在，一时不知道该说什么好。

“哎，王秀文，那天你去三十六队扶树，中午去我家干吗不打声招呼就走了?”郑水秀先开口说话。

“我——”王秀文脸唰地红了，样子很窘促。

“后来我去队部去找你，乐哥说你有采访任务去了十八队了，是吗?”

“对对对。我有采访任务，就先走了。”

“你去采访谁了?”

“采访一个老工人。”

“这位老工人是谁?”

“是我爸。我去了才知道的，是真的。”

郑水秀笑了一下，说：“你写你爸了?”

“写了。可他说他思想没那么先进，叫我不要乱写。”

“你爸还真有意思。哎，在房间里怎么能炒菜呢? 你看油烟把窗户和墙壁都熏黑了，多难看啊! 外面走廊这么宽为什么不移到外面去炒?”

“我、我等下就移到外面去。”

“这个煤气瓶怎么能放在屋里呢? 万一你睡着了它漏气了怎么办? 这东西必须搬出去的。”

“对对，这是个定时炸弹，必须搬出去的。”

“还有，这些水桶放在屋里乱七八糟的，把屋里弄得很潮湿，长期这样对身体不好，水桶也要放在走廊外面才行。”

“我现在就提出去。”王秀文急忙起身，把两只水桶提了出去。他返回来刚坐下，郑水秀又指着床说：“你看你的床，乱得像狗窝，人家一进门就看到了，多不好意思。”

“是、是。”王秀文一边机械地应答一边用手不停地抹额头上沁出的汗珠。

“哎，秀文，你上次在山猪岭给我拍的照片洗好了吗?”郑水秀总算换了话题。

“早洗好了，一直忘了送给你。”王秀文急忙起身拿来照片递给水秀。

郑水秀从信封里抽出相片，一张一张细细看，看着看着不觉抿嘴笑了。她轻声自语：“我有这么漂亮吗？”

“谁说没有，你本来就是这么漂亮的。”

“你不会是用了什么特技的手法处理过吧？”

“没有没有，完全是原汁原味。不信，我现在又拍一张给你看。”

郑水秀又抿嘴笑了。

“我听乐哥说，你平时很勤奋好学，在报上发表了很多照片和文章，是吗？”

“你别听乐哥乱说。我比乐哥差远了。”

“你发表的作品能让我看看吗？”

王秀文从抽屉里取出一个大笔记本递给郑水秀：“都剪贴在里面。”

郑水秀接过笔记本，一页一页认真翻看起来，一直翻看完后才说：“秀文，你真了不起！”

王秀文的脸又红了：“新闻照片谁都会拍，文章都是一些豆腐块大的东西，不值一谈。”

“我平时没事干的时候，也喜欢写一点东西。秀文，你教我写文章好吗？”

“不行不行，我不行。你要想学，找乐哥教你，我也是他教出来的。”

“不肯教是吧？不肯教拉倒。”

“这……我们互相学习，互相学习怎么样？”

郑水秀又抿着嘴笑了。

两人又坐了一个多时辰，郑水秀才站起来，说时间不早了要去市场买点菜回家。她走到书柜前说："秀文，你的书真多。我听乐哥说你爱书如命，不轻易借书给别人的，是吗？"

"爱书如命——夸张了一点。不过我确实不喜欢别人借我的书。"

"我，能借一本书回去看吗？"

"可以可以，你随便挑。"

郑水秀挑了一本散文集塞进了花布袋里："我要是……把你的'命'弄丢了怎么办？"

"弄丢了我再去买一本回来。"

"你说的是真的？"

"我从来没有说过假话。"

郑水秀抿着嘴笑了："我走了。"

"等等，"王秀文从布柜里拿出一套叠得整整齐齐的衣服递给水秀，"水秀，这是上次你给我换穿的新衣服，多谢了。"

"哇，叠得这么整齐啊！"水秀接过衣服，折好塞入花布袋，"噢，你的衣服我忘记带出来了，要不下次你到我家里来取。我还要去市场买菜呢，不坐了，我走了。"

郑水秀走到门口又回过头："我要走了。"

"你慢走。"王秀文送到门口。

郑水秀走到走廊楼梯口又停下来，回过头："我要走了——"

"有事你就快点回去吧。"

郑水秀一转身，头也不回咚咚走下了楼。

郑水秀前脚走，黎文乐后脚就上楼走了进来："水秀呢？"

"她回去了。"

"你没留她吃午饭？"

"没有。她说要去市场买菜回家。"

"你没有送送她？"

“她没叫我送啊。”

“嗨呀，啊呀——”黎文乐直拍大腿。

王秀文看着乐哥的模样一脸茫然。

十八

郑水秀到市场买了肉菜搭三轮车回到家时已是中午。潘莲芳对女儿这个时候回来很不满意，不停地唠叨：“买一点菜用了一个上午，你究竟干什么去了？我都快饿死了！”

“我没干什么去，我就去一个朋友家玩了。”

“朋友？什么朋友？是男朋友还是女朋友？”

“朋友就是朋友，你管男女干吗？是男朋友又怎么啦？”

“男朋友？”潘莲芳跳起来说，“水秀，你一个大姑娘家出门可要注意点，随便就去别人家里，人家背后要说闲话的。”

“妈，你又来了。我出门一次你就审问一次，我都24岁了，你天天这么唠叨烦不烦啊？”

“你现在大了，翅膀硬了，我说你几句都不行了！”

“你说，你说。”

“你那朋友是什么人？”

“他不是坏人，是机关干部，住在场部生产科研楼三楼最后一间单间宿舍，他上次扶树来过我们家。”郑水秀没好气地说。

“噢，是他啊。”潘莲芳稍稍松了一口气，“这个青年仔看起来还老实，人长得也不错，工作单位也可以，就是家里太穷了点。”

“你怎么知道他家里穷啊？”

“是他自己说的。他说他家里只有两张旧床几张破凳，还是他爸自己做的，不信你问他去。谁要嫁给这种家庭将来是要受苦受累一辈子的。妈只有你这个女儿，妈的要求也不高，就希望你以后的日子不能比现在过得差。”

郑水秀用力跺了一脚：“妈，你一天到晚唠唠叨叨还有完没完？我的事不要你管！”

“好好，我不管你。”潘莲芳转了话题，“今天收到你大哥大嫂的来信，他们在广东深圳开的快餐馆现在生意很好，每天能赚好几百块，他们人手不够，想叫你上去做个帮手。”

“要去你自己去！我哪儿也不去。”郑水秀没好气地说。

“我没叫你去，只是告诉你一声。好了，这事不说了，你快拿菜下去搞，等会我还有正经事要跟你说。”

“什么正经事？你现在就说。”

“等下有位贵客要来。”潘莲芳脸上立马充满了欢喜。

“什么贵客？”

潘莲芳凑近女儿，神秘地说：“我们队的阿彪叔，在市里认识了一个做大生意的黄老板。他有楼房，有小车，还有几百万的存款。他原来的那个老婆只会赌钱什么都不会做，让他给离了。黄老板现在想找一个能帮他打理生意的老婆，要年轻漂亮一点的，彪叔说你最合适。前段时间他找我要了你一张相片去试一下，谁知那个黄老板一看到相片就说：‘啊呀，这个妹子好！她就是我要找的老婆！’黄老板一眼就看上你了，他今天托彪叔传话，说上午要过来，这都中午了怎么还没到呢？”

“呸呸呸！谁是他老婆！”郑水秀一甩手往后门走去，“谁想嫁黄老板谁嫁去！”

“水秀！”潘莲芳赶紧拦住女儿，“人家是做大生意的大老板，家里很有钱的。很多女孩子他都看不上，独独看上了你，这是你的福气，也是我们郑家的福气。”

“妈，我可告诉你啊，我自己的事我自己做主，我不想做的事，你可别逼我啊。”

“我也不是要你一定要嫁给他，你们见个面，认识认识总可以吧。彪叔说了，黄老板今年才40岁，人好心善，个子高高大大，也是一表人才的，你们俩认识一下没什么吧。再说，妈也收了人家一点小礼了……”

“什么，你还收人家的礼了？”郑水秀愣住了，突然丢掉手中的菜，转身冲出门外。

她不顾母亲在背后叫唤，一路奔跑到队球场边的一棵大榕树下，对着正坐在三轮车头打盹的司机大喊：“阿六哥，我要包你的车去场部，快开车！快开车！”

阿六抬头一看是水秀包车，乐不可支，二话不说就下来摇响了三轮车。三轮车突突吼叫起来，单拉着水秀朝着场部方向急驶而去。

三轮车刚出路口，就和一辆锃亮的黑色小轿车迎面擦过。郑水秀回过头，看这辆小轿车在她家门前停了下来，又把头扭回去，心里说：黄老板，对不起了，本小姐不认识你，失陪了，拜拜！

阿六按郑水秀的指引把车一直开到场部黎文乐家门前才停下来。郑水秀跳下车，给了双倍的包车费，说：“阿六哥，我来这里不要告诉任何人，我家里人也不要说。烦你回去告诉我妈一声，叫她不要四处找我，到时间我自己会回去的。”

阿六一口应承下来，乐滋滋开车回去了。

三轮车走远了，郑水秀才上前敲黎家的大门。

黎文乐开门一看是水秀，有些惊讶：“水秀，你还没回去？”

“乐哥，我有一件事想请你帮忙。”

“有什么事进屋里再说。”

两人一进房间，郑水秀就说：“乐哥，你现在就上三楼去问王秀文，问他肯不肯娶我，他要肯娶我我就嫁给他。”

“啊！水秀，你……说什么？”黎文乐吓了一跳。

郑水秀把刚才的话重复说了一遍。

黎文乐咧嘴笑了：“水秀，婚姻这样的事情可不能随便开玩笑啊！”

“我不开玩笑，我是真的！我知道你是机关最乐意帮助人的好人，所以人家才来找你的嘛。”

黎文乐看她没有半点开玩笑的意思，收住了笑容，想了一下说：“水秀，嫁人可是人生大事，马虎不得。你说的这个忙我当然很乐意帮，我先问问你，你看上秀文什么了？”

郑水秀咬咬嘴唇说：“他人实在，有才华有志气，特别是他有进取心，反正我觉得嫁给这样的人能靠一辈子。我相信自己的眼睛，我不会后悔的。”

黎文乐又咧嘴笑了：“就是要嫁人也没有这么急的吧。”

“我都快25岁了，算大龄女青年了。”

“水秀，要不这样，我给你们俩拉拉线，当一回媒人，他要同意，你们就先交个朋友，定个时间约个地方见见面，好好谈谈，相互了解，有感情了再确定恋爱关系，你看怎么样？”

郑水秀不好意思地笑了，说：“这样也行。不过我还没吃午饭，我现在肚子饿了，你上三楼告诉秀文，我要他煮饭给我吃。”

黎文乐给她倒了一杯水，说：“不巧了，你下楼回去不久，他也开着狗仔车回十八队他父母那儿去了。每个大礼拜六下午他都要回去陪陪父母，帮他们做点工什么的。”

“他什么时候回来？我在这等他。”

“他一般是明天中午才回来。”

“看来我的运气不太好，一开始就不顺。”郑水秀喃喃自语。

“要不我开车拉你去十八队找他？”

“不用了。我还有事先走了。”郑水秀拿起水杯一饮而尽，“明天秀文回来时你就告诉他，如果他想见我，下个星期天中午12点，我准时在他给我拍照的地方等他。他要是不来，就算了!”

郑水秀说完放下水杯，向黎文乐道了声谢就出了门。她没有回家，朝场部场级干部楼走去。她要去高中同学李秋红家。

郑水秀和李秋红是三叶中学高中同班同学，高二开始同桌，关系挺好的。临毕业前，李秋红邀请水秀到家里玩过，郑水秀也邀请秋红去家里玩过。1988年郑水秀高中毕业后回到三十六队当了林管工，李秋红则分配到十八队当了胶工。两人工作后一个在西一个在南，从此再无交集也无联系。

老同学中午突然到访，让李秋红格外高兴。两人隔着茶几坐下。郑水秀说：“我还没吃饭，你这还有吃的吗?”

李秋红刚收拾好碗筷，就起身拿出一个精致的铁盒，揭开盖子，放在茶几上：“饭菜刚吃完，还有饼干，随便吃。”她冲了一大杯炼奶端放在老同学面前。

“嚯，副场长的家里就是不一样啊!”郑水秀也不客气，大口吃喝起来。

李秋红思忖：父亲李智全是副场长，家里经常有不速之客登门求办事。她俩高中毕业多年了，郑水秀还从来没到过她家，这个时间点突然到来，肯定是有事相求。她看水秀吃得差不多了，就直接问她有什么事。

郑水秀笑笑，说：“我也没什么事，就想跟你打听个人。”

“打听谁?”

“王秀文。就是你们机关宣传科那个王秀文。”郑水秀说这话时，脸颊上泛起了一抹潮红。

“你说他呀，这是个书呆子。”李秋红用调侃的口吻说，“他呀，

1986届的，高中毕业又补习了一年，考不上大学就回十八队和父母一起当了割胶工人。我1988年分到十八队割胶时，我俩的二号位树位刚好挨一块——哎，你打听这个人干吗？”

“我喜欢上他了。”

“啊?！你喜欢他了？你喜欢他什么？”李秋红大吃一惊，脸色有些异样。

“不知道。你在机关工会上班，他也在机关上班，所以就想找你了解他一下嘛。”

李秋红很快恢复了常态，继续说：“我在十八队割胶时，每次割2号树位都会碰到他。他是个古怪人。我们割完胶就聚在树头下磨胶刀说话聊天，他呢，一个人跑到另一个大树头下看书，有时候还听到他背书，这个书呆子，真是个落古人[①]。晚上我去过他的宿舍，他不是看书就是写东西——不过也是奇怪，你看他是呆呆的样子，可每个月的割胶质量检查他都是一等，我们这批下队的青年没人割胶比得过他。”

“他一个胶工是怎么调上场部机关宣传科的？”

“那是我爸的功劳。”李秋红有些得意，“他1993年好像七八月份的时候，在《海南农垦报》上发表了一篇散文，叫《一名三叶胶工的情怀》，给我爸看见了，就叫宣传科去查这个作者，结果是一个叫王秀文的十八队胶工写的。文笔很美，我也读了几遍，我也没想到这个落古人会写出这么优美的文章。经我爸几次推荐，党委讨论同意，组织科1995年就调他上来了。”

“还有呢？”

“没有啦。你还想了解他什么？”

---

①海南方言，指保守古板的人。

“他的人品怎么样?”

“他的人品啊——我调上机关后，就很少接触他，他怎么样我不好说，你自己去了解吧。”李秋红眨眨眼，努努嘴，又说，“不过，水秀我得提醒你一句，这个王秀文是个很落古的人，也是一个很不懂得人情世故的人。”

——原来，李秋红在十八队割胶时，不知怎么的也偷偷喜欢上了王秀文。李秋红喜欢他看书入迷的样子，喜欢他伏桌面旁若无人写东西的样子，甚至喜欢他少言少语落古的样子，并由喜欢到暗恋。她认为自己是李智全副场长的小女儿，又是机关住宅区的一朵花，单凭这两点就可以让王秀文动心。可李秋红每次晚上去他宿舍，王秀文除了拿一张木椅叫她坐外，就埋头看他的书写他的东西，不再主动说一句话。你问一句，他就答一句；你不问，他就看书写东西，让你一直坐冷板凳，根本不在意你的存在。每次她满怀情意走进来，最后总是满怀失望走出去。她有一次甚至有意说出自己的父亲是副场长李智全，他竟然也无动于衷。

1994年中秋的那个晚上，李秋红刻意穿上一套淡黄色的连衣裙，又打扮了一番才去了他的宿舍。她厚着脸皮坐在王秀文身旁一句话不说，王秀文也一句话不语，只埋头看一本散文集。李秋红看着他，他看着书，两人就这样默默坐着。以往到了11点钟李秋红就会起身走出屋子，但这个夜晚她下了狠心，一直坐到深夜，1点多不走，但王秀文就是不理她，害得王秀文的另两个胶工舍友一直站在门外不敢入屋睡觉。

那一夜，李秋红最后很伤心很伤心地起身离开了。她走出门口的那一刻，便在心里发誓：以后永远都不再踏进这个房间！永远都不再提这个人！

她那晚回去后，第二天就跑回场部要求父亲调她出十八队，到哪个单位都行。这事让赵为民知道了，恰好工会要增加一名女干事，就让组织科把李秋红调到机关工会，离开了那个叫她伤心的连队和那个让她伤心的人。

谁知一年后，王秀文竟以出色的文才被李智全发现并大力举荐，组织科一纸调令把他调到了机关宣传科。

在机关大楼，李秋红会久不久遇上王秀文，但谁也没理谁。机关未婚男青年不少，李秋红一个没看上。这几年上李家门提亲的有很多，可她一个也没动心，她就想看看，他王秀文到底想要找一个什么样的女孩子。

没想到今天的高中同学郑水秀就像当年的她一样看上了这个王秀文。从郑水秀的话语和表情上看，王秀文这个落古人也看上了郑水秀。

郑水秀虽然身材靓容貌美，但她李秋红也是场部机关一朵花，身材相貌不输给郑水秀，王秀文凭什么就看上她？

此刻，李秋红心情有点复杂。

“秋红，你说的不错，这个王秀文的确是个很落古的人！他的落古，我今年年头就领教过了。”郑水秀起身告辞，“好了，我吃饱了，我喝够了，我要走了。”

走到门口，郑水秀又回过头笑道：“秋红，你每天吃饼干喝牛奶的，怪不得一脸红润，真是越来越漂亮了，连我都有点嫉妒你了。”

“去去去！快去你的吧！”李秋红也忍不住笑了。

贰

十九

入秋以后，海南岛的气候是凉爽宜人的，可赵为民总感到焦躁上火。这段时间坏消息一个接着一个传来，搅得他食无味睡不安。

农场这头，干胶产量急剧下降无法逆转。10月、11月虽然连续开展了声势浩大的劳动竞赛，加大了挖潜增产和护林保胶的力度，但仍无济于事——两个月全场只完成干胶778吨，比去年同期减产近一半；12月份接近月底了也只完成了260多吨干胶，全年减产已成定局，而且减产幅度在20%以上。

省城海口那边，橡胶交易市场传来的消息更是让人心惊肉跳。今年冬季橡胶产品价格一反常态，不但没有如人们的预期反弹，反而继续下滑。再滑下去就挨着橡胶生产综合成本价了，这对三叶的决策者来说无疑是雪上加霜。

有道是祸不单行。赵为民和三叶班子年头雄心勃勃制定实施的三大对外发展项目全面失利。在海口开办的东晟实业有限公司运作不到一年就亏损50万元，目前只能靠三叶“母体”源源不断注入资金才勉强维持运转。在本市郊租地种植的反季节瓜菜虽然取得成功，却因瓜菜价格低迷亏损了20多万元。房地产开发项目更糟糕。农场通过关系费尽周折花高价在市里买到了一块地皮，可地皮刚到手，火爆的房地产市场突然大幅度降温，几乎是从滚沸的100℃一下降到了0℃。房地产商建好的房子尚无人问津，搞到地皮的三叶决策者哪里还敢动土盖房？花了50多万元购买的地皮只能撂在那里长草。

这天灾人祸一齐涌来，一下就冲垮了10月份调整好的财务计划这道防线，其结果只有一个——今年三叶农场将出现经营亏损。这意味着连续10年盈利而且在去年盈利达到高峰值的三叶农场，将首次出现亏损。这对于想在最后一个任期再创辉煌、为自己仕途画上圆满句号的赵为民来说，无疑是一个沉重的打击。

如此多的不利因素同时扑来，困扰、束缚着赵为民，在他多年的行政一把手生涯中还是第一次碰到。这让他有些措手不及，有些束手无策。然而，经历过风雨洗礼和挫折历练的赵为民也已磨炼出一种不轻易服输的韧劲。虽然今年减产已成定局，企业出现了亏损的苗头，但造成这种局面的主要因素是胶价暴跌和十二号台风来袭。如果最后这几年没有这些因素干扰，他赵为民还是有时间和能力扳回两局的。

很快就要进入新的一年——1997年。下一步该怎么走？是要好好研究一下了。

这天上午，赵为民在办公室打电话叫来了周自成、李智全、孙志远、江浩成和朱晋良。天气已有几分寒冷，大家都穿上了外套。

五人到齐后，赵为民开门见山直接点题：“现在是12月底了，叫你们几个来，是要大家研究一下，明年的经管方案和财务计划应该如何制定才合适，最少，我们要定出个原则，搞出个大框框来。周副，你先说说。”

周自成开口说道：“我分管计划、财务的时间不长，对一些业务上的东西还不是很熟悉，还是先听一听同志们的意见吧。江科长，你们经管科是负责制定经营管理方案的，对明年的经营方案有什么新的思路?”

江浩成略略思索了一下，说：“明年的经管方案，我看不宜大动。要动的只有两点：一是明年的计划不宜定得太高，应该参照今年的完成数来定。今年我们最多只能完成3800多吨，虽然说是受了十二号台风的影响，但我认为这个产量还是比较接近我场的实际产胶能力的——”

“1995年我们完成了5100多吨干胶，1997年一下降这么多，对上面怎么解释?”周自成打断了江浩成的话。

江浩成沉吟了一下，又说：“目前全场开割树有116万株，平均单产按3.5公斤计算，也只能完成4000吨。因此，我建议，明年宜以4000吨作为计划下达生产指标。第二点，胶工的单价要适当调低。今年胶工的平均单价是按照去年的橡胶市场价制定的，而目前的胶价已跌至1.3万元左右，还要继续下跌，因此胶工的单价也要随行就市减低一些才行。”

“今年全场胶工的平均单价只有1.5元左右，不算高；如果再降低，恐怕会有一些外聘胶工会丢岗不割。”孙志远不无担忧地说。

江浩成说：“我场现在吨干胶生产综合成本已经突破1.1万元，如果胶价再跌下去，恐怕连工资都难保。到连工资都发不出的时候，胶工会跑得更多。”

大家一时无语。

“老朱，你说说吧。”赵为民打破了沉默，“你们财务科明年的财务计划如何制定？”

朱晋良扶了扶老花眼镜，说：“我同意江科长的分析。明年的财务计划也应该按4000吨来安排，而且计划销售单价不宜超过1.3万元。”

“老李，谈谈你的看法。”赵为民把目光转向一直不说话的李智全。

李智全轻叹了一口气说：“这两年橡胶市场大起大落，变化莫测，已非我们所能预料。明年的橡胶市场谁也说不准，有可能会反弹到1995年的水平，也可能会跌到80年代末90年代初的价格。我看明年的财务计划安排余地要留大一点为好。”

“我认为我们对前景没必要估计得那么差。”周自成说，“这会影响到我们的信心，影响全场干部职工的士气。再说，我们至少还有4000吨以上的产胶能力，不要这么悲观嘛。”

“我同意周副的意见。”赵为民接过话茬说，“大家都知道，不管什么市场都有这么一个规律：一种货物也好，一种商品也好，当它的市场价格高到一定程度时就会出现烂市；而当它烂市烂到最低点时，就会出现触底反弹，精明的生意人往往就是抓住了这个市场规律反败为胜大发其财的。橡胶市场现在这个状况，我看和烂市烂到最低点差不多，因此我敢推断，明年的橡胶价格一定会出现大幅度反弹的。”

赵为民喝了一口茶，吸了两口烟又继续说：“现在是到了最关键的时候，我们要保持清醒的头脑，不能畏前怕后缩手缩脚，要对前景充满信心。明年的财务计划我看按4200吨制定，生产计划要按4500吨下达。其他费用可以考虑控制，但干部工资不减，干胶单价保持不变。大家认为怎么样？”

“我同意场长的意见。”周自成首先表态。孙志远、江浩成、朱晋良也先后表示同意，只有李智全不语。

“如果大家没意见，明年的财务计划安排就按这个大框框定。”赵为民说，1997年春节来得早，2月7日就是大年初一，我想在春节前把职代会开了，所以1997年的经营管理方案和财务计划要尽快搞出来。老孙，你们还要搞一个春管劳动竞赛活动方案，在全场迅速掀起胶园冬春管理高潮。今冬明春胶园管理的重点是积肥，肥料足了，才能保证干胶稳产高产。只要我们有决心有信心不泄气，就一定能够在明年打个翻身仗。”

赵为民顿了一下，喝了口茶继续说：“年终年头的工作比较多，这段时间大家就辛苦一些，抓紧一点，你们现在就回去着手准备吧。”

五名参会者怀着不同的心情离开了场长办公室。

二十

1997年的元旦，三叶人是在喜庆的气氛中度过的。

新年的气息还未散尽，朱晋良就把去年的财务报告送到了赵为民面前。报告上的一组组阿拉伯数字第一次让赵为民感到十分刺眼和不适：1996年全年完成干胶3880吨，比去年减产1230吨；平均售价13505元，产品销售收入5463.3万元，比去年减收1930多万元……经营亏损213万元，负债总额5380万元；资产负债率为58.6%，增长13%……

赵为民草草看了一些关键的数字就合上了报告。这一个个干巴巴的数字像一根根针刺，刺激着他大脑里的每一根神经，刺得他心烦意乱。这样的数字，别说是评“优秀”，就是评“良好”也够不着。

当然，这一切，并非他赵为民领导无方，也非三叶领导班子无能，而是橡胶市场疲软和自然灾害双重影响带来的结果。去年如果不是胶价大幅度下跌，如果不是十二号台风来袭，财务报告上的数字将又是耀眼夺目的。

赵为民最后一届任期第一年就吃了败仗。第二年是关键的一年。他现在最担心的不是胶价，而是台风。目前胶价基本稳定在1.3万元左右，再下跌的可能性已经不大；1997年如果没有台风，再产5000吨干胶是不成问题的。就按现行的胶价不变，这个产量至少也可以保证企业不亏损。

今年会不会有台风来袭？自然界的东西谁也说不准。听天由命的事只能求菩萨保佑了。赵为民叹了一口气，用铅笔在财务报告首页右角上写了一个“风”字。赵为民站起来，正想走出办公室，刘金福突然推门走了进来。

刘金福走到办公桌前停下来，见赵为民拧眉皱眼，把想要说的话吞了回去。他瞟了一眼办公桌上的财务报告，看到右上角写了一个“风”字，就说道：“场长，快6点了，外面天都暗了，大楼的人都走光了，您还在办公呐？”

赵为民叹了一口气，转而问道：“你找我有事？”

“没事。我正准备回去，看您办公室亮着灯光，就顺便进来看一下。”

俩人一前一后走出大楼，经过大楼前的平房出口，下了18级台阶。刘金福加快两步，与赵为民并肩向西朝赵为民家走去。两人并排走着，边走边聊。

“场长，前段时间我身体老是不太舒服，右眼皮又跳得厉害，不知是怎么回事，前天我就去了一趟万县找仙姑问了一下‘公’——”

“你去万县找仙姑问‘公’？”

“对。有人跟我介绍，说万县的龙湾镇龙湾村有一个仙姑，不仅能医治百病，还能预测生死、预知未来，很灵验。”

“噢，还有这么一个高人在邻县？我怎么一点都不知道？”赵为民转过头说，“你把她说得这么神，是不是真有这么厉害？”

“那天我开着皮卡走了两个多小时，七拐八拐才去到龙湾村——”

“你见到这个仙姑没有？”

“这个仙姑住在村头的大祠堂里，祠堂前面的开阔地站满了人，周围停满了小车。有不少人是开着高档小车从三亚、海口慕名赶过来的。”

“有这么多人来找她问‘公’啊？”

赵为民站住，自己点燃了一根烟，慢慢吸着。

“是的。那天来的人实在太多，我排队站了足足一个小时才轮到我。我也学着别人的样子在祠堂前的铺面上买了一把香和两包饼干糖果走进去。一进去，啊呀那祠堂里面香烟缭绕，阴气沉沉，我全身悚了一下，真有些紧张——”

“你看到她没有？”

“看到了，是一个40多岁的中年妇女。她披头散发盘坐在莲花高台上，她很瘦，脸色灰白，面无表情，关嘴闭眼，那表情就像一尊神。我心里想，这位就是江湖上传说的那位仙姑吧？”

赵为民又走起来：“这个仙姑她对你说什么了？”

“这仙姑突然睁开眼睛开口说话，她说：你是从三叶农场来的吧？我又悚了一下，我和她非亲非故的，她怎么就知道我是三叶农场来的？后面就更神奇了。她抬起左手撑开五指，然后屈一个指头念几个字，屈一个指头念几个字……”

“她说什么了？”

“她先把我本人的情况说了一遍，然后又把我的家庭情况说了个遍。嘿，我家里的事都让她说对了，你说神奇不神奇？我真的是服完她了！难怪有这么多人开着小车从三亚、海口这么远的地方赶来。”

赵为民身子不由得动了一下：“那仙姑还跟你说了些什么？”

“我说仙姑，你给我测一测，今年会不会有台风打到我们农场？”

“那仙姑她怎么说？”

“仙姑闭上双眼，张嘴念了一下就说：‘琼海市嘉积东南方建起了一座红色娘子军石雕像，这座石雕像能挡住从海上刮来的台风，所有的台风都会绕道而过，不会刮到你们的三叶农场。’场长，如果真如仙姑所言，那可真是我们三叶的福音啊！”

赵为民对这大仙姑这几句不知是遵循了什么逻辑的奇言怪论不置可否——管它什么怪论，只要没有台风就行了。赵为民心情不知怎的突然开朗了许多，说道：“‘公’这东西不好说，这套东西你说是迷信吧，可又有这么多人相信。信则灵，不信则不灵，就这么回事。”

“也是，也是。”

快到场长家门口时，刘金福又放慢脚步，跟着赵为民走进屋里。

赵为民坐在沙发上，刚拿出烟，刘金福就赶紧掏出打火机点上。

“场长，春节快到了，我在海口联系到了一批茶籽油，我想买下来分给干部职工。”

“我们不是订了春节年货吗？”

“年货是年货，这个是这个。场长，我想今年给全场的干部职工来个惊喜。”

“茶籽油是什么东西？干什么用的？”

“茶籽油是用油茶籽榨出来的油，这种油是白斩鸡、白斩鸭、白斩鹅最好的蘸料，味道特别香。过春节家家户户都杀鸡杀鸭，这种茶籽油干部职工肯定是很欢迎的。”

“噢——这茶籽油，多少钱一斤？”

“20块钱一斤。这东西贵，我打算每个职工只分半斤。”

“那要花多少钱。”

“40万左右。”

“40万——好吧，花些钱让全场的干部职工尝尝鲜开开心也好。”

赵为民话音刚落，刘金福一只手就从上衣口袋抽出一张报告递过去：“场长，这是买茶籽油的报告，你给看看吧。”

赵为民接过来，看了一遍就掏笔签了字。

刘金福把报告塞回衣袋，笑道：“场长，明天是周末了，宏达公司的何老板又来电话了，他请你这个周末到海口金海岸去叙一叙。他还说感谢我们去年一年来和他的精诚合作，希望1997年继续友好合作下去。”

“何老板，这个开皮包公司的家伙，这两年靠买卖农场橡胶起了家，发了财！”

“听说他上头有人，这种人我们得罪不起。场长，金海岸去不去？”

“海口很多地方我们都去了，金海岸倒没去过，去看一看也好。”

刘金福来找场长的目的达到后，就找了个借口转身走出了赵为民的家。

刘金福刚出门口，赵为民的妻子胡雪梅就扭着发胖的腰身从楼梯边的侧房里走出来，边走边说：“这个刘金福，什么屁放那么长，晚饭都不让人吃了。”

“你不要这么说他，我们是在谈工作嘛。”赵为民不满地嘟哝了一句。

“谈工作？现在农场肥得流油了，谁都想来咬一口，分一块肉，唯独咱们赵家一根汗毛也没捞着。”

“你说什么呢？你看到谁来咬了？谁来捞了？”赵为民不满地瞪了她一眼。

“谁来捞了？还要我点名吗，你那个刘大主任，今天一个主意，明天一个主意，每天上蹿下跳，他要是没得捞，他会这么勤快吗？”

“你那个哥哥胡文斌，不也在承包做一些农场工程项目吗？你告诉他，要抓好质量，不要再出现新桥墩倒塌那样的丑事来。”

“放心，只要钱到位，我给你担保绝对不会再出现这样的事了。快去吃饭吧，饭菜都凉了。”

赵为民吃完晚饭，从厨房走回客厅里刚坐下一会儿，朱晋良就进来了，在赵为民对面的沙发坐下。

“老朱，有什么事？”

“场长，还有10天就是春节了，一月份的工资怎么发放？”

“这事党委会昨天讨论过了。今年春节发两个月工资。年初定下的奖金补贴全都兑现，让全场干部职工过一个丰年。”赵为民习惯性地往椅背一仰，摸摸光亮的前额说，“大家辛辛苦苦干了一年，也该好好乐一乐了。”

“场长，这么发，数额是不是大了些？”朱晋良忧虑地说。

“总共也不过350多万嘛。”赵为民不以为然地说，“我们手里不是还有400多万吗？”

“场长，这400多万有一半是一月初我们从银行贷的款。一下子都发完了，春节后还有两三个月才割胶，这几个月我们去哪里要钱？”

“可以再向银行贷款嘛。”赵为民有些不耐烦了，“年头贷款年终还，农场年年不是这样过的吗？这有什么难的。”

“场长……”朱晋良欲言又止。

“有什么话你就直说吧。”

“场长，近来银行贷款越来越不容易了。磨破了嘴皮也只是贷一半给你，而且这次贷款必须在下次贷款前还清。”

“银行是国家开的，我们农场也是国家办的，他们没有理由不支持我们嘛。”

“场长……”朱晋良又欲言又止。

“老朱你还有什么要说的？”

“场长，我们现在开支的口子越来越大了，我觉得要收一收了。”

“收一收？你是指哪个方面？”

“哪个方面都指。”

“唉，农场就这么100来万株橡胶，要管一万多人吃喝住，还要管他们的教育、卫生、医疗、福利等等，开支怎么会不大？开支大我不是不清楚，也不是不想收；可你叫我怎么收，又从哪里下手收？走一步算一步吧！”赵为民轻轻叹了一口气。

“场长——”朱晋良犹豫了一下说，“场长，最近几个月，我总觉得很累，干什么都力不从心。我明年也快55岁了，我想退休……”

“什么？你想退休！”赵为民吃惊不小，直起身子说，“老朱，干得好好的怎么突然就说要退休？是不是工作上有什么困难？还是家里有什么困难？有你就提出来，我帮你解决。”

朱晋良摇摇头：“场长，谢谢你的关心。我没有什么不如意的事，家里也没有什么困难，我就是年纪大了，想退下来休息了。”

“如果是这样，我不批准你退休。”赵为民重仰靠椅背，“你快55岁，我也快55岁，我不是还在干吗？不到60岁，你别提退休两个字。”

朱晋良没有说话。他沉默了一阵，缓缓起身，什么也不说，就默默地走出了大门。

望着朱晋良消瘦的背影，赵为民心中涌起了一种从未有过的内疚——朱晋良像个不知疲倦的老黄牛干了整整10年的财务科科长。赵为民每天只知道叫他干这做那，不如意不顺心的时候就拿他出气，却很少过问过他的家庭、关心过他的生活，这方面今后得注意才是。

二十一

离春节还有7天，三叶农场第十五届职工代表大会第一次会议在机关大楼四楼大会堂召开了。大会堂主席台上摆满了鲜花，插满了红旗。

能容纳600多人的会议席坐满了来自各单位的党政一把手和职工代表。

赵为民在浓厚的会议氛围中首先向大会作工作报告。

“各位代表，现在我代表国营三叶农场向大会作工作报告，请予审议。

去年，我场在农垦总局的正确领导下，战胜了风灾、寒害等自然灾害，克服了橡胶市场疲软、价格下跌的各种不利因素，夺取了物质文明建设和精神文明建设的好成绩。

一、农业生产取得了重灾之年的好收成。全年完成干胶3880吨，取得了灾年没有大减产的好成绩。

二、财务收支状况保持良好。今年由于受风灾和橡胶价格下跌的双重影响，造成财务减收1900多万元。我场及时采取措施，调整财务计划，压缩各项费用，严格财务管理，使今年的财务收支保持良好的状况……”

虽然报告用其他言辞取代了“经营亏损”这几个字眼，虽然报告依然不断地赢来一阵阵的掌声，可赵为民心里却总有一种说不清道不明的感觉——这种感觉，与去年初他作工作报告时被代表们热烈掌声激起的那种感动、亢奋，那种豪迈和满足是截然不同的，真可谓此一时彼一时啊！

春节还没到，场部的节日气氛已经很浓了。这边篮球赛还没有结束，那头的拔河赛又开始了；白天游园活动的趣味还没散尽，晚上的文艺晚会又开演了。整个场部地区闹得红红火火，呈现出一片太平盛世歌舞升平的景象。

由于多发了一个月的工资，且全部发完了去年的年终奖金，领到一沓沓钞票的干部职工人人喜上眉梢，家家喜气洋洋。他们没有想到，过去几十年一直节省度日的三叶人，这几年终于过上了宽松和美的小日子。

王秀文连工资带奖金外加科室补贴领了2800多块钱。他决定留下300块，其余的放假回家后全部交给父母，孝敬他们，也让两个老的和他一起分享农场丰年的喜悦。

留下的300块怎么用？发工资前王秀文心里就萌生了一个念头：去市里给水秀买一套衣服。

三个月前的那个周六，郑水秀为躲避相亲第二次跑到科研楼找到黎文乐，开口就要乐哥给王秀文传话，说她要嫁给王秀文。她说这话虽然有任性和赌气的成分，但她从单独上门找王秀文的那一刻起，心里就已认定了王秀文这个人。她相信自己的眼睛不会看错人，相信自己看中的人一定不会错！

郑水秀那天的大胆表白让黎文乐感到突然，但她却很乐意做媒人为他俩牵线搭桥。他把水秀的话一句不漏地告诉了王秀文，还特意把水秀提的约会时间、地点重复了两次。

王秀文听了乐哥的传话是又惊又喜又担忧：惊的是他没想到郑水秀会这么直接大胆地向他抛来了爱的绣球；喜的是他心仪和苦恋的姑娘，竟然也同时爱慕着自己；忧的是他和水秀交往一定会遭到她家人尤其是她母亲的阻拦和反对。王秀文内心犹豫纠结了几天，直到周五才下决心周日去赴约，与郑水秀正式交往。

那个周日，王秀文没有回父母家。临近中午，他按照郑水秀约定，第一次开着红色狗仔车准时来到山猪岭水电站大坝赴约。

郑水秀已经站在大坝东头护坡的高台上等着他了——这里正是王秀文给她拍照的地方。她穿着红色风衣和咖啡色直筒裤，在灰白色的护坡上，在那青山绿水间显得十分耀眼。

第一次约会，俩人相隔一米的距离坐在平台上。中午的大坝上无人过往，只有对面的机房里传出低沉的轰鸣声。

时值深秋，掠过大坝的凉风中和了秋日的暖阳，让人格外舒服。

他俩面向青绿色的万泉河水，远望翠绿的巍峨群山，呼吸着新鲜清凉的空气，无拘无束地交谈。他们谈学习，谈工作，谈理想，如同一对分别了很久渴望相见的故人。

这次约会以后，他们约好每个周日中午都在这里见面。两人接触交谈的次数越多，王秀文就越觉得水秀不一般，她不仅是一个美丽、善良和直爽的姑娘，还是一个有理想有主见的女孩子。她的想法和见解与农场许多女孩子有很大的不同，而这些，恰恰又是最吸引他的地方。

王秀文常常暗地里庆幸自己运气好，能结识到水秀这样一个外秀内也秀的姑娘，也常常沉浸在这样的美好憧憬中：有一天他和水秀结为夫妻，过着你恩我爱的甜蜜幸福的生活。

把话拉回来。且说王秀文把年终工资领到手后，给水秀买一套衣服的念头一下占据了他整个大脑。农场放年假那天，他没有回十八队，而是匆匆赶到三角街区搭班车去了市里。

中午十二点多，王秀文才从市里赶回来。他经过黎家门口时，黎文乐笑着提醒他："秀文，你去哪了？今天是星期天，别忘了和水秀约会的时间哟。"

王秀文不好意思地笑笑，说："乐哥，我没忘。"说完匆匆跑上三楼准备了一下，又跑下来，从走廊开出狗仔车，带着为水秀买的衣服，加大油门朝西线方向开去。

他来到山猪岭电站大坝时，郑水秀已站在护坡平台上等候了一个小时。

"为什么现在才来？"郑水秀轻声怪道，"你再不来，我就走了。"

"我上午去了一趟市里，回来晚了；一回来我就开快车冲了过来——"

"你去市里干吗？"

“你猜一猜。”

“我不猜，你说。”

“我今天专门去市里给你买了一条连衣裙。”王秀文从黑塑料袋里拿出了一条长袖白色碎花连衣裙，递了过去，“我跑遍了整个服装市场才买到的。这样的款式，不知你喜欢不喜欢。”

郑水秀接过衣服，展开，捏了又捏才说：“这种色泽和花纹我喜欢，布料也很好，多少钱买的?”

“你猜一猜。”

“我不猜，你说。”

“不贵，180块。”

“哇，180块还不贵啊?!”郑水秀两手捏着连衣裙两边袖子比了比说，“跟我平时穿的尺寸一样，你怎么知道我要穿这么大的尺寸?”

“你猜一猜?”

“我说过我不想猜，你自己说。”

王秀文指指胸口：“水秀，你的身影早就印在我这里了，不用丈量我就知道你穿多大的衣服。”

郑水秀怔了一下，抬眼看着王秀文，说：“那——你又是怎么知道我喜欢白色的？这回不许叫我猜。”

“我看你经常穿的衣服不是红色就是白色，还有就是咖啡色。我觉得你穿白色的衣服更好看些，所以我就买了这件白色的——”

郑水秀抿嘴笑了笑，说：“人家都说你是个书呆子，是个落古人，我怎么是越看越不像呢?”郑水秀把衣服折叠好，塞回袋子里说，“我可是从来没有接受过男孩子送的东西啊——”

“你不要?”王秀文有些紧张。

“你猜一猜?”

“我不猜，你说。”

郑水秀抿嘴笑了笑，说：“你送给我的，我要。”

两人坐在平台上肩挨着肩，面向西南默默地眺望着远方。

冬日的太阳洒下了温暖的阳光，那暖阳就像一床无形的被单捂在人的身上，使得寒冷的山风变得清爽适人。深吸一口，顿觉沁人心脾，全身舒畅无比。

眼前，是100多米长的雄伟的大坝，是开阔的万泉河河面；静静的清纯的绿色水体在斜阳下闪着点点金光。山风吹过，波光潋滟，在水色波光的尽头，是黄绿相间的连绵不断的山峰。山顶上深绿的部分是茂密的原始森林；山腰和山脚下呈淡黄色的一大片，是树叶变黄了将要飘落的橡胶林。置身其中，让人有一种飘然欲仙的感觉。

这样的冬日美景，这样的美妙境地和空灵的感受，或许也只有处在万泉河流域里的三叶农场才会有的吧。

“哎，秀文，你在想什么?”

“你看到了那片黄色的橡胶林没有?”

“我看到了，真美啊!”

“是啊，谁说我们的农场不美呢？谁说我们的橡胶林不美呢？这么美的冬日景色只有在我们橡胶农场才看得到哦!”

“可是，有不少人总想离开农场，离开这穷山恶水的地方。”

“那是世人现在还没有发现这里的美。你看哪，清纯的万泉河水、金黄色的橡胶林、连绵起伏的群山，山水合一，交相辉映，天地一绝啊！总有一天，外面的人会找到这里，那时他们就会发自内心地呐喊，这里，才是真正的世外桃源！这里，才是真正的人间天堂啊!”

“秀文，你在作诗吗？说得这么美。”

“不是作诗，我是发自心里的赞叹，你说不是吗?”

“是的，我也常常想，将来在这里找一块有山有水有树的地方，办一个休闲农庄。每天在水塘里养鱼养鸭，在地里种果树养小鸡。早上听山里小鸟唱歌，傍晚看水里鱼儿游泳。啊，那该有多美好啊！”

“水秀，你在写作文吗？意境这么美！”

“不是作文，那是我发自内心的想法。”

“是啊，一个人如果天天在青山绿水的怀抱中工作、生活，那是一件多么惬意多么美好的事啊！”

俩人就这样一直站着、聊着，直到天快黑时，王秀文依依不舍告别水秀，开着狗仔车返回到场部。

二十二

王秀文从电站大坝回到宿舍吃完饭冲好凉后，外面天色已完全暗下来。他休息了一会，就开始收拾屋里的东西，准备明早回十八队和父母一块过年。东西收拾完毕已是晚上9点多，他打开一罐健力宝，仰头大口大口地喝起来——他心情特别好的时候才这么喝的。

平时，当有分量的作品发表后他才有这么好的心情，而今天的好心情也许是受到了爱情的滋润，或许是年快到了就要和父母一块共享天伦之乐了，抑或是兼而有之吧。总之，他今晚总有一种怎么也抑制不住的兴奋。

“笃笃笃”，外面突然传来了轻轻的有节奏的敲门声。

王秀文上前打开门，大吃了一惊：郑水秀穿着他今天买的白色碎花长袖连衣裙，含着笑亭亭地站在门口。她手里攥着一只手电筒。在柔和日光灯下，水秀更显得端庄、娴雅、妩媚动人。

“水秀，天这么黑，你一个人——是怎么出来的？”

“我从家里走路出来的。”她淡淡地说。

天啊，一个女孩子竟然在夜里走了七八公里的山路。王秀文倒抽了一口冷气：“水秀，你一个人，不怕——鬼？”

“过去我怕，今晚不知怎么的，我什么都不怕。”她仍是淡淡地说。

“外头这么冷，你只穿这件连衣裙——”

“穿你买的衣服，我不觉得冷。”

王秀文心里一阵激动，一种从来没有过的甜蜜、幸福感涌上心头。

“我们到外面去走走好吗？”郑水秀依然站着没动。

“好。”王秀文从床头抓起一只手电筒，带上门和郑水秀下了楼。

两人肩挨着肩走出生产科研楼，沿土路慢步行走，向西踏上了青石铺设的大道。柔和的路灯，散射着橘红色的光芒。两人不知不觉走到了场部中心广场。

广场四周沿地势建起的楼房、平房和瓦房，错落有致。房间窗户亮出的灯光，高高低低，闪闪烁烁，连成一片，围住了广场，好似星星撒落了人间。场部的夜景在春节临近之际，竟是这样迷人；人置身广场里，亦如处在灿烂星汉中。

他俩肩并肩从广场向南朝市场走去。两人轻脚漫步默默走着，谁也没说话。走到三角街区分岔路口时，王秀文轻声问：“去哪？”

“随便！”郑水秀轻声答。

“去老地方？”

“嗯。”

两人向右拐入土路，走向了通向西线的山区公路。

进入林间公路，前面漆黑一团，伸手不见五指。两人扭亮手电筒，继续朝大山里走去。以往两人在一起，郑水秀似乎有说不完的话，一开口就滔滔不绝，今晚却一反常态，很少讲话，只是静静地走着。王秀文偶尔问一句，她才轻轻答一句。

也许是道路漆黑，也许是冬天的夜寒气太重，也许是路面凹凸不平，郑水秀走路时身体不时地挨着、触碰着王秀文的身体。

从来没有碰过女人身体的王秀文心里不由得一阵慌乱，心口也怦怦直跳起来。突然，他心底里涌起了一种从未有过的冲动和渴望，而且越来越强烈。

“水秀——”王秀文站住，转身看着水秀。

“嗯?”水秀也停住，转身怔怔看着他。

王秀文心里一阵狂跳——电影、电视中一对恋人紧紧拥抱的镜头在脑中闪过。此刻，他有这种强烈的冲动——想尝试一下和异性拥抱、接吻的那种新鲜和激动的感受。但在动手的一刹那，王秀文退怯了。他害怕自己的举动会引起水秀的反感，伤害了她那颗纯洁的心，毁了两人已有的相当感情基础的爱情。

“水秀，走这么黑的山路，你怕吗?”

“有你在我不怕。”

两人继续朝大山深处走去，走了一个多小时，他们来到了山猪岭电站拦河大坝，登上了两人约定见面的地方——护坡观景平台上。

“水秀，走这么长时间了，坐一会儿吧。”

“嗯。”

两人关了手电筒，背靠着栏杆坐了下来。他俩第一次身体紧挨着身体坐在一块。谁也不说话，用心感觉着对方散发出的体温和诱人的异性的气味。

大山里的冬夜，死一般寂静。大坝那头的闸门正放水发电。万泉河水涌入库房，居高临下冲击水轮机发出的低沉的轰鸣声在空旷的山谷中显得格外清晰。

“秀文，我，我有点冷。”郑水秀突然轻轻说了一句，声音有些发颤。

王秀文急忙脱下身上的风衣披在水秀身上。

“秀文，我还是冷。”水秀又低头说了一句。

王秀文急了，下意识伸手轻轻抱住水秀——他想用自己的体温给她取暖。水秀突然顺势躺在他的怀里。

王秀文紧紧搂着水秀，生怕她着凉。

郑水秀突然小声抽泣起来，全身不住地颤动。

王秀文慌了："水秀，你怎么啦?"

他把她搂得更紧了。

"秀文，不要抛弃我。"她喃喃地说。

他把她搂得更紧了。

"秀文，不要抛弃我，不要抛弃我!"

"水秀，我发誓，永远和你在一起，永不分离!"

"秀文，抱我紧一点。"水秀闭上了眼睛。

王秀文哆嗦着低下头，轻吻着她的额头、眼睛、脸和嘴唇。

水秀也许是走累了，也许是渴望已久的爱得到了满足，她躺在秀文怀里安详地睡着了，甜甜地睡着了。

王秀文紧紧抱着一个大胆向他表露爱的姑娘，全身心沉浸在无比的亢奋激动和巨大的幸福中——他真想就这样搂抱着自己心爱的人一直坐到天亮，坐到永远。

时间一分一秒过去，夜里的寒气越来越浓，王秀文怕水秀着凉，怕她家人担心，就摇醒了她："水秀，很晚了，我们回去吧。"

俩人站起来，手挽着手肩靠着肩走过大坝，朝三十六队走去。

"秀文，大年初二你到我们家来，穿着整齐一点，带点礼物来。"

"嗯，你什么时候来我家玩?"

"你来了，我就会去的。"

俩人进入三十六队，快走到水秀家大门口时，站住了。

"秀文，再抱我一次。"

王秀文一把把她紧紧搂在怀里，好一阵，俩人才重新分开，依依不舍地分了手。

二十三

1997年的春节足足放了20天假，三叶人在喜庆热闹祥和的气氛中度过了一个丰足、欢乐的新春佳节。

赵为民心里牵挂着6万多亩橡胶的物候生产情况，提前几天就上了班。他叫小马开越野车拉着自己下去转了一圈。一路看去，各区队的胶园树叶抽芽整齐，大部分叶片已从小古铜转为大古铜，长势喜人。如果这段时间天气正常，“两病”防治工作又不出纰漏的话，树叶的长势将比任何一年都好。若是风调雨顺，今年拿下4500吨干胶甚至突破5000吨是没问题的。

更叫赵为民宽心的是，上面机关还在放假，下面区队已到处呈现出浓浓的生产备割氛围了。“两病”防治，胶园管理，定产定价，胶工培训，清洗胶碗，焚烧鸭舌……各项割前准备工作都有条不紊地进行着。

赵为民每到一个连队，都要走进林段走马似随机察看。在橡胶园里，他看到了这样的场景：丈夫挑担施肥，妻子挖沟培土；男的挑担放胶碗，女的绑胶箍钉鸭舌；胶林中有夫妻一块干的，有大人带着小孩干的，有老中少三代人一起干的。一片林段就是一个忙碌的家庭，那场面让人振奋，也让人感慨。

在各类产业工人中，像农场胶工那样，整天穿着又脏又臭的衣服三更半夜就起床干活的工人，确实不多见。他们长年累月在大山里埋头割胶，实在不是一般人能忍受得了的。在农场当领导的，如果不好好干，不领着他们过上好日子，真的是无颜面对这些勤劳纯朴的胶工呵！

过完春节上班第一天，上午照例是开了一个三级干部生产动员大会。大会结束后，赵为民把孙志远、朱晋良、谢伟三人叫到自己的办公室。

他先问孙志远："老孙，今年橡胶物候情况怎么样？"

孙志远不假思索地说："春节前后我和蔡副分头下去看了几回，今年橡胶落叶比较早，比较整齐，抽芽也比较统一。昨天下午我又下去转了转，树叶已经全部转为大古铜期，部分树叶已呈淡绿。看来，今年橡胶物候情况是比较好的，估计开割时间要比去年提前10天左右。场长，这是个好兆头啊！"

"嗯。"赵为民满意地点点头，又接着提出自己最担心的问题，"下面有没有病害情况的报告？"

"从各队报上来的情况看，除了个别单位发现小面积的白粉病外，目前还没有发现大面积的病害流行。我已经叫生产科所有人员下午全部下去，布置第二次全面喷药，以预防和控制'两病'的流行，确保胶树按时开割。"

"好！很好！"赵为民满意地打了个手势，"今年只要能拿到4500吨干胶，你们生产科就算立了头功。下午你还要下去亲自检查督促一下防病工作，同时通知各单位要着手做好割前的一切准备工作，我们争取1997年来个开门红。"

孙志远应声起身走出了办公室。

赵为民接着问谢伟："谢科长，海口最近的橡胶市场和胶价行情怎么样？"

谢伟轻叹了一口气，说："还是老样，在13000元左右徘徊。橡胶产品市场自去年停割以来，一直很清淡，没有出现往年的火爆场面。"

赵为民心里一沉，又问："今后的行情，你估计会怎么样？"

"据业内行家分析，由于今年国家将增大天然橡胶进口量，加上国际天然橡胶价格持续下跌，估计今后的橡胶市场将继续疲软，并且由卖方市场转为买方市场，前景不容乐观。当然，行家的预测也未必就准。”

赵为民沉吟了一下，说：“这样吧，从明天起，供销科的工作暂时交给王副科长管，你亲自去海口驻扎在那儿，每天给我留意橡胶市场行情，随时向我汇报橡胶市场的变化和动向。”

“好的。”谢伟领命而去。

“老朱，你财务科现在还有多少现金可用。”赵为民点燃一支烟抽起来。

“场长，还有9982元两角。”朱晋良说。

“什么？只有9000多块钱了？”赵为民大吃了一惊。

“本来有几百万，过春节都发光用光了。”朱晋良面部没有任何表情。

“你赶紧去银行贷款。”

“贷多少，场长？”

“1000万。”

“银行不可能给这么多。”

“那你就打一个贷款1000万的报告，他们只要肯贷50%，我们就可以熬到5月份正常割胶。这件事你马上就去办。另外，你还要联系一下咱们的老朋友宏达公司的何老板，先向他借几万块回来应急。你现在就去办。”

朱晋良没有吱声，起身走出了场长办公室。

赵为民向后仰靠在老板椅上，自嘲地笑了起来——一个1.7万多人口、6000多名职工的大农场，财务科只剩下9000多块钱现金，这是他当了11年场长以来从未遇到过的事，要传出去，也算是三叶的一大奇闻了。

二十四

3月下旬，孙志远看到全场的橡胶树叶片已经老化，而且长势茂盛浓密，就下令动了第一刀，比去年动刀时间提早了半个月。3月底，全场就拿回了40吨干胶，这是一个丰产的好兆头。

赵为民看着经管科送来的3月份干胶进度表，喜不自禁。照这样的势头，4月份产量要比去年同期增产200吨是不成问题的，三叶今年割胶生产出现开门红的局面是不成问题的。

赵为民正满心欢喜时，驻海口的谢伟突然打来电话报告了一个坏消息：橡胶市场继续疲软，胶价又开始大幅下跌。今日跌到了1.2万元左右，目前仍在继续往下滑……

那边已挂了电话，赵为民还捏着话筒发呆——去年整个海南垦区遭受风灾后橡胶全面减产，谁都预测今年胶价必定反弹，而且反弹的时间就在三四月份间，但结果并非如此。胶价不仅没有反弹，反而还大幅度下跌。他真的蒙了，这橡胶市场究竟怎么了？要再跌下去，后果真不敢去想。

朱晋良推门走进办公室。

“场长，总局下来了一份财务工作文件。”他把手中的文件递给了赵为民。

“里面讲了什么？”赵为民心情郁闷，接过文件翻了一页就丢在桌面上。

“文件上说，今年的财务形势比较严峻，总局要求我们执行财务开支要遵循从紧原则，特别强调要做好财务预算收支平衡，该压缩的开支要坚决压缩，做好过紧日子的打算。”

“知道了。”赵为民烦躁地应了一声。

“场长，”朱晋良一直站着，“听说海口那边的胶价又在下跌了，如果这样，我们年头制定的1997年财务预算又会出现较大的缺口。我们是不是再调整一下，压缩一些开支，以保证收支平衡。”

“行行行！”赵为民挥挥手，你先回去把调整方案搞出来，我们再上会讨论。”

“好的。”朱晋良转身走出了办公室。

朱晋良出去后，赵为民点燃一支烟，抽了两口又掐灭在烟灰缸里。他心里又开始烦躁了，想抑制一下，两边的太阳穴又隐隐作痛起来——去年10月份的财务调整，一家伙给砍掉了820万元。可以说，能调减的已经调减了，该压缩的也已经压缩了。现在又要调整，该从哪一块下手呢？

周自成推门面带笑容走了进来。

“周副，什么事这么高兴？”赵为民马上恢复了常态。

“场长，目前的生产形势很好。日产量上升很快。4月份完成干胶400吨不成问题。”周自成兴冲冲地说，“如果今年风调雨顺的话，我看拿下4500吨不成问题。”

赵为民轻轻吁了一口气——只有这个汇报让他心情好一些，看来三叶今年增收只能指望橡胶增产了。

“周副，你现在是分管生产的，下面的事你就要多操劳一些。但愿老天能保佑我们！”赵为民说着仰靠在椅背上，右手盖住亮堂的前额闭目养神起来。

周自成还想说什么，见赵为民这副精神状态只好打住，起身告辞。他边走边纳闷：一向精力充沛、充满自信的赵为民今天却一反常态，不想讲话，满脸倦容还带有几分沮丧——怎么回事？

赵为民的郁闷还在持续。这段时间谢伟每隔两天就从海口打来电话，向赵为民汇报橡胶市场行情，但报来的都是胶价“跌跌不休”的坏消息。胶价一天跌一个价，赵为民是越听越心烦，越听越心惊肉跳。

这个上午，他又接到了谢伟的电话："场长，我是谢伟。"对方的语气有些急迫。

"谢科长，那边的情况怎么样？"赵为民急切地问。

"情况不好。这两天胶价跌得很厉害。今天现货交易价已经跌到一万元，看行情还要跌下去。场里有货就赶紧出手，有多少卖多少，一两都不要留……"

这消息如同晴天霹雳，把赵为民给炸蒙了。他攥住话筒，愣了半天没有放下来。

胶价每吨一万元是什么概念？这个价格已经比三叶生产一吨干胶的成本低出了2000多元，也就是说，三叶农场现在每卖出一吨干胶至少要亏损2000块，卖得越多亏损越大。市场，这双看不见摸不着的冷酷无情的巨手猛然间掐住了三叶的脖子，而且还在慢慢地用力掐下去。

突如其来的胶价大暴跌，一下打乱了赵为民今年整个经营管理的布局。年头编制的财务计划才刚刚开始执行，就冒出了一个又一个的大窟窿！如果胶价再跌下去，整个农场的经济将陷入空前的困境之中。

怎么办？赵为民苦苦思索应对的办法，但思来想去却没有丝毫良策，现在唯一能做的就是尽快调整财务预算。他叫来陈秘书："老陈，你马上通知机关科级以上领导到一楼会议室开紧急会议。谁都要参加，不准请假。"

半个小时后，一楼会议室里坐满了匆匆赶来参加会议的五位副场级领导和各科室科长、主任。赵为民坐在主持位上绷着脸一言不发——以往开科级干部会议，会前他一般都会讲一些题外话活跃会场气氛，很少有今天这种反常的情况。科长主任们摸不清场长的心态，谁也不敢说话，个个正襟危坐，会场气氛沉闷得让人窒息。

人员到齐后，赵为民才习惯地扫一眼椭圆桌两边的下属，用一种沉重的语气缓缓说道：“突然叫大家来，是有紧急事情要研究讨论。你们可能也知道一些消息了，这段时间，海口橡胶交易市场的胶价天天下跌，一天跌一个价。今天已经跌到一万元左右，而且还有下跌的趋势。这样一来，我场今年面临的经济形势就很严峻了。总局的四号文件都复印给大家看了，局里要求我们要紧缩开支，从严安排资金，尽量减少缺口。我们年头制订的财务预算是按照去年年底的胶价1.3万元来制订的，与目前的胶价对比存在较大的缺口。所以请大家研究讨论一下，如何调整今年的财务收支预算。谁都要发言。财务科前几天已经搞了一个调整方案，大家就围绕这个方案进行讨论。老朱，你先给大家说一说。”

朱晋良戴上老花眼镜，翻开材料，说道：“目前，由于胶价大幅度下跌，我场九七年的财务预算，才做好不久就出现840多万的缺口。为保证今年收支平衡，我们拟出以下压减开支方案。我一项一项念给大家听：“一、压减干部、计时人员工资，降低胶工干胶单价，共计500万；二、压减各项管理费用200万；三、压减胶工早餐补贴、检查质量补助款60万；四、减少固定资产购置50万；五、减少护林保胶经费20万；六、减少营业外支出10万；七、减少口粮运费5万。这七项压减开支共计845万。我刚才念的是大项，具体情况请大家看我们发的材料。”

朱晋良顿了一下，继续说：“今年我们计划要还的银行贷款有500万，从哪里要钱来还，就得靠我们增产干胶500吨，增收500万元来偿还。我的话说完了。”

“大家议一议，看这么调整行不行？”赵为民又扫一眼会场说，“大家也可以出谋献策，看还有哪些是可以调整的？”

“我完全同意财务科的调整方案。”周自成首先发言，“形势已经到了这个地步，早调整比晚调整好。”

林诗锦跟着表态：“目前胶价下跌得厉害，国家今年又放宽了进口天然橡胶的限制，可以想象，今后的形势会越来越严峻，财务开支非压缩不可。”

“财务科提出的这个压缩意见是可行的。但一下压减工资500万，会给干部职工带来一定的思想压力。”严守纪不无忧虑地说，“胶工队伍特别是外聘胶工有可能会出现不稳定的状况。”

“全场压减工资500万，就意味着每个人不见了25%的工资。目前我场绝大部分干部职工只有工资收入，一下大幅度地压减工资，干部职工是否能承受得了？”陈惠明也提出了自己的担忧。

会场一片沉寂。

刘金福干咳了两声，说：“管理费这块，小车修理费压减20万我认为太多了。机关有13台小车，几乎天天全部出动，小车耗损得厉害。减少了修理费，小车坏了没钱修，大家外出就得挤中巴了。”

徐克坚斜睨了刘金福一眼，说：“只要你刘主任能挤中巴，我徐克坚也不坐小车。要那么多小车干吗？有四五辆就足够了，其他的我建议统统卖掉。”

“老徐，你跟我斗什么气？小车又不是我一个人叫买的，是大家讨论买的，有气你冲他们发去。”

“啪！”赵为民左手突然拍了一下桌面，绷着脸斥责道，“你俩争吵什么？想争吵的都给我出去！”赵为民当着众科长的面斥责下属还是头一回，看来场长今天的心情的确很坏。

会场里又肃静下来。

“都坐着干什么？你们这些科长、主任来开会都是这么坐着我还要你们来这干啥！继续发言，谁都要讲！”赵为民绷紧着脸，右手两指头挟着点燃的烟一直没有吸，靠在老板椅的扶手上，白色的烟灰散落在藏青色的裤腿上他却全然不觉——这段时间他消瘦了不少，一向红润的脸庞暗淡了许多。

孙志远、方珏、江浩成、程祖荣、范海东，还有纪审科科长曹刚等一批科长纷纷表态，同意调整方案，唯有李智全坐在一边一语不发。

赵为民见李智全不说话，心里很是不快，说："老李，大家都说了自己的看法，你也亮一亮你心里的想法吧。"

李智全沉默了片刻才说："刚才大家的意见我都认真听了，我也完全同意财务调整方案。但我认为这种调整的办法只能应付一时。如果胶价下个月又跌他两三千，我们又该怎么办？难道还能这样大笔大笔地压减开支吗？因此我认为从现在开始，我们就要着手考虑如何去降低生产成本。比如说，目前机关干部、勤杂人员多，下面干部计时人员多，吃闲饭拿工资的人多，我们就应该要下手减员了。又比如说，现在的财务管理，制度虽然订了不少，也很完善，但很多执行不了，非生产性费用支出大，有的大额支出仅凭一纸报告就开支了等等，我们是不是也应该从源头下手堵一堵了……"

"老李，我们现在谈论的是压缩开支的问题，是谈论火烧眉毛的问题。题外话以后再说。"赵为民不耐烦地打断了李智全的话，"大家提出的意见很好，原则上一致通过了调整财务预算方案。虽然目前形势相当严峻，但也不要悲观。关键是我们在思想上不能泄气。我们三叶是大场，是有几千吨干胶生产能力的大农场，不必害怕胶价一时的下跌。至于小车问题、减员问题和财务管理问题，不是开一两次会议就能解决的，我们以后再讨论。从下个月开始，工资一下要减掉25%，大家散会后要立即组织本科室人员下到各自的联系点，做好干部职工特别是胶工的思想工作。这次减工资的幅度是大了一些，但那是暂时的，只要胶价一回升，我们马上就恢复原来的工资水平。"

赵为民说这番话时，声音虽然洪亮镇定，但心里却一点底也没有。他现在最担心的已不是台风，而是市场的胶价。如果胶价真如李智全所言过一个月又跌两三千的话，三叶农场就不是贷款度月，而是要贷款度年了。

二十五

在橡胶市场持续疲软，胶产品价格一路暴跌的严酷现实不停地困扰赵为民的时候，又接连传来了叫他揪心的消息——

农场计划内生产的橡胶产品，总局不再大包大揽，只负责销售70%，剩下的30%由农场自找门路自行推销。总局这个慈祥的父亲迫于市场的巨大压力，开始无奈地向众多待哺的大小儿女松开了一只手。

三叶农场的干胶生产在四月份出现开门红后，突然出现逆转，产量急剧下降。五六月份高峰产胶期仅完成800多吨，比去年同期减产近四成。减产又减收，可谓雪上加霜。

更叫人焦虑的是，农行开始加紧催收贷款。限6月底7月初前必须归还上半年当年的贷款和利息。农场目前的干胶销售收入仅够发工资，哪还有多余的钱还贷?

接踵而来的坏消息搅得赵为民坐卧不安，吃喝无味。他紧急召回谢伟，要他立即联系宏达公司的何德煌老板，协商销售农场自销的那部分橡胶——毕竟，30%不是一个小的数目。而与农场有过销售业务关系的大小公司中，也只有宏达公司有能力吞下这30%的产量。

胶价狂跌后，提高产量成了三叶增收的唯一办法。赵为民向周自成、孙志远下死命令，要他们查出减产原因，不惜一切代价抓好生产，七、八、九这三个月的月干胶产量必须完成550吨以上，否则先追究他俩的责任。孙志远心里很是郁闷憋屈——橡胶生产是野外作业，抓得再好也要靠天吃饭，谁也无法保证某月某月能拿干胶多少百吨以上，是吃橡胶饭的人都明白这个理。可赵为民却下了这个不通情理近乎疯狂的死命令，真不可理喻！

农行催还贷款和利息一直是赵为民的心头大患。他亲自带着朱晋良去市农行找行长副行长进行疏通，请求他们体谅三叶农场目前的处境，高抬贵手，宽限还贷期限。然而他们的一切努力均不果而归。一向对他们笑脸相迎、热情有加、主动贷款的农行第一次板起了黑脸。7月份农场好不容易卖掉了300吨干胶，可280万货款一回到农行就被扣下来还贷。这笔钱赵为民是准备用来发放6月份工资的，农行一扣下，7月15日前发放6月份工资成了泡影。

这些天，财务科电话铃声不断。各单位纷纷打来电话，追问何时发放6月份工资。朱晋良握着话筒，不知如何回答——毕竟，眼巴巴等着盼着财务科发工资的有6000多名干部职工和2700多名离退休人员呵！

赵为民更是心急如焚，他打电话向总局求救，得到的答复是：局里目前期货积压很多，从各农场收购上来的橡胶产品大部分积压在仓库里没有售出，实在无法调出现款救济。慈祥的父亲也爱莫能助了。

他打电话向一些大的兄弟农场求助。得到的答复是：我们现在的情况也很糟糕，资金紧缺，自身的工资也发放困难——一句话，他们现在也是泥菩萨过河自身难保，哪还有资金救助兄弟单位？

他打电话向过去有过业务往来的省内外公司求借，得到的答复几乎是一致的：我们现在手头也很紧，借十万八万还勉强可以，要借上百万实在没法子。这些公司在1995年、1996年胶价暴涨、橡胶供不应求的时候，像马蜂回巢一般纷纷涌来，拉关系，套热乎，千方百计求购农场计划外的橡胶产品，现在农场有难了，他们却个个装聋作哑撒手不管了。

该找的关系找了，该问的门路问了，该求的人求了，然而7月份到底了，6月份的工资仍无着落。现在唯一还没有找还没有求的人，是宏达公司的何德煌老板。前段时间他出国旅游，行期一个月，现在是7月底他应该回来了。

赵为民试着按下何老板家里的电话号码，电话通了。他赶紧拿起话筒。

那头果然传来了他熟悉的豪爽洪亮的声音："我是何德煌，你哪位啊？"

赵为民赶紧说："何老板，你、您听不出我的声音了，我是赵为民赵场长啊，您——出国旅游回来啦！"

"噢，是赵场长啊，你好，你好！我前几天才回来的。哎呀，这趟欧洲之行真是大开眼界啦。赵场长，有机会要出去看看才行噢。"

"对对。何老板，这两天——您有空吗？"

"有空有空，什么事？"

赵为民迟疑了下——过去一直是何老板有事请他求他，现在轮到他请求何老板了——终于说："石岭温泉的鹅肉不知您尝过没有？"

"石岭温泉还有鹅肉？"

"对对。那里的鹅全是从农村挨家挨户搜集上来的，都是吃野外河边田头的杂草长大的。这种鹅，肉质鲜美，味道不错，听说吃了还能防病益寿。您如果有空，我想请您过来尝一尝。"

"你赵场长请的客我是一定来的。不过今天没空，明天下午怎么样？"

"行行，明天下午四点，我准时在市富豪大酒家等你，不见不散。"

"不见不散。"

赵为民放下话筒，轻轻舒了一口气。能否解决6月份工资就看明天何老板的回答了。赵为民与何德煌交往了几年，对这位何老板是了解的。他为人豪爽大方，出手阔绰，是一位有情有义的性情中人，这种人对朋友是不会见死不救的。况且过去的几年，他何老板靠着三叶农场的橡胶发了财，现在三叶农场有困难了，他不会见死不救的——他也应该见死要救啊！

二十六

在三叶农场，除了赵为民外，胡文斌是第二个心焦如焚的人。他承建的四幢职工宿舍楼已接近尾声。正待验收结算之际，农场经济形势骤然紧张起来。6月份工资没钱发放，他开始以为是谣言，不相信是真的。一个堂堂的拥有数亿身家的国有大农场，连工资都发不出谁会相信？后来，胡文斌直接跑去问妹妹胡雪梅，才知道没钱发工资并非谣言，场里情况远比口传的要严重得多，这下他才着急起来。

建造职工宿舍楼他胡文斌已垫资了280万元，而从财务科那只领了零头80万元，还有整整200万元没有到手；加上其他未付的工程款总计还有370多万元在农场账上。如果三叶农场一直这样下去，那370多万元就不是钞票，而是挂在财务科账上的可望而不可得的阿拉伯数字了。

胡文斌求妹妹替他想办法尽快先要回200万元。说话一向粗声粗气的胡雪梅也轻轻叹了口气说：“不是做妹的不肯帮你，你妹夫现在也正在为钱的事到处找人求人，弄得焦头烂额。场里没钱，你叫我去哪里要200万给你？还是等等再说吧。”

胡文斌哭丧着脸说：“这几年我包工程赚到的钱都在这200万里头了，如果拿不回来，我就得跳楼了。”

“你现在去跳楼也没用！”胡雪梅很不满胡文斌这副熊样，“你先回去。你妹夫今天又出去借钱了，一有钱回来我会通知你的。”

胡文斌只得悻悻离开妹妹家。他骑上刚买的本田125直奔住在市场大街商品楼房的刘金福家。

胡文斌走进屋时，刘金福刚吃过午饭，一人坐在一楼客厅里喝茶看电视。胡文斌一见刘金福就说：“刘主任，你还真有雅兴啊！现在全场上下都在议论发不出工资的事，你还有心情喝茶。”

“农场发不出工资我能有什么办法！”刘金福给胡文斌倒了杯茶，双眼仍瞪着电视，说，“农场就是明天破产了，也饿不死你胡文斌一家。”

“农场要破产了，我一家就要去讨饭了。”胡文斌一屁股坐在沙发上没好气地说。

“场长的大舅要去讨饭了，三叶农场恐怕就要变成乞丐农场了！”

胡文斌关掉电视：“跟你说正经的。我们光是去年9月份动工搞的那四幢宿舍楼，还有200万工程款没拿到手，现在农场连发工资的钱都没了。刘大主任，你点子多办法多，你说怎么办？你得给我指条路啊！”

“笑话了。三叶这么大的农场，一年产胶好几千吨，光卖橡胶就有几千万收入，还会缺你这200万？”

“话是这么说，可我听说现在农场卖胶的钱还不够还债，钱一回银行就让人家给扣去了，你说怎么办？刘主任，我跟你说的都是认真的！”

刘金福想了一会儿，说：“农场没钱我能有什么办法。不过，你得赶快催促工建科去验收，先办好结算手续，然后打个报告给场里，找个理由要求农场一旦有钱要优先支付余下的工程款。场长要是签字同意了，什么时候有钱，你就什么时候提款。”

“唉，也只能这样了。找个什么理由呢……”胡文斌一拍脑袋说，“我们搞的那四幢宿舍楼也欠两家公司几十万的材料款，人家隔三岔五就打电话来要钱，像催命似的，这个理由够了。”

胡文斌这两年跟他妹妹一样，身体发福得厉害，方形的脸庞都臃肿起来，两只小眼陷进了皮肉里。可能是经常喝酒，他的脸盘鼻头都是红通通的。胡文斌起身告辞：“老刘，中午来打扰你休息了，改天请你到五哥饭店喝酒。”

二十七

宏达公司老总何德煌按约从海口赶到嘉积富豪大酒家准时与赵为民碰了面。赵为民先请何德煌到石岭温泉泡了一阵地热温泉，又带他进石岭宾馆桑拿按摩了一个钟，然后才带着何德煌直奔百草鹅肉店。

百草鹅肉店在一条不起眼的小巷尽头。招牌悬挂在一幢普通的两层楼门上。楼前面的开阔地停满了各种各样的小轿车。单看这些小车，就知道来这里消费的都不是一般的客人。

穿过底层楼，走出后门就是一个开阔的大院，里面搭了半个篮球场大的铁架顶棚，大棚中央是一棵两人抱不过的老榕树。榕树周围是人造的石山、花草、卵石和流水，人造景观周围摆满了一台台吃饭的桌椅。

赵为民领着何德煌、陈秘书和两个司机进来时，里边席位坐满了红男绿女。年轻漂亮的服务员小姐端着碟盘不停地在其中来回穿梭。

五人在角落的一台空席上坐下来。赵为民向笑盈盈走过来的小姐点了两个鹅肝、四斤白切鹅肉、四碗鹅汤、四碟小菜和四大杯鲜啤。

精精瘦瘦、个子不高、没有一点老板相的何德煌笑着对赵为民说：“赵场长，没想到这普通的小巷深处，竟还有这么多贵客光临啊，看来这百草鹅肉店确实不一般呀！”

赵为民笑道：“何老板，这百草鹅肉店，据说在选料上非常严格讲究，不是在农村野外放养的鹅一个都不要。这个店在制作上调味上也是很讲究的，你吃了一次就能上瘾，下次又非要来吃不可，比吃白粉还厉害。当然吃白粉有害身体，吃了这里的鹅肉可是有益健康的。来这里的食客，你也看到了，没有几个是走路进来的。”

“这里的鹅肉这么厉害，我得多吃几块了。”何德煌说完，大家一齐笑起来。

“赵场长，你今天请我到这里，不会是单单来吃百草鹅肉的吧？”何德煌转了话题。

“唔——”赵为民略略迟疑一下说，“是有件事想请何老板帮个忙。”

“什么事你只管说，咱们是老朋友了，不用来那么多客套。”

赵为民见他如此豪爽，就说道：“何老板，实不相瞒，目前的橡胶市场你也知道，胶价下跌，橡胶难卖，农场资金暂时出现了困难。现在是7月底了，我们6月份的工资还没发。我想跟你这位大老板借点钱来周转周转。”

“没问题，你要多少？”何德煌果然够朋友。

“250万。”

“250万！你们农场发一个月工资要250万？”

“现在是产胶高峰期，职工工资是高些。”

何德煌皱着眉，沉吟了一下说：“行！250万就250万！不过我有三个条件。”

赵为民一听何德煌肯借250万，高兴得不得了，脱口说：“何老板，你说哪三个条件？”

“第一，这笔钱从借出之日起，3个月内要还给我。利息按3分计。”

赵为民心里咯噔了一下——3个月的借款要按3分计息，这个何德煌真够狠的！他咬了咬牙应承下来。

“第二，农场若没有现金还，可以用胶来抵，价格按市场价计算。但我不要标胶，我要乳胶。”——这个条件似乎没有什么特殊，赵为民应承下来。

“第三，目前我公司资金也很紧张，这250万要到下月底也就是8月底才能给你，怎么样?”

怎么样?三叶到了这个地步他赵为民除了一口应承，还能怎么样?

何德煌说完三个条件后，依然声高气粗谈笑风生，犹如一个刚刚打败对手的胜利者。

赵为民心里却感到一阵阵憋闷和悲哀——这个从皮包公司干起家的何老板，过去对他是点头哈腰百般献殷讨好，如今倒过来了，轮到他赵为民一个堂堂的国营大场的正处级领导，去向一个靠皮包公司起家的私营公司老板“乞讨”了，这何止是三十年河东三十年河西啊，这简直就是莫大的悲哀和讽刺!

肥鹅肝、白切鹅肉端上来了，其他汤、菜也端上来了。望着满满一桌的菜，赵为民已没有了一点食欲，他感到两边的太阳穴又隐隐作痛起来。

二十八

赵为民与何德煌签了借款协议返回家时，已是晚上10点钟。

胡雪梅正坐在客厅里看电视，见赵为民回来了，开口就问:“老赵，这趟出去借到钱没有?”

赵为民没答话，仰坐沙发上，闭上双眼右手握拳轻轻捶打着额头。这些天他天天在外头跑却不觉得累，今天不知怎的，他感到特别疲乏困倦，一坐下来就想睡。都说场长好当，官越大越好当，现在这个局面这种状况怕是没人敢这么说了。

“哎，我问你话你听到没有？”胡雪梅声音粗起来。

“人家答应借250万，3个月就要还，按3分计息，另外还要下个月才能给。”赵为民捶着额头无力地说，“农场好的时候，他们个个都来认亲戚交朋友，赶都赶不走；现在农场不好了，过去的老朋友躲的躲，闪的闪，有的还趁火打劫，亮出明晃晃的尖刀对着你的心口叫你拿钱来。他妈的！”

“借到钱了！”胡雪梅一双小眼一下瞪大了，“农场还欠我哥378万工程款，这250万回来了，最少要匀出50万给他。”

“现在只考虑发工资的事，其他事一概不考虑。”赵为民挥挥手。

胡雪梅跳起来叫道：“我可告诉你啊，250万回来了，你不匀出50万给我哥哥，我就跟你没完。”

赵为民不想跟她纠缠，干脆闭口不说话——这是他对付她纠缠常用的一种无奈却有效的办法。

胡雪梅看赵为民不吭声了，嘟哝了几句又坐下来继续看电视。

赵为民正想起身冲凉，胡文斌探头探脑走了进来，对胡雪梅使了个眼色，就径直走到赵为民跟前。

“场长，”胡文斌从上衣口袋里捏出一张纸，展开递给赵为民，小声说道，“场长，我们去年承建的那四幢宿舍楼已经全部竣工并通过验收，工程款也结算出来了。农场还欠我们200万工程结算款，我们要求农场把这笔钱款给结了，这是报告。”

赵为民过报告，看也没看就说：“农场快两个月没发工资了，哪里还有钱支付你的工程款？报告你先拿回去，等农场经济宽松了，你再拿来。”

胡文斌没有接回报告，继续说：“场长，我们搞这几幢楼，也欠了市里几家建材公司的材料款100多万呢，他们说你楼房都建好了再不付清材料款就联名把我告上法院，场长你说我怎么办？”

“你去告诉他们，搞我三叶工程的款项，农场绝不会赖着不给钱的，你叫他们宽限些时候。”

胡文斌摊摊手，为难地说：“场长，我也这么说过了，我还说农场目前资金紧张，还欠我200万工程款，可他们不信，非要看到场长签字的报告才相信，才肯宽限还款日期。场长，这是报告，你就先在报告上签个字吧，我也好拿去应付他们呀！”

胡雪梅也帮腔道：“我哥又不是叫你现在就要钱，叫你在报告上签个字都这么难呀？他好歹还是你的大舅哥呢。”

赵为民只好把报告认真看了一遍——这四幢楼的工程结算材料朱晋良给他看过，农场确实还欠胡文斌200万元工程款——农场反正没钱付，给他签上也无妨。他抽出钢笔在报告下面空白处写了一行批示：同意支付职工宿舍楼工程款200万元。又写上了姓名和日期，然后把报告交还给胡文斌。胡文斌接过报告，小心折好塞入衣服口袋，道了声谢就喜滋滋地离开了。

胡文斌前脚刚走，周自成和孙志远后脚就走进来，胡雪梅见有人来了，起身扭着水桶腰上了楼。

周、孙两人在对面的长沙发上坐下来。他俩还没开口，赵为民就说：“你俩来得正好，我正想找你们。前段时间我叫你俩下去调查产量下降的原因，你们查清楚没有？”

周自成回答：“场长，我们花了整整一个礼拜的时间，调查了15个减产大户，他们都说今年产量下降主要是去年十二号台风造成的。”

“去年台风，我们胶树的受损率是20%，而今年的减产幅度，从5月份起每个月减产都在30%以上，都说是受台风影响也讲不通啊。”赵为民显然不满意周自成的回答，“老孙，你认为减产的原因还有哪些？”

孙志远略一迟疑，说：“今年我场橡胶大幅度减产，除了受去年十二号台风的影响外，我认为还有一个重要的因素，就是‘600号’

树死皮比较严重。这15个单位我们都抽查了5个树位，‘600号’树的死皮率最低的有18%，最高的竟达到35%，平均死皮率23%。”

“会有这么严重的死皮率？”赵为民着实吃了一惊，你们生产科不是每个月都下去检查质量吗？胶树死皮这么厉害，我没听过你们的报告呀！”

孙志远心里说：去年开割前，杨明亮说了一句死皮率高，你场长大人就免了他队长的职，谁还敢提？！

赵为民放缓了语气说：“107品系，我们怎么割都没有这样的死皮率，‘600号’就死了这么多，说明是胶树的品种的问题。7月份决完了，产量还是不行，你们生产科下一步怎么办？要给我拿出个具体的方案措施来。”

孙志远额头上冒出了一层冷汗，他悄悄抹了一下，说：“场长，我们和工会研究过了，准备搞一个挖潜增产劳动竞赛活动。”

“怎么个挖潜增产？”赵为民口气平和下来。

“文件已经起草好了，周副场长已经看过。”孙志远把文稿递给赵为民继续说，“我们准备在全场掀起一个挖潜夺高产的高潮，要求每一名胶工从8月份起，要把树位中能割的公孙树、淘汰树、半死皮树、风害树统统给开出来产胶，能割的低头皮、三角皮也尽量开出来，通过这样全方位挖潜把产量给补回来。”

赵为民接过挖潜文稿，仔细看了一遍，脸上皱着的眉宇稍微舒展了一些。他在文件头签了字后还给孙志远说：“这份挖潜文件很好，措施也很得力，马上打印发下去执行。”

赵为民叹了口气，用另外一种语气说：“不是我想对你们发火，目前的形势你们也知道，橡胶市场疲软，胶价大幅度下跌，到现在我们连6月份的工资还没有发，形势十分严峻啊！如果我们干胶再减产，以后形势会怎么样我不敢去想。我们现在唯一能做的，就是千方百计要拿到产量、产量！农场有干胶了，胶价就是再跌，我们还会有口稀饭吃，不至于饿死，知道吗？”

赵为民站起来，走到周自成、孙志远面前，他俩也赶紧站起身。

赵为民伸出双手，右手握着周自成的手，左手握着孙志远的手，使劲摇了摇才说：“农场现在已经到了很困难很关键的时期，生产上的事，你们二位就多多辛苦了！8月份不能再减产了！”

周自成和孙志远已分明地感觉到场长这两句话不是给他们下命令，而是在祈求他们——这回他们才真正体会到一个农场企业一把手的无奈和苦衷了。两人同时点点头，齐声说：“场长，我们会尽全力的。”

二十九

进入8月中旬后，三叶农场的形势非但没有好转，反而进一步恶化，各种坏消息仍是源源不断地传入赵为民办公室。

谢伟报来信息：胶价已跌至万元以下。由于橡胶市场持续疲软，总局一供二供的期货大量积压，销售不出去，现已经停收各农场橡胶。橡胶市场开始出现购方不找售方，售方找不到购方，即使找到买主把橡胶卖出去也没有现款给的糟糕局面。眼下还在买三叶农场橡胶的只有宏达公司一家大户和两三家零星小户。

财务科这边朱晋良向赵为民报告，市农行8月上旬召开了一个会议，农行主任向他传达了会议精神：一是不再向三叶农场放贷；二是往年的利息和今年的贷款利息一定要偿还，没钱就从产品销售款中扣抵；农场7月份和8月份销售的干胶款全部被扣下还贷。

不少单位的队长、支书纷纷找到财务科，来向他反映：农场快三个月不发工资了，老职工有老本吃还可以顶一阵，但新来的外聘工生活出现了困难，有的家庭连吃饭都成了问题。目前虽没人罢工闹事，但人心开始波动，请求场里尽快发放6月份工资……

一件接一件的坏消息把赵为民搅得心烦意乱、焦躁万分但又发作不得。他不想发6月份工资吗？他比工人还焦急！可手中没钱他拿什么发呢！产品销售款一进入银行就被扣下，现在唯一的救星就是宏达公司的何老板了。

赵为民没到8月底就打电话给何德煌，要求他提前把答应借的250万元汇过来解燃眉之急。谁料何德煌却在电话里说，公司卖乳胶的货款还没收回来，250万元最快也要到9月底才能划过去。

赵为民还想说什么，对方已经挂上。他捏着话筒发呆——这个家伙，靠农场的橡胶发了财，如今农场有难了，他却见死不救——不，不，不会的，何老板是个很讲义气的人，他是不会眼看着老朋友陷入困境而袖手旁观的。

赵为民犹豫了一会儿，又打通了何德煌的手机。

“喂，哪位？”话筒里传来何德煌的声音。

“是我赵为民啊！”

“噢，又是你赵场长啊，还有什么事吗？”

“何老板，这250万能不能这个月底划过来？我们实在是很困难了。”赵为民几乎是用祈求的口气说，“我这里真的是火烧眉毛了！”

“赵场长，我不是跟你说过了吗？现在橡胶买卖都是欠账的，人家欠我的，我也拿不出现款来，实在没办法啊！”

“何老板，农场现在已经揭不开锅了，全场一万多口人都眼巴巴地看着我！看在老朋友的面上，看在我们过去真诚合作的份上，帮我一把吧！啊？”

“赵场长，你背电影台词给我听也没有用！噢，我还有事跟你说，你们这几天拉给我的乳胶加氨太多，人家嫌，你们下次要注意点。否则人家不要了，别说250万，就是50万也难借给你！”对方说完关了手机。

赵为民无力地放下话筒，精神颓丧到了极点，心里感到一阵一阵的悲凉。要是换了1996年以前，他何德煌敢用这种口气对他说话吗?!

前两年胶价暴涨，橡胶供不应求，谁攀上了橡胶农场就等于攀上了财神庙，谁攀上了场长就如同攀上了财神爷。那时的场长是何等的潇洒自如，何等的威风尊贵呀！那些公司的经理呀老总呀整天像哈巴狗似的围着你转。可如今胶市疲软，胶价暴跌，农场像一座破落的穷庙，场长像一个四处化缘乞讨的穷和尚，连只苍蝇都不想飞来！不到一年的时间，竟是两种天地，反差之大，令人难以接受、难以承受呵!

堂堂的一个国有农场的场长，竟然落魄到去向一个私营公司老板乞求的地步！赵为民那十几年来在风雨坎坷中形成的坚定、刚强、自信开始动摇，难道这就是风水大师们所说的命吗?

三个月没有工资发，人心已经开始浮动。命也好，运也罢，三叶农场面临的严酷现实还得要他这个一场之长去面对。

他告诫自己，关键时候，场长首先不能垮，千万要挺住。农场只是欠了职工三个月的工资而已，还未到山穷水尽的地步。他相信胶价不会无限期地暴跌，上级乃至中央不会看着海南橡胶农场到了这种境况而不管不问的。

方珏推门走了进来，在他对面的沙发坐下。

“方科长，你有什么事吗?”赵为民打起精神恢复了以前的精神状态——内心的悲哀愁苦，在下属面前是不能有丝毫流露的。

“场长，几时才有工资发?”方珏小声问。

“怎么，你家里也缺钱买大米吗?”赵为民对方珏的问话显然不满。

方珏摇摇头，说：“眼下机关有一些干部无心上班，迟到早退现象严重。有的人上班时间来报个到就钻进茶店里喝茶，下队也只是做做样子。”

“这些人都是谁？你组织部门查清楚把名单列出来。”赵为民怒不可遏，“迟到早退三次的按旷工一天处理，旷工一天扣10块钱，从工资里头扣。”

方珏没有说话——他还能说什么？三个月没发工资了，谁都在从银行里提老本过日子，你怎么个扣法？

赵为民马上意识到不该讲这些话——这种时候讲扣讲罚不仅无效，反而会加快军心动摇。

他缓了口气说：“下面的干部，情况如何？”他现在最担心的是生产一线的干部。

方珏叹了口气说：“我和老庞、小曾前几天下去跑了一圈，下面的干部牢骚怪话不少，但所有的队长、支书都还在坚守岗位。现在最严重的问题是，去年和今年来的外聘工基本没有什么积蓄，现在连买米吃饭都成问题了。”

“队里的仓库也没有米吗？”

“上个月，供销科给各队拉去了一车老米。这个月，供销科说仓库里也没米拉了。”

“供销科的仓库也没米了？”赵为民大吃一惊。

他立即打通了供销科的电话。

接电话的是个女的。赵为民劈头就说：“我是赵为民，叫你们谢科长来听电话！”

“好好好，场长您等一会儿。”

十几秒钟后，话筒里传来了谢伟的声音：“场长，您找我有事？”

“我问你，这个月为什么不送大米下去？有些胶工吃饭都困难了你知道吗？”赵为民几乎是吼了起来。在一边的方珏也吓了一跳。

“我知道，我知道，我……”

“你知道什么？你知道个屁！谢伟，我限你两天内，把大米送到下面各单位去，否则我立即撤了你这个供销科科长的职务！”

“场长，不是我不想拉米下去，实在是……仓库里没有大米可拉了。”电话里的声音急促起来。

“什么？仓库没大米了？没大米你还待在办公室里干吗？还不赶快去采购大米啊！”赵为民发怒了，“谢伟，你听着，你今天要不把大米运回来，我明天就撤掉你的职！”

“场长，我们出去了几趟，跑遍了市里的粮库，可他们就是不肯给装米啊——”话筒里的声音开始颤抖。

“市粮库为什么不肯给装？”

“他们说，你们上次拉的十几车大米还没给钱呢，这次不给钱一包米都不给装。场长，我们、我们哪有钱给啊！场长，你现在就撤我的职好了——”对方的声音哽住了。

赵为民缓缓放下话筒——他错怪了谢伟。一个偌大的农场，一个昔日实力雄厚、称雄三乡五镇的国营农场，现在竟连买大米的钱都掏不出来了，岂止是可笑可怜，简直是无地自容呵！

派出所所长梁军走进来向赵为民报告：二十九队打来电话，说队里有十几个胶工不肯收胶，正在围攻队长，要求场里赶紧派人去处理围攻事件。

赵为民心里咯噔了一下，问：“二十九队队长是谁？胶工为什么要围攻他？”

身材高瘦的梁军用沙哑的声音说：“二十九队队长叫韦小宝，胶工围攻他的原因，据说是因为大米的事。”

“韦小宝？”赵为民想起来了——这个韦小宝不就是去年6月份他亲自提名让其当队长替换杨明亮的那个人吗？

“场长，这个韦小宝自从当队长以来，产量下降，是非又很多，我们经常收到二十九队职工群众反映他问题的来信。”方珏小声说。

赵为民站起来：“走，我们一起去二十九队看看。”

三十

赵为民带人坐着三菱越野车赶到二十九队时，已经是上午11点。队办公室里挤满了人，里面吵吵嚷嚷的闹得很凶。不知谁喊了一句：“场长来了，我们找他去。”人们轰地挤出办公室，领头的正是身材魁梧的割胶班一班班长洪铁钢。

“场长，你来给我们评评理。”洪铁钢穿着一身割胶服迎面堵住了想进办公室的赵为民。

“你们今天不割胶吗？”赵为民问。

“割了，我们都割了。”

“你们都收胶回来了？”

“没有，我们都没有收胶。”

“既然都没有收胶，为什么不去收胶现在还在这里吵闹？”赵为民压着心中的火气。

“场长，场长——”韦小宝钻入人墙，站在赵为民身边，指着洪铁钢说，“这些胶工都是刁民，我准备收回他们的岗位，叫他们统统滚蛋！”

赵为民瞪了韦小宝一眼，继续问洪铁钢：“你还没回答我呢？都快中午了你们为什么还不去收胶？”

“我是个破烂工人，我也不怕跟你说什么。”洪铁钢粗声粗气地说，“我们当胶工的，每天凌晨两三点钟就起床开灯上林段割胶，到中午12点、1点钟才挑胶水回来，在野外一干就是九、十个小时，够辛苦的吧，可我们没有怨言。农场三个月没有工资发，我们也没说什么，照样上树位割胶。可这个韦队长做事不讲道理，我们就要找他说说理了！”

“其他的你先不要说，你就说韦队长怎么个不讲道理？”

洪铁钢指着韦小宝说：“他平时干的那些横事我就不说了，上个月供销科拉来半车大米，他韦队长一家四口就扛去了两包，他是队长扛多少我管不着，可我们有些胶工快没米下锅了，他老婆还一勺勺拿着大米去喂猪。”

“韦队长老婆拿着大米喂猪你是听说的还是看见的？”

“开始是听别人说的，我也不相信。昨晚他老婆喂猪时我特意跟去看，结果一点也不假。我气得当时就想把他那三头猪扛去杀了！”

“韦队长，有这回事吗？”赵为民眼睛盯住了韦小宝。

“场、场长，拿大米去喂猪是正常不过的事，你可以去问问那些养猪户，哪一家没拿大米喂过猪，这有什么奇怪的！再说那两包大米全是压仓老米，煮的饭又黄又硬，人吃不了多少，倒掉又可惜，所以就拿一点去喂猪了。”

“两麻包大米400斤你一家四口吃得完吗？”赵为民真想给韦小宝两巴掌。他强忍怒火说：“韦队长，扛去的那两包大米还有多少？”

“还有大半麻包，那三头猪吃东西比三个人吃的还多，嘿嘿。”

赵为民差点气昏过去。这个韦小宝真是个十足的混蛋！他开始后悔自己当初的选择——这种人根本就不能当队长。撤掉他？撤掉他等于自己打了自己的嘴巴，等于向属下承认自己用人不当——事已至此，还是保留现状算了，只要不出什么大错，烂泥巴就烂泥巴吧。

“指导员呢？杨明亮他去哪了？”赵为民撇开韦小宝，眼光四处搜寻杨明亮。这个杨明亮，胶工围攻队长，他不来现场做思想工作，还不知躲哪去了，这种人最可恨！

“找指导员是吧？到林段找去吧！”洪铁钢瓮声瓮气地说，“现在偷胶水厉害，指导员这段时间天天上林段巡逻看胶水，哪有韦队长这么清闲，天天坐在办公室里喝茶聊天。”

赵为民又错怪了杨明亮，他心里不得不承认：从现在看来，当初免去杨明亮队长一职完完全全是一个重大的错误——这个杨明亮如果去年不当众顶撞他，如果他顶撞后当面认个错让他心里舒服点，他也许就不会撤了他队长的职务——可现在想这些还有什么用？场长的话一言九鼎，即使有错也必须坚持下去，否则还有什么威严威信可言？

“同志们，你们反映的问题，我们一定会调查处理的，请大家放心。我赵为民向大家保证：第一，农场目前的困难是暂时的，农场拖欠职工的工资很快就会一分不少地发给大家的；第二，关于粮食问题，我们马上就研究解决，保证不会让大家饿着肚皮上树位割胶。现在时间不早了，大家都回去收胶吧，你们总不能让指导员一个人在林段里替你们守胶水吧？”

“哎呀！”洪铁钢突然一拍脑袋说，“明亮一早就去了林段，到现在连早餐还没吃呢！大家赶快去收胶吧。”洪铁钢只一句话，围观的胶工就纷纷各自散去。

赵为民一行人走进队办公室。韦小宝还没坐稳，赵为民就发了火：“韦队长，你是不是不想干了？农场目前的状况最需要的是稳定人心，稳定人心你知道吗！你张口收岗位闭口叫人家滚蛋，我问你，胶工都走光了，丢下的树位你来割啊？去年因为你的事气走了10多位胶工，20多个树位没人割，产量一下落到全场倒数第二。要不是杨明亮找来了胶工，二十九队还不知道会弄成什么样，我现在还给你记着这笔账！”

韦小宝不住地点头，额头冒出了豆粒大的汗珠。

“我告诉你韦队长，如果再有一个胶工因为你的原因而弃岗走了，丢下树位没人割，我就追究你队长的责任，新账老账一起算！”

赵为民顿了一下，换了一种缓和的恨铁不成钢的口气说：“韦队长，这里没有胶工，我就实话跟你说了，农场现在连买大米的钱都拿不出来了，我们的队干部，尤其是队主管干部，现在要做的不仅仅是要抓好干胶生产，还要千方百计帮助职工群众解决生活上的困难，稳定人心，而不是拿职工口粮去喂猪你懂吗？我问你韦队长，如果真的有一天胶工没米吃了，供销科又没米运下来，你们该怎么办？”

“这个，这个……”韦小宝抹着额头上的冷汗，不知如何回答。

赵为民转脸对方珏、梁军说：“你们俩说说该怎么办？”

方珏略一思索，说：“老职工家里多多少少都有一点积蓄，可以动员他们拿一部分出来，借给胶工买米，帮助他们渡过眼前的难关。”

“这个主意好！这个主意好！”赵为民下意识地拍了一掌桌面，说，“各单位可以用这个办法解决一些胶工缺米的问题。韦队长，你这里聘请胶工比较多，估计是个缺粮大户，你和杨明亮两个要好好合计一下，用方科长说的这个办法解决一下职工缺粮的问题。”

“好的好的。”韦小宝不住地点头。

赵为民又说了一些安抚和鼓励的话，才走出办公室。他坐进小车时，心里又沉重起来——何德煌答应借的250万如果9月份再不到位，问题就更严重了。

三十一

进入9月份后，三叶农场严峻的经济形势继续僵持着，没有丝毫缓和的迹象。橡胶市场冷清得如一潭死水，橡胶产品像堆积在路边的大路货无人问津。胶价如同推倒的多米诺骨牌一路下跌，标胶现金交易价8月份跌下万元关口后，9月份又跌至9000元以下，而且还在割肉似的往下滑、滑……事态发展的严重性已经远远超出了三叶人大脑里的预料。三叶人没有想到，植胶农场除了有台风、暴雨等自然灾害的袭击外，还会有这样一种从未遇过的看不见摸不着的比台风更为可怕的灾难降临。灾难降临之初无人能预知，灾难降临之时也无法阻挡，三叶人感到了从未有过的困惑、惶恐、迷茫——农场好好的，怎么一下子就变成这个样了？这究竟是怎么回事？难道这就是时下报纸、电台里说的市场经济吗？市场经济是什么东西，竟然这么可怕！

灾难降临之初，赵为民原以为凭着自己在农场几十年摸爬滚打出来的经验，凭着自己多年治理橡胶农场的智慧和手段，可以轻而易举地控制它化解它，然而他没想到，这个还不知道叫什么名称的灾魔竟然法力无边。它就像一头巨大的足以一口吞下三叶农场的隐身魔兽，一来就用一双无形的巨手卡住你的咽喉；接着它的另一双无形的巨手又用一条无形的柔韧无比的绳索把你的身体、手脚一道道捆住，叫你动弹不得；然后再一点一点用力扼紧你的咽喉，慢慢叫你窒息……

一个活生生的人，如果感到全身被无形的绳索捆住，咽喉被看不见的手卡住，呼吸困难而又动弹不得，这种滋味恐怕是最难受的。赵为民现在的感受正是如此——一个国有橡胶农场的最高决策者竟眼睁睁地看着形势恶化，快四个月发不出工资而无能为力，其中的滋味也只有赵为民才感受得到呵！

今年以来第一次党委扩大会议在赵为民的主持下召开了。一楼会议室里坐满了正科级以上干部，七名党委会成员也全部到齐。会议室里没人说话，没人谈笑。开会的人员只是闷头抽烟、喝茶，会场气氛沉闷压抑，让人感到憋闷窒息。

坐在主持位上的赵为民看上去消瘦了不少，也苍老了许多。显得憔悴的脸上，以往的红光、微笑、从容、镇定、自信已荡然无存，取而代之的是疲倦、忧郁和一种游离不定的眼神。

“场长，人都到齐了。”坐在一旁的秘书老陈轻轻提醒了一句。

“哦!”赵为民坐直身子，习惯性地扫了一眼个个满脸愁云的下属，想说几句打气的话，可又打住了——这些话说多了听腻了只会起反作用——他开门见山，直接说出了今天开会的议题：

“同志们，农场的经济形势是越来越严峻了。你们知道的还都是表面上的，底下还有更糟的。在座的都是三叶中层以上干部，今天开这个党委扩大会，我就把这个底抖出来给大家看。目前，橡胶市场继续疲软，胶价是翻着跟头往下跌。农行已经停止向农场放贷。我们销售的产品款一回到农行就被扣下还贷款还利息，卖给私人老板的橡胶，全部是赊账的，光有货出没有钱进。我们稍一讲两句，人家就发脾气威胁要扣钱退货。可我们呢，除了橡胶收入，就再没有其他收入，也只能当孙子让人欺了。更叫人忧虑的是，9月份的产量还上不去，减产幅度比上个月还大。唉，农场目前的困境，别说是发工资，就是连维持正常运转的费用也紧张了。今天开这个会，就是要大家好好议一下，看如何压减经费，节省开支。”

“我先说几句。”周自成首先发言，“9月份产量上不去的原因有多方面，但主要原因我还是那句话，是去年十二号台风造成的。我这个副场长也真够倒霉的，一分管生产计划、财务，不是刮台风就是胶价暴跌，没有一样是顺的！对农场目前的困境，我看不节省开支不压缩经费是不行的了。”

林诗锦接着说道：“机关招待所的招待费太高，一个月最少要吃掉好几万，这一块应该要控制一下。”

“护林保胶这块用车太多，耗油太大，车辆损耗过大，这一块也要注意控制一下。”刘金福马上反唇相驳。

李智全一向看不惯刘金福的横劲，说：“机关有13辆小车，光是油料和修理费开支就大得惊人。我建议卖掉4辆，封停4辆，只留5台车就足够用了。这样可以节省开支又可以增加收入。”

“这个建议好，我赞成。”赵为民立即表态。场长带头表了态，其他人也纷纷表示赞同。

“既然大家都同意封车卖车，我也不反对。”刘金福悻悻说道，“以后各位要开会、出差或下队就不要来办公室要车了。出差开会的，自己搭班车去，下队的自个走路去。”

“这有什么困难？”徐克坚白了刘金福一眼说，“50年代至70年代，农场有几个是坐小车去开会、出差的？又有几个不是走路骑单车下队的？没有了小车，事情就不用做了？”

“徐副主席，这话我也会说，可到时候别人坐车你走路，你不要跳起来骂我就行了。”

“题外话少说！”赵为民心里烦躁，刚要发火又压了下去了，“大家继续讨论吧。”

党委扩大会开了整整一天，讨论来讨论去最后形成了以下决议：

一、拍卖车龄较长的4辆小车，封停4辆；留5辆性能较好的小车作为场务用车；严禁公车私用。

二、取消机关干部的下队补贴和误餐费；取消胶工的早餐补贴。

三、护林保胶经费压减60%，场里领导经费压减60%，科级领导经费压减50%，科员经费压减40%。

四、除了上级领导，场内干部不论级别大小，要吃公家饭的一律在机关招待所吃；每人每餐按5元标准吃工作餐。没有场长批准，一律不准用公款在外用餐。

三叶农场的机关干部过了几年宽裕潇洒的日子后，终于又不情愿地自己勒紧了自己的裤腰带。

三十二

9月底，宏达公司老板何德煌打来电话，告诉赵为民，由于橡胶产品生意都是赊账交易，原先答应9月底划给农场的250万元要到10月份上旬才能兑现，并要求农场继续按合约给宏达公司供应乳胶。

赵为民差点背过气去——这样拖下去怎么得了？不能在一棵树上吊死！

赵为民带着朱晋良亲自到总局找财务处，找局领导，痛陈了三叶农场当前面临的困境，要求局里借款救济一下。可得到的答复都是：局里的仓库现在还堆着成吨成吨的橡胶卖不出去，资金也十分紧张，有限的一点资金要拿去救助那些比三叶更困难的农场，实在爱莫能助，要三叶自己想办法解决资金问题。

赵为民又硬着头皮去各银行央求贷款，去找过去和三叶有过生意往来的公司求助，但得到的只有一些同情和安慰的客套话。

赵为民和朱晋良坐着皇冠小车，像只没头苍蝇在海口乱跑乱撞了几天后，又带着颓丧和伤感空手而归。看来最终的希望还是要寄托在何德煌这个大老板身上。如果10月份何德煌再不能兑现承诺，三叶人只有坐以待毙了。这个何德煌他妈的——你他妈的又能怎么样，他现在握着刀把，你是砧板上的肉，除了他剐你，你能奈他何？

9月份又没工资发的消息迅速传遍了三叶农场的各个角落，三叶人像得了瘟疫似的，个个神色黯然、萎靡不振。连续四个月没领到工资的干部职工，由沉默到抱怨，由抱怨到愤怒，又由愤怒转为沉默——这是一个人在希望破灭救助无望时呈现出来的那种沉默。惶恐和不安开始在场内四处弥漫；惊慌失措、无所适从的三叶人，把目光集中在每周开一次奖的万字号私彩上，把希望寄托在中奖上。中了头奖，2元可博1.5万元。人们像疯了似的干活闲聊说彩票，走路睡觉想号码，就连趺跤做梦也要从梦中分析出一组组阿拉伯数字来。每天都有男男女女、老老少少从四面八方涌进场部，争购私人彩票。一时间，场部狭长的农贸市场成了私彩一条街。

一线胶工开始浮动。不少外聘胶工丢位弃岗不辞而别，一些不法分子纷纷跳出笼，进入林段找一些意志薄弱的胶工，用现金引诱，以低廉的价格非法收购他们手中的鲜胶。农场日鲜胶产量直线下跌……三叶农场一步一步陷入了烂泥潭之中。

这天杨明亮睡午觉刚醒来，韦小宝就领着一大帮人走了进来，为首的正是洪铁钢。

“韦队长，你这是——”杨明亮揉着惺忪的眼睛迎了上去。

“明亮，是这样的，他们没米吃了，都来找我要米。仓库里没米，供销科也没拉米下来，我也四个月没领工资了，我去哪里要米给他们？”韦小宝摊摊手说，“你说这事该怎么办？”

杨明亮瞪了洪铁钢一眼，说：“铁钢，你上次带头闹事还没几天呢，今天怎么又带起头闹事了？你还把我这个指导员当兄弟不？”

洪铁钢脸一红，说：“明亮，我不是来闹事的。我这帮兄弟米缸都空了，又没钱买米。我不找领导去找谁啊？干体力活的人吃不饱肚子哪有力气干活啊！要不，我们也拿胶水去卖掉算了——”

“洪铁钢你敢卖胶水！”杨明亮指着洪铁钢，“这是国家的财产，谁要敢偷卖一两胶水我就开除谁！”

“农场没工资发，我们又不能卖胶水，那你说我们怎么办？我喝胶水算了！”

“队里今天不给我们解决吃饭问题，我们明天就不割胶了！”门外有人大声喊。

“对！没有饭吃，明天我们哪来力气割胶？！”屋里的胶工全部叫喊起来。

韦小宝贴着杨明亮的耳根说："明亮，人有三急，我现在大便很急，我先去方便一下。"说着挤出门外，匆匆溜走了。

"大家不要吵，坐下来慢慢说。"杨明亮招呼进屋的胶工坐下，但没有一人肯坐。杨明亮也只好站着说："同志们，你们有困难，我心里清楚。上面说10月份就有工资了，大家咬咬牙坚持一下。"

"连饭都没有吃了，叫我们怎么坚持？"

"大家可以跟左邻右舍先借——"

"借钱借米，我们已经借到丑了！"

"大家也可以到米店里先赊一点——"

洪铁钢说："明亮，今天找上门来的，个个都到米店赊过了几回账，现在哪家米店都不肯赊账给我们。"

"不肯赊账？为什么？"

"店主说，三叶农场有一天破产了，你们屁股一拍统统跑光了，我找谁要钱去？"

"是这样的啊！铁钢，我们队有多少胶工没米了？"

"13户，全是两公婆割胶的。"

26个胶工没米吃！杨明亮吃惊不小。26个胶工差不多占全队胶工的1/4，他们如果都因大米的问题不上岗割胶，后果就严重了。

杨明亮凝眉想了一会儿，说："这样吧，大家先回去，我杨明亮向你们保证，决不会让你们饿着肚子上林段割胶。铁钢，你在办公室等我。"

洪铁钢带人出去了。

杨明亮把大门轻轻掩上。吴玉兰撩开隔布帘，从卧室走了出来。"明亮，这么多人来我们家吵吵嚷嚷的，出了什么事？"

"玉兰，我们的存折还有多少钱？"

“还有500块。”

“不是还有1500吗？怎么只剩下500了？”

吴玉兰不满地瞟了丈夫一眼：“上个星期，有四五个胶工找上门来，说场里不发工资，没钱做伙食了，要跟你借伙食费，你从银行里取出了1000元，每个给200借了出去，这事你忘了？”

杨明亮轻轻“哦”了一声。

“怎么，这500块你还想借给人？”

杨明亮叹了一口气说：“队里有13户胶工没米下锅了，都是两公婆割胶的，他们刚才就是来找我要米的。我是队领导，不能看着他们不管呀。”

“明亮，这500块钱可不能动了。农场不知哪时才有工资发。这点钱要借出去了，我们吃完了米又跟谁借钱买米去？这个月我的胃老是发作，疼得厉害，我想买好一点的胃药可又舍不得，我的胃现在还隐隐作痛，上课的时候有时痛得……”她说着眼圈就红了。

杨明亮沉默了——妻子不提醒他还真不知道，这存折上仅有500元确实不能动了。家里一个月的开支，再怎么省也要200多块，这500元顶多能支撑两个月。农场要是一直这样拖下去，往后的日子还不知如何过。如果家里再有个三长两短急需要钱，又去找谁借呢？

杨明亮默默转身，刚走一步，吴玉兰就叫了声：“明亮。”

他转回身，吴玉兰从衣柜里翻出存折，走到丈夫面前，把存折递过去：“明亮，我知道，你们当领导的也很难——要不取300，留200行不？要不取400，只留100？”

杨明亮使劲点点头，接过存折——他也想对妻子说几句安慰感激的话，可什么也没说出来。

洪铁钢几个胶工突然从外头进来——他们没走远，全站在门外的墙边。屋里人说的话他们都听到了。

洪铁钢一把夺过杨明亮手中的存折，塞到吴玉兰手里说：“明亮，你——你这不是要为难我们吗？弟兄们，刚才他们说的话大家都听到了吧，指导员家里，也不比我们好过多少。大米的事，我们自己想办法解决，大家回去吧，不要再为难明亮了——”

“铁钢——”杨明亮一把拉住洪铁钢，“你别走，等会跟我一块去趟场部，其他同志先回去，我下午保证给你们送米来。”

胶工散去后，杨明亮从吴玉兰手里拿过存折，启动那辆破旧的红色狗仔车，拉着洪铁钢歪歪扭扭地朝场部开去。

半个多小时后，两人来到了场部三角街区，进入了农贸市场。

狭长的农贸市场两边，一溜开着十几家杂货店。每家杂货店都摆卖着各地产的大米。

不知是下午人稀少还是农场经济不景气，整一条长长的街市冷冷清清，连过路的行人也没几个，与昔日人来车往的喧闹繁荣景象形成了巨大的反差。

杨明亮放好车，先从银行里取出300元，才带着王铁钢挑了一家门面最大的杂货店走进去。

店主是一个40多岁、体态丰腴的老板娘。她看到有客来了，立刻站起来，笑盈盈地迎上去，甜甜地招呼：“两位大哥，要买点什么货？”

杨明亮双眼直盯着摆在大门边的大米：“老板娘，这些50斤装的米怎么买？”

老板娘热情地介绍：“这袋、这袋、这袋、这几袋是海南米，都是当年粮，煮干饭稀饭都好吃。比较好一点的米是科十三、四季早；这边的全是大陆来的优质米。大陆米米粒细长均匀，煮成饭后柔软滑润，特别好吃。当然，要想吃粥的话，还是用海南米好，海南米煮成的粥，浓香可口，大热天喝下去比什么都爽！二位想要哪种？”

“哪一种米——便宜、干饭又多？”杨明亮问。

“那你就要买里边的老米。”

“老米一袋多少钱?”

“50块。”

“能不能——便宜一点?”

“这个价是最便宜的了。”

杨明亮思索了一下，说:“老板娘，我今天想买26包米，可身上钱只够买6包，那20包能不能赊账？我保证农场一发工资就拿钱来还。”

“赊20包大米，你不是开玩笑吧?”老板娘收起了笑容。

杨明亮搓搓双手，犹豫了一会，说:“老板娘，我是二十九队的支部书记，叫杨明亮。是这样的，我们队有13户胶工今天没米吃了，你也知道，农场几个月没发工资了——所以，所以，我想出面给他们担保，每户赊两包米，给他们先吃着，一发工资，我负责还数。”

老板娘冷笑了两声，说:“这几天担保赊米的人还真不少，担保人不是队长就是书记，一开口就赊10包20包，农场是闹饥荒了还是怎么的?”

“老板娘，你同意赊了?”杨明亮问。

“农场这么多土地，这么多橡胶，水土又这么肥，怎么人人都穷到连一包大米都买不起了?”老板娘一脸冰霜。

“老板娘，你是赊还是不赊?”一直闷头不说话的洪铁钢突然冲出了一句。

“不是我不想赊。二位去翻翻我的账本，这几天，我赊出去的大米数就有五六千块，再赊下去，我的店也要关门了。”

“明亮，走，我们到别处去问。”洪铁钢拖着杨明亮往外走。

老板娘也不阻拦，说了一句:“口袋里没钱，就不用去问了，哪个店都是一样的。”

杨明亮和洪铁钢走遍了市场的店铺，果然没有一家店肯赊大米。

两人走出最后一家店铺，又回到三角街区，在公路边蹲下来。

“他妈的，这些臭店，等老子有钱当富翁了，我就扛一麻袋钱去逛这些臭店，就不买东西，我气死这些开店的！”洪铁钢气愤地说。

杨明亮低头想了一会儿，说：“铁钢，你在这里等我，我再去想想办法。一定要等我回来啊。”

杨明亮站起来，走到刚才停车的那家店门边推出轻骑，开着它朝机关大楼骑去。他想在大楼台阶底下拦住上班的场长，请求他给二十九队特批1000元借款，解决胶工的吃饭问题。

来到大楼底下，杨明亮又犹豫了。几个月没发工资了，一定会有很多人找场长借钱借款的。农场到了这一步，场长一定会有许多心烦头痛的事情，还是不要去麻烦他了。

下午上班时间没到，大楼门前偌大的广场上空荡荡的，天上白花花的太阳，和地面青石块蒸发的热气，使整个无遮无掩的广场成了一个天然的大蒸笼。

杨明亮倚着轻骑站了一会，全身就已大汗淋漓，然而他却全然不觉，脑子想的全是借钱的事。

怎么办？找机关干部借——他们经常下队，大家彼此都很熟，就找他们借吧。

他启动轻骑，开着它朝西边的机关宿舍区去。走了十几米又停了下来——机关干部也是领工资过日子的，眼下谁都是从银行里拿老底出来垫，谁还有多余的钱往外借？再说目前这种境况还不知要拖多久，算了，也不要去为难他们了。

这也去不了，那也去不了，该往哪儿去呢？杨明亮骑着车停在青石板路上茫然不知所措——算了，就买6包大米回去每人分一点算了——不行，6包大米13户人分，每户还摊不到25斤，不行不行，还得要想办法借钱。可找谁借呢？

他望望东北区加工厂基建队的楼舍，又望望正东区三叶中学的教师楼房，又把目光转向东南区的职工住宅新区。突然，他想起了一个人——中学读书时的同桌同学袁志强。袁志强高中毕业后，先是割了两年胶，然后辞掉公职开三轮车干起了个体，后来他又买了一台中巴车搞客运发了财。听说他前年在职工住宅新区买地盖起了一幢小洋楼，举家从下面连队搬进了场部。杨明亮和袁志强高中毕业后虽然各奔前程，从此没有往来，但袁志强一向为人豪爽，很讲义气，跟他借1000元应该是没有问题的。对，就找袁志强借钱。杨明亮想到这里，掉转车头，朝东南方的职工住宅新区开去。

进入居民点，杨明亮经路人指点来到一幢单家独院的二层小洋楼的大院门前。这幢小楼看起来还很新，外表装修得十分漂亮。

杨明亮站在铁门前看呆了——我的天！这小子才干了多少年个体，就盖起了这么漂亮这么气派的楼房，还真是不简单咧！我杨明亮干一辈子恐怕也住不了这样的楼房。

大院的两扇铁门紧闭着，杨明亮犹豫了一会儿，才敲起了铁门。

楼房里走出了一位衣着华丽、披金戴银的少妇，后面跟着一个四五岁的小男孩。金光闪闪的少妇隔着铁门面无表情地上下打量了杨明亮一番，才冷冷地问：“喂，你找谁？”

“我……我……”杨明亮嗫嚅着说，“我——我找袁志强。”

“你找他干什么？”少妇并不开门。

“我，我——”杨明亮鼓了鼓勇气，说，“我是志强高中时的同学，我想，我想跟他借点钱。”

“他不在家，我们家也没钱借。”少妇丢下两句冷冰冰的话就拉着小男孩转身往回走。

“妈妈，这个叔叔是谁？干吗不开门让他进来？”

“他是个要饭的，别理他！”

“要饭的”这三个字深深戳伤了杨明亮的自尊心。他活了35岁还没被人这样伤过——去你的，不借就不借，干吗要出口伤人！不就有几个臭钱吗？有什么了不起的！

杨明亮踩响那辆破旧的狗仔车头也不回地往原路开出来。驶入青石大道时他刹住了车——不能这么空手回去。这些胶工每天三更半夜起床割胶已经够辛苦了，没工资领不说，还要为大米发愁。他们就是不丢岗弃位，当干部的，你也吃不下睡不着啊！

杨明亮定下心来——看来还得厚着脸皮跟老同学借，他开中巴搞客运不会没有现钱。她老婆说他不在家，就说明他出车还没回来。对，就在路边等他回来，要饭就要饭吧，只要能借到钱，当一回要饭的也无所谓。

他架好轻骑，在路边的一棵小树底下蹲了下来。抬腕看了一下表，现在是下午三点整，等老同学的车回来了就在这截住他。

蹲在路边等人的滋味还真不好受。倒不是蹲久了腿脚发酸，而是来往行人向他投来的怪异的目光。这些目光中有好奇的，有猜疑的，有鄙视的，也有纯粹是看热闹取乐的。无端的要忍受这些目光让他感到从未有过的尴尬和难受。杨明亮干脆低下头，一听到车响就抬头，不是中巴又赶紧低下头，这样一直等了一个多小时，一辆红色中巴才迎面慢速开了过来。杨明亮赶紧站起来，瞪圆双眼，中巴空着车从他眼前滑过，开车的司机不是他要找的人。

他重新蹲下来——这个袁志强，开的是哪一班车，到现在还没回来！车子不会半路出了故障吧？

又等了半个多小时，一辆红桥中巴迎面开来。他站起来，一眼就认出开车的司机正是袁志强，刚要开口喊，中巴已擦身而过，拐入居民点的便道上，消失在住宅群里。

杨明亮赶紧启动狗仔车加大油门径直开到小洋楼大院门前才

停车。

小洋楼侧边果然停靠着一辆红桥中巴，看来袁志强已经进了楼里，那两扇大铁门仍是紧关着。杨明亮架好轻骑，在铁门前犹豫徘徊了好一阵才硬着头皮再次敲门。

“小奇，去看看谁来了。”屋里传出了刚才那少妇的声音。

小男孩应声跑出了院子，一看是杨明亮马上高声喊：“妈妈，刚才那个要饭的叔叔又来了！”

“哪个要饭的？”一个中等个头、身材粗壮的年轻汉子走出门——老同学袁志强终于出来了。

“志强，是我，杨明亮啊！”

“哎哟，是明亮呀！小奇，别胡说，叔叔是爸爸高中时的同桌同学，快去叫妈妈泡茶。”袁志强赶紧上去要打开大铁门。

“志强，别开门了。”杨明亮说，“志强，我，确实是来找你要饭的。”

“找我要饭？老同学，咱们多年不见了，怎么一见面你就说这种话？你要再对我说这种话，那我可真的受不起啊！”

袁志强打开铁门：“明亮，进来进来，有什么事先进屋坐着，喝杯茶再慢慢说。”

“志强，天晚了，我没时间坐了，我，我真的是向你讨饭来的。”杨明亮不肯进门。

“老同学，你别再说讨饭讨饭的了，一见面就说这样的话，很扫兴啊！有什么事，需要我这个老同学帮忙的，你就直说。”

“志强，是这样的，我们队有13户胶工没米下锅了，队里的仓库没米，供销科也没米拉下来，场里又几个月没发工资了。我想，跟你借点钱买大米——你看，我是来讨饭的吧？”

“你又来了！你要再说是来讨饭的，那你走，到别处讨去。”

“志强，我——”

“好了好了，你说，要多少?”

“1000块，就20包大米钱。”

袁志强二话不说，掏出鼓鼓的钱包，唰唰地点出20张百元大钞递过去：“这是2000块。1000块是借你给胶工买米的，这另外1000块是我赞助给你们队的，也算是老同学我对你工作的一点支持，拿着。”

“志强，我、我……”杨明亮话一出口就哽咽住了。

“哎，你别这么婆婆妈妈了。”袁志强把钱塞到杨明亮手里，“不过，借我的钱是要讲条件的。”

“什么条件?”

“你下次来找我，不要再说来要饭的就行了。进来坐坐，喝杯茶。”

“不了不了，还有人在市场等我，我得马上走了。”杨明亮接过钱，塞好，启动车子匆匆朝市场赶去。

傍晚时分，杨明亮和洪铁钢押着一辆满载大米的三轮车回到了二十九队。这车好不容易讨来的大米一运回连队就分发给了最困难的胶工家庭户，在关键的时候稳住了二十九队的人心，稳住了胶工队伍。

三十三

对三叶农场突如其来的变故，王秀文和机关其他干部一样，先是等待，继而无奈，然后是困惑、迷茫，最后又陷入了恐慌和不知所措之中。由于连续几个月没发工资，机关干部尤其是像他这样的科员干事，优先考虑的已不是如何做好工作，而是如何维持生活和生存的问题了。下面职工群众多少还有些自留地，种点菜，喂头猪，养些鸡鸭什么的还可以凑合着过日子；而像他这样普通的机关干部，上无片瓦，下无寸地，连一根青菜都要花钱去市场买，光有支出，没有收入，每天都在吃老本，如何不叫人慌张？

银行里的积蓄在一点点地掏空，王秀文心中的忧虑和恐慌也在一点点地扩大。自己才27岁，在机关工作还不满三年，三叶就成了这个样子，农场目前的困境是暂时的，还是要持续下去？自己今后的路该怎么走？父母亲为农场干了大半辈子，老了每月只领一点退休金，也没有什么积蓄；家里要是有个三长两短需要钱怎么办？自己若是结婚成家了，又拿什么来维持家庭生活？这些问题像一团乱麻不时地缠绕着他。他越想越乱，越乱越想。这段时间，他的心情没有一天开朗过。

一头白发的父亲隔三岔五乘着三轮车从家里跑上来给他送来几把自种的青菜。他每次从父亲手里接过青菜，心里就感受到一阵阵辛酸和沮丧。老父亲看他这副样子，总是安慰他："秀文，农场发不出工资，人家能过得去，我们也能过得去。"

最令王秀文不安和难过的是，郑水秀的母亲对他的态度发生了180°的转变。年初二他带上礼物第一次登上郑家门时，受到了郑家人尤其是水秀母亲的热情接待。她母亲不再用审犯人的目光上下打量他，也没有再用生硬的语气审问他，只是一再说水秀是个懂事能干的女孩子，要王秀文日后好好照顾她，不要亏待了她，不要让她受委屈。从郑家人的热情和态度上看，他们已经默认了他和水秀的恋爱关系，只要不发生意外或有其他的变故，他和水秀结为百年之好只是时间上的问题。

然而，农场三个月发不出工资后，水秀的母亲潘莲芳对他的态度开始冷淡。有几个双休日他去郑家玩，潘莲芳只冷冷地招呼两句，就把他晾在客厅里不再理睬。水秀一来陪他，不到两分钟就被叫去做这干那，让王秀文感到非常难堪。

两人在山猪岭电站大坝约会，郑水秀不再像过去那样热烈奔放，无所不谈，而是显得心事重重。王秀文跟她说话，她不是点头就是摇头，要不就是久久凝望着大坝前面的万泉河水出神。王秀文不问也知道，他俩的事肯定遭到了她家人尤其是她母亲的强烈反对。尽管王秀文相信水秀对他是真情实意的，但心里总有一种不踏实的感觉——像水秀这样漂亮的女孩子，谁能保证她不会变心呢？

王秀文心里越不踏实，水秀的音容笑貌就越要跑出来。翻开材料，里面是水秀；打开书本，里面是水秀；提笔写东西时，满脑子都是水秀，就连闭眼睛睡觉，也能看到水秀，怎么抹也抹不去她的身影。

黎文乐看到王秀文这段时间不言不语，精神恍惚，魂不守舍，工作老出差错，就知道他和水秀的事情遇到麻烦了。有时看到他呆呆地坐在办公室里发愣，就走过去安慰他："秀文，婚姻这东西是要讲缘分的，缘分中该是你的，谁也抢不走，不是你的，你也守不住。有缘无分呢，也不要去强求了，还是顺其自然吧。"

黎文乐怎么安慰，王秀文都不置可否，黎文乐也暗暗替他捏了一把汗。

这天晚上，王秀文正躺在床上想着水秀时，郑水秀突然推门闯了进来。

"水秀！"王秀文惊叫一声一跃而起，水秀扑过来，两人紧紧抱成了一块。

他们亲热了好一会儿才松开。两人手拉手坐在床沿上。

"秀文，我要告诉你一件事。"

"什么事要晚上跑出来告诉我？"

"我要去广东深圳。"

"什么？你要去广东深圳？"王秀文大吃一惊。

"嗯，明天一早我就要走了。"

"明天一早就走？"刚才心里还热乎乎的王秀文像被人冷不丁泼了

一盆冰冷的水，从头凉到脚跟。

“是你妈叫你走的吧？”王秀文冷冷地问。

“不是，我大哥从深圳写信来，他说我大嫂病重住院，他开的快餐馆忙不过来，叫我上去帮忙照看一下。”

“你大哥很会安排啊，单单叫你上去。”

水秀没听出他的弦外之音，说道：“二哥二嫂要割队里的胶，还要看管自家的中小苗，去不了。”

“你妈也可以去嘛，为什么偏要你去？”

“我也不想去，可我妈说，‘你不去的话，我自己去’。我妈年纪这么大，我怎么放心她一个人上去。”

王秀文知道事情不太妙，就淡淡地说：“水秀，你，去了深圳，还回不回来？”

“我妈说，待在农场没有前途，还不如早点出去发展。我妈还说，农场现在好几个月没发工资了，就快要破产了，再待下去，只有等死，还不如出去闯荡一番。秀文，我妈说的也有道理，我也想出去闯一闯。秀文，干脆，你跟我一块去深圳——”

“水秀，你的观点变化得很快呀！前几个月你还说农场山清水秀怎么好怎么好的，现在又突然说待在农场没有前途了，想去出去闯一闯了？你变化得很快嘛！”王秀文长长叹了一口气，又说，“我和你不同，你去深圳有落脚点，有一个开餐馆当老板的大哥可依靠，我去了深圳投靠谁呢？像我这样的人做生意没本钱，进厂做工又没技术，去了深圳又能做什么呢？”说完自个嘿嘿干笑起来。

“你说话别这么尖酸嘛。”郑水秀不满地嘟哝，“你现在没钱，去广东赚到钱了，不是就有钱了？等有了钱咱俩再回来……”

“咱俩？”王秀文突然哈哈哈笑起来。

“你笑什么？我跟你说正经的。”

王秀文松开她的手，下床在窄窄的屋子里来回走动：“水秀，广东是个花花世界的地方，环境变了，人也会跟着变的。真到了你有钱的时候，你还会看得起我这个寒酸的小干事吗？你还会回到这个穷山恶水的大山沟里来吗？我们俩还会成为咱们俩吗？”

“秀文，你说的什么呀，叫人越听越难受。”

“我说什么你真听不明白？”王秀文来回踱着步，“那我告诉你！你们郑家人，特别是你母亲压根就瞧不起我这没钱又没势的人。她过去同意你和我来往谈爱是因为碍于你的性子，是找不到拆散我俩的理由。现在农场发不出工资了，快要破产倒闭了，你妈就露出了庐山真面目。她不好直接拆散我俩，就想出了叫你上广东的办法，让你远远地离开我，慢慢淡化你和我之间的感情，最后不了了之各走各的路，这就是你妈叫你上广东的真正目的。你说，我讲得对不对？对不对！”

“秀文，你怎么了？”郑水秀也站起来，“我妈可不是那种人，你误会她了。我大哥在信中的确是说大嫂病重需要帮手的，不信你现在跟我去三十六队，我拿信给你看。”

“这些信呀什么什么的全是你妈搞的鬼花招！你妈是什么人？是见钱眼开的势利小人。”

“王秀文，你住口，我不准你这样污辱我妈！”郑水秀突然喝了一声。

“住口？”王秀文愣了一下，又说，“对对对，我住口，我住口。我是个什么东西，我算个什么东西，有什么资格评论别人家里的人和事？我这个大饭桶、大笨蛋，给人家耍了给人家玩弄了，还要自作多情，真是自寻烦恼，自找没趣，我——”

“秀文，你不要这样伤我了好不好！”郑水秀捂着脸哭泣起来。

“我伤了你了吗？我伤了你什么地方了？”

“秀文，我求你别再这样伤我了。你要不同意，我大嫂病好了，我就马上回来，请相信我。”

王秀文扭头看一边，不说话。

“秀文，你要是不同意，我明天就不去深圳了。请你相信我，请你相信我，秀文——”

“我凭什么相信你，啊？凭什么？”

“秀文——”水秀走到秀文面前，轻轻抱住他，伏在他的胸前喃喃地说，“秀文，你要想要我现在就把身子给你。”

“哼，你今天给我，明天还不知道要给谁呢！”

“你说什么？”水秀抬起头，一双丹凤眼睁得圆圆的一动不动盯着王秀文，双手慢慢垂下来。

“我说你今天把身子给我，明天还不知道要给谁呢！”

“啪！”郑水秀一巴掌狠狠扫了过去。

“王秀文，我没有想到你会对我说出这种话！”她哭着转身冲了出去。

王秀文捂着灼热麻痛的左脸，呆若木鸡地站着。他想大哭、想狂笑、想骂人甩东西，想跑到走廊爬上栏杆往楼下一跳一了百了……但最后还是慢慢冷静下来，一屁股坐在铁床上，脑中一片空白。

三十四

星期天一大早，王秀文就开着狗仔车回到了十八队的家。跨进家门，母亲不在屋里——她可能到琼安河边洗衣服去了，也可能到菜地里摘菜去了——只有父亲王土生坐在门边的老旧木沙发上边吃粥边津津有味地看18寸的电视节目。

王秀文不像以前一进门就大声喊“爸、妈，我回来了！”只是瞅了父亲一眼，就一屁股坐在父亲旁边的另一张旧沙发上一声不吭了。

王土生见儿子今天回来无精打采，不吭不哈，就知道他在上边遇到不顺心的事了。

“秀文，你一回来就吊着这副苦瓜脸给我看，是不是没做好工作让领导批评了，心里受委屈了？”

王秀文没吱声。

“人又不是神仙，谁能在工作中没个差错呢！有错认错，有错就改不就行了，没什么好愁闷的。”

王秀文仍是没吱声。

王土生心里咯噔了一下：这小子是不是犯大错误了？他把碗筷放在自制的旧茶几上，说：“秀文，你今天回到家里一声不吭，到底是怎么回事？”

王秀文还是没吭声。

王土生来气了：“秀文，你耳聋了？我在跟你话呢，你听见没有！”

“爸，你别来烦我！”王秀文突然吼了一声。

“我烦你了？我怎么烦你了？老子问问儿子都不行啦！”王土生火了，“秀文，我问你，你在单位究竟犯了什么错误，一回来就对我发这么大的火，你得给我说清楚！”

“好，我讲我讲！郑水秀她跟我一刀两断了！她16日上广东深圳她哥那儿去了，你听清楚了吧！”

“啊，水秀去广东深圳了！你俩谈得好好的怎么突然就……一刀两断了？”王土生语气缓了下来，“是不是你欺负她了？”

“我欺负她？像我这样的人会欺负人吗？”王秀文怪笑了两声说，“她郑家嫌我们没有家产，没有存款，嫌我们王家穷！”

王土生没有说话，默默听着。

“爸，你和妈在农场辛辛苦苦、老老实实干了几十年，干了一辈子，到头来，家里除了几件破破烂烂的木头家具外，什么也没有！你们除了每月领取那么一点可怜退休金外，什么也没有！你和妈有什么用！啊，有什么用！有什么用！”王秀文歇斯底里地喊起来。

王土生阴沉着脸，像一尊木头雕一动不动地坐着。

“水秀她走得对，农场几个月发不出工资了，以后有没有工资发还很难说。我现在自己都养不活自己，以后还能养活谁？她走得有道理，走得对。王家穷，王秀文你就得活该该死，死了活该……”

“你叫够没有！”一直不吭声的王土生突然大喝一声。炸雷般的声音震得屋子里嗡嗡直响。

王秀文给震住了，停止了叫喊。

王土生用手指着儿子说：“我和你妈不中用？你知道这三叶农场是谁创建的吗？是我和你妈这辈人用锄头一锄一锄地挖、用镰刀一刀一刀地砍建起来的！你知道农场这几万亩橡胶是谁种出来的？是我和你妈这一辈人起早贪黑吃着没有油没有肉的饭菜，吃着木薯地瓜野菜，一块山地一块山地、一个山头一个山头开荒种出来的！没有我们这一辈人，你小子想舒舒服服坐在大楼里办公？你就连茅房也没得睡！你还说你爸妈没用？啊！我和你妈没文化，也没什么本事，可我们靠一双手、一把锄头、一把胶刀就把你们兄弟两个养大，供你们全部读到高中，你还念了函授大学，你小子敢说你父母没用了啊！”

王土生越说越上火：“人家嫌你穷嫌你没钱跟你分了手，你小子有本事有能耐自个挣去呀，你冲我这个70多岁的老头发什么火？你这个没用的东西。给我走，滚回场部去！”

王秀文从没见过父亲发过这么大的火，吓蒙了。他怔怔望着盛怒的父亲，叫了一声“爸——”就捂着头呜呜地哭起来。

王土生把脸别过一边，不再理会儿子。

苏凤英提着一桶洗干净的衣服从河边回来。她还没进门，王秀文就赶紧止住哭声，偷偷擦拭了一把眼泪。

王秀文虽然快速掩饰了一下自己，但苏凤英早在门外就听到了父子俩的争吵声。

“你们父子俩今天怎么啦?”苏凤英盯了王土生一眼，不满道，“你也真是，吃老不知老[①]，儿子一回来你就跟他吵!”

“我跟他吵?你问你这个有出息的儿子!是谁先吵了!”王土生生硬地回了一句。

苏凤英埋怨说:“秀文一个星期才回来一次，你昨天还念叨着他，他今天回来了你就——”

“这个没用的东西，人家水秀不要他了和他一刀两断了，他就回来冲他老爸发火，哪有这样的儿子?!”

“啊!水秀和你一刀两断了?”苏凤英放下水桶，转头问儿子，“你俩不是谈得好好的吗?怎么突然就一刀两断了?!”

“他说水秀嫌咱老王家穷，嫌老王家没有存款，没有这没有那就跑回家里哭穷来了，还骂爸妈不中用，这个混蛋东西!气死我了!”

“你和水秀到底怎么啦?”陈凤英问儿子。

王秀文咽了一下口水说:“水秀她妈说，农场好几个月不发工资了，农场就要破产了，待在农场死路一条，叫水秀上广东深圳到她大哥那儿去。前几天走了，她不会回来了——”

苏凤英垂下眼皮，什么也没说，重新提着塞满衣服的水桶，默默地走出后门，下到天井晾晒起了衣服。

王土生拾起碗筷也下了厨房，不一会儿他提着两把锄头走了上来。

“你吃早餐没有?没吃厨房有粥。”

“吃了一包方便面——”王秀文回答。

“咣当!”王土生把一大号锄头丢在儿子脚下。

“干……干吗?”王秀文吓了一跳，抬起头。

---

①海南方言，指一些固执的老人倚老卖老。

“干吗？捡起锄头，跟我挖地种胡椒去！”王土生瓮声瓮气地说，头也不回就出了门。

王秀文扛着锄头，低头木然地跟在父亲后面，机械地朝东方走去。

穿过连队时，王秀文总觉得有一双双异样的目光在盯着他——一名堂堂的机关干部，竟然要扛着锄头去挖地种胡椒了！他右手握着肩膀上的锄头，感到很别扭，全身不自在。他想丢了锄头往回走，又怕父亲发火，只得硬着头皮垂头沮丧地跟在父亲后面走。

走出连队，王秀文抬头瞅了一眼父亲，他只穿着白背心和一条蓝短裤，身子精瘦得只剩下一副结实的骨架。他肩扛着锄头，手提着砍刀，抬头挺胸大步走，丝毫没有七十岁老人步履蹒跚的模样。

早晨的太阳跃出了橡胶林，露出了浑圆淡红的脸庞。刚才还雾气茫茫的橡胶林海，这会儿抹上了一层暖暖的橘红色彩。

父子俩一前一后踩着一条小便道，迎着初升太阳，朝东边的橡胶林走去。

父子俩一个走一个跟，谁也没说话。

苏凤英也扛着一把锄头，拎着一个灌满凉开水的“健力宝”大瓶，小跑着赶了上来。

“妈，我们去哪挖地啊？”王秀文恹恹地问。

“妈原来管的那块报废茶园。在桥那边，你去过的。”苏凤英跟着儿子后面喋喋不休地说，“胡椒现在值钱，有很多人种，我跟你爸也想种一点。你爸说那块报废茶园是红土，种胡椒最合适。这两个月，我和你爸天天去除草，烧肥，挖洞，整整挖了四百五十个洞，我都快要累死了。现在胡椒洞挖好了，肥也压下去了，胡椒苗也买回来了，你爸说要赶在11月份前把苗种下。咦，上几个大礼拜你回来，你爸没告诉你，也没叫你去呀，这回他怎么叫上你了？”

“什么都搞好了，还叫我去干啥？”王秀文没好气地说。

“你爸说要把茶地里的老茶根挖掉，还要挖两个水渠，一个用来装天水，一个用来沤水肥。老茶根前几天才开始挖，这种树根又粗又硬，震得我两边手骨又麻又疼。你别看你爸上七十了，干活还像一头牛。我挖一个洞，他挖三个，我一个树头没挖出来，你爸他就挖出了四五个——哎，你和水秀到底怎么一回事？你俩真的一刀两断了？”

“水秀她妈说农场快死火了，叫她赶紧走人，离开这里，就是这么回事。妈，你别再提这个问题了好不好？”

“好好，我不提了。”苏凤英轻轻叹了口气又说开了，“唉，秀文，你说这农场到底怎么啦？好端端的就一下子发不出工资了。四个月了，还要推到什么时候？唉，前几年，我们要是种胡椒就好了，像我们队的老彭、老姚、老李这几户，他们现在光卖胡椒，一年就有一两万块收入，农场就是一年不发工资，他们家也不用愁了。我们呢，唉，现在天天吃银行那点老底，农场再不发工资，连老底也要吃光了。吃光了也不怕，五六十年代有什么吃的，那么苦我们不是照样过来了，有什么好怕的？大不了又去种地瓜、木薯。海南的土地肥，种什么长什么，这里的土地是饿不死人的——”

“妈，我说你别讲了好不好？很烦人呐！”

“好好，我不说了，我不说了。”她还想说什么终究没有说出来。

王秀文跟着父亲过了一座水泥便桥，又走了十几分钟的林间小道，再爬一个长长的斜坡，走上了山顶，才看见这个报废的茶园。

报废茶园是一块呈倒三角形的开阔地，大约有三四亩，是这一片山地中地势最高的地方。不知为何过去这里没有种橡胶树却栽了小叶茶，让这块茶园处在了胶林绿海的环抱中。踏入茶园，地势朝东朝南缓缓低下去。放眼望去，前面是一块连一块、一片连一片的橡胶林，山风吹过，林木摇曳，绿浪翻腾，蔚为壮观。王秀文没想到站在这里竟会看到如此壮观的橡胶林，真可谓胶林处处有美景啊！可惜他没有带相机回来。

“还愣着干啥？照我的样子把老茶树头挖出来。”王土生说着挥起锄头对着一株老茶树头用力挖去。他先挖开树头两边的表土，粗根裸露出来后，再顺着根两边深挖下去，粗根逐渐变细，细到脚拇指大小时，再挥锄用力一截顺势一撬，整个树头根就挖了出来。

“看清楚没有，挖树根就要这样挖。”王土生说着又对着一棵茶树头抡起了锄头。

王秀文看看父亲刚刚挖出来的那条还带着泥土湿气的树根，又看看旁边一堆堆的茶树根，心情又沮丧起来。

他走到下一行，挑了一株小腿粗壮的茶树头，像跟谁赌气似的狠命挖起来。没等泥土挖开，茶根还有手腕粗细时，王秀文就高举起锄头狠狠截去。“吭”的一声，锄头楔入了坚硬的茶树根里，没断的树根反弹出同等的力量，透过锄把震痛了他的双臂。他火了，拔出锄头又狠狠地挖下去。一下、两下、三下、四下、五下，粗大坚硬的茶树根终于被锄头砍断挖了出来。

“秀文，用力不要这么猛，慢点挖。”苏凤英急忙从上行走下来，把水瓶递给儿子，“喝口水，休息一下。”

“我不渴，走开！”王秀文挥起锄头又照着一棵粗大的茶树头发狠地挖起来。他要用这种方式来发泄心中的苦闷和愤恨。王秀文挖出五六个树头根时，开始感到两掌辣痛，双臂酸软，胸口发闷，呼吸困难，全身大汗淋漓。他只得住手，一屁股坐到泥地上。

他瞅了一眼父亲。不知何时，父亲已经脱掉背心，只穿短裤光着膀子在那里不停地挖。父亲挥舞的锄头，一锄接一锄，不紧不慢，节奏一样，使力均匀，似乎有用不完的力气。

太阳爬上了半天高，射出了白炽灼热的光芒。

父亲仍在不停地舞动着锄头，挖、挖、挖——他头上逼出的汗水，顺着他的脸颊、鼻尖、手臂、脊背往下滴着、淌着……

王秀文突然感到一阵内疚和悲哀——因为自己没本事，父亲71岁了现在还顶着烈日在这里挖地种胡椒——

“爸，你休息一下吧。”王秀文终于忍不住开口说了一句。

王土生听到儿子叫唤，停下锄头，走过来。

“风英，过来歇一歇。”

苏凤英也放下锄头，走了过来。

一家三口在一块遮阴的地方面向东南，席地而坐。

王秀文凝望着前方的胶林出神，许久才喃喃自语道：“这里还有一块这么大这么美的橡胶林哪！”

苏凤英说：“前面这片胶林叫南山胶园。”

“这南山胶园是有来历的。”王土生跟了一句。

“爸，有什么来历？”

“你想听？”

王秀文点点头。

王土生拿起大水瓶，仰起脖子咕噜咕噜灌了几大口水，拧紧水瓶盖，才不紧不慢地说开：“这地方叫南山坳，原先是一大片荒野地。1969年的……2月份，对，就是2月初，当年的独臂场长带着我们300多名突击队队员，打着背包拿着工具从场部万泉河边的营地步行到这里驻扎了下来，开垦出这片荒地，种上了橡胶——”

“爸，这个独臂场长是谁？”

“就是当年的场长，叫张子诚。他是个转业军官，打过仗的。他来到三叶时只有一条胳膊，大家都叫他独臂场长。这个独臂场长你别看他是一个场长，可没有一点当官的样子。他跟我们一起吃，一起睡，一起干，干了整整6个月，6个月啊！硬是把这一大片荒山野岭给开了出来，搞成了梯田，种上了橡胶。后来我们才知道，独臂场长和我们一起开出的这个南山胶园是当时全场面积最大、标准最高的橡胶园。种上橡胶后，常常有人来这里参观，上级领导也经常来，南山胶园就出了名，听说还登了报纸——”

王土生说到这里，刻满皱纹的古铜色脸上露出了少有的笑容。

“爸，后来呢？”

“后来？哦，后来——”王土生轻轻叹了一口气说，“后来，橡胶苗长大成林后，来参观的人就渐渐少了，胶树开割后，就没有人来了，南山胶园慢慢地就被人忘记了。不过，有一个人还久不久来这里看一看。”

“这个人是谁？”

“独臂场长。他退休后，跟儿子一起住在广州。每隔两三年，他都要回一趟海南，专门到这里来看一看这个胶园。他最后一次来是——1994年，最近这两三年不知怎么搞的没见他来了，可能是老了走不动了。”

“爸，老场长怎么只有一条胳膊？”

“听人家讲，老场长过去是解放军的一名连长，在一次战斗中被炮弹炸断了右胳膊。你别看他只有左手，他拿锄头能挖地，拿镰刀能砍树，拿步枪能打山猪，厉害得很呢！时间不早了，我们休息也差不多了，先干活吧，以前的故事要讲啊，三天三夜都讲不完。你要想听，以后空闲了，我再慢慢给你讲。”

王秀文还想说什么，父亲已提锄头站起来，走到上行接着挖起了茶树头。

看着埋头躬身不知疲劳地挖地的父亲，王秀文心里突然平静了许多。农场面临困境，四个月发不出工资，父亲并没有像他那样惊慌失措，怨天尤人，悲观失望，而是和母亲一块每天早出晚归，默默做着自己想做的事情。看来，自己确实是一个没用的东西！

王秀文缓缓站起来，对起了血疱的掌心吐了几下口水，深深吸了一口气，然后攥起锄头，高高举起，照着一株茶树头狠狠挖了下去。

三十五

这段时间，赵为民的心情坏到了极点。

国内橡胶市场还在持续疲软，标胶价格仍在一路狂跌。进入10月份已跌至每吨7000元以下。场内鲜胶产量也一天比一天低。干部职工情绪低落，无心工作。整个三叶农场笼罩在一片恐慌之中，仿佛在等待着一场不可避免的劫难的降临。如果10月份再发不出工资，三叶农场的局势将不可收拾。

巨大的外部和内部压力开始动摇着赵为民最后的一条心理承受线。他每天都在忧虑、焦灼、恐慌中等待，在企盼和失望的煎熬中度日。

就在赵为民对希望失去信心开始绝望的时候，朱晋良终于带来了振奋人心的好消息：何德煌答应过两天把250万元划到海口办事处的银行账号上。赵为民听了欣喜若狂，一把抓住朱晋良的手说："老朱，我说过的，何老板这个人是个讲义气的人，他不会见死不救的！老朱，你看我说得没错吧？真是天无绝人之路啊！"

朱晋良却没有一点喜悦的表情。他抽回手说："何老板说划这250万元还要有一个条件。"

"什么条件我都答应，快说。"

"我们上个月按8000元市价卖给何老板的那200吨乳胶，他运到浙江后找不到合适的买主，就存货待售，结果乳胶全部变质。这200吨变质乳胶，他要求我们每吨按一万元的价格全部回收。"

"不会吧？你听错没有？"

"场长你要不信，现在可以打电话去问他。"朱晋良表情木然。

赵为民脸上没有了刚才的兴奋和喜悦。他缄默良久，才说："这个王八蛋，过去靠我们的橡胶发了财，现在我们有困难了，他见死不救不说，还要趁火打劫——"

"怎么办，场长？"

赵为民又沉默了一阵，叹了口气说："我们还能怎么办——照他的话去做，我们要亏多少？"

"我们若要回收这200吨变质乳胶，再加工成标胶运出去买，差价亏损加上加工费、运输费，我们至少要亏损100万。"

"何德煌这个狗东西！"赵为民骂了一句，无力地瘫坐沙发上。

"场长，我们该怎么办？"朱晋良仍木然地站着。

赵为民闭上双眼仰靠在沙发上一言不发。

朱晋良也一声不吭地站着等待着回答。

五分钟过去了，赵为民才睁开眼，重重叹了一口气，说："人家现在手里握着刀把，我们还能怎么办，只有任他斩了。"

朱晋良转身要走。赵为民叫住了他："老朱，何德煌说这250万什么时候给？"

"他说，只要我们答应他这个条件，把手续办好，他一个星期之内把这笔钱汇过来。"

赵为民摆摆手："全部按照他说的办。这件事你全权负责处理，不要再来问我了。加工厂供销科那边我会打招呼的。250万到位后，你要亲自到海口去取回来，一分都不要留。"

"好的。"朱晋良告辞出了门。

朱晋良前脚走出门，胡雪梅后脚就从侧房踱了出来。

"老赵，是不是有钱回来了？"

"何老板总算答应给250万了。"赵为民仰靠在沙发上，无力地说，"唉，这250万要3分利息不算，还要我们高价收回农场低价卖给他的乳胶，代价可不小啊！这回，我总算领教了这个何老板的友情了。”

胡雪梅不理会他的话，说：“我现在连门都不敢出了。一出去谁都问我什么时候发工资，我说，我又不是场长，我怎么知道？唉，这回总算有钱发了。哎，那250万什么时候到？”

“何老板说手续办好了，一个星期内汇到。”

“那太好了，我们总算有救了。”胡雪梅笑起来，扭着腰上了楼。一走进卧室就把门轻轻掩上，拿起电话筒，拨通了胡文斌的电话，压低了声调说：“哥，我告诉你，一个星期内，有250万汇到海口办事处的银行账上。这是一个机会，你自己看着办吧。你千万要保密。”不等对方回答胡雪梅就撂下了话筒。

胡文斌接到妹妹的电话密报后欣喜若狂。他心里清楚，农场已经5个月没发工资了，这250万可是救命钱啊，如果走正常渠道经过财务科要回工程款，不要说朱老头不肯给，就是妹夫他也不会答应的。到那时，别说200万，就是一万恐怕也拿不到手。

目前橡胶市场烂市，胶价还在下跌，农场通过交易市场卖出去的橡胶，回来多少货款，银行就扣下多少用来还贷。这250万也许是农场今年最后一笔进账。这次要拿不回工程款，今年恐怕就没有机会了。

该怎么要回这笔工程款呢？

胡文斌早就知道，农场为了方便在海口用钱办事，多刻了一套农场和法人的印章存放在办事处。据他了解，过去只要有场长的批示，谁都可以用办事处的那套印章从银行提钱出来。场长的批条已经有了，只要比财务科的人早到一步，凭他这个场长大舅的身份，要回这笔工程款是极有可能的。

胡文斌现在不得不佩服刘金福当初提醒他找场长批字条的高明了。可从250万中取走200万，这等于从全场几千名干部职工口中夺粮啊，那是会成为三叶罪人的啊!

胡文斌又有些犹豫了。

什么罪人不罪人？欠债还钱天经地义，这事说到天上去我也成不了罪人！再说农场也没到少了250万元就要饿死几千人的地步。

胡文斌思前想后，最后终于下定了赶往海口要钱的决心。

三十六

按赵为民的指示，三叶农场以最快的速度办好了回收何德煌掌握的变质乳胶的手续。200吨从三叶加工厂运出去的新鲜乳胶，经过数千公里的长途辗转后，又一车车运回了三叶加工厂。不同的是，这次运回来的200吨乳胶已经无法加工成一级标胶，只能加工成三级以下的胶产品了。何德煌果然不食言，给三叶农场驻海口办事处的银行账号打进250万元。朱晋良下午下班前得知钱到账后，第二天一大早就带人坐上越野车向省城海口疾驶而去。

赵为民吃了早餐后，没有去大楼办公室，而是坐在家里客厅的沙发上等待朱晋良那边的消息。

这250万元有没有到账？朱进良带人去海口提钱会不会遇到麻烦？他们在路上会不会出意外……赵为民从来没有像今天这样为这区区的250万元牵肠挂肚过。

他在焦虑不安中等了整整一个上午。正午12时已过了，朱晋良仍没有回来，也没有回音。怎么回事，难道真的又出了什么意外？他几次拿起电话筒又放下——他很害怕再听到什么坏消息——这几个月来，他面对的压力越来越大，心理承受力已经到了临界点。如果再有什么坏消息传来，他真的顶不住了。

两边的太阳穴又隐隐作痛起来，脑袋嗡嗡吱叫着开始膨胀，整个脑壳胀痛得要裂开似的。赵为民挥拳朝着后脑壳上捶了好一会儿才稍稍缓和一些。

“老赵，午饭搞好了，进去吃饭吧。”胡雪梅从厨房里走出来，“今天我给你搞了几样好菜，有你平时喜欢吃的清蒸甲鱼和清煎的黄鱼。这些东西都是刘主任昨天从三亚带回来的……”

“你先吃吧，我不饿。“赵为民烦躁地摆摆手。

“刘主任还送来一瓶好酒，叫什么鹿龟酒——”

“你别来烦我了。”

“我好心好意叫你去吃饭，怎么就烦你了？”

赵为民心里腾起一股无名火，正要发作，朱晋良突然从外面走了进来。

“老朱，你回来了。”赵为民本能地站起来，“钱取回来没有？”

“取回来了。”

“太好了！下午马上发出去。”

“场长，我们只带回了50万。”朱晋良平静地说。

“什么？只有50万？不是说好的250万吗？是钱没到账还是银行没钱？”

“场长，何老板是划来了250万。可我们到银行之前，已经有人拿着你的批条打着你的招牌抢先一步提走了200万。”朱晋良表情依然平静。

“是谁？谁这么大胆？我什么时候批他提200万？”赵为民发疯地吼叫。

“场长，提走200万的人是胡文斌。他手上有你的批条，办事处的人见他手续齐全，又是你的大舅，就给他办了取款手续。”

赵为民像冷不丁让人从后面当头猛砸了一棒，差点昏了过去。

“据办事处的人讲，胡文斌在海口已经住了三天。很显然，他住海口是专门等这笔款的。我们几个就是坐飞机飞去海口也快不过他。”

站在一旁听的胡雪梅悄悄向厨房退去。

“你给我站住！”赵为民突然大吼一声，慢慢转身，双眼喷射着火光，直逼胡雪梅。

“你鬼叫什么？吓死人了。”胡雪梅双手交叉抱在胸前。

赵为民用手指着她的鼻子一字一顿说：“你、你去告诉你哥哥，限他两天之内，把提走的钱一分不少地交出来，否则——”

“否则怎么样？”胡雪梅冷笑一声说，“我也告诉你，他的事跟我毫不相干！再说，他提走的200万也是农场欠他的工程款。欠债还钱，天经地义，合情合理，你就是叫公安局检察院的人来也奈何不了他。”

“啪！”怒不可遏的赵为民一掌朝她肉嘟嘟的圆脸扫去——他第一次动手打了与自己朝夕相处了20多年的妻子。

“赵为民，你敢打我，你敢打我！我死给你看！”挨了重重一掌的胡雪梅捂着脸大哭大叫起来。

“你、你兄妹两个，把我害惨了！”赵为民指着她吼道，“你去死吧，现在就给我去死！你不是刚买了瓶农药吗？你不用拿去后面打菜虫了，你自己去喝光它！”

胡雪梅还没见过赵为民发过这么大的火。面对盛怒的丈夫，她心怵了，哼了几声赶紧溜进了厨房。

“老朱，你还愣着干吗？快去告诉派出所梁所长，叫他们马上去找胡文斌这小子，找到后给我绑到这里来！”

“场长，能找的地方，我们都去找了，哪里也没有他的人影。他关了手机，打他的传呼也没有回音。我们估计，他可能过海去了。”

赵为民还想说什么，猛地觉得胸口闷得很难受，脑袋一阵晕眩，他赶紧挪到沙发边瘫坐下来。

快5个月没发工资的三叶农场，费了九牛二虎之力才弄回来五十万，这区区50万还不够全场退休职工一个月的工资。这50万元怎么发？为这个问题，农场下午专门开了一个场务会。

周自成首先发言："我们的一线胶工已经整整四个月没领到一分钱了。虽然大部分胶工还在坚守岗位，但也有部分胶工在闹情绪，据说有一些胶工已经开始偷卖胶水，再不给他们发一点生活费，这1900多名胶工只要有1/3罢工或拿胶水卖掉，后果都不堪设想。所以我建议这50万一分不留全部发给胶工。"

"我不同意周副的意见。"严守纪发言反对，"我场2700多名退休职工同样四个月没领过一分钱，他们辛辛苦苦为国家为农场干了几十年，退休了每月也只领一两百块、两三百块退休金过日子，收入在整个农场来说是最低的。我们不能丢下他们不管。我建议这50万应该一分不留全部发给退休工人。"

"一线胶工需要钱，退休工人需要钱，这些都是事实。"刘金福说，"这段时间，机关经费一减再减、一压再压，目前运转已经十分困难。这50万我看还是留下来作为机关经费，以确保机关各项工作正常运转。"

刘金福话一出口，立即遭到了一部分人的反对。会场争论不休，吵成一团。

赵为民像一尊木雕一言不发。虽然他仍强打精神，面部表情和以前没什么两样，但内心的颓丧、悲哀、绝望仍不时地从呆滞的眼神中流露出来。下面发什么言，他们在争吵什么，他一句也没听进去，也根本听不进去。

农场眼下的局势岌岌可危，自己却回天乏力。作为企业的最高领导，还有什么比眼睁睁看着企业一天天恶化下去而无能为力更加痛苦、更感耻辱呢！他很后悔——1994年、1995年胶价走高的时候为什么不存留一点保命钱？1996年胶价开始下跌的时候为什么还要盲目投资干这干那？胶价今年大幅度下跌为什么就没能预见到？如果没有这几个为什么，他赵为民还会为这200多万元给人低头折腰当孙子吗？农场还会为这200多万元付出如此高昂的代价吗？他赵为民还会为这区区200多万元被人家当猴耍而搞得狼狈不堪、心力交瘁吗？

然而，现在说什么都晚了。这世上什么药都有，就是没有后悔药。

“场长，你的意见怎么样？”有人问赵为民。

“哦、哦——”赵为民回过神，揉揉发涩的眼睛，说，“这50万怎么发，大家的意见统一了没有？”

“统一不了。”

“没法统一。”

“哦、哦。”赵为民看了一眼坐在身边一言不发的李智全说，“老李，你的看法呢？”

李智全阴沉着脸说：“50万，杯水车薪！还有什么好争的，我提议，胶工每人发100，退休工人每人发100不就完了。”

“那就照李副说的发吧。大家还有什么意见？”赵为民想早点散会，回去好好安静一下。

李智全说：“场长，前几天，保密员老林给我看了一份文件，文件要求我们学习贯彻党的十五大精神，讨论国有企业今后改革的方向，总局要求我们10月25日前汇报学习贯彻文件的情况。今天是10月20日了，我们是不是趁这个会议传达学习一下？”

赵为民点点头，说：“这个文件我也看了，这段时间太忙，一直抽不出时间来讨论。今天企管会成员都来了，大家就议一议企业如何改革的话题。我身体有些不舒服，老李，你来主持会议吧。”说完闭上了双眼。

李智全扫了一眼全场，提高了语调：“早在9月25日，我们科一级干部就集中学习传达了党的十五大精神。今天要讨论的议题是进一步贯彻十五大精神，大家共商大计，寻找对策，探讨一下三叶农场今后的路该怎么走。目前的形势大家也都看到了，胶价低迷，产量下降，9月份干胶我们仅完成370吨，和去年同期对比减产130吨。农场6—9月连续四个月没有发工资，今后三个月有没有工资发还是个未知数，经济形势是非常严峻的。面对当前的困难，我们各级领导干部要担负起历史责任，不能消极等待，不能悲观失望丧失信心，不能听任局面这么发展下去！三叶农场是经过两代农垦人艰苦奋斗才创建起来的，如果毁在我们手里，在座的各位，都无法向三叶父老乡亲、向三叶的子孙后代交代。”

“话是这么说，可目前这种形势，叫天天不应，叫地地不灵，我们还能怎么办?”程祖荣悲观地说。

“党中央召开的这次会议，为国有企业改革指明了道路。”李智全继续说，“我场内部的状况大家都很清楚，机构庞大，管理人员多，效益低下，管理上也有很多漏洞，尤其是财务管理，这样下去，即便是胶价不跌，三叶也迟早会垮掉的!”

李智全喝了一大口茶继续说：“我做了一个调查，截至上个月底，我场在职在岗的干部职工4406人，退休职工2792人，可全场领工资的人就有7198人，而不是之前大家所说6000多名！真正在一线割胶创造产值的只有1976人，也就是说我们这个企业，1976人要养活7000多人！这样下去怎么得了？企业不想垮也要被拖垮。这一块必须要开刀，把过多的干部、计时管理人员砍掉，分流出去。”

“1992年我场也进行过机构改革，搞减员增效，结果越减越多，没有什么效果。我场现有在职干部806人，其中机关干部目前有135人，比1992年精简前反多出了1/3。”方珏提出自己的看法。

“搞减员增效，我双手赞成，但在目前这种情况下搞减员增效会不会出乱子？搞了以后会不会又像1992年那样越减越多?”严守纪不无忧虑地说。

“农场计时人员也有1000多人，这么多人怎么分流？分流到哪里去？”程祖荣也附和道。

“总书记在报告中，把国有企业如何改革的问题讲得很全面，要改革，首先要加强管理！”徐克坚左手伸食指，指向空中，边抖边说，“如果不加强管理，搞什么样的体制都行不通。我认为，我场这几年的管理是比较混乱的，比如说大吃大喝，公车私用，乱开口子，乱开批条等等不一而足，就是到了现在这种形势，还有个别干部，没有忘记用公款去外面游山玩水吃喝玩乐，这样的管理更加可怕。”

“你说谁？”刘金福责问徐克坚，“我上个星期去三亚是为了办公事，不是去游山玩水吃喝玩乐的！”

徐克坚冷笑一声说：“去三亚办公事？难道去鹿回头、去海洋世界、去南山烧香拜佛也是去办公事吗？”

会场里发出了一阵哄笑。

刘金福哑口无言，尖瘦的长脸涨得通红——他没想到这刁钻的四方脑对自己的行踪竟了如指掌。

“我们言归正题吧。”李智全说，“大家接着谈。”

严守纪说道：“当前农场的经济非常困难，干部职工队伍的思想比较复杂，什么想法都有。在这种严峻的形势下搞改革，风险较大。我个人的意见，是不是等危机过去了，农场经济好转一点才搞呢？”

“农场改革势在必行，迟改不如早改，长痛不如短痛。”徐克坚立即反驳。

“我们还是听听场长的意见吧。”周自成把目光转向仍在闭目养神的赵为民。

赵为民没有睡。属下们的谈论争吵他听得一清二楚。方珏、程祖荣、严守纪的发言很中他的心意；而李智全、徐克坚的发言，他听了心里很不舒服，有的观点甚至很令他反感。现在最要紧最迫切的不是什么改革管理的问题，而是怎么想办法尽快解决干部职工的工资问题。

赵为民睁开眼，坐直身子，说："大家的意见都很好。改革很重要，但生产更重要。我这里强调一点，当前的割胶生产是重中之重，不要因为改革的问题影响主业生产。9月份我们的产量低了，10月份一定要抓好产量。不管胶价跌到哪里去，农场只要有胶水就会有钱，有钱才能发工资，这才是硬道理。现在值得注意的是，这50万，胶工每人100，退休工人每人100发下去后，可能会引起下面的恐慌和混乱，弄得不好，我怕整个割胶生产会陷入一片混乱局面。所以从今天起，各科室的领导干部，必须天天下去，督促下面抓好割胶生产。我看今天的会议就开到这里，散会。"

改革的话题才刚刚开始，赵为民就草草结束会议，李智全心里很不是滋味。开会的人走光了，他一个人还坐在会议室里发呆。

三十七

救急的50万元发下去后，下面各区队并没有出现赵为民预估的恐慌和混乱，反而出奇的平静。其实，这场突如其来的经济危机，给每一位三叶农场职工都带来了巨大的生活压力，只是他们选择了默默承受。

这天上午，赵为民刚进办公室坐下，孙志远就匆匆走进来。他还未开口，赵为民就问道："孙科长，农场几个月没发工资了，下面的干部胶工有什么反应没有？"

"没有。我全面了解了一下，下面的干部职工没有丢岗弃位，每天还是照常上岗割胶坚持工作。只是大家都在吃'老谷'过日，日子不好过。有的胶工上午割胶，下午就上山去砍竹子，下河去抓鱼摸螺，拿去卖钱再买大米。很多职工在自留地种上了地瓜、木薯——确确实实，下面工人的日子比较苦。刚才山猪岭作业区打来电话，报告三十六队有三户人家六名胶工已经吃水浮莲了，要场里想办法救助一下！”

赵为民听了大怒，拍案吼道：“这个三十六队队长是怎么当的？老孙，你立刻打电话通知队长何书平在办公室等候处理！还有，通知周副场长、江浩成、程祖荣，还有你，跟我一块下去。这个何书平，他是干什么吃的？我现在就下去宣布免掉他队长的职务！”

孙志远第一次看到赵为民发这么大的火，吓得大气不敢出，赶紧出去打电话找人。

10分钟后，锃亮的褐绿色三菱越野车超载了满满的一车人朝西线三十六队急驰而去。坐在车头的赵为民脸色冷峻，眼中喷火，很是吓人。

越野车穿过山猪岭崎岖的山路，驶过水电站大坝，进入三十六队，一直开到队办公室门前才停下来。何书平和几个队干部早就在门口等候了。

赵为民一跳下车就指着何书平的鼻子大声斥责：“何书平，你当的什么狗屁队长！胶工都吃水浮莲了你不知道吗?!”

何书平穿着一身沾满了胶渍的旧军装。他不解释也不分辩，直挺站着挨训。

“还站着干吗？那几个胶工住哪？你带我去看看。”

何书平带着赵为民一行来到了连队最尾一幢平房。何书平叫出了三男三女六个中年胶工——他们刚从林段割胶回来，个个身体单薄消瘦，穿着脏旧的充满汗酸臭味的工作服，面无表情地站在赵为民跟前。

赵为民对一个个头稍矮、年纪稍长的男胶工说：“我是场长，你叫什么名字？”

“我叫蓝世贵。”

“老蓝，你带我去你家厨房看一下。”

蓝世贵转身朝第三间平房走去。

赵为民迟疑了一下，跟了过去。周自成几个也跟在场长后面走去。

赵为民跟着蓝世贵走进了平房——房间里到处堆放着杂物，还时不时散发着一股股难闻的气味。穿过房间，从后门进入到一间低矮阴暗潮湿的厨房。赵为民走到厨灶边，也不说话就揭开了锅盖——铁锅里有两只大盆，一只装着吃剩的地瓜叶，一只装着吃剩的水浮莲叶，盆底下是几块吃剩的木薯。

赵为民怔了一下，又转身揭开米缸。低头看去：米缸空空见底，一粒米也没有。

“场长，农场没工资发又没大米拉来，我们只好吃这些东西了。木薯和地瓜叶是队长老婆拿来的，队长家也没米了——”

赵为民惊愕住了，跟着进来的周自成和几位科长也都大吃了一惊——如果不是亲眼看见，他们都不会相信，在20世纪90年代末的今天，三叶农场竟然还有人吃木薯、野菜和地瓜叶来充饥！

这些木薯、野菜、地瓜叶像一把尖刀剜着赵为民的心，让他感到胸口很痛很难受——自己领导下的国营农场，竟还有职工断粮，干活没饭吃，这简直就是无能和耻辱啊！

赵为民默默转身走了出去，一直走到何书平面前才说：“何队长，你手下的胶工吃什么东西你知道吗？”

“知道。”何书平仍是笔直地站着。

“你知道了为什么不想办法？知道了为什么不采取措施？啊——”赵为民几乎是失态地吼了起来。

“场长，我、我想辞职——”

“你不用打报告，我现在就宣布撤掉你队长职务。”

“场长，不要啊——”

站在一边的几个胶工突然一起喊了起来。

赵为民又惊愕住了。

蓝世贵说：“场长，农场几个月不发工资，我们没钱用了，何队长就拿他自己的钱给我们用；他没钱给了，就帮我们去借；没得借了，就带着我们去场部赊账；后来商店也不给赊了，队长老婆就拿木薯、地瓜来给我们吃的，队长家也没米了——场长，我们不会丢掉树位的，不要撤掉何队长——”

赵为民无言以对——面对这些连米都买不起还坚持上岗割胶的胶工，他还能说什么呢？刚才的愤怒和想严厉处置队干部的念头已悄然消去，而一度被愤怒挤压走的忧虑、悲哀、绝望又挤满了胸膛。苍天啊，你为什么不帮我一把？难道你真的看着我赵为民落难而不管吗？

赵为民从衣袋里掏出300元，递给何书平：“何队长，这点钱，你拿去买几包米分给他们——”

周自成、孙志远、江浩成、程祖荣也纷纷掏空身上的钱默默塞到何书平的手中——他们在三叶农场第一次看到了这样叫人心酸的场面。

临走时，赵为民握着何书平的手，叹了一口气说：“何队长，你辛苦了。农场现在已到了最困难的时候，你们这些当队长、支书的要多担当些，多……”一块东西突然堵住了喉头，他说不下去了。

“场长，你放心吧，只要我还当一天队长，我就不会让三十六队瘫下去的。”何书平站直立正，挺胸向赵为民一行人行了一个军礼。

“谢谢……”赵为民还想说什么，却说不下去了。他转身走上了车，上了车才偷偷把已经流出的眼泪抹掉。

越野车缓缓开出三十六队。车快到路口时小马突然急刹车，小车在路口的一棵榕树边停下来。

一位白发苍苍的老阿婆左手拄着拐杖，右手提着一袋东西，迈着蹒跚步子，颤悠悠地横穿公路，朝榕树底下的一个临时猪肉摊走去。

赵为民一眼就认出了这个老阿婆——她就是去年抗风救灾时提着砍刀、水壶来找他，要求上林段扶树的退休老工人吴秀英。

“场长，这些橡胶树是我们种的，为什么不给我们扶？”

“阿婆老了，阿婆没力气扶树了，阿婆还能给他们送开水。”

……

老人家当时说的话他还记得很清楚。

小马想挂挡开车，赵为民却示意他关掉发动机停车。

“阿婆，要买猪肉不？”树底下的猪客大声吆喝。

“阿婆没有钱买肉，想用这几块大薯跟你换点猪肉吃，做得不？”

“阿婆，你这是——”

“唉，农场不发工资，小孩又没寄钱回来，阿婆没钱买肉喽，阿婆已经一个月没吃肉了。阿婆想吃点肉——”

“唉！阿婆啊，大薯你拿回家，我送一斤肉给你吃，不收你的钱。”

“你不要阿婆的大薯，阿婆就不要你的猪肉。”

“阿婆，唉——”猪客接过大薯放下，挥刀就剁了一大块猪腩肉，用袋子装好递给了老人。

吴秀英接过猪肉掂了掂，说：“砍这么多肉给阿婆，你不是亏本了？阿婆回去再拿一点大薯来给你。”

“阿婆，够了够了！不用去拿了。”猪客指着三菱车提高声调说，“阿婆，看到那辆小车没有，当官的就坐在里面，你没钱吃肉找他们要去。”

“唉！农场困难了，领导也难做——”老阿婆摇摇头，看也不看小车，一手提猪肉一手拄着拐杖低头看路，慢慢蹭过小车，走远了。

阿婆和猪客对话，赵为民听得一清二楚。他仰起头，痛苦地闭上眼睛，一行泪水从眼角流了出来。

“场长——”小马欲言又止。

赵为民依然闭眼仰靠，没有说话。

坐在后面的周自成说：“小马，开车回去吧！”

三十八

赵为民从三十六队回来后，又用几天时间下去转了一圈，发现问题远比自己在办公室听到的和想象的要严重得多。如果再不想办法发一个月的工资，只要有一个队支撑不下去，三叶农场就会有全线崩溃的危险。

面对一触即发的局势，赵为民连续三天召开副科级以上干部会议，要求参加会议的干部人人出谋策划，商讨如何渡过难关。

然而参加会议的几十名科级干部，除了有几个人提了一些不痛不痒的建议外，大多数人都是坐着发呆，一言不发——场长都无法解决的问题，他们这些当科长、副科长的又如何解决得了呢？

11月份来了，橡胶市场仍是低价无市滞销。农场通过各种渠道贱卖出去的胶产品，结果要么是欠账，要么是货款抵债还贷，能回笼的资金少得可怜。经济形势到了这种地步，谁还有能力力挽狂澜？三叶人除了默默承受、听天由命外，还有什么可以做的呢？

三天的会议开得死气沉沉，像在给谁开追悼会。赵为民没有讨到一条好的对策，甚至连一句自我安慰的话也没有听到。他绝望到了极点。一绝望又陷入了深深的自责、反省和愧疚之中——前几年三叶农场经济形势在步入高峰期的时候，如果不大手大脚地花钱，如果那时候就开始强化管理、下决心搞减员增效，如果那时候就……他赵为民就不至于落到今天这个地步，三叶农场也不至于落到今天这个地步。

晚了，现在说什么都晚了！一切听天由命吧！

第三天的出谋献策会议开得死气沉沉，没到10点钟就散了。开会的人早已散去，赵为民还坐在办公室里暗自伤神。秘书老陈走了进来，小声说：“场长，大门外有一个独臂老头说要见你，叫他进来他不肯进来。”

“独臂老头？会不会是老场长？”赵为民慌忙站起来，整了整有些凌乱的头发，跟着陈秘书走了出去。

大门口外面，站着两位不速之客。为首的老头年逾八旬，穿着一身褪了色的旧军装。老头瘦骨嶙峋，白发如针芒，但他腰身直挺，目光坚毅，神情肃然。他右边那只没有了手臂的空衣袖，在初冬的冷风中轻轻摇摆，整个人像一棵历尽沧桑却又不屈不挠的老头树。他身后有一位中年男子搀扶着他——显然老头的行走已经非常不便。

赵为民一见独臂老头就叫起来：“哎哟，是老场长您啊！”他急急迎上去，双手紧紧握住老头的左手说：“老场长，您要下来也不事先打个招呼，我好叫车去海口接您呀！老场长快进来坐。老陈，这位就是我们三叶农场的第一任场长张子诚老前辈啊！你听说过他吧？他是一位战功赫赫的老革命啊！他的右臂就是在解放战争时给炸断的，我们都叫他独臂场长。老陈，你快去通知招待所，就说有贵宾到，中午饭搞几样特色菜……”

“小赵，你不要张罗这些东西了，你现在就给我派辆车行吗？”张子诚打断了赵为民的话。

“可以可以，老场长要去哪？去兴隆还是去三亚？”

“我要去十八队。”

“您要去十八队？”

“我要去看看南山胶园。”

赵为民这才想起，独臂场长每次来三叶农场总是先要去十八队看南山胶园的。

“不急不急，您老先休息一下，吃了中午饭我跟您一块去。”

“小赵，我——没有时间了。”张子诚说话的声音很凝重。

“十八队有多远的路？坐小车十几二十分钟就到了，花不了多少时间。”赵为民坚持要他们进办公室。

“赵场长，是这样的——”一直不说话的中年男子开了口，“我父亲患了骨癌，已经到了晚期，医生说他……父亲说，他死之前一定要来一趟三叶农场，到十八队再看一看南山胶园，看一看他种的橡胶树……父亲在广州上飞机前打了止痛针——我们一下飞机就从海口打的直接赶来了，今天还必须赶回去。”

“啊——”赵为民着实吃了一惊，“老陈，你赶快叫小马开车过来，你也不要走，跟我陪老场长一块下去。”

几分钟后，褐绿色的越野车拉着独臂场长和赵为民一行人朝十八队平稳驶去。

越野车驶到十八队刚停稳，事先接到通知的队长冯清安就迎了上来。赵为民走下车问：“冯队长，有车路通到南山胶园吗？”

“没有，只有一条林间小道。”

“从队里到南山胶园要走多久？”

“大约要走十几分钟的小路。”

赵为民皱起了眉头。

张子诚在儿子和陈秘书的搀扶下也下了车。

“老场长，您好啊！您老又来看南山胶园啦。”冯清安走过来握住了张子城的左手。

“冯队长，住在队里的老工人还有几个？”

“还有十几个。”

“怎么只有十几个了？我1994年4月份回来的时候还有二十几个嘛，他们都到哪里去了？”

“老场长，这些老工人有的回老家定居了，有的走了——莫老他，他前两天刚刚走——”

“唉，老了，我们都老了。冯队长，麻烦你把队里的老工人统统叫来——不，是请他们来，就说有一个老故人要见见他们。”

冯清安应了声急匆匆走了。

一支烟工夫，冯清安带着十几个老工人朝球场越野车这边走来。

“老场长！”

“老场长！”

老工人围住老场长。他们激动地叫唤着，争相去握老场长的左手，没有握到手的就抓着那只空荡荡的右衣袖使劲摇。

“老场长，我是广东佬彭基石啊，还记得我吗？”

“我是广西佬梁运达啊——”

“老场长，还记我这个湖南人曾凡贵吗？——”

“还有我陈道顺，安徽的——”

“老场长，俺是河南人杨信绍，还记得我吗？1953年的兵……”

“记得，都记得。几年不见，你们都变老了！”张子诚眼含泪水，说，“老杨啊，河南离海南远啊，这几年回老家看过吗？”

“老场长，我这把年纪，身体不中了，回不去了——”杨信绍说着竟像个小孩嘤嘤地哭起来。

……

赵为民几个退到一边，默默听着这群老工人说的那些令人心酸的话，默默看着眼前这叫人伤感的场面。

等老工人们说够了问够了，张子诚才用沙哑的声音说：“我张子诚什么都可以忘掉，但不会忘掉你们这些老工人，不会忘掉我们一起开垦出来的橡胶园。大家现在过得怎么样？还好吧？”

沉默，没人回答。刚才那沸腾的气氛仿佛一下子凝固了。

“怎么？你们还有什么话不能对我这个独臂老人说吗？”张子诚不高兴了。

“老场长，不好。”彭基石长长叹息了一声，说，“老场长，我们这帮老骨头在农场干了几十年，退休了，领这两三百多块钱退休工资我们没有怨言；可是今年，从6月份到现在，5个月了，农场才发给我们100块钱，你叫我们这些老头子老太婆怎么过才好啊！”

“什么？农场5个月才发100块钱！”张子诚脸色变得冷峻起来。他转过头问赵为民：“赵场长，这是怎么回事？”

“这——老场长，是这样的，今年从开割以来，胶价一路下跌，从年头的13000多块一直跌到现在的7000多块，农场今年的收入比去年减少了近一半，而且市场上橡胶产品买卖全部是赊账的——我们不是不发工资，而是目前实在拿不出现款来——”

“赵场长，7000块钱一吨的胶价也不算低啊，怎么就发不出工资了？”张子诚打断了赵为民的话。

“这——这——”赵为民面带尴尬地说，“老场长，一言难尽啊！”

“职工的工资你打算拖欠到什么时候？”张子诚把“拖欠”说得特别重。

“老场长，您可冤死我了。我赵为民怎么敢拖欠职工的工资呢？现在这个形势，我刚才也讲了，不用说橡胶卖不出去，就是卖出去了，也是欠账没钱给的，我赵为民就是有天大的本事也变不出现钱来啊！”赵为民摊摊手抱怨道，“农场现在每卖掉一吨干胶就要亏好几千块，这个什么市场经济真的是——胶价再这么走低下去，我这个法人代表可就要向法院申请破产了！”

张子诚缄默不语，冷峻的目光投向了远方的胶林。

杨信绍伤心地说："老场长，农场成了这个样，难道上面就不管我们了吗？国家是不是忘掉了我们这些种橡胶的农垦人？"

张子诚把远眺的目光收回来，看了看这群过去和自己一块同甘苦共患难、现在仍在过着紧日子的老职工，不禁潸然泪下，好一阵才说："同志们，不管三叶农场今后走到什么地步，但有一点我是坚信的，那就是我们农垦人艰苦创业的历程，我们海南农垦人为发展国家橡胶事业所做出的巨大牺牲和贡献，人民是不会忘记的！国家是不会忘记的！历史是不会忘记的！农垦人的精神是永存不朽的！"

"老场长，有您这句话我就是死在这里也瞑目了。"

"爸，时间不早了，我们去南山胶园吧。"儿子在背后轻轻提醒父亲。

赵为民关切地说："老场长，你身体不舒服，是不是叫几个年轻人抬着您走——"

"不，我谁都不要，我自己走去。我这次回来，就是想最后踩一踩农场这块土地，看一看这里的橡胶园——"

"老场长，您这是——"杨信绍抹掉了眼泪。

"老场长患了癌症，已经到了晚期……"赵为民不忍心再说下去。

仿佛一个晴天霹雳在这群老工人头顶上炸响，他们全部惊愕住了——在他们的心目中，老场长是一位枪炮打不倒的勇猛战士，是一位任何困难都压不垮的铮铮硬汉！他们不相信老场长会患有癌症，不相信老场长会倒下去！

"哈哈哈！"张子诚突然朗朗大笑起来，说："癌症有什么好怕的？死有什么好怕的？我张子诚就是从战场死人堆里爬出来的！我这个断了一条胳膊的残疾人能活到今天，已经很够本了！走，到南山胶园去。"

十几位老职工簇拥着老场长，大家相互搀扶着，朝着太阳升起的方向慢慢走去。赵为民几个在后面默默跟着，他们轻脚走路，生怕惊动了这群特殊的群体。

越过了树梢线的太阳，在秋日的蓝天中格外灿烂。有了些许寒意的秋风，在晚秋的暖阳下，丝丝轻拂着这群饱经风霜的三叶老人。

这群老人缓缓走上一个长长的斜坡，走到了斜坡的顶端。他们的脚下就是南山胶园了。

这里有一块没有种橡胶的报废茶园。此时茶园中间，有一个和他们年纪相仿的老人正光着上身，只穿着一条蓝色的老式短裤，在阳光下不停挥舞着锄头。锃亮的锄头被他高高举起，用力挖下，噗的一声切入土中；又高高举起，再用力挖下……

这个老人全神贯注地挥动锄头，一锄又一锄有节奏地挖，似乎不知疲惫。头顶上的太阳，身上流淌的汗水，没有让他停歇，一群已经走到茶园边缘的老人，他也没有看到。

“他是谁呀？这把年纪了还在太阳底下挖什么呀？”张子诚停住脚步问。

“老场长，他叫王土生，广东佬，1956年的退伍兵。他也是当年跟着您参加南山胶园大会战的老军工啊！唉，农场几个月没工资发，他就天天来这里挖，挖呀挖呀，已经挖了两三个月了，他想在这块报废的茶园上种胡椒。”

“哦，是这样的啊——”

“老场长，我们这帮老家伙就靠着一点退休金过生活，农场不发钱，谁心里不发慌啊！我们也像王土生一样每天都在干啊！”

老工人簇拥着老场长跨入茶园，踩着一块块从表土底层挖翻出来的厚实的红土，朝王土生走去。

“老王，王土生！你看谁来了？”听到有人大声叫喊，王土生停下锄头，抬起头直起腰——才看见一群本队的老工人搀拥着一位没了右手臂的和他一样精瘦的老头走过来。

是独臂场长！王土生丢下锄头大步迎了上去。

“老场长！”

一双布满老茧、沾满泥巴的粗糙的大手和一只细如竹节的左手紧紧握在了一起。

“老王啊，今年多大了？”

“七十一了。”

“七十一了还在干呢。”

“唉，这块老茶地丢荒了可惜，我们退休了闲着没事干，就想把它开出来种几株胡椒。”

“这块地能种多少胡椒呀？”

“我和风英挖了450个洞，能种450株胡椒啊！”王土生指着周围堆积的老茶头说，“挖掉了这些茶树头，再把地翻过一遍，就可以栽胡椒苗了。”

“老王啊，听说你每天都这么干，要注意身体啊。”

“嗯嗯！老场长，您又来看南山胶园了？”

“我有三年多没来了，心里惦记着它啊！老伙计，走，一块去看看。”

一群饱经风霜、历尽艰辛的老人走到茶园的最高处，面向东南方站住了。前方就是曾经闻名三叶的南山千亩胶园。滔滔林海，郁郁葱葱，高低错落，连绵不绝；山风拂过，鸣声阵阵，绿叶翻腾，甚为壮观。

一群老人面对橡胶林海，静静地看着，默默地听着，他们与眼前的橡胶林融为了一体，仿佛又回到了从前那战天斗地的充满激情的岁月里。

张子诚沉默良久，挥起左臂，动情地说：“同志们，50年代初期，为了发展我们国家自己的橡胶事业，打破帝国主义对我国橡胶的封锁，我们这一代人从五湖四海来到这里开荒种橡胶。那个时候，这里没有人烟，到处是荒山野岭，困难啊，困难！但是困难我们不怕！困难难不倒我们开荒人！我们凭着一腔热血，凭着对国家的赤胆忠诚，风餐露宿，开山劈岭，用锄头、砍刀硬是开出了一块块荒山茅地，种出了我们自己的橡胶！外国佬对我们封锁橡胶讹诈我们的日子一去不复返了！”

没有人说话。老人们静静地听着。

“三年困难时期，我们粮油奇缺啊！最困难的时候，一个人每天只有三两米。没有吃的，我们就吃木薯，吃革命菜，吃芭蕉芯，困难啊，困难！但困难难不倒我们垦荒人！我们就是吃着这些东西，搞了一个又一个的大会战，南山千亩胶园，我们就是饿着肚皮搞出来的！现在想想，不容易啊、不容易！”

说到这里，张子诚眼眶里衔满了泪水。

他停顿了一会儿，又继续说：“我的日子不多了，我今天来这里，就是想再看一眼这片橡胶园。我死后，我的骨灰就撒在这里。老伙计们，我也不走了，我要和你们，和这些老胶树永远在一起——”

“老场长啊——”有人小声哭泣。

张子诚昂首挺胸，大声念起来——

奔驰沙场廿余载
挥师拓荒三十秋
一心拼命为党干
不争分毫名与利
垂暮之年志更坚
生死处之若泰然

无怨无悔无牵挂
唯有骨灰撒胶林

“老场长啊——”十几位老工人把他们的老场长抱成一团，一个个失声痛哭。

一直默默站在他们身后的赵为民等人也禁不住潸然泪下。

叁

三十九

送走了老场长，赵为民心里怎么也平静不下来。十八队那群老工人抱着老场长痛哭的场景一次又一次强烈地冲击着他内心深处。他活了54岁，还没有见过这样让人感伤的场面。老场长临走时对他说的话，更是如利剑字字刺中他的心窝，让他感到了一种难以承受的心痛——

“小赵啊，我们这一辈人的任务算是基本完成了，三叶农场就靠你们了。农场的6万亩胶园，你们要好好珍惜，好好保护，好好发展啊！”

老场长这番话意再延伸下去，就是——如果三叶农场毁在你们的手里，你们上无颜面对白发苍苍的老工人，下无法向农场的后人交代！你们将成为农场的千古罪人！

一想到这里，赵为民就禁不住打寒战，全身冒冷汗——因为目前的现实是，三叶农场已经成为烂摊子，他赵为民根本无力扭转局面。这样的局势再发展下去，整个农场将会失控，最终全线崩溃。

如果不想背上千古罪人的骂名，现在唯一办法就是提出辞职，申请内退，让上级派人来收拾残局。按以往的惯例，凡是总局派人下来收拾残局的，上头一定会全力支持新的领导，包括在资金上的支持。如果新来的场长能带上三五百万来，三叶农场就可以暂时稳住局面，勉强熬过今冬明春，以待转机。

眼下只有这一条路可走，也唯有这条路能走得通了。

夜深人静，万籁俱寂。赵为民在楼上的卧室里，心情复杂地写一份辞职报告。他写了涂，涂了写，写到凌晨三点多才写完整。他从头到尾认真地看了一遍言辞诚恳的辞职报告，才在落款处写上“赵为民”三个字。丢下笔时，赵为民已泪流满面——他压根就没想到，自己在事业上辉煌了十年后，竟要以这种灰溜溜的形式告别政治生涯。他不怨天不怨地，只怨自己时运不佳，在最后一届任期里遇上了市场经济，碰上了胶价大暴跌。如果不是这样，三叶农场是绝对不会惨到这个地步的，他赵为民也绝对不会落到这样一个结局的！

写完辞职报告，他又给总局党委写了一份推荐书，推荐李智全为三叶农场党委书记。他觉得，现在企业行政一把手权力太大了，如果再兼任党委书记，那就更不得了！这对一个企业来说是非常危险的。在三叶农场，能有效监督场长的，李智全是最佳人选。

1997年12月20日，总局党委经过多次考察和研究，终于慎重地做出决定：一、同意赵为民同志的辞职请求，批准他内退；二、任命韩劲松为三叶农场场长兼党委副书记；任命李智全为三叶农场党委书记兼第一副场长。元旦过后，新场长即走马上任。

四十

三叶农场最高领导层突然变动的消息虽然没有正式宣布，但已迅速传遍全场。新来的场长是个什么样的人？他的能力如何？他是否有能力收拾三叶农场这个烂摊子？他能否发工资给三叶农场的干部职工过年？这些虽然都是未知数，但即将到任的新场长毕竟给三叶人带来了一线希望。

三叶人第一次在毫无喜气的气氛中度过了1998年元旦。

新年过后上班的第二天上午，三级干部大会在机关四楼大会堂里召开了。能容纳600多人的大会堂里坐满了队级以上的干部。方珏逐一点名——436人一个不差，全部到齐。会议由工会主席严守纪主持。

“同志们，今天是我们进入新年后召开的第一个全场三级干部大会。这个会议的内容很重要，请大家不要讲话，不要交头接耳，要注意听。现在由总局组织处的刘处长宣布一项总局党委的任免决定，大家欢迎。”

会场响起了一阵稀稀拉拉的掌声——自1997年下半年以来，在三叶农场召开的各种会议上，已经听不到热烈的掌声了。

总局组织处刘处长走上了讲台，代表总局党委宣读了三项任免决定：免去赵为民同志三叶农场场长职务和农场党委副书记职务；任命韩劲松同志为三叶农场场长兼党委副书记，任命李智全同志任三叶农场党委书记兼第一副场长。

刘处长宣读完任免决定后说：“这里我强调一下，赵为民同志没有犯什么错误，是他本人认为自己年纪大了，特向总局党委提出了离退申请，总局党委批准了他的请求。”

刘处长指着身边的一位三十七八岁的年轻陌生人说："这位，就是新到任的三叶农场场长韩劲松同志。"

韩劲松笔挺地站起来，他身穿藏青色西装，胸前结红色领带。他这一站，让全场干部看清了这位新场长的长相：中等个头，身体壮实，理短发，国字脸，高眉毛，小眼睛，高鼻梁，厚嘴唇，与普通人没什么两样——他们以为总局会给三叶农场派来一位虎背熊腰、虎虎生威，有大家气派的场长，谁知却派来一个乳臭未干的愣头青来。干部们心里不免有些失望。会场里开始交头接耳，小声议论，嗡嗡声此伏彼起。

韩劲松不理会台下的躁动，他向会场点点头才坐下。

刘处长似乎看透了台下人的心思，喝了一口茶，才不紧不慢地说："同志们，我来介绍一下你们新来的场长韩劲松同志。他今年38岁，当过工人、教师、机关干部，当过办公室主任、工会主席。他来三叶前是西山农场场长兼党委书记。韩劲松同志虽然年轻，但年轻有为啊！西山农场原来也是个落后亏损的农场，他到那里上任后，仅用一年时间就扭亏为盈，改变了农场的落后面貌。当然，西山农场没有三叶农场的规模大，但总局党委相信他一定能够把三叶的事情做好，不辜负总局党委对他的期望。我也诚恳地希望在座的每一位同志，特别是班子成员，要大力协助、支持新场长工作，把三叶的各项工作做好。"

又是一阵稀稀拉拉的掌声。这掌声，多少让人感到尴尬。

严守纪走上讲台大声宣布："下面，由新场长韩劲松同志给我们讲话做指示，大家欢迎。"

然而台下却一片寂静，竟没有一个人鼓掌。

韩劲松在沉闷冷淡的会场气氛中笔挺地站了起来。436双眼睛一下聚焦在这位不起眼的新场长身上。他们静静地等待着，看看这位新来场长要发表一番什么样的慷慨激昂的就职演说。

韩劲松表情很平静，对着话筒用标准的普通话说：“同志们，我今天只讲三句话。第一句话，三叶农场有6万亩胶园，有110多万株橡胶开割树，发展潜力很大！第二句话，三叶农场有一支能吃苦耐劳、甘于奉献的干部职工队伍，有了这样的队伍，三叶就一定能够战胜困难，再创辉煌！第三句话，我韩劲松愿和大家一道，共同把三叶的事情做好，不把三叶的事情办好，不用你们赶，我韩劲松自己摘掉帽子走人。”

第三句话刚落，会场就爆发出暴风骤雨般的掌声。韩劲松心里清楚，这掌声不仅包含着全场干部职工对他的期望，还包含着他们心中压抑已久的苦楚与无助，这让他感到了身上担子的沉重。

四十一

韩劲松到三叶农场之前，总局领导和有关部门领导就跟他介绍了三叶农场的严峻形势，要他好有个思想准备。他来到三叶农场后，才知道三叶的形势远比局领导介绍的要严重得多——1997年全年经营亏损2147万元，全场干部职工包括离退休职工整整7个月没有发工资，农场负债总额7800多万元；经济形势已到了举步维艰的境地。

这么大的一个烂摊子怎么收拾？从哪里下手收拾？这不是在台上讲大话能解决得了的。眼下最要紧的是必须在春节之前，想方设法发一个月的工资给职工过年，先稳住人心。然而，对在春节前能否发一个月的工资韩劲松心里并没有底。

三级干部大会开完后第三天，他就自己开车赶往海口，到总局找到了去年刚上任的郝局长，向他暂借300万元，给三叶干部职工发一个月的工资过年。郝局长既没有答应，也没有拒绝，而是带他到农垦第一、第二两个物资供销公司转了一圈。“一供”“二供”所有的仓库和露天货场里全部堆满了从各农场运来的标胶。

郝局长轻轻地叹了一口气，对韩劲松说：“往年1月份是胶产品销售的黄金季节，可近期国际天然橡胶市场跌势仍在继续，吨干胶价格已跌至7000元以下。去年才几个月的时间，干胶价格就从1.3万元狂跌到1993年以前的价格，跌幅近50%，已经远远低于我们的生产成本价格。”

郝局长顿了顿，继续说：“去年由于价格因素，全农垦减收近9个亿，亏损了17个亿，市场经济真是残酷无情啊！目前，总局橡胶销售中心虽然仍在挂牌销售，但大都是有价无市，交易清淡，胶价跌势不止！小韩啊，刚才你也看到了，现在是1月份了，我们仍然库存着4万吨的干胶无法销售，无处销售。我索性给你交个底吧，去年由于胶价一路狂跌，垦区大部分农场已由盈变亏，较好的农场也几乎耗尽了家底。由于各农场收入锐减，资金紧缺，相当一部分农场的生产、生活已经难以为继，有数万名职工的生活受到了严重的威胁，农垦经济已经到了十分困难的时候。不瞒你说，我这里也是天天有下面的场长、书记上来找我要钱借钱啊！”

郝局长叹了一口气，接着说：“海南农垦面临的困难，已经引起党和国家领导人的重视。国务院已经明确了几条基本原则：由国家储备物资局收储滞销的海南天然橡胶，国家严格控制天然橡胶进口，严厉打击走私橡胶，等等。我们库存的干胶，国家将以高于市场几百元的价格全部收储，估计春节前后开始实施。这再次体现了党中央、国务院对我们农垦的关怀，体现了国家对垦区天然橡胶基地的支持和保护。我们农垦人从现在起要做的，是振奋精神，战胜困难，在新的一年里迎接新的挑战。”

韩劲松始终一语不发，静静地听着郝局长的讲话。

“当然，话要说回来，我们农垦也不能老靠国家扶着。从去年的形势来看，海南农垦抵御市场风险的能力是相当脆弱的，在胶价狂跌面前力不从心，甚至束手无策。因此，我们必须树立风险意识。一方面要调整产业结构布局，一方面要狠抓橡胶生产不放松，保持主业橡胶生产现有的规模，另一方面还要大力发展非胶农业、高效农业。同时要加强企业内部管理，转换经营机制，降低橡胶生产成本，提高劳动生产率，增强抵御风险的能力。胶价下跌是一件坏事，也是一件好事，它让我们农垦人彻底清醒过来——我们农垦不能再这样下去了，必须大刀阔斧地改革了。”

郝局长拍拍韩劲松的肩膀，继续说道：“小韩，三叶农场是海南农垦创建最早的农场之一，是曾受农业部表彰的标兵农场。1964年、1995年都有过辉煌的时期，但1997年下来却亏损了2000多万，成了垦区92个农场中的亏损大户，列入了垦区十大亏损户榜首，令人痛心疾首啊！你这次来海口，我没有什么好送的，只送你一句话：不能让三叶在我们手里毁了，否则，我们都要成为千古罪人的。”

郝局长的话字字如千钧，让韩劲松再一次感到了身上担子的沉重。他没有再说什么——局长现在的压力，要比自己大得多！

韩劲松这次去局里虽然没有借到钱，却从郝局长口里得到了一个信息：国家春节前要下拨一笔资金收储海南农垦的库存干胶，以解燃眉之急。届时，他急需的300万元有可能会得到解决。

四十二

1月28日就是1998年的农历新年。离春节还有20多天，三叶的干部职工几乎每个人都在扳着手指数日子——等着新来的场长发工资过年。

王秀文盼工资的心情比谁都急切。他现在身上的现金全部加起来只有10多块钱——这是他参加工作以来缺钱缺得最可怜的一次。好在郑水秀离开他去了广东深圳，不然他连请水秀吃顿便饭的钱也掏不出来。

从那晚郑水秀狠狠扇了他一记耳光离他去后，王秀文一直在悔恨中度日。他很后悔那晚的冲动，说浑话伤害了水秀，造成了不可挽回的后果。他恨自己，更恨水秀她妈。如果不是水秀她妈在背后作梗，水秀是不会走的，是绝不会离开他的。

然而，随着农场经济形势的日趋严峻，三叶人的日子越过越紧缩，王秀文记恨的心倒是一点点放下了，释然了。也许水秀他妈是对的，这里除了满山遍野的橡胶，除了静静流淌的万泉河水，什么也没有。现在橡胶不值钱了，窝在这个地方连自己都养不起，更遑论和水秀结婚生儿育女了。水秀目前的情况怎么样不得而知，而他王秀文的现状就是如果农场再不发工资，他不要说回父母家过年，就是现在的单身日子也无法过下去。

这天中午，王秀文吃过午饭正伏桌赶写一份年终材料，突然听到楼下有人急声大喊："秀文！秀文！"

王秀文放下笔，起身走到廊道探头往下看去，楼下停着一辆三脚猫，冯清安在车旁仰头朝楼上拼命地叫喊。

王秀文心中纳闷：自己没叫车啊，冯队长来找他干吗?

"冯队长，什么事?"

"你快下来，你爸摔到腰了，他在车里。你赶快下来！"

王秀文脑袋"嗡"了一下，慌忙丢掉手中的钢笔，门也没关就跑下楼，冲到三轮车后面。窄窄的三轮车厢里，许静霞扶着他父亲王土生坐在铁皮架上斜靠着车篷。父亲脸色苍白，嘴唇乌黑，人显得很难受。

“爸你怎么了?”王秀文跳上车，坐在另一侧把父亲搂过来靠在自己的身上。

“我去胡椒地干活，回来时摔了一跤，摔到腰了——”

王土生说话声音微弱，表情很痛苦。

原来王土生上午去南山老茶园干活收工时，顺便扛了一截木头回来。谁知走下斜坡时前脚一滑，仰身跌了一跤。他爬起来还能走，走到家门口时，这腰就痛得直不起来了。苏凤英去菜地还没回来，他歪着腰去隔壁找许家，正好遇上许静霞。他央求许静霞用摩托车载他去场部找儿子秀文。

许静霞问明情况后，看他这个样子坐不了摩托车，就跑去叫本队的三轮车。车主阿发正在吃午饭，一听有急事，扔下饭碗就开车去了王家。许静霞不知道王秀文住场部哪里，又跑去队长家问冯队长。冯清安去过乐哥家，知道王秀文和乐哥住一块，一听情况紧急，二话不说就跟她走了。

许静霞和冯清安两人搀扶王土生上三轮车坐下后，许静霞看车座架太硬，说声“等下”，又跳下车跑回家里，从自己的睡床上抱来了一条大红绣花毛毯，叠铺在座架上给王土生当坐垫。两人一左一右扶王土生坐稳后，许静霞才叫开车。

阿发开着三轮车，按照冯队长指的路，一直到场部生产科研楼前才停下。车没停稳，冯队长就跳下来大声喊人。

当下王秀文看父亲斜靠在车篷架上痛苦地呻吟，整个人一下蒙了。

许静霞说：“秀文哥，你爸摔到腰了，去医院吧?”

王秀文清醒过来，大声说：“阿发，快，快开到医院去。”

阿发加大油门开着三脚猫向三叶医院急驶而去。许静霞突然想起冯队长，她转过头，车已走远了，冯清安还在原地站着。她伸出左手不停地摆手，向他表示谢意。冯清安也挥挥手，表示不用管他，他自己会回去。

来到医院，王秀文和许静霞一左一右搀扶着王土生去看医生，门诊医生看病人情况严重，就直接带病人去拍片检查。王土生拍完X光片后已经无法坐立，只能躺在门诊的病床上，等待医生诊断结果。

10多分钟后，拍片的钟医生手拿X光片走了出来。

“医生，我爸他怎么样?”

钟医生把王秀文拉到外面的走廊，小声说：“从片上看，你父亲的第二节脊椎骨摔断了，看来问题比较严重。”

“腰骨断了?!”王秀文脑子里“嗡”了一下，突然感到一阵晕眩。

“医生，我爸的腰骨还能、还能治好吗?”

“你父亲今年多大了?”

“71岁。”

钟医生轻轻地叹了一口气，说：“如果你父亲再年轻20岁还好办些。老人的骨头，断了一般都不容易接回来。你要有思想准备，你父亲今后的日子，有可能就在床上过了。农场医院的条件有限，我建议你马上送你父亲去市人民医院骨伤科治疗。”

王秀文又感到一阵晕眩，全身开始冒冷汗，脑子里一片空白。他赶紧坐到一张长椅上，过一会才缓过来。他呆呆坐着，不知道该怎么办好。

阿发从外面走进来问：“秀文，你爸检查的情况怎么样?”

“他的腰骨摔断了——”王秀文声音颤抖地说，“医生说要赶快送去市人民医院。我身上只有十几块钱，怎么去市人民医院?”

许静霞从上衣袋里掏出一叠大小混杂的钞票，塞到王秀文手中：“我这里有200多块钱，你先拿去用。”

“静霞，这——”

“治伤要紧。去市医院吧，我陪你去。”

王秀文默默接过了许静霞手中带有余温的钱。

阿发说："咱先不去市医院，我带你们先去一个地方。"

"什么地方？"

"阳江镇有个红色村，村里有一个阿公专用草药接骨，听说很厉害，很多人骨断了都去找他接骨，去年我就拉过一个断脚的妇女去红色村找阿公接骨，后来治好了。阿公收费很便宜，没钱他也给你治，去那里试试怎么样？我拉你们去，不要钱。"

"那——就去吧。"

王秀文取了X光片，办了手续，王秀文三人协同用力把王土生搀扶着抬上三脚猫。王秀文搂抱着父亲，让父亲斜靠在自己的怀里，哆嗦着说："爸，我们要用三脚猫拉你去阳江接骨，你要忍着点。"

许静霞坐在王秀文身旁："秀文哥，你要扶累了，就靠着我。"

王土生睁大双眼，看着一脸惶恐的儿子，朝静霞轻轻点了点头。

"秀文，三脚猫很颠，要跑20多公里，你把你爸抱好了。"阿发回头看了一眼，叮嘱了两句就开着三脚猫"突突突"朝正东方向的阳江镇急驶而去。

三脚猫在黄泥土公路上颠簸了一个多小时才到阳江镇，又向南穿出小镇，沿着乡村公路左拐右转了半个多小时才来到红色村。接骨阿公的家就在村头路口边。阿发把三轮车一直开到阿公大屋背后的晒谷场才停住。晒谷场里已停着五六部摩托车，还有一台小轿车。

王秀文和许静霞一左一右搀扶王土生下了车，两人几乎架着他走下晒谷场，朝大房左侧低矮的青砖瓦房挪去。王土生脸色惨白，嘴唇乌黑，可以看出他正承受着巨大的痛苦。而这一路王土生没有吭一声。

低矮的青砖瓦房有两间房。靠西这间里面挤满了上门求医的人。有站着的，有坐着的，里面的小铁床上还躺着两个。

一个70岁上下、瘦骨嶙峋但精神矍铄的小老头站在房中央，边和屋里人说笑，边用绷带给一个坐在四脚凳上的中年妇女捆扎右手腕。一个和他同样精瘦的阿婆坐在门边的墙角下，一边插话一边挥着断头柴刀在木板上有节奏地剁着一堆刚摘下的青树叶。树叶有五六种，剁碎后的叶汁散发的青涩味和辛辣味弥漫了整个房间。

这瘦小的老头正是远近闻名的接骨阿公，剁树叶的阿婆是他的老伴，也是他的得力助手。阿公负责正骨接骨，阿婆负责剁药炒药。见又有人被搀扶进来了，阿公急忙招呼坐在铁床上。

王秀文把父亲扶到小铁床边坐下。王土生坐不了，无力地斜靠在儿子的身上。由于害怕，王秀文全身不停地颤抖。

“阿公，我爸的腰骨断了。”

阿公没反应，他一圈一圈把妇女的手腕捆绑好后，才说：“好了，现在感觉么样？”

“轻松很多了。”

“我拿三天的药给你，回去你就照这个样子敷，一天换一次药，用完了再来要。敷药期间不能吃鸡肉、鸡蛋、牛肉、咸鱼和辛辣的东西，记得不？”

“我要吃了呢？”

阿公伸出右手，张开五指，曲成鸡爪状，学着鸡的样子划了几下，说：“你要吃了你那手就会变成这个样。”

屋里的人哄地笑了。

中年妇女拿了三天的草药，讷讷地问：“阿公，要——要多少钱？”

“给15块就做得了。”

中年妇女一下坦然了，掏出20块钱放下就想走。

“等下。”阿公找出5块钱，递过去，“拿一次药只收15块，多一分阿公都不要。”

中年妇女愣了一下，说：“嘿嘿，这5块钱，就算了。”

“这个是祖上定下的规矩，不能算了。”

中年妇女不好意思地接过钱，谢了又谢才走出门。

“到我了。”一位吊着左臂的年轻男子走过来，刚要往四脚凳上坐，却被阿公拦住了：“青年哥，你等一下，我先给这个阿公看一下。”

青年男子二话不说退回到了原来站的地方。

小老头转身问王秀文：“你家老的，腰骨断了？”

“是的。”王秀文赶紧拿出X光底片交给阿公。

阿公展开胶片对着光认真看了一会，声音沉了下来说：“腰骨是断了，老的是怎么搞到的？是什么时候搞到的？”

“他今天上午去胡椒地干活，大概是中午11点左右，他扛着一截木头回来，走下坡时摔了一跤腰就断了——”

“做么[①]现在才送来？腰骨断了要痛死人的你知不？”阿公发火了。

“阿公，我们是从三叶农场来的，离这里有、有二三十公里的路啊——”

“哦，你们是从远路来的。”阿公声音缓和了下来，“快点，把老的扶上四方凳。阿婆，你剁的那堆草药，再加一把接骨草，剁好先给我炒热，我马上要用。”

两人小心把王土生扶到四方凳上坐下。

阿公抓起王土生右手，仔细察看了一下拇指和中指，又走到他后背站定，撩起王土生衣服，用手在后背轻轻摸、压、按。

“阿公，我爸他——严重吗？”

阿公按摸了一会，叹了一口气，说：“腰椎骨第二节是断了，你看，骨头往右边凸出来了。”

---

①海南方言，意为“为什么”。

王秀文脑袋一阵晕眩，两脚差点站不住。

阿公弯下腰，双手箍住王土生的腰肚，说："老的啊，你的腰骨不太正了，我现在帮你调正回来，你要忍一下啊，痛呢就叫一声。"

屋里静下来，所有人都屏住呼吸，目光全部聚焦在两位老人的身上。王秀文在一旁扶着父亲，两条腿不停地颤抖。

阿公曲提右腿，用膝盖顶着病人断腰部位，左右轻轻来回滑动，滑着滑着，手脚突然相向用力，只听"骨咯"一声——

屋里的人心里也跟着咯噔了一下，提了起来；谁料王土生竟没有吭半声，他们揪着的心才缓缓放了下来。

"老的啊，再忍一下——"

小老头的一句话又让屋里的人紧张起来。

小老头再次发力，用膝盖顶着断骨部位来回平行压捺……

然而，王土生如一块岩石丝毫未动，额头上冒着大滴大滴的汗珠。

"好了，骨头回位了。"小老头终于松开两手放下右腿。观看的人都长长地松了一口气。精神几乎要崩溃的王秀文慢慢地控制住了发抖的两条腿，站稳了脚跟。

"阿婆啊，药炒好了没有？"阿公对着门外大喊。

"好了！就来！"

阿婆把炒熟的草药利索塞入一只手掌大小的纱布袋里，小跑进来交给阿公。阿公一接过烫手的药袋，就贴着断骨部位上下左右快速滑动，并不停地抹、擦、按，直到药袋里流出的药汁不烫手了才停下来；他摆匀袋里的草药，贴敷在断骨位置，再用纱布带绕着王土生的肚子一圈一圈缠紧扎好——阿公从推腰正骨到擦药捆扎，整套动作上下衔接，干净利索一气呵成，用了不到20分钟。

"好了。老的啊，现在感觉怎么样？"

"舒服多了。"王土生说话的声音缓和了下来。王秀文那颗绷得紧紧的心也稍稍松了一点。

阿公抓了一袋剁碎的草药交给王秀文说："这袋药分成三份，每天用一份。先用米水把药炒热，后放入药引，装进布袋，照我这样在老的腰骨上来回擦，手脚要轻，动作要快，就不会烫坏皮肤，草药不热了才敷上去包扎好。每天早晚把药炒热做一遍，24小时换一次药，药用完了你再来我这里要。"

王秀文接过药，问："阿公，我爸这腰骨能治好吗？"

"这个——你家老的年纪大了，恢复可能要慢些，看他那运气么样了。"

王秀文听了心里又沉了下来。

"阿公，这是草药钱。"王秀文拿出15块递给阿公。

谁知阿公又退还了5块钱。"

"阿公，刚才，你不是说，拿一次药收15块吗？"

"你们是从三叶农场来的吧？"

"嗯。"王秀文点点头。

"阿公听讲你们农场几个月没工资发了，是有这回事不？"

"嗯。"王秀文又点点头。

"唉，这样就难做吃了！阿公这次收你们10块钱就做得了。"

"阿公，10块钱太少了。"

"够了。我跟你讲，这些草药全部是阿公阿婆上山摘的，不要钱的。阿公收这10块钱，3块是买纱布纱带的，3块是买药引的，剩下的这4块钱，就给阿公买瓶酒喝，阿公喝了酒就有力气上山采药给病人接骨喽。"

"阿公，叫我们怎么谢你呢？"王土生说了一句。

"嗳，老的啊，不要讲这些话。你要是想谢我，等到你腰骨好了，叫你的仔买两瓶酒给阿公喝，么酒都做得。老的啊，海南话听得懂不？”

“听得懂听得懂——”王土生连连点头。

王秀文鼻子一酸，眼泪差点流了出来。

王秀文和许静霞两人搀扶王土生重新上了三轮车，三人坐上了铺垫红毛毯长条车座上。

阿发开着三轮车，全神贯注看着路面，小心地驾驶，一直开到三叶农场十八队王家门前才停下来。车一停稳阿发就熄火跳下来，走到车厢后面问：“秀文，震到你爸没有？”

“没有，车开得很稳。”

阿发跳上车厢，和王秀文、许静霞一起搀扶王土生进屋躺好后，才急匆匆走出去。

王秀文追出门外，叫住了他：“阿发，车脚钱多少？”

“包车去阳江一趟一般要25块，这次算我帮你的，不要钱——”

“不行！今天这25块钱你必须收。”王秀文从口袋里掏出静霞给的钱，点出25元递过去。

“秀文，咱俩是从小一起玩到大的好朋友，虽然我读书笨了点，但‘情义’两个字我还是懂的——”

“不行！今天这25块钱你必须收，和情义无关。”

“秀文，你现在是机关干部，我是个破烂工人，你家现在有难了，你要是还看得起我瘦狗阿发，就给我一次帮你的机会。”

王秀文怔住了。阿发把钱推回去的那一刻，王秀文眼泪就流了出来。

阿发转身走近车头，抽出长长的摇手，弯腰插入机头，用力摇了几圈，柴油机头喘了几下气，没响；他又用更大的力气连摇十几圈，才摇响柴油机。他插好摇手，跨上车座，把着手柄开着三轮车“突突突”回家去了。

王秀文和阿发说话的时候，许静霞已悄声上车抱走了车座架上的毛毯，回了自己的家。

四十三

王秀文为了给父亲治腰，单独跟黎文乐说明情况后，就收拾东西搬回了十八队居住。

这个寒冷的冬天，王秀文每天早中晚三次给父亲炒药、按摩、敷药，24小时换一副新药；这个寒冷的冬天，他每天着开狗仔车往返场部两个来回，准点上下班；上班时间认真工作，下了班就回家照顾父亲。母亲抱不动父亲，他还要抱着父亲去大小便。三天药用完了，他中午还得开车赶趟去阳江镇红色村取草药。遇上阴雨天气，他骑狗仔车从阳江取药回来时，就已变成了一个黄泥人。王秀文每天这样折腾，本来清瘦的他又消瘦了一圈。

这些日子，王秀文在单位装作没事，一回到家里情绪就颓丧到了极点。父亲敷了一个多星期草药后，只是减轻了一些疼痛，仍旧是躺在床上动弹不得。父亲这个样子让他心中的惊慌和害怕与日俱增，整个人像失了魂，没事就坐着发呆。

从小到大，父亲在他眼里是一棵不会倒的大树，是一家人的顶梁柱。过去，不论家里碰到什么困难，只要父亲那精瘦结实的身板在家里站着，他就感觉有了依靠，心里就不会慌张和害怕。现在父亲的腰骨断了，大树倒下了，他心中的依靠垮了，今后该怎么办？如果父亲真的像场里医生说的要瘫在床上度过晚年，自己该怎么办？

这天晚上，王秀文给父亲换好药后，一个人走出廊檐，站在外头朝北望着漆黑的夜发呆。外面，寒冷的北风呼呼吹着，整个连队空无一人，如死一般的寂静。

一个女孩从隔壁许家走出来，站在门边的廊柱旁偷偷看着王秀文的背影，她就是许静霞。

“秀文哥，外面很冷啊——”

王秀文呆木站着，没有反应。

“秀文哥——”

王秀文仍是木木站着。

许静霞走出房柱，来到他身边。

“秀文哥——”

王秀文突然失语：“乐哥啊，农场没工资发，水秀飞走了，我爸又摔断了腰骨，我该怎么办啊——”

“秀文哥，我是静霞呀——”

“哦、哦，是静霞啊——”王秀文马上恢复了常态，“静霞，我刚才，我刚才出丑了——”

看到昔日充满青春朝气的秀文哥变成了这个样，许静霞心里十分难过，又不知说什么好，也只默默地陪他站着。

“秀文啊，秀文——”父亲在屋里喊他。

王秀文拭了一把眼泪，转身往屋里走，走两步又回过头：“静霞，多谢了——”父亲出事那天许静霞帮了大忙，他从阳江回来后只是叫母亲还了许静霞钱，到现在还没有对她说过一声谢。

“秀文哥，我们是邻居，不说谢。秀文哥，需要帮忙，就讲一声。”许静霞说着走回了自家的房屋。

王秀文走进了屋里，王土生直挺挺躺在床上，清瘦的脸上颧骨突出，两眼凹陷，一动不动地望着屋顶。

“爸，你叫我有事？”

“你坐下。”

王秀文搬来一张折叠木椅，坐在床头边。

“秀文，你不是想听过去的故事吗？我从今晚开始，天天给你讲。”

“爸，你说吧，我听。”

王土生望着天花板，缓缓说起来：“记得1956年，三叶建场还不久，农场还没有通公路，粮食物资要靠船从水上运进来。那年9月份，连续下了二十几天的大暴雨，万泉河是天天发大水呀，船没办法运粮食进来，农场每天有几千人吃饭，粮食眼看就要吃光了，怎么办呢？为了解决吃饭问题，农场抽调了300多名强壮劳力去龙江挑粮食，我也被抽去了。我们从小路出发，经南太渡口过河，然后穿山爬岭，走了几十公里的山路来到了龙江镇，把大米一担一担挑回来，解决了全场职工吃饭的问题——”

“爸，这个故事太短了。”

“故事短？好，我给你讲一个长一点的。”王土生咽了下口水，又讲开了——

“记得1960年8月份，农场从各队抽调了500多名强劳力，组成突击大队，进入山猪岭大山里头开荒。每天天没亮，我们就点着竹筒火把上了工地，然后就着火把光干起来，一干就干到晚上八九点钟才回来。中午也不休息，在工地吃了一顿木薯饭后就接着干——”

“吃木薯饭？爸，没有米饭吗？”

“1959年到1961年，这三年粮食非常紧张，一个劳力每天只有几两米，哪里够吃啊。米不够吃，就吃木薯，吃革命菜；有些人饿得连芭蕉芯、癞蛤蟆都吃了。因为乱吃东西，有不少人中了毒，有很多人得了水肿。那个时候，全场几千名干部工人都是饿着肚皮去开荒种橡胶的！秀文，这段故事我讲过没有？”

“爸，你没讲过。”

“在大山里开荒，干的都是重体力活，我们天天吃木薯饭，没有油水，大家饿得是心慌手脚软啊！为了填饱肚子，大家一有空闲就钻进山里到处找东西吃。什么野果啊、野菜啊、野薯藤啊，凡是能吃的统统找回来吃。哪知道这样一吃，差点吃出大事来。”

“爸，差点出了什么大事?”

“有一天晚上，我们干到9点多钟才点着火把下山回来，刚回到茅房营地，就听到山上有人喊叫：‘救命啊！救命啊！’听到有人喊救命，大家一下紧张起来，以为是有特务搞破坏；领导立即组织我们这些退伍军工，拿着6支步枪上山搜索救人。我们顺着呼救声搜索到半山腰，发现救命声是从一株大树上传出来的。我们包围了这株大树，拉开枪栓命令树上的人下来。结果从树上溜下了一个青年仔。一盘问才知道这个人叫陈基伟，是个信宜仔。他今天下午干到5点多的时候，饿得实在顶不住了，就一个人偷偷钻山找吃的。由于附近能吃的东西都吃光了，他钻了半天才找到了一棵野槟榔。他砍下野槟榔，劈开外皮掏芯吃。谁知道他吃完槟榔芯后，人就昏昏沉沉醉倒在地上，醒来后，天全黑了，他摸不着路下山，又害怕被山里的野兽吃掉，就爬上一棵大树上大声喊救命，那救命的声音在晚上传得很远，被山下的人听到了，才救了他一命。”

“后来呢，爸?”

“后来，领导就不准工人再单独钻山里找东西吃，叫炊事班专门去挖山薯找野菜，多搞些吃的东西。我们这500多个人，就这样天天吃着木薯饭，吃着山里的野菜、野薯、野果，在山猪岭干了整整7个月——我记得那年春节，大年初一我们是在山上过的！那次大会战开出了1000多亩荒山，种上了橡胶。”

“爸，还有吗？再给讲一个。”王秀文完全沉浸在了父亲讲述的故事中。

“1969年，我当八班班长。记得是6月初，班里有一位汕头知青得了疟疾，疟疾你懂吧，就是发病的时候全身一会儿冷一会儿热很难受的那种病。他得病后不能上林段割胶，队里又派不出人来代割，我一咬牙自己包了他的4个岗位。我一个人每天就要割8个树位1000多株。为了在天亮前把树割完，我天天半夜12点钟就一个人悄悄上了林段，一割就是七八个小时，收完胶回到家时已经十一二点，下午两点半又出工，一直干到晚上6：30才回来。有一天早上，我割完最后一株树时，一直起腰抬起头两眼一黑就什么都不知道了。”

“爸，是怎么回事?”

“后来我才知道自己昏倒在林段里。一直到晚上才被人发现抬了回来。你妈以为我死了，哭得死去活来。”

“爸，那是怎么回事?”

“医生说我没病，是累倒的，要我好好休息半个月，可我第二天干了两大碗糖粥又上了树位。那个时候，我们那批人根本就不知道‘害怕’两个字。我没到35岁，就得过胃病，那不是一般的胃病，是胃大出血啊！还得了肾结石、胆结石、关节痛、鼻窦炎……爸还没到40岁，就进了5次农垦医院，动过两次手术；每次大病，不是病打倒了我，而是我打倒了病。爸这条命虽然贱，但硬得很！这次摔断了腰，医生都说治不好了，我不信。总有一天，我还会站起来的，秀文，你信不信?”

“爸——”如果不是父亲说出来，王秀文真不敢相信父亲这一生会有如此多的磨难。这些磨难要降临到自己身上，恐怕早就趴下了。

“秀文，你还想听吗？我再给你讲一个。”

“爸，天晚了，你休息吧，明天再讲。”

王秀文起身走出房间，外面寒气更重了。走到门外的王秀文突然感到胸口清新舒畅了许多，全身也轻松了许多。

躺在床上的王土生似乎有讲不完的故事，每天晚上不停地跟儿子讲，讲他以前在农场创业的故事。王秀文静静地听着，听着父亲讲他那过去的故事。故事内容五花八门，时间也颠来倒去，但听多了，父辈们辛苦创业的脉络就慢慢清晰了——

20世纪50年代初，一支由退伍军人、归国难侨、地方民工、转业干部等组成的来自五湖四海的垦荒队伍，相继来到了海南三叶这块人迹罕见的蛮荒之地，开始了艰难的创业。他们风餐露宿，开山劈岭，垦荒种胶。他们用血肉之躯，在极其恶劣的生存条件和环境中展开了一场场旷日持久的开荒种胶大会战——那是一场考验人的品质和信念、磨炼人的意志和斗志的残酷而悲壮的肉搏战。经过一代人的艰苦创业，6万亩橡胶林连同三叶农场一道在莽莽荒原中崛起——

王秀文经常沉浸在故事的悲壮气氛中，经常为父辈们在创业中所表现出来的大无畏的英雄气概所折服。感慨之余，也常常对自己的软弱表现而羞愧自责。父亲在他这样的年龄时，已经是一条顶天立地的硬汉，而自己却常常为名节贫富所困扰，为儿女情长所愁苦，为眼前的困难所悲戚……王秀文啊，你虽然没有父亲那样的坚强和刚毅，但至少也要挺起腰杆去面对现实，才称得上是一个男子汉呵！

父亲的坚强和乐观深深感染了王秀文。“总有一天，我还会站起来的。”——父亲这句话，让他早上醒来时，心境不再愁苦，而是放松坦然了；他一日三次给父亲炒药、按摩、敷药、捆扎，不再是机械地“例行公事”，而是揉入了新的希望和期待；他上班工作不再是坐着走神，思想游离不定，而是又回到了平时沉稳的正常状态。

这天上午，王秀文刚踏进办公室，苏俊才就对他说，总局宣传处要办一期新闻通讯写作培训班，学习时间是三天，宣传科要派一名同志去参加。经科室提名场领导同意，决定派他去参加这个培训班。苏科长叫王秀文准备一下，下午就去报到。

以往有这样的学习机会，王秀文会很兴奋很乐意去，可这次他却丝毫高兴不起来——父亲现在还瘫在床上，他走了，谁给父亲炒药、敷药？父亲的药今天就用完了，明天谁又去阳江拿药？他不想去，又不敢回绝。一个上午，王秀文心里都在为这事纠结。

好不容易熬到下班。王秀文回到家里，先问候了一下父亲，就拉着母亲下到低矮的厨房，把上午苏科长的话和自己的纠结告诉了母亲。

儿子一说停，苏凤英就坚定地说："秀文，听组织安排，去。你走了，还有妈呢！我天天看你炒药、敷药、换药，怎么做我也会了。"

下午两点，王秀文临走前对母亲说："家里只剩一副新药了，今晚换新药用过后不要扔掉，接着炒热敷，等我回来去阳江取回药再换掉。"

王秀文又仔细给母亲交代了用药的方法和一些细节才带着简单的行李开轻骑车去了场部。

王秀文赶到场部，上了吉普车，才知道和他一起去海口参加培训学习的还有工会干事李秋红。李秋红穿着做工精致的棕色外套坐在副驾驶位上，一路不停地和司机老林闲聊。王秀文穿着灰色的风衣闷头坐在后排，一语不发。

老林娴熟地开着吉普车走了两个多小时才驶进海口市区，拐入海垦路，在农垦党校大楼前停下。李秋红、王秀文两人下车后，老林探出头招呼说："星期五下午我再来接你们。"

"老林叔，辛苦了！"李秋红举手摇摆表示谢意。

吉普车原路返回。李秋红目送车子走远了，才不满地说："王秀文，老林叔开车这么辛苦专程送我们来海口，你怎么一句话都不讲？"

王秀文没有理会她，提着小行李袋转身朝高楼大门走去。李秋红一跺脚，跟了上去。

王秀文的住宿安排在二楼208室，安排与他同住的是西线农场的宣传干事，不知何故还没来报到。傍晚时分，各路学员吃了晚饭后三三两两出去逛街了，只有208室亮着灯光。王秀文一人坐在沙发上发呆。他心情不好，不想出门，也不敢出去逛街——他来海口之前已身无分文，身上带的300块钱，是母亲硬塞给他的。

一个女子的身影走过门口，又折回来走进了208室。

“李秋红——”王秀文抬头看着突然进来的李秋红，有些惊讶。

“怎么，不欢迎？”

“……”

李秋红走进房间，在王秀文右边的沙发上坐下来。王秀文拿起报到处发的学习资料低头翻看，李秋红也一直看着白色的墙壁，俩人谁都不说话。

沉默了一会，李秋红突然说：“王秀文，我是不是很令你讨厌？你这次是不是也打算像5年前中秋节的那个晚上一样，一句话都不跟我说？”

“……”

“王秀文，你有什么好清高孤傲的？没有我爸，你现在还是胶工一个！我爸帮了你这么大的忙，你连一个‘谢’字都没说过，还这么对待我，你会不会做人？有你这么做人的吗？”

“我没有清高孤傲！我没有！”王秀文突然抬头梗着脖子说，“我心情不好，不想说话。”

“我过去在连队割胶见到你，你不说话；你调上机关了，我在机关大楼里碰到你，你也不说话。我怎么每次一遇到你，你心情都不好啊？”

王秀文沉默了一会，说：“我爸的腰骨摔断了，他现在还躺在床上起不来；家里的药今天用完了，我明天又去不了阳江拿草药，心里愁闷，心情不好——”

“哦——秀文，我不知道你爸摔断腰骨的事。”李秋红语气缓和了下来。

“……”

“秀文，你刚才说明天要去阳江拿草药，具体是去哪里拿药?”李秋红又问。

“阳江红色村，那个接骨阿公的家。”

李秋红沉吟了一下，说：“秀文，你明天安心学习，去阳江拿草药的事，我帮你解决。”

没等王秀文反应，李秋红说完就起身往门外走了。

李秋红走了，她刚才说的话却深深刺痛了王秀文。他调上场机关后，就有几个人私底下告诉他：是李智全副场长向党委大力举荐，你才从一名胶工连跳三级调上机关宣传科的；李副场长是你的大贵人，你要好好感谢他。他那时刚上机关，听了这些人的话后也想过要登门向李副场长表示一下谢意，可他左思右想最终放弃了这个念头。一来他内心深处有一股清高孤傲的气节，他不想去巴结任何人；二来他认为努力工作，做好工作就是对李副场长最好的感恩。上机关三年来，他一直低调做人，谨慎处事，处处卖力工作，为的就是报答李副场长的知遇之恩。他这么做，他相信李副场长会懂的。

可李秋红说的也没有错，他王秀文上机关工作的三年时间里，没有向李副场长和他的家人说过一个谢字，甚至在机关大楼碰上他的宝贝小女儿李秋红也从来没有搭理过她，单凭这一点，说他王秀文不会做人确实不为过。

还有，李秋红走前说的最后那句话，也触动了王秀文。不管她是否能办到，都让王秀文心里荡起了感激的涟漪。无论如何，他都要借这次培训学习机会向她当面表示谢意，弥补一下他不会做人的不足。

然而连续三天的学习培训，李秋红不论上课下课还是休息吃饭，总和其他农场的女学员扎一堆，不给王秀文和她单独说话的机会，他只好作罢，每天专下心来上课学习不提。

周五下午4点，老林开着吉普车准时来到农垦党校把李秋红和王秀文接回三叶农场。一路上王秀文总是没话找话说，可李秋红一反常态，只闭目养神，一语不发。

吉普车回到场部机关大楼前的广场时，天色已暗。

王秀文回到科研楼，跟黎文乐打了声招呼就启动狗仔车追着昏黄的车灯光往十八队家里冲去。到了家门口，天已经漆黑下来。

王秀文支好狗仔车，一走进家门就愣住了——许静霞抱着王土生从天井走进房屋，后面跟着苏凤英。

王秀文慌忙上前，却帮不上手。许静霞抱着王土生小心端放在床上，让他躺平，才慢慢抽出手。

"静霞——"

"秀文哥，你学习回来了——"许静霞微笑了一下，抬起两手一左一右向后梳挽了几下短发，回头对苏凤英说："凤英姨，我回去了。"说着就往门外走了。

许静霞走出去了，苏凤英才说："你爸摔断腰骨后，你一去场部上班，静霞就过来帮我做这做那，你爸上厕所我抱不动他，都是静霞抱的。我怕你骂我，一直没敢跟你说。你去海口学习那几天，你爸吃的排骨汤，也是她开车去场部帮买的，静霞心肚好，是个好姑娘——"

王土生闭着眼睛静静地躺在床上，眼泪从两边眼角流了出来。

"妈，咱家里还有芭蕉吗？"

"你要芭蕉干吗？"

"你拿两梳出来，我给静霞送去——"

"芭蕉都砍完了，要到明年三四月份才能有。"

"秀文——"王土生睁开了眼睛，说，"我摔断腰骨这段时间，每天都有连队的人来看我，你许叔大冷天还下琼安河抓鱼，抓到黑鱼就叫静霞煮好鱼汤送过来给我喝，我现在感觉这腰骨松了很多。"

王土生说着用两手撑着，竟然一点点地坐起来了。王秀文慌忙扶住父亲问：“爸，腰痛吗?”

“痛——好像没以前那样痛，可以挺得住。”王土生坐了一会儿，又双手支撑着，一点一点又慢慢地躺了下来。

用了两个多星期的草药后，父亲的腰骨终于出现了明显好转的征兆。王秀文禁不住欣喜万分。

“爸，再坚持一下，您的腰一定能治好的!”

王土生看着儿子，点点头。

苏凤英说：“秀文，你去海口后，第二日中午，有一个高高大大的男仔开着一辆摩托车送来了三包新草药，他说草药是去阳江红色村接骨阿公家要的。你在海口三天，我用的都是他给的新药，明天还有一副。”

“妈，这个男仔是谁?”

“我问了，他说他是李秋红的朋友。他一给药就走了，钱还没给人家呢。”

王秀文一听到“李秋红”三个字就明白了怎么回事，看来这个李秋红是个话说出口就能做得到的人。

“李秋红是谁?她的朋友怎么会帮我们拿药?”

“妈，他们都是我的朋友，是我叫他去阳江帮拿草药的。”王秀文说这话时心里充满了对李秋红的感激。

四十四

王秀文从海口学习回来第二天一上班，苏俊才就对他说：“秀文，再过几天农场就放假过年了，经请示场领导同意，你可以提前放假回去照顾你父亲，明天就不用来上班了。”苏俊才说着从外套衣袋里拿出一个信封递给王秀文说："这500块钱是大家这两个月的稿费凑的，一点心意。"

"科长——"

农场7个月没发工资了，谁的手头都不宽裕，王秀文怎么好意思要。

"都不是外人，拿着、拿着。"苏俊才把信封塞到王秀文手里。

王秀文接过信封，眼眶就红了。

王秀文回到宿舍收拾好东西，下楼推出狗仔车正要走，黎文乐右手提着两只甲鱼追了上来，递给王秀文："秀文，甲鱼是我们自己养的，拿回去煮点汤给阿爸吃。"

"乐哥——"王秀文一开口，眼泪像断了线的珍珠掉落下来。

王秀文回到十八队的家，不再考虑单位的事情，只一心一意给父亲治腰骨。这些天父亲的腰骨恢复得很快，他用两手撑着自己就能坐起，有人搀扶他还可以站起来走动了。

这天一早，王秀文给父亲换药按摩后，像往常一样搀扶着父亲去小便。

王土生走了几步，突然停住，说："秀文，放开我，让我自己走。"

"爸，你行吗?"王秀文不放心，仍搀扶着父亲。

"秀文，你松开，让我试一试。"

王秀文只得松手。

没有儿子搀扶的王土生居然站稳了。他小心地向前探出了右脚，虽然只有半步，却让王秀文的心提到了嗓子眼。

王土生踩稳了右脚，身体慢慢向前倾，又迈出了左脚，这一步使右脚承受了全身的重量，牵动了腰骨的筋络神经，一阵接一阵的疼痛从腰骨瞬间扩散到全身，但这种疼痛，已不是10天前的那种足以让一个硬汉倒下去的巨痛，他完全能够承受得住。也就是说，他可以不要人搀扶就能够自己走了。

王土生走出了左脚，又小心跨出了右脚，一步一步朝后门走去。

紧跟在父亲后面的王秀文兴奋地大喊起来："妈，快来看哪，爸可以自己走了，妈，快来看啊！"

在厨房煮早餐的苏凤英听到儿子的大喊声，不知发生了什么事，吓得赶紧跑出来，一下就愣怔住了——王土生没人搀扶，站在天井里。

"土生，是你自己走出来的？"

王土生点点头。

苏凤英突然低头抽泣起来。

"妈，你哭什么，要高兴才对呀！"

"秀文，人家个个都说你爸今后的日子要在床上过了，我是每天都为他担惊受怕啊！我真的害怕他再也站不起来了，妈这大半辈子让你爸给吓怕了，吓怕了呵……"苏凤英说着说着竟哭出声来。

"我没死呢，你哭什么。"王土生说了一句。

"秀文，你看好你爸，别让他再摔了，我去看粥煮好没有。"苏凤英拭着眼泪欢天喜地地下了厨房。

王土生自个能走动后，在屋里来回走了两天，就走出门外，在门口边的球场上绕起了小圈子。

王土生能站起来走路的消息惊动了全队。有些人跑来看究竟，结果一看就目瞪口呆——这个摔断了脊骨梁的71岁老头，不到一个月的时间就能站起来，还在球场上一步一步走起来了——不是亲眼看见，绝不会相信！

这天上午，王土生在球场走了两圈后，突然对儿子说："秀文，走，扶我去南山胡椒地看看。"

"爸，胡椒地太远了，路又不好走。"

"你不去，我一个人去。"王土生一瘸一拐地朝着东方走去。

王秀文知道父亲的脾气，只得跑过去搀扶父亲小步慢走。

还有几天就是春节了，家家户户都忙着打扫洗涮，准备年货过年。野外林段空空荡荡静无一人，让人有一种空虚失落的感觉。纷纷扬扬飘落的枯黄的橡胶叶和日渐光秃的橡胶树，又让人平添了一种苍凉的感受。

“爸，橡胶树要是不落叶该有多好啊。我一看到落叶，一看到那光秃的树枝，心里头就不好受。”

“用不了多久，落叶的树枝又会冒出新芽长满树叶的。”

“爸，橡胶卖不出去，种这么多胶有什么用？”

“就你说没用。新中国刚成立那阵，国家建设很需要橡胶，我们没有橡胶，外国人有，他就是不卖给你，中国人咽不下这口气，才拼死拼活要种出自己的橡胶啊！现在我们有橡胶了，就说没用了。一旦没有了橡胶，人家又像过去那样卡你的脖子怎么办？种橡胶有用啊！”

“橡胶有用，为什么没人要？橡胶有用，为什么农场会落到今天这一步？”

“你说落到哪一步了？”

“农场7个月不发工资——爸，你说农场到了这步田地，是不是走到绝路了？”

“就你说走到绝路了。1973年9月份，你才三岁多，还不懂事。有一天夜里，台风突然刮来，轰轰隆隆，吓死人哪！我抱着你，你妈抱着弟弟跟在后面，刚冲出房子，我们那幢瓦房就倒了。球场上停着一辆牛车，我们一家人钻进牛车底下，一直蹲到天亮风停了才钻出来。我出来一看，惨啊！连队所有房屋全部给台风吹倒了，到处是断砖碎瓦，残枝叶片。连队四面的橡胶，断的断，倒的倒，白厉厉的一片，很惨啊！……”

“很多妇女看到家没了当场就哭了。后来我们才知道，1973年这场台风，吹掉了农场80%的橡胶树啊……”

“当时，就有不少人认为，橡胶树倒光了，农场这回完蛋了。你说真是完了吗？没有！房子倒了，我们重建，橡胶倒了，我们再种。我们又花了整整10年的时间，在吹毁的胶园里重新开行定植，又种起了第二代高产橡胶树，你现在看到的成片成片的‘107号’‘600号’橡胶园，很多就是1973年台风过后种下的。”

“1973年那场台风，没有叫三叶人趴下，农场也没有像一些人所说的要完蛋了；农场不但没有完，反而更壮大了。天无绝人之路，只有自己才会绝自己的路啊！”

“爸——”父子俩相依着，在铺满落叶的林间小道上慢慢走着。

“爸，要上坡了，你现在感觉怎么样？”

“腿有些酸软，腰骨又痛了一些。”

“爸，不要去了，我们回家吧。”

“上了坡就到了，走——”

“爸，我背你上坡吧？”

“我还受得了，你扶着我就行了。”

父子俩相依着，继续朝长长的坡路一小步一小步地走上去。

“爸，你满头大汗了，我还是背你走吧。”王秀文停下来，要背父亲。

“秀文，我能走，走。”

王秀文扶着父亲继续向坡上走。小路两旁的橡胶树上，不时有金黄的叶片飘飘忽忽撒落下来。

快到坡顶时，王土生两眉紧锁，脸色青白，每走一步都喘着粗气。

王秀文停下来：“爸，你让我背吧。”

“秀文，不就是还有十几二十步吗？坚持一下就上去了。”

“爸——”王秀文偷偷拭了一把眼泪，扶着父亲默默地朝坡顶走去。

父子俩终于走上了长坡的最高点，走入了已用杂木围住的胡椒园。

“爸，你看，这棵胡椒苗长出新芽了！还有这棵、那棵。哇，好多苗都发新芽了！”王秀文兴奋地叫喊起来。

王土生紧锁的双眉舒展了许多，他轻叹了一口气说：“唉，整出这块胡椒园，我和你妈用了三个多月的时间哪！”

“爸，听说胡椒长三年才有果摘。”

“管得好，不用三年。”

“爸，等胡椒有收成的时候，我下班了就回来帮你们摘胡椒果。”

“胡椒有了收成，我们的日子就不会再过得这么艰难了。走，到那边去看一看。”

父子俩在胡椒园里转了几行，在西南角一个挖地砌成的水池边停下来。

“秀文，胡椒地里的杂草很高了，要赶在春节前把草除掉。”

“嗯，我下午就和妈一块来除。”

“农场要是发了工资，就先买一车牛肥放在粪池里沤。春节后就得全面施一次水肥了。”

“爸，我记住了。”

“农作物都是有灵性的，你管得好，它就长得快，它和人的心是相通的。你对它越好，它回报给你的就越多。”

“爸——你说得真好。”

“秀文，爸有点累了，我们回去吧。”

“嗯。”父子俩相扶相依着沿着来时的林间小道，踏着厚厚的金黄色的橡胶落叶朝连队方向走去。

四十五

公元1998年1月25日，距农历春节还有三天，韩劲松终于在总局领导的关照下，从总局工会储金会借回了300万元。下午资金一到位，财务科立即按场党委的决定，按人头干部每人500元，职工和退休职工每人450元预发了下去。

7个月没领工资的三叶干部职工终于在丁丑年农历十二月廿七日下午领到了一笔预发工资。

领到手的钱虽然不多，但对三叶人来说犹如久旱逢甘霖，不仅解了干部职工的燃眉之急、生活之困，迅速稳定了全场人心，还给处于苦熬日子状态下的三叶人带来了一线新的希望。然而1997年下半年的艰难日子，仍如一块沉重的石头压着三叶人的心。从局里借回的300万元，顶多只能支持三个月，用完了还有得借吗？倘若1998年又像1997年那样的年景、那样的状况，新来的场长、三叶新的领导班子还有办法应对吗？

三叶人带着沉郁而复杂的心情，节省着过了一个没有喜庆气氛的1998年春节。

韩劲松在海南西线农场的家里过完了初三就告别父母妻儿，带着简单的行李，单枪匹马来到了三叶，住进了农场招待所二楼东侧的203套房。

按农场惯例，机关要过完正月十五才正式上班。趁着没上班的空闲，韩劲松白天走访一些老同志，晚上就把自己关在房里，一边认真查看农场去年的财务和经营管理材料，一边把到三叶一个多月来调查了解到的情况进行细细梳理。渐渐地，一个外表看似强大而里面早已危机四伏的三叶浮现了出来。

三叶农场7个月发不出工资，经营首次出现亏损的状况，除胶价大幅度下跌这个外部因素外，还有管理费用过高、各项非生产性支出过于庞大等内部因素叠加一起造成的。如果1998年胶价依然保持现行价格，三叶农场1998年必然又会重蹈1997年的覆辙，并恶性循环下去。

怎么办？指望胶价反弹回升来救三叶？这无疑是坐以待毙。现在唯一可走的路子和可用的办法，就是压减开支、压缩人员。这么做，三叶的干部职工收入就会锐减，有相当部分的职工就会下岗失业，农场将会产生新的动荡和危机。想到这一层，韩劲松又有些犹豫了。

还有，这样重大的改革决策，还须得党委班子成员研究讨论，统了一思想，统了一认识，形成合力才能推行。总之，要走这一步棋，风险和难度都是很大的。

韩劲松决定先找李智全好好聊一聊。他到三叶一个多月来，还没有单独和自己的搭档好好聊过。年纪比他大的新任党委书记李智全，个头虽然不高，但文化理论水平高，又是从基层一步一步靠实干上来的，有丰富的生产和管理经验，听听他对当前三叶农场的看法，听听他的意见至关重要。

这天晚上，韩劲松正要出门去找李智全，外面传来了敲门声。

“谁？”

“我，李智全。”

韩劲松赶紧起身开门，把李智全迎了进来。

两人落座后，寒暄了一番很快就谈到了正题。

“韩场长，你来三叶很不是时候啊！农场现在的状况你也看到了，形势严峻、举步维艰啊！”李智全对局里派来的这个38岁的年轻人心存疑虑。他能扭转三叶农场的局面吗？

“李书记，说句实在话，我也感到压力很大啊。李书记，你是老三叶了，你说我们该如何下手，才能扭转三叶目前这个局面？”

“扭转局面？谈何容易呀！”

“李书记，来来，喝茶。这是朋友送的白沙绿茶，咱们农垦自己生产的茶，味道不错的。”

李智全拿起茶杯一饮而尽，说：“唔，好茶，味道确实不错。韩场长，造成三叶目前的这种局面，因素很多，客观的我就不说了，主观原因呢，也非常明显，就是费用支出巨大，加上经营管理不善，各项开支就像汽车上了高速路，光踩油门不踩刹车了。前两年我分管财务，看到这种局面，我也想压减费用支出却又无可奈何，也于心不忍啊！一来，我说话不算数；二来，大家为了给国家种橡胶，从天南地北来到这里，几十年辛辛苦苦奋斗在深山老林里，现在日子好过一点了，又要减他们的工资，减他们的费用，谁都下不了这个手啊！”

韩劲松认真地听着。

“三叶出现这种局面——唉，说句不好听的话，农场现在就像是一头老牛，拉着一辆严重超载的木轮车往山坡上爬啊！碰到这种状况，你怎么办呢？卸货轻装前进当然最好，但三叶人，他们的思想观念能否接受？他们目前的自身条件能否承受得起？这才是最要命的。韩场长，不是我想泼冷水，这个局面要想扭转过来，不是件容易的事啊！”

沉默。两人各自喝着闷茶。

韩劲松掏出一包烟，递了过去：“李书记，抽烟吧？”

“不会。”

韩劲松抽出一根，点燃，一口接一口抽起来。

李智全心里有些后悔——刚才说的话是不是重了一点？会不会挫伤了这位年轻场长的锐气和信心？

“李书记，三叶的病症，你都给诊出来了。如果我们真的要动手治该怎么做呢？”

“韩场长，你来三叶一个多月了，对三叶的基本情况也了解了。它的病症在哪里，下什么药，我想你一定是心中有数了吧。”

韩劲松说：“心中有数不敢说，只是有一些不成熟的想法，想和李书记探讨探讨。”

“韩场长，不要谦虚，没准你的这些不成熟的想法就是治病的猛药呢。能否说出来听听。”

韩劲松抽了口烟，说：“我的想法，有一部分和你的一样，不忍心下手，有些犹豫不定；但不动手改革维持现状，三叶恐怕要垮掉。与其长痛不如短痛，我的意见是卸货，让老牛轻装前进。怎么做概括起来一句话：深化改革，强化管理，开源节流，抓大放小，固本增盈。”韩劲松接着把自己的思路和具体怎么做详细地讲了一遍。

李智全不听则罢，听了不禁暗暗吃惊——这个年轻的场长果然有几招，看来之前是小看他了。

“李书记，你看我这条思路如何？”

“很好！是一副很好的猛药！”

韩劲松给两个茶杯斟满了茶，举起自己的杯子，说：“李书记，猛药还须有药引才有效啊。”

“药引？”

“对。现在全场上下都盯着新班子，说准确一点是盯着我们两个人，场长、书记就是核心啊，没有了核心，再好的办法也是不会有效果的。”

“你是说我们两个是药引？哈哈哈——”李智全大笑起来，也举起茶杯说，“好，我就和你当一回药引！你场长是法人代表，只要你掌好舵向前冲，我这个书记一定会在后面给你使劲划桨的。来，以茶代酒，干了。”

“干了！”

两人一饮而尽。至此，韩劲松一颗悬着的犹豫的心才落定了下来。

他们正聊着，刘金福提着两只灰黄色的兔子满脸堆笑地走了进来。

“场长、书记都在呀。”

“刘主任，你手里拎的是什么东西呀？”李智全明知故问。

“嘿嘿，是两只兔子，不过不是人工饲养的，是野兔，野生的兔。嘿嘿，这东西市面上很少有卖，难得在市场碰上一回，就买下来想送来给场长尝尝鲜，嘿嘿——”

“刘主任，这不太好吧——”

“两只野兔算什么……”

“老刘，你先拿到食堂去，我和场长还有一些事情要商量。”李智全不耐烦地挥挥手。

“好的好的，我这就去。”刘金福堆笑着退了出去。

“这个刘主任心还挺细的嘛，连我喜欢吃兔肉的嗜好他都知道了。”韩劲松掐灭了烟头。

“哼，这个人头脑活络，吃喝玩乐是很有一套的。我要是场长，办公室主任就是空着也绝不要这号人当。”李智全冷冷地说。

“噢?”

“韩场长，我建议办公室主任换人。”

“他的事情我也听说了不少。只是现在干部人心不稳，春节前走了十几个，听说春节后还有一些人要走；我想，机关干部的人事暂不要作变动，等局面稳定下来了再说。”

李智全点了点头。

四十六

农历正月十六机关开始正式上班。上午在四楼开了全场三级干部大会，下午又接着在一楼会议室召开党委扩大会议。

9个作业区的主任、书记，23个科室部门的科长，4个科级直属单位的党政主管和6位场级领导全部到齐，密密麻麻坐满了会议室。两名年轻的女勤务员来回穿梭忙着给开会者倒茶水。

韩劲松和李智全并排坐在靠后窗的主持位置上。

李智全主持会议："同志们，今天是春节后上班的第一天，一上班我们就召开党委扩大会议，各部门各单位的党政主管都来参加了，说明这个会议的重要性。今天开会的议题有两个，第一个是布置几项一上班就要做的工作；第二个是讨论1998年的财务计划。下面请韩场长给我们讲话，大家欢迎。"

会议室里响起了一阵稀稀拉拉的掌声。

韩劲松灭掉手中的烟，清了清嗓子说："到会的都是农场中层以上干部，也就是三叶的顶梁柱。这个春节，大家议论最多的是三叶的前途、三叶的出路问题。农场现在的状况我不说大家心里也很清楚。造成这种现状的主要原因，一是胶价大幅度下跌，二就是企业经营管理不善，生产成本过高。我们不能坐着指望胶价回升，因此如何经营管理是我们今年首先要面对和考虑的问题。前几天，关于1998年经营管理的思路和做法，我和李书记，以及四位副场级领导进行了交流。经过党委的研究，今年我们工作总的指导思想已经定下来，用一句话来概括，就是贯彻落实中共十五大精神，深化改革，强化管理，开源节流，抓大放小，固本增盈。保生产、保生活、保稳定，力争完成干胶3800吨，实现经营减亏500万元的目标。

"围绕这个指导思想，今年我们将全面推行五项改革和四项清理，具体做法大家注意听。这五项改革，第一项，是改革分配制度，实行动态工资。从场长到计时工人，工资结构都要分为三部分：一是岗位工资，二是效益工资，三是风险价格工资。这种分配原则说白了就是农场增收了，个人才能多拿；企业效益不好，个人就少拿。第二项，是改革割胶制度，实行扩岗减员，推行三天一刀割制。去年全场胶工1900多人，人均割株还不到600株，人均产胶还不到2吨。今年要扩岗减员，每个岗位定编1000株数。第三项，是改革经营机制。抓大放小，那些长期亏损的公司、单位要撤停并转；不该吃橡胶饭的行业和单位要剥离出去。我们前几年开办的东晟公司、华泰公司、商贸公司、捕捞公司等等，农场每年都要用卖橡胶的钱，十几万、几十万地投进去养着这些公司，结果是有进无回，这些亏本公司现在还在亏本经营，必须全面整顿！该关的关，该停的停，该并的并。另外，我们还有一些项目，像槟榔、胡椒、椰子等等，这些项目本来都是很赚钱的，结果全亏损了，一年就亏损70多万。这些项目要改变经营机制，全部竞标拍卖或是承包给私人经营，减少农场亏损。第四项，是改革人事制度，根据实际进行缩编减员。我们三叶机关有23个科室部门，这些科室部门，在过去都发挥了重大的作用。但随着形势的发展变化，有的科室功能和作用已经减弱，需要撤、并。区队下面的管理人员、计时人员超过了一个单位正常应配的比例。我了解了一下，全场的非生产人员目前有1000多人。这么庞大的队伍，已到了非减不可的地步！经过党委研究，机关要撤掉农牧科、自营办、老协办、司法所、交通管理站、油库管理所、广播电视管理站7个单位；下面9个作业区建制保留7个，撤并前进区、双峰区；生产队取消专职炊事员、保安员、电工；植保员、收胶员和割胶辅导员每个队只保留1名；机关勤杂人员只保留15名。第五项，是改革内部管理制度，实行财务成本控制管理。场领导、各科室干部和各区队人员的经费及各单位的费用要重新核定，开支使用必须在核定的范围内，超支不补，自掏腰包。这五项改革，由我和李书记负责具体抓，涉及的科室部门要积极配合。”

韩劲松喝了几口茶，又继续说：“我们三叶这么大的一个农场，胶价一跌就趴下了，说明我们的管理体制、经营机制滞后，不适应市场经济的变化，没有应对危机的能力。因此我们要推行五项改革是必须的，也是必要的。我们除了要搞五项改革，还要在全场范围内进行四项清理。这次会议很重要，大家不能光用耳朵听，都要用笔记下，没带笔记本的现在就回去拿。”

有几个人红起脸，尴尬地站起来走了出去，没打开笔记本的也赶紧打开，做好记录准备。

韩劲松喝了一口茶，继续说：“这四项清理，一个是清理劳力。据我初步调查了解，全场9个作业区、42个生产队中，顶岗和挂名混岗的劳力，就有七八百人，我看还远不止这个数。这些人要清理出来，该分流的分流，该转岗的转岗，该处理的处理。这项工作由林副书记负责主抓。劳工科牵头，经管科、组织科协助。二是清理欠款。我从财务部门了解到，目前拖欠农场历年应收款项的人有700多人，各类欠款总额高达106万。这些欠款大多是前几年甚至更久的时候借出去的。一直拖着不还，也无人过问，这真是一件怪事。这次要全部分类清理出来，定出时间表，发出催款函，最大限度地追回欠款。清理欠款由工会严主席主抓，财务科牵头，审计科协助。三是清理固定资产，我来三叶快两个月了，到现在我还不清楚三叶的家底到底有多少。农场的资产被人无偿占用，流失到私人手里，这种事我听说不少，但没有一个部门一个单位有记录，更不用说怎么去追查追缴了。这种不正常的状况必须改过来。这项工作由陈惠明副场长主抓。审计科牵头具体负责。四是清理土地。我从自营办了解到，最近这几年来，农场职工和地方农民占用农场的土地有1万多亩，而我们去年收到的土地费只有5000块！每亩收费还不到5块钱。这是什么概念呢？说白了，就是农场宝贵的土地资源白白地流失浪费掉了！这种现状，今年也必须改过来。凡私人占用的农场土地，必须重新核查，规范管理。这件事由周副场长来抓。农场决定成立农业开发办，具体负责土地清理。”

“这里我宣布一项党委决定。经场党委研究讨论决定，我场撤掉农牧科、自营办，成立农业综合开发办公室，调徐克坚同志到开发办任主任。土地清查工作就由徐克坚同志具体负责操作。徐主任，这项工作的担子可不轻啊，能扛得住吗?”韩劲松问坐在正对面的徐克坚。

“你韩场长先把担子给我压上，再问我扛得住扛不住，这不是以官压人吗?”徐克坚歪着脖子说了一句，会场哄地笑了起来。

“大家言归正传。”韩劲松继续说，“五项改革四项清理这九项工作，要抽调精明能干又敢于负责的人去做。工作中可能会碰到很多困难，会涉及很多人很多事，但不管碰到什么样的困难，都必须按规定按原则去做。凡涉及的部门，要服从协调，支持五项改革、四项清理工作，把这几项工作做好。”

李智全接着发言：“同志们，韩场长从经营管理的角度，提出了五项改革四项清理，符合中共十五大精神和总局工作会议精神，也符合我场的实际情况，我完全赞同场长的意见。开这次党委扩大会之前，场党委已经对场长提出的五项改革、四项清理进行了多次的讨论研究，一致同意把五项改革、四项清理作为我场今年的主要工作来抓。这是场党委而不是韩场长个人作出的决定，大家要不折不扣地贯彻实行。这次改革与清理和以往不同，可以说，是一次伤筋动骨的动作，我个人的态度是坚决的，党委成员的态度也是坚决的。在座的同志要本着对党委、对农场、对1.7万多三叶人高度负责的精神，不怕困难、敢于碰硬、放手去干，快刀斩乱麻，把落后局面扭转过来。不这样做，我们这个快有50年场史的三叶就有可能毁在我们的手里。参加改革和清理的人员要以国家利益、农场利益为重，在工作中牵涉到自己和亲戚的利益时，要顾全大局，把工作做好。”

李智全说着，话头一转，说：“刚才韩场长说了，五项改革、四项清理会涉及很多人很多事，我这里再说清楚一点，我们这次改革是要动真格的了，有一部分干部和职工要面临转岗下岗的问题。比如割胶岗位要扩岗，就要减掉700多名胶工；机关科室部门要撤并，机关和区队勤杂和计时人员要减员，这里又有好几百人要转岗要下岗，这些都牵扯到每个人和每个家庭的利益，我们在做这项工作时，一定要充分地做好调查研究，既要做好工作，又要考虑每个家庭的实际情况。这里我强调一个原则，一个家庭绝不允许有两个人下岗。我李智全拜托诸位了。”

“大家对五项改革、四项清理有什么看法和意见，都可以提出来。”韩劲松用期待的目光从与会者脸上一一扫过。

无人开口，会场一阵沉默。

来开会的科长、主任们心里都清楚，这种场合不能随便发表议论。新场长提出的五项改革、四项清理是对症下药，在理论上是行得通的，但真正要操作起来不是容易的事。万一实施不当，万一有某个环节出了问题，这场改革清理不仅会半途而废无功而返，还会闹出乱子来。因此在这个时候在这种场合对五项改革、四项清理发表赞成或反对意见都是不合时宜的，也是不明智的，最佳的应对办法就是保持沉默。

会场上继续沉默着。

刘金福突然开口说：“韩场长到三叶的时间不长，对三叶的情况却了如指掌，说明场长的调研工作非常到位。韩场长提出的五项改革、四项清理，思路明确，措施得力，我本人坚决拥护。”

刘金福话音刚落，徐克坚就甩来一句：“刘主任，你很会提意见嘛，句句入耳，再说两句听听。”

刘金福笑笑说：“你要有什么高论也不妨说出来听听嘛。”

徐克坚不再理刘金福，扯开大嗓门说：“韩场长说的五项改革、四项清理，对目前现状来说，确是两剂猛药。我本人也和刘主任一样坚决拥护。农场既然成立了一个开发办全权负责土地清理，场党委就得下放一些权力给我，比如说人员的调配，要由开发办来提；土地清理发生的纠纷，必须由开发办来处理，其他科室部门一概不得干涉。我就提这点意见。”

“好，我同意你的意见。”韩劲松和李智全几乎是同时说了这句话。

徐克坚讲完后，除了几个副场级领导发表了一些意见外，再也没人说话。

韩劲松看看手表，时间已不早，说道：“第一项议题就讨论到这里。下面讨论今年的财务预算和经营方案。我这里先说一下，今天讨论的财务收支计划，一定要围绕‘固本增盈’这四个字来安排。坚持四个原则：第一个原则，该堵的财务漏洞一定要堵住。第二个原则，要按工作需要安排财务开支，把有限的资金用到最需要的地方去，发挥最大的效益。第三个原则，制定今年的财务计划一定要围绕保生产、保生活、保稳定进行。最重要的一点是保证不拖欠职工的工资，其他费用能压缩的坚决压缩。第四个原则，今天讨论财务计划，大家有话会上说，会后不准乱说，以免造成不稳定的后果。我就讲这些，下面由财务科朱晋良科长把今年的财务计划讨论稿详细说明一下。”

朱晋良戴上近视眼镜，不紧不缓地说：“总局已经发出了财务管理的有关规定，要求各农场今年的财务计划不能留有缺口；编写的财务计划必须上报总局审批后才能按计划执行。总局这次打破了往年的常规，说明局里对下面制定的财务计划非常重视并开始进行监控。另外，现在市场经济对财务计划冲击较大，目前的胶价已经低于7000元，我们编制的财务计划，也只能跟着市场走，总的原则遵循五句话：增产节支，开源节流，固本增盈，抓大放小，以丰补歉.这跟党委今年工作的指导思想是一致的。下面我一项项念给大家听，大家看看这样行不行。”

朱晋良把财务计划从头到尾念了一遍。念完了，会场照样没有反应，一片沉默。虽然没人说话，可大家心里都清楚，今年的财务计划把支出计划压缩到了最低限度。特别是各单位的费用，核定使用，超支自负。这就意味着在1998年这一年甚至更长的时间里，大家都要勒紧裤腰带过紧日子了。这对于过了两年好日子的三叶干部来说，确实不是什么好滋味。

党委扩大会议一直开到下午6点半才结束。参加会议的50多名农场科级干部，以极其复杂的心情讨论和通过了1998年的财务收支计划和经营管理方案。

从这一天开始，三叶农场的决策者们在市场经济的逼迫下，在农场严峻形势的逼迫下，不得不匆匆走上了一条前人未曾走过的没有前景预期的改革之路，艰难地拉开了以改革求生存、以改革求发展的序幕。

三叶过去也曾多次实行改革，但最后都不了了之。早已习惯了这种改革模式的三叶人正在等待观望时，这场五项改革却突然动了真格，犹如五把利斧，对着企业累积的顽疾齐刷刷地砍了下来。

分配制度改革，实行动态工资。从正处级的农场最高领导干部，到基层最普通的工人，工资结构一律分为岗位、效益和风险价格三大块；平时结合效益领取预付工资，年终再按全年效益和市场价格进行总结算，农场增收，个人才能多拿。农场只按实际在岗人数为个人上缴养老、失业、医疗三费，无岗人员企业不再替他缴交三费。这类人员从此得自掏腰包上缴三费。

割胶制度改革，推行三三割制。全面扩大树位，胶工人均割株由600株增加到1000株。1000株树一分为三，每天割一个树位，三天一个轮回。岗位扩大后，三叶一下就减掉了735名胶工。

经营机制改革，核心是抓大放小。撤销在外的五大亏损公司；撤并部分单位。农牧科、自营办、老协办、司法所、交通管理站、油库管理所、广播电视管理站等在三叶的单位编制名录上从此消失。农场投资的胡椒、椰子、槟榔、柑橙、鱼塘等种养项目，全部公开竞价拍卖或是长期承包，农场抽出手来全力抓好主业橡胶生产。

人事制度改革，区队专职的炊事员、保安员、电工、保育员一律取消；每个队只准保留一名割胶辅导员、一名植保员和一名收胶员；机关和四大直属单位，勤杂人员要减少70%；车队、基建队、场幼儿园、供电所核定上缴，自负盈亏，人员的工资费用自己解决。这一大块减下来的人员，愿意下岗自谋出路的，农场发三年生活费，每月领取98元。不愿意下岗的到一线当工人。

三叶为了生存而不得已推行的改革，让很多人痛到刻骨铭心，也使很多人从此改变了自己的人生轨迹。

三叶这场改革和清理的力度是史无前例的。然而让三叶领导决策层没想到的是，五项改革、四项清理在初始推行过程中竟没有碰到大的波折和阻碍，先前预测可能会出现的种种乱象也没有出现，顺利得让三叶党委一班人颇为意外。然而，正当韩劲松、李智全这些人深入推进改革清理时，一个又一个的困难、一重又一重的阻力才开始接踵而来。他们面临的将是一场怎样的考验呢?

四十七

三月初，天气回暖，落叶许久的橡胶树开始争相抽芽开叶。转眼间，光秃秃的树枝就被嫩叶的金黄所点染，漫山遍野的橡胶不经意间，就向自然界露出了勃勃生机和赏心悦目的姣美颜容。

然而，就在树叶进入小古铜期这节骨眼上，一场强劲的寒潮，挟带着寒风冷雨突然袭来，横扫三叶。脆弱的嫩叶根本抵挡不住强寒流的侵蚀，纷纷卷缩枯萎脱落。

一直关注着这场寒潮影响的韩劲松，眼睁睁地看着橡胶新叶飘落，却无可奈何。

这次落叶，意味着今年的开割期要比正常年份推迟一个月，农场至少得损失几百吨干胶。这对正想方设法突出困境的三叶，凭空又增加了一道困难。

挨到4月初，二次落叶的橡胶树才又开始陆续发芽，被寒潮摧残过的橡胶林，又重新泛起了悦人的新绿。十几天后，嫩绿的叶片又进入了关键的小古铜期。老天仿佛要和三叶农场作对似的，关键时候，又一场强烈的寒潮气势汹汹地扑来了。一夜之间，这股寒潮席卷了整个海南岛。三叶农场6万亩橡胶树又面临着第三次落叶的危险。

90年代初，三叶农场就因为4月份的一场倒春寒，橡胶树三次落叶，有五成的橡胶树推迟到7月份才开割，有二成的胶树到了9月份还不能正常割胶。三次落叶，对橡胶农场来说，就是一场灾难。

这天上午，一个又一个的告急电话从各队打到了二楼生产科办公室，报告胶树叶片发现了白粉病害，并有大范围蔓延的趋势。

孙志远还没听完电话就急匆匆赶到招待所找韩劲松汇报。服务员小玉告诉他，韩场长一大早就自己开车下队去了。

孙志远用接待室电话打通了韩劲松的手机："场长，我是孙志远，我有紧急情况要向你汇报——"

"你不用汇报了，我在二十九队林段，我一路看过来，到处都发现白粉病。你现在马上落实三件事：第一，立刻布置各队全面喷射一次硫黄粉，防止白粉病大面积暴发；第二，发现炭疽病的单位，立即组织力量在发病区燃放烟包；第三，通知机关各科室，从今天起暂停手中工作，全部下队协助联系点做好'两病'防治。你生产科马上向各区队发一个紧急通知，要各单位要不惜一切代价保住这次叶片！如果哪个队橡胶树出现大面积落叶，党政两位主管领导就地撤职！"说完那头就关了手机。

孙志远放下话筒，额头上已沁出一层冷汗。他没想到这个年轻的场长动作这么快——他还在酝酿‘两病’防治方案，韩劲松张口就说出了防治的具体措施。韩劲松在电话里虽然没有批评他半句，却让他感到了一种从未有过的压力。作为一个生产科科长，下一步的生产工作应该也必须走在场长前面的。

孙志远走出接待室，一路小跑向机关大楼奔去。

这两天，韩劲松在电视机前一直关注着从西伯利亚下来的一股强冷气流。他希望这股寒潮还没进岛就减弱消失，或是被海洋的暖湿气流冲散了。然而昨晚，外头还是刮起了西北风，天气骤然降温变冷，他最担心的冷空气偏偏就来了。

这一晚他没有一点睡意，一大早就爬起来，简单洗漱了一番，早餐没吃就开车下去沿途查看树叶。不看则罢，一看他惊出了一身冷汗——公路两边的橡胶树，不少树叶一夜之间长出了白斑，白粉病果然开始侵蚀树叶了。

他驱车进入二十九队林段钻了一圈，发现这个农场西线的产胶大户，从东到西大片林段都不同程度染上了白粉病，如果不及时防治，一旦大面积暴发，后果就非常严重了。韩劲松在电话里给孙志远布置了三条防病措施后，又驱车赶去二十九队。越野车一直开到队部门前才停住。

队部门前围了一堆人，韩劲松还没下车，杨明亮就从人堆里走出来迎了上去——去年年底，韦小宝看到农场形势不好，7个月发不出工资，就不辞而别，回老家开三轮车跑运输去了。杨明亮又重新担任队长、支书，一肩膀挑两职。

“杨队长，农场的紧急通知你们接到没有？”韩劲松一下车劈头就问。

“刚刚接到，我们几个人正在商量这事。”

“白粉病都跑到家门口来了你们还商量什么，赶快组织人员上林段喷射硫黄粉!”韩劲松声音不大，语气却很重。

杨明亮转头指着地上放着的三台背式喷粉机，说：“场长，今年计时人员减了一半，人手不够，这机器没人背——”

“没人背?”

“是的。我们正在想办法。”

“都火烧眉毛了，你们还在想办法——”

韩劲松走上前突然弯腰提起一台喷粉机。杨明亮一把抢下喷粉机，韩劲松不由分说，伸手就想夺。杨明亮后退一步躲开了。

“你拿过来！没人背我背。”韩劲松向前又想夺回机器。

“韩场长，你要背也得让我把话说完了行不行?”杨明亮干脆不退了。

“好，你说。”

“韩场长，计时人员不够，我们干部顶上就是了。可我们都不会使用，刚才植保员正教着我们，你就来了——”

“杨队长，我一路看过来，到处都是病情，心里很急呀!”韩劲松语气缓了下来，“这片蓬叶如果再保不住，我们今年不要说推行改革，就是吃饭也成问题了!”

“韩场长，我明白你的话。”杨明亮扭头交代出纳阿保马上开仓发硫黄，叫洪铁钢组织胶工挑硫黄；然后又点上会计阿壮和植保员老顾和他一起背机器，从东片一号林段树位开始喷药。

杨明亮说完背上机器头也不回地走了，他边走边说：“韩场长，你要是不放心，就跟着去林段看看。”

韩劲松怔了一下，就跟着队伍往林段走去。

半个小时后，打硫黄粉的队伍顶着寒风冷雨来到了东片一号树位。

杨明亮放下机器。洪铁钢就凑过来小声说："明亮，这台机器你到底会不会弄？"

"我刚学会，不知道。"

"这个韩场长，我看他是吃铁钉长大的，说话硬硬邦邦，动不动就想训人，明亮你要小心点。"

"我过去当胶工打过硫黄粉，用的是四个人抬的那种大机器，大的我都弄响了，这台小的我应该也可以弄响吧。"

杨明亮粗略看了一下，就动手给机器填硫黄粉，填满后，他弯腰卷好皮带，猛地用力一拉。"呜——"机器鸣叫起来，一柱呛人的黄色烟雾直射空中，弥漫开来，散发着阵阵呛人的难闻的气味。杨明亮接着拉响了第二台、第三台喷粉机。

杨明亮关小油门，说："我去山顶，阿壮你到山腰，老顾你在山脚，三台机器由东向西一齐喷过去。大家要注意隔行喷，两边防风林也要喷，不要留死角。"

杨明亮三人背起机器，扭大油门一齐进入林段。三台机器呜呜尖叫着从上中下自东向西同时喷射起来。

一束束移动的烟柱直射树冠，硫黄粉末随着流动的空气和风向弥漫开来，环绕飘浮在橡胶林木空间，沾在湿漉漉的嫩叶片上。一会工夫，整个林段树位烟雾缭绕，处处散发着呛鼻的硫黄气味。

那些挑硫酸的胶工全站在山脚下看新鲜——队干部亲自动手扛机器打硫黄，这在二十九队，乃至三叶农场的历史上还是破天荒第一次。

"扑哧！"突然有人笑起来。

"哈哈！"又有几个人跟着笑起来。

"你们笑什么？"一直全神贯注看机器喷粉的韩劲松扭头问。

"韩场长，你说，这队长扛机器打硫黄粉算是第几项改革？"

“你们说呢？”

“算第六项改革吧！”

众人大笑起来——他们可不怕场长。

“场长，你来三叶搞五项改革，很多人在背后骂你哩。”

“他们骂我什么？”

“骂什么都有。骂你最多的，是说你这个人心黑手狠，一来三叶就减工资搞下岗卖东西，把三叶人给搞惨了。”

“你们怎么看五项改革？”

“我们这些破烂工人不懂得什么五项改革、四项清理。农场每个月有工资发，我们就说场长好，农场发不出工资，我们就说场长不好，就这么简单。场长，今年不会又像去年那样7个月没工资发吧？”

“不会。”

“大家都听见了吧，韩场长说了，今年有工资发！他要是吹牛，我们就找这个韩场长要钱买米去。”

他们正聊着，孙志远带着高广东、赖振春匆匆走了过来。

“场长，你在这里啊？我有一个紧急情况向你汇报。”

“你又有什么紧急情况？”韩劲松问。

“场长，你的三点指示我已经传达下去了。在家的场领导和各科室干部都分头下去了。我们生产科分两个组下去，我和老高、小赖到西线，蔡副带一组到南线——”

“孙科长，你拣重点的说。”

“是是是。我们刚才下去几个队转了一下，下面的队长、支书都在向我诉苦——”

“诉什么苦。”

“他们说，场里搞减员增效，计时人员人都快减光了，没人肯背机器打硫黄，怎么办？”

“是不是还有人说，谁把人减掉的，就叫谁扛机器上林段打硫黄粉去啊？”

赖振春脱口而出：“是啊场长，他们就是这么说的！咦，场长，你是怎么知道他们这么说的——”

高广东急忙用手扯了扯赖振春，示意他不要乱说话。

韩劲松指着在山上正背着机器喷射硫黄粉的杨明亮，对孙志远说：“怎么办？就像二十九队这么办！人手不够，队长就给我顶上；队长不肯上，机关干部就给我顶上去！硫黄粉是杀菌的，有什么好怕的！干部都去沾沾硫黄的气味，杀一杀身上的病菌是好事嘛！孙科长，哪个队牢骚怪话多的？你带我去，现在就去！”

韩劲松没等孙志远回话就大踏步朝林外走去。孙志远三人只得小跑跟上——这回孙志远才开始真正领略到这个年轻场长的办事风格了。

韩劲松开着三菱越野车带着三个下属从西线单位一直查看到东线单位，然而他所到之处，看到的已经是另外一番情景：茫茫的胶林里，到处是胶工挑担跟随、队长支书背着机器喷射硫黄粉的场面。

韩劲松没有惊动这些忙碌在橡胶林里的队干部，他到一个单位看了一下就悄悄走开了。原准备骂人的韩劲松很快就消了气，心里感到的是一阵又一阵的欣慰：三叶有这样的干部职工，农场垮不了！

四十八

这场倒春寒虽然又一次诱发了白粉病和炭疽病，但由于喷药及时，“两病”得到了有效控制，树叶没有出现大规模脱落，这一蓬决定着三叶今年橡胶产量的树叶总算保住了。然而韩劲松还不能松下一口气。由于年后忙着五项改革、四项清理，错过了第一次施肥的最佳时间，如果不在4月12日前施下第一次肥，不但会直接影响上半年的干胶产量，还会打乱农场全盘的工作部署。

现在离4月12日还有一星期，胶工在减员扩岗的情况下要用7天时间在6万亩胶林中施下1000吨橡胶复合肥是根本不可能的。现在唯一的办法就是组织机关和直属单位的干部职工下去帮助胶工施肥。

韩劲松把自己的想法在星期一上午的班子碰头会上提了出来。

李智全首先表示赞成："我认为这样做很好。六七十年代，我们机关干部就经常下去和工人一起开荒种橡胶，开展各种各样的大会战，这是我们三叶农场的精神和传统。机关干部下去施肥，一来可以鼓舞一下目前连队干部职工低落的士气，振奋一下人心；二来可以监督下面的施肥，防止肥料流失，确保这1000吨肥料施放到位；三来可以加强机关干部的工作作风；顺便嘛，还可以锻炼一下体能。这次我们减掉了200多名干部、300多名计时人员和700多名胶工，我们人员减少了，可6万亩橡胶林还在，工作量肯定会增加，今后机关干部参加体力劳动的次数会越来越多，所有的机关干部都要有这个思想准备。不下去锻炼锻炼，恐怕难以适应今后的改革，我很赞同场长的意见。"

"我认为这种做法不妥。"周自成提出反对意见，"机关干部下队施肥一来不成体统。海南农垦有90多个橡胶农场，有哪个农场的机关干部是下队施肥的？目前还没有是吧？二来，这么做不但鼓舞不了士气，反而会搞乱人心。今年机关干部的岗位工资低得可怜。科员200块，副科240块，正科也才260块；这么低的工资还要叫他们下去施肥，人心不乱才怪呢。"

会场一片沉默。

严守纪干咳一声，首先打破沉默说："今天是4月13日，19号全场要动第一刀，这么短的时间，你叫胶工又要施肥又要做割前准备工作，根本做不了。我看叫机关干部下去施肥也不失为一个权宜之计。”

陈惠明说：“我过去施过肥，这项工作是很累人的，要不就给下队施肥的干部搞一点补贴。”

“那样做，机关干部下队施肥就没有什么意义了。”林诗锦插了一句。

周自成冷笑了一声，说：“现在先不要说有没有意义的话，机关干部肯不肯下去施肥还是个问题呢。”

一直不发言的方珏说道：“1996年8月份那场台风，我们机关干部就下去扶了整整20天的树。我认为，只要我们说明情况，机关干部是有这个觉悟的，他们下队施肥应该是没问题的——”

“我看不要争论了，也没有时间争论了。”韩劲松打断了方珏的话，“我们举手表态，同意机关干部下队施肥的举手。”

韩劲松自己先举了手。李智全、严守纪、陈惠明、林诗锦和方珏也相继举起了手。周自成最后一个也把手勉强举了起来。

“好，既然大家都同意了，这事就算定下来了。”韩劲松说，“对不愿下队施肥的机关干部，如果没有特殊原因，我提议不去一天的扣30块，从工资里扣，三天都不去的，下岗！李书记，你看怎么样?”

李智全觉得这种处罚过于严厉，想反对又觉得非常时期这么做也是无奈之举，只好表示同意。除周自成不表态外，其他人都同意了韩劲松的意见。

韩劲松打电话叫来了刘金福和孙志远。

“刘主任，孙科长，开割之前我们必须把第一次肥施下去。刚才，场党委已经做出决定，从明天开始，机关全体干部、勤杂人员和直属单位的干部职工，除了必须留守的人员以外，一律下去参加施肥，没有特殊情况一律不准请假。否则，谁批假我扣谁的工资。刘主任，你办公室有几件事是要办的。第一，你等会就把施肥的人数给我统计好，交给生产科。第二，明天施肥，7个区同时进行，你办公室要负责安排好车辆把人员运送下去。第三，下去施肥的人员中午饭一律在队里吃，招待所要负责把饭菜煮好送下去，伙食标准每人每顿5块。刘主任，这几条你都记住了？”

刘金福点头笑道：“场长的话，我一句不漏地记下了。”

“好，这几件事你刘主任现在就去办。”韩劲松转过脸对孙志远说，“孙科长，你们生产科的任务有这几项：第一，马上通知各队今天突击挖肥沟，做好施肥准备工作。第二，你们把办公室送来的人头编成7个大组，机关单独编一组。这7个组分去哪个区去哪个队施肥，由你们负责安排好。我建议把机关这一组放到山猪岭作业区去。第三，你通知各队，这次施肥不准个人单独干，一律分组作业。第四，你马上通知各直属单位的党政一把手来这里开会，机关科室领导也要参加，布置明天的施肥工作。孙科长，这几件事你记好了？”

孙志远连连点头，嘴里说：“记好了记好了！”心里却说：这个韩场长不好侍候，要处处小心点才行。——不知从何时起，孙志远有些害怕这个年轻的场长。也不知怎么回事，他在割胶生产上提出的很多想法和措施，在韩劲松面前总是慢了半拍，老是跟不上这个新场长的思维，这是他最害怕韩劲松的地方。

四十九

在三叶肆虐了好几天的冷空气虽说已经散去，但早上的风仍裹挟着袭人的寒意。

天灰蒙蒙的还未放亮，机关办公大楼门前用青石铺设的宽阔的广场上就已黑压压地挤满了人。他们穿着旧衣裤，扛着锄头，拿着扁担，挑着畚箕水桶，提着茶水饭盆口盅，活脱脱一群外来务工的农民。这场面又让人想起机关干部1996年抗风救灾时出征前的场景。

一群中青年科员干事聚在西侧的花池边，个个脸上阴沉，带着不满和怒气。

经管科伍华先开口说话："机关干部下队施肥，嘿嘿，这下又要轰动全场了。"

"岂止是轰动全场，我看要轰动整个农垦了。"纪审科龚小兵跟着附和。

"这个韩场长，叫机关干部扛锄头、挑畚箕、提水桶下队施肥，像什么样子？他到底想干什么？"经管科卢海川一脸不满。

生产科赖振春没好气地说道："我看啊，机关干部下去施肥，还只是个开端，今后啊很有可能叫我们去挑大粪呢！"

"他妈的，这个韩劲松，来三叶搞改革搞到我们机关干部头上来了！"劳工科谭东愤怒地站起来。

财务科莫雄左右紧张地看了看，小声说："嘘——，大家小声点，别让韩场长听到了，听说这个场长很凶的。"

"凶？咱小干事现在一个月才拿200块，还要下队施肥，老子还不想干了！看他凶还是我凶！"谭东反提高了声调。

在一边的高广东走了过来，叹了口气说："大家不要在这里怨天尤人了，农场到了这个地步，我们不艰苦奋斗谁来艰苦奋斗呢？我们不挑担谁去挑担？听说六位场领导也要分头下去施肥，场领导都带头干了，我们当兵仔的还有什么好说的。我都这把年纪了，还不是同样跟着你们这帮年轻人一块下去干吗？"

"对对，大家还是废话少说，留点气力扛肥吧，机关这一组去的地方可是山猪岭作业区哦。"伍华拿出一包香烟分发给大家。

谭东接过香烟，忿忿地说："听说机关这一组到山猪岭是韩场长点的将，这个韩劲松是存心想搞死我们！"

“谭东，不用说了。”莫雄又东张西望了一下。

“我就要说，怕什么怕！韩劲松在这里我也敢说！”谭东拍拍胸脯说，“老子这胸格到哪里不赚200块！我还怕他开了我啊？”

龚小兵说：“谭黑子，发牢骚就发牢骚，不要谈东了又谈西，对领导指名道姓不太好啊。”

“对对对，”伍华说道，“领导的思维跟咱们的思维不一样，这个新来场长究竟怎么样，我们还是拭目以待吧。”

大家正谈论着，上班的军号响了起来。一堆一堆的人群开始蠕动起来。他们带着各自的施肥工具和吃饭的器皿在领队指挥下爬上指定的卡车；不想坐卡车的也踩响了自带的摩托车。

一会儿工夫，十几辆满载人员和工具的东风大卡车一辆挨一辆缓缓驶出场部，卡车的后面，跟着一长串的摩托车和狗仔车——三叶农场继1996年抗风救灾后，已有很长一段时间没有见过这样壮观的场面了。载着机关干部的三辆东风卡车开到三角街区后转入西线，朝西部的崇山峻岭驶去。

挤在车厢上的机关干部脸上已没有了1996年抗风救灾时那种豪情壮志，有的只是无奈、茫然和忧虑——他们当中大部分人的心情是复杂和矛盾的。1997年下半年的经济危机对他们来说是刻骨铭心终生难忘的，许多人至今还心有余悸。去年挂账的7个月工资只发了几百块，剩下的虽说仍挂财务的账上，但什么时候能兑现没人敢表态。1998的年工资基数低得可怜，让人难以启齿，而且能否按月发放也仍是个未知数。海南农垦还有没有前途？橡胶农场还有没有出路？没人敢评说。如果连农场都没有出路了，机关干部还有什么出路？

东风卡车驶入西线山区，沿着盘山公路往大山深处缓缓开进去。汽车驶过雄伟壮观的山猪岭水库大坝后，开始在崇山峻岭中穿梭。

卡车爬上一个长长的S形陡坡时，车上所有的人都屏住了呼吸。这又高又陡的长坡，一侧是垂直的石壁，一侧是几十米深的深谷。他们担心汽车爬不上去，担心汽车突然走歪了一头栽了下去，人人都把心提到了嗓子眼上。汽车吼叫着终于缓慢爬上了S形长坡，所有的人都暗暗松了一口气。放松下来的机关干部们心又沉了下去——像这样下队干苦力的日子什么时候是个头。

卡车爬上S形高坡后又小心翼翼地驶下一个长长的S形斜坡，才开进了西线最边远的单位——一个在群山环抱下的生产队三十六队。

三辆东风卡车在球场中央停下来。机关干部一个个机械地爬下车。卡车周围三五成群聚集着连队的职工、老人和小孩——他们要看一看机关干部们带着锄头扁担、挑着畚箕水桶下来施肥是什么样子的。

下了车的机关干部站在一堆，像一件件里外不和谐、上下不相称的展览品。

七八个中年妇女胶工指着他们毫无顾忌地大声议论着。

“三叶变天了。1996年机关干部下来扶树，今年又下来施肥了。”

“他们在办公室里坐着喝茶看报聊天还可以，下来施肥干得了吗?”

“瞧他们，一个个细皮嫩肉的，能扛得起一包肥吗?”

“你看那几个女干部，挑的那两个小桶还没有我家的饭盆大，两个桶装满了肥也没有20斤重。”

“你看那个男的，扛着那把小锄头，还没有小学生扛的锄头大。”

“哈哈哈”——她们一齐哄笑起来。

为首的一个大块头妇女笑过后，大声说：“我敢打赌，这些机关干部如果有人能扛上一袋肥，走到我那西十八岭不趴下来，我雷姨就不姓雷!”

这位自称雷姨的中年妇女底气十足，说话的声音像男人的嗓门又大又响，清晰地传到了在场的每一个人的耳里。一群年轻的干事听了心里很不服气——经历了1996年的抗风救灾和1997年的经济危机后，他们对干体力活已经不再陌生。特别是九七年的经济危机，迫使他们不得不放下机关干部的面子和架子，也跟着职工到处去寻找零星的荒地、三角地、五边地，把它们开垦出来种胡椒、栽槟榔……从开垦到种植，他们一样经历了除草、挖土、施肥、挑担等一整套农活的锻炼。他们虽然还没有职工那样的耐力，但也绝不像这群妇女说的那样细皮嫩肉弱不禁风。如果不是要维护机关干部的形象，他们真想站出来和这个雷姨赌一赌。

虽然没有人发话要跟这个雷姨赌，但偏偏有一个人暗暗记住了雷姨这句话，这个人就是王秀文。

三十六队队长何书平穿着一身旧军服在人群中找到了机关组领队周自成。他原以为机关干部下来是监督胶工施肥的，看到他们带着锄头、畚箕，才知道这回是要真干了。

“周副，三十六队山高坡陡，林段路不好走，施肥这活——”

周自成一听到施肥就有气，脱口就骂：“机关干部下来施肥简直就是浪费人才、浪费资源！哼，农场要大刀阔斧改革，干部作风要大转变也不能这么搞嘛。”

“周副，要不，施肥的活我们干，你们跟着看看，监督监督就行了——”

“锄头、畚箕都带下来了，干了再说吧！”周自成双手叉腰转口说道，“何队长，上午施肥的事都安排好了吗？”

“全部安排好了。场里给我队施肥的时间只有一天。上午施东片和西南片的罗汉山十八岭，下午施西北片的陀螺山，顺利的话，一天可以搞完。具体分组是，一个胶工带两个机关干部，上午时间长施两个树位，下午天气热施一个树位。”

“你队长是总指挥，你怎么安排我们就怎么干，时间也不早了，赶快布置吧！”

“是！”何书平习惯地向周自成敬了一个军礼，然后照着名单大声点名，搭配分组。一时间，工人找干部，干部找工人，整个球场闹哄成一片。

王秀文、黎文乐恰好和那个自称是雷姨的中年妇女分到一组。王秀文瞪了她一眼，心里说，我今天非叫你改姓不可！

三十六队是西线山猪岭区最边远的单位，橡胶林大部分在连绵不断的险山峻岭中，车辆根本没法把肥运进去，只能用人工把肥料从仓库里一袋一袋地挑、扛进林段，施肥难度可想而知。机关干部不知道其中的厉害，仓库大门一打开，他们就蜂拥而入，争先恐后地拖肥、扛肥。一袋肥100斤重，力气大的索性托起一袋，扛上肩膀就走；力气欠一点的两人分一袋，各背50斤；那些女干部，也装满了两小桶，挑起来摇摇晃晃地跟着队伍朝大山里头走去。

人走得差不多了，膀大腰粗的雷姨才拖出一袋肥。她叉开两只粗大的脚，稍一用力就立起一袋肥。她捻住一根小绳头，扬手一扯袋口便解开了，然后弯腰侧身一手攥着肥袋角，一手托住肥袋底部，猛地使劲，100斤重的肥袋就托起了一米高，一倾斜，嗦嗦嗦，一袋肥全倒进了两只大铁桶里。

雷姨丢下空袋子，拍拍手对站一边的王秀文和黎文乐说：“我的树位在西十八岭，要过两个水沟、两座木桥、转三个大弯，穿四个防风林，爬五个斜坡，单程要走三四公里，空着手走都要半个小时。你们俩也别怕，我的树位还不算是最远的，比这远的树位还有五六个呢。上午要施完八袋肥，全部要从这里扛进去。你俩要是扛不了一包就扛半袋，你——”

她指着王秀文说：“你这么瘦，要是扛不了半包就扛20斤，跟在我后面走，累了就叫一声，渴了我这有水，走吧。”

“慢——”王秀文突然叫住她。

雷姨转过头说：“你要实在扛不了20斤，就不用扛了，我施肥的时候你就跟在我后头，帮我培土。”

“雷姨，你刚才说，我们这些机关干部谁要是能扛一袋肥走到你的树位西十八岭不趴下，你就不姓雷，是吧？”

雷姨愣怔了一下，狐疑地说：“你想扛一袋肥？阿哥啊，一包肥有一百斤重哦，扛着走七八里山路你受不了的——”

“雷姨，你现在还敢不敢打这个赌？”王秀文不理会她的话。

雷姨上上下下仔细打量了王秀文一番，才说：“有什么不敢的，打就打！不过，我话说在前头，你要是扭了腰可别怪我噢。”说着屈膝弯腰，一直身挑起一斤肥担，然后甩开手大步地朝前走去。

王秀文立起一包肥，被黎文乐拦住：“秀文，算了，我们还要施一个星期的肥，要真扭到腰——”

“扭腰？上个星期天我回家挑肥施胡椒，粪池里的水肥我一口气挑了十几担也没扭着腰，扛这袋肥我就扭腰了？我挑的那两个大粪桶没有100斤也有99斤——”

“秀文，她说要走七八里山路哩，算了——”

“不算！这个雷姨说话太气人了！”王秀文弯下腰两手抱住肥袋，嘿的一声，一袋肥离地而起稳稳地落在他肩头上。

“乐哥，我先走一步。”

王秀文扛着一袋肥头也不回就走了。

黎文乐到仓库里也扛着一袋肥跟了上去。

西十八岭当地人又叫罗汉山，由一座座大大小小的山叠罗汉似的由正南向西南排列延伸，一峰比一峰高，一坡比一坡陡。一条一米见宽的林间小路，时而穿平地，时而过沟壑，时而盘山腰，时而爬山脊，贯穿整个西南片林段，一直延伸到胶林的尽头。

1996年抗风救灾机关干部虽然来过西十八岭扶树，但并没有进入腹地，并不知道橡胶林的尽头在哪。

这一路上，到处是挑肥、扛肥的工人和机关干部。这支临时组合的特殊的队伍开始还一个跟着一个，走着走着，机关干部陆陆续续地就落了下来。他们一个个喘着粗气，流着大汗，艰难地向前走。实在走不动了，就撂下肥一屁股坐在肥袋上歇息。那些年轻气盛的干事们虽然咬着牙硬撑着多走了一段路，但也不得不停下来喘口气。这下他们才知道，扛肥走山路真的不同于挖地种胡椒、种槟榔啊！他们不敢想象，三十六队的胶工们是怎样天天挑着胶水在这条弯弯曲曲、忽上忽下的山路上行走的。

在一个阴凉的山坳里，一群科长和机关工会几个年轻女科员围着周自成坐在草地里休息聊天。

“周副，你看看我们这些当科长的，也要下来挑肥施肥，官不官民不民的，像什么样子？这么搞也太离谱了吧！”程祖荣大声发着牢骚，“干脆叫我们统统下去当工人算了！”

刘金福马上接过话头：“下面有很多职工群众议论，说这个韩场长来三叶搞改革无非就是搞下岗、减工资、卖资产、下放干部干苦力，没有一样是好的。他们说这样搞下去，农场垮得更快！”

周自成只听不答。

“农场现在是困难时期，大家应该同心同德同舟共济才是。”方珏善意地提醒道，“不利于团结稳定的话我看大家就少说一点吧！”

朱晋良摘下眼镜，用手拭了拭镜片说：“我老婆也反对我去施肥。她说你都快55岁的人了还下去施什么肥，你还图什么？是啊，我还图什么呢？可是财务科保险柜里没钱了，我这个科长坐在家里心里也不好受啊！”

“老苏，你这个宣传科科长要写几篇报道，好好宣传宣传咱们三叶机关干部下队施肥的事。”孙志远把话题岔开。

“你们都扛半袋，只有我和曹刚扛一袋，要写报道就先写我俩。”江浩成笑着说。

“都写都写。”苏俊才也笑道，“我回去就叫乐哥和秀文写，写好了寄到人民日报去，只是他俩——”

“他俩怎么啦?”

“我怕他们两个施肥回去后，没力气抓笔了。”

大伙哄笑起来。

“哎哟，蚂蟥爬到我脚上来了！啊——”工会出纳柳青突然尖叫起来。

“妈呀，我的脚也爬上一只了！啊——”钟燕突地蹦起来，她又跳又叫，“快来帮我捉啊——”

这一惊一叫，李秋红、覃丽赶紧站起来前后左右检查，看看有没有那令人恶心的蚂蟥也爬到自己身上来。

孙志远上前帮她们两个把蚂蟥从小腿上捏了下来。

程祖荣笑道：“女同胞们，你们要小心啊，这些蚂蟥专找要害的地方咬，它们也会耍流氓的。”

哈哈哈，大伙又大笑起来。

“好了，时间不早了，扛肥走吧，免得坐着给蚂蟥咬。”周自成站起来，扛起大半包肥率先朝横在前面的山坡走去。

王秀文和黎文乐扛着肥紧紧跟着雷姨走。开始只是过水沟，转弯路，穿山腰，走得还比较轻松。当他们沿着一条山脊爬上山顶，穿出防风林后，又一座高峰迎面横在他们面前。他们刚攀上来的山头又变成了山脚。

这里的山脚边和首层盘山行里坐满了扛肥挑肥到这里歇脚的干部

和胶工，他们身上的衣裤全被汗水湿透。

雷姨穿过坐地休息的人群，走上盘山行，才放下肥担，扭头对跟在身后的王秀文说："青年哥，这里就是罗汉山了，喘口气再走吧。"她说着一屁股坐在泥地上和其他胶工聊起天来。

王秀文扛着一袋肥咬牙硬撑着走上盘山行才放下。他刚放下肥，黎文乐也扛着一百斤重的肥吃力地蹭上了盘山行。王秀文赶紧帮他卸下肥袋。

两人就地坐在肥袋上大口大口地喘气。

王秀文走了半个多小时的山路，来到这里已累得两腿酸麻，肩膀疼痛，气喘吁吁了。他向山上望去，一行行橡胶树，像盘一条巨大的三角粽，从山脚一直盘到山顶。橡胶树上面遮天蔽日，下面盘山行之间的环山带，到处是裸露的岩石群和凸出地面的巨大的岩石块。

"我的天！这样的岩石山峰也能开出盘山行种出橡胶哇！"王秀文心里感叹，不禁自言自语。

黎文乐向上看了看，只是笑笑，没有说话。

王秀文见他满头汗水、脸色铁青，就说："乐哥，你的脸色很难看，你没事吧？"

黎文乐摇摇头，捂着胸口不说话。

"乐哥，你没事吧？"王秀文有些紧张。

黎文乐在地上坐了好一会儿，才喝了一口自带的水，说："没事，胸口有点闷。很久没扛过100斤重的东西走这么远的路，确实是累。"

王秀文有些后悔，如果不是想赌口气扛一包肥，乐哥也许就不会跟着扛一包肥了。他才27岁，年轻力足，而乐哥已是四十好几的人，怎么能拉他一块下水呢？

"乐哥，你这包肥就放在这儿，别扛上山了，等我扛上去后再下来帮你扛。"

“秀文，我们这组后面还有五袋肥呢。大家一块干，干完了一块休息。”黎文乐抬头望望眼前的山峰说，“这山真高啊，要是有直升飞机把肥运上去就好了。”

周围的人听了这话，又发出一阵笑声。

雷姨从人堆里站过来，对黎文乐笑道：“叫直升飞机运肥，你可真会想啊；我还指望机器人来帮我割胶哩，下辈子吧！”她弯腰挑起肥担，对王秀文说，“青年哥，怎么样，走吧。”

“走就走！”王秀文站起来，用力把肥扛上肩，走了一步又回过头，说，“乐哥，扛不了千万别硬撑，我扛这包上去了马上就下来接你，啊?”

黎文乐笑了笑，说：“秀文，我没事，你先走，我歇一歇再走，我能扛上去。”

王秀文只得转身跟了上去。

他一转身，黎文乐就从裤兜里掏出一个小瓶子，拧开盖子倒出几粒药片送入嘴中，喝了口凉水咽了下去，然后又把药瓶盖子拧好塞回裤袋里。做完了这些，他才站起来，费了很大的劲才把肥扛上肩，一步一步朝陡坡吃力地走上去。

坐着休息的人也陆续站起来，或挑或扛起自己的肥料一个跟着一个，沿着胶工割胶踩出来的便道，向前倾着身子，小心吃力地朝山上爬去。

在下面山坳里休息的人也动了起来。

钟燕挑着没装满的两小桶肥，走几步就问一下在她前面的光头胶工：“阿叔，你的树位还有多远啊?”

“不远了。”光头胶工光着膀子扛着一袋肥，弯腰低头走着。

“到底还有多远啊?”钟燕带着哭腔又问。

“不远了，翻过这座山，穿过一个防风林——”

“就到了是吗？”

“没到，还要翻过一座山，再穿过一个防风林才到。”

“妈呀，还要翻一座山啊，累死我了，我不走了！秋红，我们两个真倒霉，跟着这个光头阿叔，摊上了这么远的树位。”她使劲蹬上一石头后，放下担子，一屁股坐在石头上。

她坐下来就挡住了后面人的去路。

跟在钟燕后面的李秋红只得停在斜坡上，肩上挑的两小桶肥担却无地方放下。

“喂，李秋红，你怎么不走了？”谭东在她后面大声喊，“李秋红，我们在爬坡，快走啊！”

李秋红也喊起来：“钟燕，谭黑子要骂人了，快走啊！”

“哎，我的命真苦啊，跟了这个光头。他的树位爬了这座山还要爬一座山，我快没气了。我走不动了，让我死在这里算了。”

“你不走，也得把路让开啊。”

“就这块石头能坐人，叫我往哪让啊，你们拐到那边上吧。”

“钟燕，你屁股下面有两只大蚂蟥。”谭东突然大叫起来。

“妈呀！”钟燕尖叫一声，慌忙站起来挑上担子一摇一晃向山上爬去。

王秀文扛肥爬到半山腰，开始感到胸闷气促，两腿也开始打颤。他想放下肥袋休息一下，但前面的雷姨挑着担子，倾着身，埋着头，仍在一步一步往上蹬，没有丝毫停步的意思。

“不能输给她！”王秀文站着歇了片刻又继续往上爬。

一丝又咸又脏的汗珠流渗入了他的左眼眶，左眼顿时感到一阵涩痛。他赶紧抽出左手——手指太脏，只得用小臂拭了一下，谁知，这一拭，左眼涩痛得更厉害。他干脆闭上左眼，单眼看着路往山上爬。

不能输给她！不能输给她！——他走几步就给自己打一下气：坚

持就是胜利!

雷姨第一个把100斤重的担子挑上了稍为平坦的山顶。她放下担子歇了一会儿，王秀文也背着100斤重的肥袋蹬了上来。他“噗”地重重甩下肥料，大口大口地喘着粗气。他的头发、衣裤又一次被汗水浸湿透，整个人犹如刚从水中钻出来一般。

“青年哥，这回累了吧!”雷姨笑着说。

“还累不倒我。”

王秀文试着睁开左眼，仍感到很涩，就用自带的凉开水冲洗一下才感到好受些。

又有七八个胶工挑着肥攀了上来，仍在山坡上走的全是清一色的机关干部。他们走走停停，停停走走，尽管走得很辛苦，但没有一个人把肥料撂下来。

“我还以为机关干部下来施肥是做做样子的——看来，他们是真干的啊!”雷姨轻轻叹了口气，对走上来的胶工说，“看他们挑肥的样子，怪可怜的，我们都下去帮他们一把吧。”

她说着自个走了下去。其他胶工二话不说，放下肥料全部跟了下去。

王秀文也跟了下去——他心里挂记着乐哥扛的那袋肥。

胶工一下去，缓慢的局面立刻扭转过来。他们两个来回就把机关干部扛的肥料挑上了山顶。黎文乐那袋肥雷姨也帮他扛了。

王秀文顺着坡路继续往下走，寻找需要帮助的人。他下到半山腰时突然被人叫住：“王秀文，快来帮我挑肥，我快要累死了。”

王秀文转头一看，钟燕和李秋红这两个工会女干部正停在山腰的盘山行里歇息。

钟燕说：“这些胶工真坏，看我们两个挑肥少，谁都不愿意帮我们挑，我快要累死了。王秀文你帮我挑上去吧。”

王秀文眼睛瞥过钟燕，朝李秋红的肥担看过去。

2月份王秀文去海口学习回来后，心里一直记着李秋红叫她朋友去阳江帮他拿草药的事，他总想找个机会对李秋红说句感谢话，可俩人一直还没有单独碰过面，也没说过话——现在机会来了。

王秀文正要开口又犹豫了一下，把想说的话按了下去，说道："秋红，我来帮你挑肥——"

李秋红抿嘴一笑，说："你帮钟燕挑吧，我比她年轻，我能挑上去。"李秋红虽然穿着一身旧衣服，但依然光彩照人。

王秀文终于说道："秋红，我爸的腰骨治好了，谢谢你那次叫人去阳江帮我取回了草药，谢谢了！"

李秋红又抿嘴一笑，轻轻说："举手之劳，不用客气。"

"哎哎，你们两个说什么呢？王秀文，快来帮我挑肥。"

王秀文向下扫了一眼，钟燕挑的两个小桶，每只装半桶肥，而李秋红挑的两小桶肥全是装满的。

王秀文走过钟燕，挑起李秋红的肥担就往山顶上走，边走边说："钟燕，你那两小桶肥，你还是自己挑吧。"

"人家书记的女儿，待遇就是不一样啊——"

钟燕话没说完，李秋红就上去挑起她的肥担跟上了王秀文。

王秀文挑着肥担一口气走上了山顶。机关干部和工人全都在这里坐地休息。

坐在人堆里的雷姨站起来，看了一眼东歪西倒、有气无力的机关干部，说："哎，我说你们机关干部都别走了，就留在这个山头把肥施下去就行了。过防风林那几个山头，我们包了，怎么样？"

"我举双手赞成！"钟燕赶紧举起了两手，"我实在走不动了！"

"好吧！"胶工们都痛快地应承下来。

雷姨从桶耳边提起一个大号塑料瓶，拧开盖子，递给钟燕说：

“哎，蜂糖水，地道的蜂糖水，大家都来喝一口，喝了就有力气了。”

钟燕接过瓶，仰头喝了一口，啧了一声才说：“啊——真好喝啊！这是世界上最好喝的饮料了，我再喝一口。”说着又仰着脖子连喝了两口才停下，把大瓶递给身边的谭东。

谭东接过水瓶，摇晃了几下，拿到眼前仔细瞅了瞅，说：“这蜂糖水是真的还是假的？”

“我这蜂糖不是买来的，是从我家养的蜂箱里割下蜂巢，用手捏出来的，我自己吃的还会有假吗？”雷姨不满地说。

谭东阴阳怪气回道：“难说。现在这个社会老婆都有假的，还有什么假不了的。是不是蜂糖水我还要鉴定一下。”

“你到底喝不喝？不喝让给别人喝。”雷姨有些火了。

“我不是说要鉴定一下嘛，”谭东说着仰着脖子，连灌了几大口才放下，抹了一把嘴说：“这水味道怪怪的，有点像奶水，哈哈哈。”

“不正经的东西——”雷姨冲过来。

谭东赶紧把大瓶递给别人，躲到一边去了。

轮到王秀文时，他没喝，转给了别人——他心里还想着打赌的事。

大水瓶转了一圈回到雷姨手中，满满的一大瓶蜂糖水几乎见了底。她仰头喝完剩下的一点水，弯腰挂好空瓶，挑起肥担大手一挥：“走！”

王秀文也扛起自己的肥袋第一个跟上。

雷姨停下来，扭过头说：“咦，刚才不是说好了，机关干部都留在这里施吗？”

“他们留下，我跟你走。”

“你——”雷姨怔了一下，

“我和你之间的赌还没打完呢。”

“你还记着我那句话呀？我只是随口说说，开个玩笑——”

“我看你当时并不像是开玩笑。”

雷姨叹了一口气说："青年哥，这个赌打到这里算完了，就凭你这股狠劲，我认输了，你想怎么样施完肥再说！"

"有你这句话就够了，我也不是真想要你改姓。"王秀文扛着肥袋说，"我只想告诉你，三叶农场的机关干部，坐在办公室里能写文章，下到田间地头一样可以干农活。"

"是是是，是我小看你们了——"

黎文乐插话进来："雷姨，今天要不是你帮忙，我还真爬不上这座山。秀文，时间不早了，我们施肥去吧。"

王秀文这才扛着肥袋转回去和其他机关干部一起分头施肥，暂且不提。

雷姨和胶工们挑着肥走进了防风林，他们穿过防风林，朝更高的山爬上去。那边还有整山整山的橡胶林等着他们。

五十

韩劲松跟着加工厂这组到东线较为平坦的红旗作业区参加施肥。

加工厂的人干惯了体力活，不论男女，个个力大如牛。特别是男的，扛起一袋肥边走边施边埋，进度很快。

韩劲松看到他们干劲冲天心里特别高兴。他施完一桶肥后，正想回去添肥，一个大个子的中年汉子扛着一袋肥迎面走过来。

"同志，我这行没施完，你接着施。"韩劲松主动打招呼。

大个子斜眼看了韩劲松一眼，不搭理他，扛肥擦了过去，照着没放的肥沟"嗖嗖嗖"倒出了一大堆肥，比规定的肥量超出了很多倍。

韩劲松皱起眉头，转身快步走到大个子面前说："我说同志，你这么倒，一袋肥能施多少株？"

大个子不理他，绕过去走到另一个肥坑又"嗖嗖嗖"倒出一大堆。

“站住！”韩劲松火了，快步走到前面拦住大个子，“你这么倒，一袋肥能施几株？”

“管它施几株，倒完了算数，倒完了我好快点回家。”大个子粗声粗气地答。

“照你这么施，一个树位至少有一半胶树吃不上肥。”

“我管不了那么多。”

“谁叫你这么施的。”

“新来的场长韩劲松叫我这么施的，怎么着？”大个子说着又照着脚下的肥沟想倒肥。

韩劲松二话不说，一伸手把他肩头上的肥袋给扯了下来。

“你是谁？你想干什么？”大个子瞪起了牛眼。

“我就是新来的场长韩劲松！你叫什么名字？你去把你们厂长欧挺公叫来。”韩劲松厉声说。

大个子吓呆了，木头似的杵着不敢出声。

“场里规定，一个肥沟放一斤半，也就是三胶杯肥，你看看你，一个肥沟倒七八斤都不止。你是来施肥的还是来捣乱的，嗯？”

大个子低下头，不说话。

“你马上把你刚才多施的肥抠出来，否则我通知你们厂长一个肥坑扣你30块！”

大个子赶紧蹲下来，用两手把多倒的肥掬起来往肥袋里装。

韩劲松看着他把两个坑的肥掬均匀了，又狠狠地教训了他一顿才离开。

韩劲松在一个小山包上找到了正施肥的加工厂厂长欧挺公，把刚才看到的情况对他说了一遍。欧挺公没听完就冒出了一头冷汗。

“欧厂长，你就不用动手施肥了，你专门负责监督你手下的人，告诉他们施肥必须做到三到位：一是施放要到位，不论山头山脚平地都必须株株施放到位。二是肥量要到位，必须按照农场规定的量放肥，不多放也不要少放。三是检查督促要到位，凡是施过肥的林段，必须由领导全面检查一遍。”

欧挺公边擦额头上的汗珠边点头道：“韩场长，你放心，这三个到位要有一个不到位，施完肥后我就不到位上班了。”

“好！这可是你说的。我还会来检查的。你现在就去查看，我还要到其他组去转转。”

韩劲松说完匆匆走了。

欧挺公望着韩劲松的背影叫苦不迭——这个韩场长，训起人来，比牛公还狠；干这种活，比妇女婆还细心，不认真点还真过不了关。

韩劲松自己开车又到南线和东南线四个组查看，果然又发现了类似这样的问题。这几个区都是直属单位干的，他不好发火，只是再三告诉各组负责人和跟班的场领导，必须落实施肥三到位，否则追究负责人的责任。

韩劲松交代完后，又驱走赶到西线。他来到三十六队时已经中午11点。

队里头除了几个老人和小孩外，空空如也——机关干部和胶工们仍在林段里施肥没回来。

他向一个老职工问明了上午的施肥林段后，疾步朝西南方向的林段走去。

刚进入林段，周自成与何队长迎面走过来。两人的左右肩膀黑一块黄一块，看模样，他俩上午扛了不少的肥。

“韩场长，你怎么来了？”周自成感到意外。

“我就不能来啊！”韩劲松笑道。

何书平说：“韩场长，人家都说你做事雷厉风行，来去神出鬼没，真像部队的侦察兵，不通知一声就突然杀到了，我这里连茶水都没有准备啊。”

“何队长，你这句话好听多了。有不少人在背后说我骂我，那些话可就难听了。”

三人都笑了起来。他们走到一株树底下站住，韩劲松把在其他组发现的问题向他俩简单说了一遍，然后说：“周副场长，机关这组施肥的情况怎么样？有没有发现类似的情况？”

周自成摇摇头。也许是扛肥累了，他用低缓的语调说：“今天上午，机关干部全部在东片和西南片林段施。东片还好些，西南片的林段路程远，山地多，肥料全靠人力从仓库里挑进去的。上午的施肥相当辛苦，我们的机关干部个个是好样的，能扛一包的扛一包，扛不了一包的扛半包；扛不了半包的，20斤、30斤也尽力去挑。工会那两个女的，挑肥挑到哭，可她俩还是坚持把肥挑到了树位。”

周自成停了一下，咽了咽口水，继续说：“大家都忙着施肥，我没有认真检查过。不过我走过林段，还没有发现有漏施乱施的，从山脚到山顶，株株不漏，沟沟有肥。”

“哦——”韩劲松听了心里宽慰了不少。他还放心不下，说：“何队长，这边树位哪个林段最远最难施？”

“西十六、西十七、西十八、西十九、西二十这5个林段，路程最远，也最难施，树位全部分布在罗汉山中段。”

“走，我们过去看看。”

刚从山里出来的何书平又带着两位场领导向大山深处走去。

打赌赢了雷姨的王秀文倒回连队扛着第二袋肥往林段走时，再也无法跟上雷姨和其他胶工的步伐。他和黎文乐被雷姨他们远远甩在了后面。这趟肥，王秀文觉得扛得异常辛苦，他虽然走在乐哥和其他机关干部前面，但途中也不时停下来，休息了好几次。到达罗汉山脚时，他整个人已像虚脱一般，放下肥袋一坐下来，全身软绵绵的连抬手的力气都没有了。再看前后，前面的人没了人影，后面的人没有跟上来，只有他一个人瘫坐在这里。

一丝又脏又咸的汗水不偏不倚又浸入了他的左眼眶，才缓和不久的左眼又涩痛起来，而且涩痛的程度又厉害了一些。

王秀文不敢用脏手去擦拭，捏起一块干净的衣角拭了一下左眼，结果涩痛变成了刺痛——那衣服也浸满了咸脏的汗水——他本能地闭上双眼，任其刺痛下去。

左眼的刺痛好一会儿才缓过来。眼睛刚缓过来，王秀文又感到喉咙干得直冒火——他自带的水早已喝光，只好忍着。这回他才真正体验到在野外大山林段干活和在家里挖地种胡椒是不一样的。在野外山林里干活，累了要忍着，渴了要忍着，饿了还得要忍着，它需要的是人的持久耐力和坚忍的意志。

王秀文在十八队割过几年胶。但十八队的林段远没有这里的险峻和偏远。他无法想象，那一行行在崇山峻岭中生长的橡胶树，工人是怎么开荒种上去的；他无法想象，那些胶工每天割胶、挑胶长年累月行走在大山里，行走在崎岖的山间小路上，他们是怎么熬过来的；有谁比他们辛苦、比他们艰难?!

他们一样经历了1997年那场经济危机带来的精神折磨和生活上的困窘。面对未知的日子，他们没有怨天尤人，每天照样出工干活，照样上林段除草压青，喷药施肥。没有工资发，他们就自己动手开荒种地，养鸡养鸭，养猪养鱼，养羊养蜂，每天不停地为家庭为生活奔波劳累；还有谁比他们的心胸更坦荡，比他们对生活更乐观自信呢?

王秀文内心深处藏着的清高孤傲和些许的自命不凡，在这些长期居住在大山深处的胶工面前，根本不值一提。他们没有远大的理想，却从不因为困难而对生活失去信心；而自己，精神却一度颓丧到了崩溃的边缘。如果不是父亲的坚定和坚强所感染所鼓舞，如果不是同事的支持和鼓励，他那脆弱的神经能否挺到今天？他不敢保证。

在这些普通到不能再普通的胶工面前，王秀文第一次感到自愧不如。

农垦人，农垦精神，王秀文调上机关工作后经常在宣传材料和《农垦报》上看到这两个名词。然而农垦人的定义是什么？农垦精神的内涵又是什么？王秀文并不甚了解，他一直在苦苦寻找它们的答案。前段时间，他从父亲讲的创业故事中感悟出了一些真谛，今天来三十六队施肥，他又在雷姨身上，在三十六队其他胶工身上，清晰地找到了部分答案。

父亲老了，已经十分苍老了，还能再依靠父亲吗？自己才27岁，今后要走的路还很长，今后要承受的磨难和挫折还有很多。王秀文呀，从现在起，你必须像父辈那样从苦难中磨炼出坚强的意志，在苦难中锻炼出能够承受重压的肩膀，才能应对今后未知的挑战和艰难的岁月呀。

眼下，施肥就是一个历练人的机会。

王秀文休息了一会儿，站起来，试着睁开了左眼——似乎不是很刺痛了。他抬头看了看横在眼前的高坡，弯下腰一咬牙把肥袋再次扛上肩，一步一步朝山上蹬去。

白炽的太阳快接近头顶，透过稀疏的嫩叶射下耀眼光斑。王秀文不敢朝天看，只是埋头看着地面走。他肚子早已空了，却没有一丁点饿意，只是感到口渴喉干心里冒火。要是有口凉水喝下去，那感觉一定比什么都好。大山上到处是白晃晃的巨大岩石，这些石块不看还好，看见了心里更难受！

难熬也得熬，挺挺就过去了。他埋着头，一步一步地往山上攀去。

他走到山腰，雷姨又领着胶工上山来接应了。

“青年哥，你一个人上来啊，他们呢？”雷姨大声问。

“在后面。”

“老潘，老韦，老蓝，你们几个赶快下去接应他们。”雷姨拦住王秀文，“你把肥放下，我来扛上山。”

“我能扛上去。”

“你的嘴唇都变紫了，不能再扛了。”雷姨伸手夺肥。

王秀文死不肯松手。

“青年哥，我不是说过，我已经输了吗？”

王秀文笑了笑，说：“雷姨，你没有输，我也不是这个意思，后面还有很多人需要帮的，你下去帮他们吧。”

雷姨摇摇头只好往山下走，走了几步又停下回过头看——王秀文扛着肥正弯腰低头往山顶上爬——唉，自己说的那句打赌的玩笑话怎么偏偏就让这个青年给记上了？这个年轻仔狠起来真的是不要命的！

雷姨他们下去了10多分钟又扛肥挑肥往回爬山了。他们后面跟着疲惫不堪的机关干部——那些女的和瘦弱的干部，他们肩上的肥料已被胶工卸去。

这支特殊的施肥队伍爬到半山腰时，从山顶右侧的防风林突然钻出了三个人：韩劲松、周自成和何队长。

三人默默地注视着这支爬山的队伍。爬山的人知道山顶上站的是谁，但无人吭声，也没人拿正眼去看他们三人——仿佛在说，看吧，韩场长，你好好看吧，不是你来三叶，堂堂的机关干部怎么会弄成这副狼狈样！

韩劲松知道机关干部肚里积满了怨气——怨就怨吧，将来我走的时候你们能理解我就行了。

“韩场长，要不要检查这个山头？”周自成首先打破沉默。

“不用了。”韩劲松轻轻叹了口气说，“他们能够把肥扛上来，就已经说明问题了。机关干部这组，真难为他们了！走吧，到别处去看看。”

三人转身没入了防风林。

刘金福上午单独跟一个胶工，没想到施第二个树位时撞上了好彩——施肥的树位在一个山洼里，前面有一条从连队通往山里大屋村的公路——这是唯一能够用轻骑运肥上来的树位。

他施完胶工用轻骑运来的一袋肥后，看看左右无人，悄悄钻出林段，跳下公路，找了一处拐弯遮阳的荫蔽地方一屁股坐下来休息。

刘金福点燃一支烟，边吸心里边骂起来：施肥施肥，施个鬼啊！他对韩劲松早就一肚子怨气了——韩劲松来到三叶后，把这里原有的规矩全部给破坏光了，就连他办公室主任的权力也收走了一大半。过去办公室主任有权调车、派车、用车；现在除非下队用车——外出用车每动一次小车都必须经场长批准；过去办公室主任动用行政经费可以先斩后奏，现在他每开支一笔经费都得先经场长审批；过去办公室主任可以随意扩大招待标准，随意变更招待场所；现在招待什么人必须按什么标准，不得超标。还有小车维修、出差费用等等，他韩劲松都卡得死死的，想浑水摸鱼搞一两条好烟抽都很困难了。办公室主任当到这个份上还有什么意思？

刘金福心里清楚，韩劲松没换掉他这个办公室主任只是权宜之计，一旦各项工作都理顺了，上正轨了，他这个当了8年的办公室主任也就当到头了，他昔日的辉煌、昔日的威风显赫也随之烟消云散了。功名利禄过眼烟云，古人说的一点不假啊！

“哎——刘主任，机关干部都在林段里施肥，你一个人躲在这里偷懒啊？”一个洪钟般的声音突然从杂树丛里传了出来。

刘金福吓了一跳，慌忙站起来，循声望去，一位精神矍铄、身体结实的光头老人赶着一群羊从杂树林里钻了出来——原来是三十六队老队长符海涛。

“老队长是你啊！把我吓了一跳。”刘金福迎了上去，给符海涛递上一支烟，又帮他把烟点着。

“老队长，我刚施完肥从林段下来，休息一下。哎，老队长，你这是——”

“唉，去年农场7个月没发工资，一家子坐在家里天天吃老底，我琢磨着这样下去也不行啊，就把银行里剩下的那点存款全部取了出来，也学着山里人家，买了一群羊自己放养。这大山里到处是草，是块养羊的好地方啊！你看我这些羊，买来还不到三个月，小羊羔就变成中羊了。嗨，要是早两年这么干，我现在就发了！”

“你们发了，我们可就惨了。”刘金福叹息了一声。

“你们有什么惨的？听说这新场长在搞什么五项改革、四项清理，保证今年不拖欠工资，有什么好惨的？”

“嘴巴上说发工资我老刘也会讲，钱到了手里才算数。这两个月是有工资发啊，可我这个正科级干部，基本工资每月只有260块，还要扣这扣那，你说这是什么工资啊？买两条烟买两包米就完了，这还不算惨吗？

“你们干部工资就这么点？”

“老队长，有些事情你可能不知道——”刘金福压低了声音说，“老队长，党委有人向我透露，韩场长减了干部计时人员的工资后，下一步就要减你们退休人员的工资了。”

“什么？韩场长要减退休人员的工资？”符海涛皱起了眉头，“我们退休工人辛辛苦苦为农场为国家干了一辈子，退休了一个月也才领两三百块，有的才领100来块，他韩场长还要减？你这话真的假的？”

“我好歹也是个办公室主任，这样的话我能乱说吗？”刘金福左右张望了一下，又压声音说，“老队长，你早年闹过革命，又是三叶的开场元老，我对你一向是很敬重的。有些事情，我也是很想不通，想跟你说一说。”

“什么事，你说。”

“你刚才说，韩场长搞五项改革，哎，搞改革我不反对，问题是有一些做法太离谱了嘛！”

“离谱？”

“你比如说，他韩劲松一来到这里，就借改革之名卖掉这个卖掉那个，农场过去花了很大成本才种出来的椰子、胡椒、槟榔、柑橙等等，他一句话就统统给卖掉了；下一步还准备拍卖橡胶中小苗，听说连开割胶树最后也要统统卖掉。你说，他这么做不是要把农场的老底给一锅端了？农场人就靠橡胶树吃饭、生存，是吧？你把橡胶卖光了，我们今后吃什么？你们退休工人今后吃什么？我想不通啊！”

“噢，怪不得人家说韩场长是个贼，把农场卖光了，原来是这么回事。好啊，韩场长，你来三叶就是这样搞改革的啊！”

“老队长，下面人日子过得怎么样，他韩劲松是不会管的，他有好日子过就行了。”

“你这话什么意思？”

“你没听说啊？全机关都知道了。韩场长爱吃兔肉，每天有专人杀兔给他吃，听说他一天要吃掉两只兔呢。唉，下面工人这么苦，他却天天吃兔肉——”

“哼！”符海涛扬起手中赶羊的木棍，朝一块石头狠狠打去，棍子折成两段。他把手中的半截棍扔掉，招呼也不打就气哼哼地赶着羊群走了。

“老队长，这些话你千万别说是我讲的啊。”

刘金福望着符海涛的背影，心里暗暗发笑。他抬腕看看表，快12点了，胶工应该施完肥了，自己也该下山了。

刘金福拍拍屁股，丢下还在林段施肥的胶工，一个人顺着公路朝山下走去。

五十一

机关饭堂11：30就准时把饭菜送到了三十六队，在队部门前摆放好。炊事员老廖和老夏一直等到十二点半才陆续有人回来打饭吃。菜只有两样，一样是半肥瘦猪肉煮咸菜，一样是炒青菜，另外还有一桶清汤。这样的饭菜要在平时根本无法咽下去。然而又渴又饿的机关干部，不分男女不分级别，舀起清汤就咕噜咕噜往肚里灌，端起饭盆就大口大口地往嘴里塞往喉里咽——他们又一次尝到了饿不择食的滋味。

吃饭的人越来越多。球场右侧的椰子树、槟榔树和榕树下，到处是端着饭盆狼吞虎咽的机关干部。他们一身泥水，或站着吃，或蹲着吃，或坐着吃。有的干脆盘腿坐在泥地上吃，机关干部养成的斯文和威严在这里一扫而光；而人性最初的单纯和质朴此时则显露无遗。

王秀文很喜欢这样的氛围，喜欢这种氛围下大家无拘无束的样子。因为只有这时，人和人之间的交谈，人和人之间的关爱才不会有虚假或其他成分，也只有这时，机关干部才没有了场长、科长和科员这样的级别大小之分。他真希望现场这种无拘无束的氛围能凝固下来，永远持久下去。

黎文乐端着空盆走过来，说：“秀文，吃饱了没有？我们找个阴凉地方休息。”

“差不多了。”王秀文把最后的几口饭扒完咽下。

“啊呀，秀文，你那个左眼很红啊，还有点肿，怎么回事？”

“咸汗水弄的。”

“没事吧？”

“没什么，只是有点涩痛涩痛。”

“下午施肥别扛得太猛。秀文，你那左眼，我看还是找一户人家用清水洗一洗。”

“嗯。”王秀文把饭盆叠好，塞入塑料袋里，抬脚就朝连队东头路口走去。路口左侧是一幢独立的平房。

快走到平房大门口，王秀文突然意识到什么，站住了。他正想转身，门口出来了一位50多岁的妇女——一个他不喜欢见到的人——郑水秀她妈潘莲芳。

“咦，这不是机关宣传科的小王吗！你找谁啊？”潘莲芳不冷不热地问。

王秀文有些尴尬。之前，这扇大门他进出过很多次，这大平房里的女主人对他也曾很热情很客气过，可还不到一年，这个女主人已经完全变成了另一副模样，连对他的称呼都变了。

王秀文很快恢复了常态，平静地说：“哦，我谁也不找，上午施肥弄了一身泥水，想找个地方用水冲洗冲洗。”

“施肥——”潘莲芳噗地笑了一声说，“哎呀，真没想到你们机关干部也下队施肥来了——”

“你这里要是没水，我到别处去。”

“我这里水多得是，进来吧。”她转身进了房里。

王秀文犹豫了一下，走进了屋厅。

他穿过屋厅，一直走到院子里的水井边才停下来。他环视着只有30个平方米的长方形小院：手摇井泵，一棵笔直的槟榔树，墙角的锄头、畚箕，墙边的铁笼鸡舍，还有那条晾晒过他衣服的粗铁线……院子每一样东西都没有变，这些东西，每一件都能勾起他的回忆。

水秀没走的时候，他每次来到郑家，水秀总是要他陪她一块在小院里摇水，洗衣服，洗菜，喂鸡，清扫；水秀动手，他也挽起袖子和水秀一块干。他们边干活边说笑，两人的手、两人的身体不时地碰在一起挨在一块，那种快乐、那种甜蜜、那种幸福是无法用言语表达的。如今物是人非，过去的甜蜜时光只能在记忆里回想了。

面对眼前的一切，王秀文伤心黯然。他像一根木头，痴痴地站在泵井边。

“哎，你站着干吗？自己不会摇水啊？”潘莲芳踱到大厅后门的门槛边。

“哦——”王秀文失神地握住铁把，压了两下，铁把咣当一声退了出来。

“这摇把你和水秀不是经常一块摇吗，不会使啦？”

“水秀——”王秀文握着铁把又发痴了。

“你说什么？”

“水秀——”王秀文喃喃念着。

“你还想着水秀啊？”潘莲芳神情有些紧张。

王秀文把铁把按在心口，眼眶突然潮红了。

“水秀在广东有没有给你通过电话写过信？”

王秀文摇摇头。

潘莲芳神色放松了下来，说：“小王啊，你别胡思乱想了。水秀去广东不久就谈婚了，对方是一个香港老板，你别胡思乱想了啊。其实，你也是一个不错的青年，你也不用怪她，怪就怪农场穷发不出工资，怪就怪——”

“别说了阿姨，”王秀文恢复了原态，“我有自知之明。”

王秀文把压水铁把插好，转身就走了出去。

“哎，你还没打水洗身呢。”潘莲芳在后面喊。王秀文没有回头，穿过大厅，一直走出大门。

王秀文出了门，没有回队部，一人失魂落魄地拐向东南的一条小路，一直走下去。走下斜坡就是万泉河水边。他每次来郑家，吃过午饭后水秀都会带他来到这里的河边，两人单独处一阵。

河滩水边伏卧着一块大石。他和水秀经常并排坐在这块大石上，两人时而说个不停，时而什么也不说，就静静地坐着，静静地看着清纯的万泉河水，静静地望着万泉河两岸的景色，直到有人下河边来了才离开。

此时，王秀文懵懵浑浑来到河滩，坐在那块褐色的卧石上发呆。

这里的河床很宽，眼前有一段浅滩。午时的河谷空无一人，清亮的河水如玉液，在眼皮下滑动。

王秀文坐在石头上，看水，水中全是水秀的影子；听声，山谷里全是水秀的笑声。

“水秀——”王秀文对着河水禁不住叫了一声。

“哎——”河谷传来了水秀甜美的应答声。

王秀文急忙环顾四周，哪有水秀的影子，河谷依然空空荡荡。王秀文失神望着轻轻滑动的清澈的水体，眼眶又潮红了。

“秀文——”有一个女声在他背后轻轻叫了他一声。

“水秀——”王秀文急忙转过头。

李秋红她不知何时站在了他身后。

王秀文赶紧用手抹了一下脸，恢复了常态，说：“秋红，是你！你也知道这里有河滩——”

“水秀带我来过这里。”李秋红走到王秀文身边，坐在卧石的另一端说，“实话告诉你，我和水秀是高中同桌同学，我们读高中时，水秀就邀请我来过她家，我每次来三十六队她都带我来这里的河边玩。秀文，这么美的一个地方，也是水秀带你来的吧？”

“我——”

王秀文一时无语。

李秋红早知道郑水秀和王秀文谈恋爱，也知道水秀去年10月份去了广东深圳的事，却故意说："水秀呢，她怎么不和你一起来？"

"水秀——她去年10月16日去广东深圳她哥那里了。"王秀文压住内心的伤感，淡淡地说。

"水秀去广东深圳了？"李秋红装得很意外，"哈，这家伙，去了深圳也不说一声。秀文，水秀她说什么时候回来？"

"不知道。三叶这么穷，她也许不会回来了。人往高处走，水往低处流，这是铁律，没人能破——"王秀文内心又伤感起来。

李秋红转了话题，说："我们读高中当学生时，思想很单纯，人也很天真。记得水秀第一次就带我来到这个河滩，我光着脚丫一踩着柔软的河沙和清亮的浅水时，我就不想走了。这里真美啊！美到我不敢下河玩耍，我怕我一下水，它就不见了；我也不敢喊出声来，我怕我一喊出来，它就跑掉了。那天我和水秀就坐在这块大石头上静静地看了很久、很久。呵，那天我真的不想回家了，就想一个人静静地坐在这里，陪着这里的河砂卵石，陪着这里的河水流淌，一直这样陪下去——"

王秀文默默听着。

"我出来机关工作后，经常下队检查工作。我一有机会下到三十六队，就会一个人跑来这里，看一看这条河美丽的样子。有时候我就想啊，我们三叶人为什么这么纯朴善良，三叶农场的女孩子，为什么个个都长得这么漂亮，那是因为三叶人是喝了万泉河水长大的啊！万泉河，她是有灵气的！秀文你说是吗？"

"嗯嗯。"王秀文点点头。他突然发现这个李秋红说话不一般，和他有共鸣的时候。

李秋红望着远方的橡胶林，说："秀文，我每次一来这里，就有一种想写作的冲动，可惜我文才有限，总是写不出我满意的美文来。我很佩服你也羡慕你经常在报刊发表文章。去年3月份，你在《农垦报》上发表的那篇散文《心灵的家园》，写得真好，我看了很多遍，里面有很多句子很优美，我都能背出来了——”

李秋红说着就自个诵读起来：“冬季，是橡胶树落叶的时节。这时候，胶树已经停割，橡胶园寂寞地躺在空旷的山野中；一株株橡胶树，静静地安详地守望着它的家园。此时它特有的三瓣叶片，已从青绿变成了淡黄，那日渐枯黄的橡胶叶，把冬季海南独有的翠绿的大自然，染成了一片又一片的金黄，那绿海中的金黄特别耀眼，让你惊讶不已！

“此时此刻，不论你的心情有多么的糟糕，也不论你的情绪有多么的不好，都会瞬间释然，心情慢慢地平静、安宁下来，仿佛前面是一个神圣的境地，在吸引着你，牵引着你，让你身不由己地款款前行，踏进了一个梦幻般的冬日的橡胶园。

“这时的胶园，寂寥、静默、空灵。盘山行里铺满了一层厚厚的橡胶落叶，人在上面踏行，便会发出轻微而又清晰的声音。那声音，像是一对恩爱的小鸟在枝头上窃窃私语，又像是一位羞涩的少女在原野中对心仪的人轻轻吟唱，是那么美妙，那么动听！

“我突然间明白了，冬日的胶园为什么会这么美，冬日的胶园为什么会带给我宁静与平和？那是因为，我脚下的这片胶园，是养育了我的地方，是父辈和我们这一代人为之奋斗、为之付出青春的地方！这里的每一株橡胶树早已是我生命的一部分！它们的乳汁早就已注入了我的血管，和我的血液一起流淌！人有了这样的经历，有了这样的情感，才会有这样的感受。

“其实，不论你身在何处，也不论你说的什么方言，当有一个地方，能让你的心灵安静、平和下来，那么这里就是寄托着你灵魂的土地，这里就是你心中的故乡，就是你心灵的家园！”

李秋红背完最后一段，两眼已含满了泪水，整个人都沉浸在了散文所描绘的意境中。

王秀文在心里也一句一句跟着李秋红默读，听完后他暗暗吃惊——竟然一字不差！他没想到去年2月份去林段搞春管有感而发写的一篇散文，在三叶还有一位姑娘至今还记着，而且还能全文背诵出来。

他心里涌起一阵阵感动，说：“秋红，我写得不好，谢谢你的欣赏和诵读。”

刚才还很失落的王秀文又有了精神。

“秀文，我也谢谢你为我们农场橡胶园写出了这么优美的文章。”李秋红扭头看着王秀文说，“秀文，你这么会写文章，我想跟你学习，你教教我，好吗？”

“我——”王秀文脸红了。

“怎么，不愿意教我？还是我不够格？”

“不是，不是——”

“那为什么拒绝我？”

王秀文避开李秋红咄咄逼人的目光，故意转了话题说：“秋红，上次你叫朋友去阳江替我爸拿药的事，我很感谢你，也很感谢你的朋友。我想问一下，你的朋友叫什么名字，我想当面谢谢他。”

李秋红恢复了常态，抿嘴一笑，说：“我说过，举手之劳不用谢。我的朋友，他也像乐哥一样，很乐意帮人。他之前开车带邻居的小孩去红色村，还带机关一位阿婆去过接骨阿公家，他懂路。我已替你谢过他了，真的。”

“秋红，那15块药钱——”王秀文说着就伸手掏钱。这15块钱他身上一直带着，一直想找个时机还给人家。

“秀文，那15块钱，算我的一点心意，可以吗?”

“这——”王秀文怔住了。

连队方向响起了出工的广播声。两人起身离开河滩，返回了连队。

五十二

劳累了一个上午的机关干部听到了下午出工的喇叭声，三三两两或从树头下或从职工家中走出来，到队球场集中。

机关干部像一支打了败仗的散掉的队伍，拖拖沓沓、衣衫不整，面容愁苦。他们与精力充沛跃跃欲试的胶工们成了鲜明的对比。

上午挑肥挑怕了的机关干部一见到胶工就问下午施肥的林段远不远。

胶工总是回答说：“不远不远，就在对面的陀螺山上。一出连队，过了桥就到了。”

一听说下午施肥的林段很近，机关干部才稍稍松了一口气，跟着胶工去仓库领肥。力气大的扛半袋多一点，力气小的扛小半袋。上午体验过负重爬山的辛苦后，下午没人再敢单独扛一袋肥上山了。

当他们跟着胶工向东北走到陀螺山脚下时，一个个都傻了眼——上午爬的山虽然高，但还能看到顶。这个陀螺山却不知道山顶在哪儿，整个山体如刀削斧劈，一眼看上去，山体几乎垂直而下。这样的山不用说负重往上爬，就是空手上去也令人心怵。

先头到达的小组只有胶工挑肥上山，机关干部个个把肥撂下来，在山脚下犹豫观望。

“我的天啊，这是什么地方啊？上次扶树我们没来过这里啊!”伍华边说边摇头，“这是什么山啊，这么陡啊！都快垂直了，叫人怎么爬啊？”

“这么斜的坡，人要是在上面失了脚，那还不从山顶一直滚到山脚啊！”龚小兵抬头望了望说，“这样的山谁敢爬啊？”

“这个韩场长，把机关干部拖到这里来施肥，这不是存心要我们脱掉一层皮吗？”谭东忿忿骂道。

“脱皮？今天才开始，后面还有6个队等着哩！”赖振春无力地说，“等施完了肥，别说脱皮，我看骨头都要断掉几根！”

卢海川摇摇头说：“等施完了肥，大家都回家睡大觉，不用去上班了！”

“这个样子下去，我真不想当机关干部了。”莫雄苦着脸。

“他妈的，叫他韩劲松先扛肥上山。”谭东又气愤地骂起来。

“谭东，你小声一点，想下岗啊！”莫雄左右张望了一下，突然压低嗓门说，“喂，大家都别说了，韩场长来了。”

这群坐在路口发泄不满的年轻干事们立刻缄口不言了。

“你们怎么回事？都坐在这里堵路口，让后面的人怎么走？”韩劲松也扛着半袋肥走过来，一来就不客气地说，“要坐坐一边去，不要堵路口影响工作。”说着也把肥撂了下来。

伍华嘻嘻笑道：“场长，我们正在研究怎么把这个肥扛上山去。”

“对对。”谭东接过话茬，“场长，你看这山又高又斜，实在是不好走哇。”

“有什么好研究的，胶工都上去了，跟着他们走就行了。”

“嘿嘿，场长你是不是先给我们做个示范？”谭东皮笑肉不笑地说。

“做示范？”韩劲松怔了下。他不说话，突然叉开两脚，弯腰抱起刚撂下的半袋肥，猛地往肩头上一撂，又一抖，肥料平衡了就一声不响地往山上走去。

众人面面相觑，都看呆了。

“场长都上山了，你们还等什么？等着扣工资啊！”高广东第一个动起来，扛起自己的肥袋跟着场长往山上爬。

“场长扛肥走了，我们怎么办？”莫雄摊摊手小声说。

“你这个笨蛋，场长扛他的肥走，你就扛你的肥走呗。”

众人一齐笑起来，纷纷扛起肥向山上走去。扛肥上山的队伍，犹如一条受伤的大蟒蛇，呈“之”字形缓慢地向山上爬行。

如果不是来西线三十六队施肥，很多机关干部压根就不知道本场内还有这样一座陡峭而奇异的陀螺山——它由五座尖峰组成。五个山峰由东北向西呈螺旋状向上排列，一峰倚着一峰向西面偏转。难怪从山脚望不到山顶，原来山峰背后还有山峰啊！

上山的羊肠小路虽然呈“之”字形，但几乎是沿着山脊往上延伸。山脊的一侧是种满橡胶的陡坡；另一侧则是连人都站不稳的长满藤刺杂树的斜壁。

扛肥爬山的机关干部没人敢说话，更不敢四处张望，个个神经绷得紧紧的，两眼紧紧盯着脚下的羊肠小路，生怕踩歪了，滑脚了从坡上滚下来。肩上的半袋肥似乎不是四五十斤，而是七八十斤上百斤，压得人直喘大气。他们每爬上三四个梯田就不得不停下来，放下肥袋缓口气再继续走。

羊肠小道向上延伸，过了半山腰时向左转入一个拐角，这里有一块巨大的岩石朝山壁外凸出，悬在山体外。这块巨石和楔入山沿的小道构成了一个面积不小的平台。平台上坐满了第一波扛肥到这里的机关干部，他们个个精疲力竭，连说话的力气都没有了。

这个时候，他们才敢回头望向自己刚才爬过的坡路。

“我的天啊，这是爬山吗？简直是爬梯子！”伍华心有余悸地说，“真是不看不知道，一看吓一跳啊！等会我们怎么下去啊？”

“怎么下去，滚下去呗！”龚小兵笑道，“你这五短身材，身子一缩，手脚一抱身体就是一个圆球了，不就可以滚下去了吗。”

“我可以滚下去呀，像你这瘦干巴的竹竿身材又怎么滚呢？”伍华回敬道。

谭东指了指山脚下的溪流说：“这容易，叫小兵站在石头边闭着眼睛往下一跳，最多十几二十秒就咕噜一声掉到下面的水沟里了，比滚下去还快呢。”

莫雄站起来伸头望了望，吐了吐舌头，说：“哇，山底这么深，万一跳下去掉不进水里怎么办？”

卢海川笑笑说：“怎么办？掉不到水里你就可以回家永远休息了，不用再去施肥了。”

“哈——哈——哈。”众人大笑起来。

莫雄坐下来说：“我可不想跳下去回家休息。”

“不想回家休息你就多扛几斤肥啊。”谭东踢了踢莫雄坐的肥袋，说：“看你一身肥肉，就扛这几两肥，还有一点男人的阳刚之劲吗？”

莫雄红着脸说：“什么几两肥？起码有20斤。”

众人又大笑起来。

高广东说：“不用叫他多扛了，再多扛几斤，不要说阳刚了，回到家里我看他什么都阳萎了。”

众人笑得更厉害了。

“咦，我们是跟着场长后面上来的呀，场长去哪了？”莫雄为了避免大家再拿他当目标，转移了话题。

他这么一提醒，大家的目光随着山径搜寻起场长来。

韩劲松在离他们不远处一个看似洞口的地方和几个胶工席地而坐，歇息聊天。

他们屁股下坐的是一条平底水沟。这条不知怎么形成的平底水沟有三四米宽，与两座山体衔接相通，成了两山之间的唯一通道。水沟由东北向西弯弓延伸，几乎是垂直倚着整条水沟的崖壁面上长出了密密麻麻、大大小小的山木，手臂粗细的藤蔓缠着树枝树叶悬空垂下，遮天蔽日，形成了一个三四十米长的绿色“隧道”，成为胶工休息乘凉的绝好场所。

韩劲松掏出烟，挨个递给胶工。他递完了又替身边的一个胶工点着烟，才说：“同志，你扛着一袋肥从山脚一口气走到这里，不简单哪！”

“哇，什么烟那么香！”这胶工边吸烟边撩起没有纽扣的衬衫衣摆，不时抹着额头上的汗水说，“这陀螺山呀，我是天天割胶天天爬，爬了七八年，我这两条腿都快成铁腿了。扛一袋肥上山算不了什么。哎，你是机关哪个科室的？我很少看见你呀！”

“我、我是办公室的，西线这边我来得不多。”

“噢——哎，你能扛半袋肥一口气走到这里也不简单哪！你看大石头那边坐的这些机关干部，跟我们几个人是一组的，他们走走停停、停停走走，像蚂蚁走路，还比不过你。不过话说回来，这山坡也太陡了，没爬过山的人，空着手上来腿都要发抖的。唉，你们跑到西线三十六队来施肥也太难为你们了。”

韩劲松笑笑，说：“上午施肥，跟你一组的机关干部表现怎样？”

“我开始以为他们是来玩的，谁知他们个个都是认真的。我2号位有一个山头很陡，我以前施肥，山顶那两行我是不施的。可他俩非要扛肥上去施不可，说要株株施到位。还说这是新场长叫这么做的。这个新场长也真够狠的。不过话说回来，你们这么做也对，肥都施到橡胶树头里去了，今年胶水肯定会多，我们胶工拿的钱自然也就多啦，你说是吧？”

“对对。”韩劲松笑了笑说，“同志，你对农场今年施行的割制改革有什么看法？”

“你是说扩大岗位，三天一刀吧？从道理上讲，这种割法好处很多，胶工收入肯定会比去年提高。不过话说回来，工资再高发不出来也没用啊。哎——你说，农场今年会不会又像1997年那样发不出工资啊？”

韩劲松沉吟了一下说：“我可以给你这么说吧，今年不管经济有多困难，农场也要千方百计保证一线工人的工资。”

“那就好！那就好！不过，话说回来，你刚才讲的话我们何队长在会上也讲过，这些话——哎，你在机关是个什么官，你说的话算不算数？”

“这不是我说的话，这是场党委向全场胶工做出的郑重承诺。”

“是吗，场党委是这么讲的？”胶工丢掉手中的烟头，有些激动起来说，“我们的要求也不高，每个月能领到工资就满足了。你们没割过胶不知道胶工辛苦啊，我们每天三更半夜起床上山割胶，要很辛苦很辛苦才能挑一担胶水回来啊！不过话说回来，辛苦我们不怕，去年下半年没钱领我们也照样割胶。这山上一大片的橡胶树全是我老爸那辈人种出来的，现在交到了我们这代人手里不能丢荒了，你说是不？”

韩劲松一时语塞，不知如何回答。这是一番怎样的话呢——朴实而饱含企望。这种朴实是那样的可贵，而这种企望却又是那么的低微，低微得让人心酸。他心里感到有些沉重——如果他们这一届班子不能把三叶农场的局面扭转过来，还让胶工在付出艰苦的代价后仍领不到维持生计的工资，那真是无颜面对这些勤劳、朴实而善良的胶工呵！

胶工重新扛起肥，又腾出右手攥住韩劲松的半袋肥说：“那边山坡度更大，我帮你提肥上去。”

多好的胶工呵！韩劲松要过肥袋，扛上肩头说：“谢了，我能扛上去。你前面走，我后面跟，咱一起上。”

俩人倾着身，一步跟一步朝“隧道”深处走去，其他胶工也扛起肥跟了上来。

他们穿过绿色通道，向西钻出来就踏着了第二座山峰的山腰。这山腰上下全是成片的橡胶林。他们还要沿着盘山行穿过山腰向第三、第四座山峰走去。

“我看见场长跟胶工走了，我们也走吧。”在大石块这边坐着的谭东第一个站起来，扛起自己的肥袋说，“胶工不停下来施肥，我们就还有一顿爬呢。”

伍华也站起来，“小兵，我们也走吧，继续去攀登施肥高峰吧。”

坐着的人陆续站起来，扛起自己的肥袋，迈着沉重的脚步朝刚才场长坐地歇息的洞口走去。

爬了陀螺山，机关干部才开始真正体验到负重爬山的危险和辛苦。男的把半袋肥扛到目的地后已累得精疲力竭，坐在草地上连话都说不出来，一动不动坐了一二十分钟才缓过神来。女的费了九牛二虎之力把两小桶肥挑上来后，回头张望爬过的坡路，吓得不敢再下山挑第二趟肥，除了李秋红外，个个赖在林段里死活不肯下山，留在林段里帮胶工培土。

第二次下山的男同志再扛肥上山时，脚底下像踩着了棉花——两腿软绵绵的。第一次能爬上的斜坡，这次怎么也上不了。非要人拉一把才能上；第一次要爬四五个梯田才歇脚的，这次爬了两三个梯田就不得不停下来喘大气。有几个不知是脚腿乏力还是脚下打滑，连人带肥从坡上滚到梯田里。他们滚下坡的时候动作和神态虽然很滑稽，但没有人笑，人们只是回头瞅了一眼，看滚下的人没什么大碍又扭回头专心爬坡去了。

太阳没入西山时，大多数机关干部才把最后一把肥施入林段里。施完肥的机关干部都没有下山，他们三个一群、五个一伙坐在梯田里，坐在草坡上面向连队方向歇息。谁也不讲话，静静地感受着傍晚清凉山风对疲惫身躯的抚慰，静静地遥望着被晚霞抹得色彩斑斓的巍巍群山和莽莽胶林。

群山胶林怀抱中的三十六队，在他们居高临下的俯瞰中显得格外清晰——挺拔的椰子树，笔直的槟榔，白色的屋舍，袅袅的炊烟，在球场上玩耍的小孩……一切是那么平静，那么温馨祥和。

眼前的一切，让所有的人忘记了疲惫，忘记了思维，也忘记了回家。

“叭——”运送机关干部的汽车喇叭响了，在寂静的山野中格外刺耳。它提醒了那些还在陀螺山上坐着的人们：天晚了，该下山回家了。

人们很不情愿地站起来，拍拍身上的尘土，一个挨着一个小心翼翼地往山下走。今天他们从这座山走下去，明天还要去爬另一座山。

五十三

天刚擦黑，韩劲松才开车从三十六队回到招待所。

他刚下车，值班室的服务员小玉就小跑过来急促地说：“场长，局里有一位领导打电话找你，他还没挂机呢，你快点去。”

韩劲松快步走进值班室，拿起话筒：“喂，您好，我是韩劲松啊——”

“噢，是小韩啊，我是廖副局长。我下午打了几个电话，都说你下队去了。”

“廖副局长，是这样的，今天全场统一施肥，机关干部全部下去了。我也下去转了转，刚刚才回来。”

“你们辛苦了！我找你是想跟你了解一些事情。你到三叶后，搞的五项改革、四项清理这些材料我都看过了，总体上说是可行的。但是近来我们收到一些群众来信，反映你到三叶后，刚愎自用，独断专行，搞改革清理就是减工资、搞下岗，就是把农场的资产贱卖掉，是这回事吗？”

韩劲松心里咯噔一下沉重起来，说：“廖副局长，目前国内的橡胶形势和农场财务支出你是知道的，如果不下岗分流，如果不搞效益工资，怎么能减亏增效？农场的一些小项目，像那些胡椒、椰子、槟榔等等，农场还要年年倒贴，光是这些东西，我们一年就要净亏20来万啊！廖副局长，这些小项目我们都公开竞标给卖掉了，卖给职工经营，农场收地租，双方都得益啊！再说这么做也是符合中共十五大报告说的抓大放小、有所为有所不为的精神的。”

“听说你们还准备拍卖橡胶中小苗呢，这也是抓大放小、有所为有所不为吗？我告诉你小韩，中小苗是国有资产，是农场支柱产业的后备力量，你把它卖光了，以后农场还拿什么生存？”

“廖副局长，我们并不是要把橡胶产权卖掉，只是想把管理权和生产经营权下放给职工搞长期承包，中小苗投产后，产品三七或四六分成，目前——”

“我不管你搞什么承包有多少分成，拍卖中小苗的问题涉及国有资产流失，涉及农场今后生存发展的大问题，你们现在必须终止这个计划，否则由此而产生的后果全部要你负责，你也负不起这个责任！小韩，我说的话你听清楚了吗？”

“是——”韩劲松拿着话筒，机械地应了一声。

“还有，那些下岗和分流的干部职工，你们必须妥善安置好。现在整个农垦都处在困难时期，有一些农场就是因为没有妥善安置好下岗分流人员，结果他们集中上访，给农场、给社会带来了不稳定因素，造成了很大的负面影响。希望你们三叶农场不要出现这种情况，妥善处理好改革与稳定的关系，不要搞改革搞出乱子来。”

“是！”韩劲松又机械地应了声。

“咔嚓”，对方挂了电话。

韩劲松仍攥着话筒木木站着。

“韩场长，开发办主任徐克坚还在二楼上面等你。”小玉在门口轻轻地提醒。

“噢，噢。”韩劲松放下话筒，走出门，步履沉重地朝楼梯口走去。

他跨上楼梯台阶，走了几步，突然从拐角处冒出一矮胖一高瘦两个中年男子挡住了他的去路。

“韩场长，我们找你很难啊，今天总算找到你了。”矮胖男子冷冷地说。

“你们是谁？找我有什么事？”韩劲松愣了一下，很快就镇定下来。

瘦高个说：“韩场长，我俩今天不是要来打你杀你的，而是来找你要工干、要饭吃的！”

农场自3月份裁员以来，几乎每天都有人到办公室或直接去招待所二〇三房找场长；而在楼梯过道拦堵他的，还是第一次碰着。

“有什么事，我们到房屋里坐着说。”

“不行，今天你就要在这里把话讲清楚，不然的话，今天你要么就别上去，要么就踏着我俩的身体走过去。”瘦高个阴沉地说。

“好吧，你们两个是怎么回事？说吧。”

“我是二十九队原队长韦小宝，”矮胖子先说道，“我勤勤恳恳在农场干了十几年，没有功劳也有苦劳，可你们一个文件下来，就取消了我的队长职务，就把我给分流了，不讲一点理由，我要问一问，你们是共产党还是土匪？”

“你又是怎么回事？”韩劲松指着瘦高个问。

“我是红旗作业区电工姚家雄。老子在农场干了十几年电工，现在说取消就取消。主任叫我承包区里的水电，可全区就二十几户人家用水用电，我承包个屁呀。我下岗了还不算，我老婆也跟着下岗了！我一家两个人下岗，还要不要人活?”

“你老婆也下岗了?”

“我老婆是红旗区五队保育员，3月份农场下了一个文件，说队里的幼儿园不足5个小孩入托的，取消专职保育员。队幼儿园本来有十几个小孩入托，今年农场搞什么割制改革，一下减了十几个聘请胶工。大人走了，小孩也跟着带走了，幼儿园眨眼就少了八九个小孩，现在还剩下4个，我老婆就这么下岗了。干部下岗还有98块钱生活费领，我们下岗可是分文没有！韩场长，你说我这一家三口怎么过？你还管不管下面工人的死活?”

“队里没给你老婆安排什么工作吗?”

“安排了，叫她割胶。我老婆读幼师的时候，就戴了300度的近视眼镜，你叫她怎么割胶?”

韩劲松思索了一下说：“姚家雄，农场这次搞减员增效有一条原则，就是夫妻两人不能双双下岗。你的情况确实比较特殊。这样吧，你给我两天时间，两天后，我保证你夫妻中有一人上岗。农场再困难也必须让每个家庭有饭吃。”

“这——是真的?”

“我是场长，说话是算数的。”

“韩场长，要安排就安排我老婆，她是中师毕业的，有文化，就是身体一直不太好，我最放不下心的就是她。她稳定了，我不要农场安排，我自个出去打工，不敢说发财，凭我这电工技术，起码我能养活我自己。”

“这样吧，家雄，我先去了解一下。如果你老婆确实是中师毕业的，我们会考虑她的特长安排她的工作，行不行?”

“那——谢谢韩场长！”姚家雄声音有些颤抖，“韩场长，我是个粗人，说话没分寸，刚才我说的话，你当我放了个臭屁！”

“你说得好，你不说我还真以为三叶太平了。”韩劲松轻轻叹了一口气——看来，这下岗分流的人员还得重新审核一下，看还有没有夫妻双双下岗的，还有没有家庭特别困难的，这项工作做得不细真是要出乱子的。

“韩场长，他的事情解决了，我的事情怎么办？”

“组织上为什么要取消你队长的职务？”

“说我擅自离岗两个月。”

“离岗两个月，按企业职工管理条例是要开除你的，把你给分流了还是轻的嘛。”

“开除？1997年半年多没发工资，我不出去开车挣点外快，你让我全家活活饿死呀？”

“那你把车开下去不就行了。”

“哎——车主说现在没什么事干了，我不回来待在那里等死啊。”

“你左也是死右也是死，分流出来也许能绝处逢生呢。”

“那也不能把我这个队长一下分流出来管中小苗啊！”

韩劲松笑了笑——韦小宝的底细他早已清楚，说：“你当队长之前是干什么的？”

“当副队长。”

“当副队长之前是干什么的？”

“管中小苗的。”

“这就对了嘛。管中小苗，每个月都有一定的收入，管得好的话，年终还有增粗奖呢。再说管中小苗轻松，有空闲时间，你会开车，还可以买辆三脚猫兼着干不是很好吗？”

“这……我、我说不过你。不过我告诉你韩场长，你们不处理好我的事情，我今天就不走了。”

“不走就都跟我上楼去，咱们进屋里坐着喝茶慢慢聊。”

“场长，我要回去了，我老婆还在家里等我呢。”姚家雄又道了谢就匆匆走了。韦小宝见“战友”不辞而别，愣了一下，也悻悻地走了。

不知是身心疲惫还是心情过于沉重，韩劲松在楼梯口站了几分钟才走上去。他拐入右边的走廊，看见徐克坚斜靠在栏杆上歪着脖子对着二〇三房大门悠然地抽着烟。

“韩场长，是谁在楼下大声嚷嚷啊？”韩劲松没走近徐克坚就直起身问。

“这种事我天天碰着，都是些杂七杂八的事。”

韩劲松开了房门，俩人进屋里相对坐了下来。

“场长，我在这里可是站了足足一个小时啊。”

“徐主任，找我有什么事？”

“我是向你讨尚方宝剑来了。”

“跟我讨尚方宝剑？是不是清理土地遇到了困难？”

徐克坚把烟头摁入烟灰缸里说：“从3月底我们下去丈量土地以来，我就有一个想法。”

“什么想法，你说。”

“韩场长，去年农场7个月发不出工资，三叶的干部职工没有怨天尤人；他们还没有喘过气，农场又接着来搞五项改革、四项清理，很多人下岗分流。他们为了生存自救，把农场未利用的边角地、五边地都开了出来种胡椒、种水果；把一些水沟洼地挖宽筑坝养鱼，举全家之力自行消化农场经济危机和这次搞改革清理带来的困难与影响，这虽然是无奈之举，但也或许是三叶职工今后的一种发展趋势，我认为农场在这方面要鼓励、扶持和加以引导。”

“徐主任你说下去。”

“场里这次清理职工自营经济用地，我明白农场的用意，就是先把土地丈量出来，理顺经营关系，规范土地管理，然后收取一定的地租，增加农场的收入。我们这次下去清理土地，我发现干部职工开出来的这些边角地、五边地大都是一些石头坡地，或是一些零星的地块，很多是一些比较差的地块。我个人的想法是，我们将来在收取地租的时候，要按地块分类收取，对下岗职工、对自谋出路的职工，要给予一定的优惠——”

“这个事情我有考虑过，等你们清理完土地后我们会开会研究讨论。”

“我现在就要求你在这件事上给我一个明确的定调。这就是我要向你讨的尚方宝剑。这柄尚方宝剑你现在给了我，我们下去清理土地时可以顺带宣传农场的职工用地政策，这个政策是鼓励和扶持职工发展自营经济的。职工理解了，配合了，我们的土地清理工作就会顺利进行。否则，就有可能出现一些隐瞒土地、阻挠丈量的现象，给清理工作制造麻烦和障碍，影响清理工作开展。”

韩劲松沉思一下，说：“好，你谈的这件事我现在就给你明确表态，农场会按这条思路鼓励和扶持职工发展自营经济，你先放开手脚干吧。”

“韩场长，我这个人说话做事古板，用海南话说就是落古，人家就给我取了个外号，叫‘四方脑’，因为这个，我过去得罪了不少人。这次你叫我扛旗清理土地，今后你还要规范土地管理，按土地类型收取土地费，这些统统是得罪人的差事。我这个人没后台没背景，你得给我撑腰啊！”

“清理土地是党委作出的决定，不管涉及任何人你都不要怕，照章做就行了。谁说你徐主任没有后台背景？党委就是你的后台，党委就是你的背景！你有什么困难，有什么要求，可以直接来找我和李书记。我们一定为你撑腰！”

“好！有你韩场长这句话就够了！场长我走了。”徐克坚站了起来。

“哎，光顾说话忘了泡茶，坐下坐下，泡杯茶喝了再走。我这里有两斤人家送的好茶。”

“场长，你身上的汗味太臭了，赶快洗澡去吧，你的好茶我改天再来喝。”徐克坚头也不回地走出了大门。

徐克坚一走，韩劲松耳边又响了廖副局长那番语气平缓却措辞强烈的话。他思索了一会，拿起话筒，给江浩成打去电话，要经管科暂停中小苗转制试点计划。

肆

五十四

黎文乐从连队施肥回到科研楼时，天色已黑。

“你们去哪施肥了，这么晚才回来？我们市管办不到6点钟就回到家了。”一直站在门口等候丈夫的黄桂芳把黎文乐迎进了家里。

疲惫不堪的黎文乐仰靠在木沙发上说：“机关干部今天都在三十六队施肥。这个队的山真高啊！爬山施肥真累啊！桂芳，倒杯温水来，我要吃药。”

黄桂芳赶紧倒来一杯温水：“血压又升高了？”

“头有点痛，心跳也不正常，胸口老是发闷。”黎文乐从湿透的裤兜掏出降压药卡托普利，又从茶几上拿过维生素B6、脑络通药瓶，逐一拧开盖子，就着水每样吃了一粒药片。

“老黎，你身体不好，明天就不用去施肥了。”

“大家都去了，我一个人坐在家里吗？去锻炼一下也好。唉，你不下去施肥不知胶工辛苦。等肥施完了，我要写一首诗歌，写一首赞美割胶工人的诗歌。”

“老黎，写诗歌的事以后再说吧。屋后水渠里养的鳖今天没东西吃了，有几个大鳖还打架，你咬我我咬你全身是血，你去看看吧。”

“鳖打架了？你怎么不早说。”黎文乐直起了身子。

“你一回来又说头痛又说心脏不正常，又说要写诗歌，我哪里插得上嘴。”

“好了，好了，你去拿水桶和手电筒，我们出去捡一桶螺回来应付一下。”黎文乐站了起来。

“这么晚了还去捡什么螺？你不要命了！快去冲凉吃饭才是真的。”黄桂芳不理会丈夫的话，说道，“你这100多个宝贝鳖从春节养到现在还没断过顿，龟鳖命长，饿一两天死不了。”

“你听我说桂芳，这些鳖一顿都不能饿，一饿它们就会相咬，会咬死鳖的。”

“谁说的？”

“养鳖师傅告诉我的。我们养的鳖，大的有半斤重了，小的也有二三两了，死一个就是丢掉几十块啊！”

黄桂芳沉默不语。

“农场经济形势不好，今后怎么样谁都看不清楚。咱银行里没什么钱了，今年就算有工资发，我们两个工资加起来也只有四五百块，我每个月吃药要花钱，阿珠在市里读书要用钱，她今年要考上大学还要花很多钱，我们再怎么省也只能省出她的伙食费，学费从哪里来？还得要靠这100多只鳖啊。”

黄桂芳叹了一口气，转身走进厨房。一会，她左手提着一个红色大塑料桶，右手攥着一支手电筒走了出来，一声不响走出了门。

黎文乐赶紧关门跟了上去。

“这才是我的好夫人。”

“好个屁！跟你养鳖以来，每天下班回来不是下鱼塘就是钻水沟，星期六星期天还要坐着你那辆破车像发神经一样到处去捡螺抓鱼抓虾，我真倒霉透了！明年卖了这批鳖，不准再养了。”

“好的，好的，我听夫人的。”黎文乐接过妻子的手电筒，“你走前，我在后面照路。”

“天黑咕窿咚的，我们去哪里捡螺啊？”

“汽车队后面有个大水塘我们没有去过。这么大的水塘肯定有螺。我们去看看。”

“快走快走。”

“好嘞，走，捡螺去——”黎文乐边走着边用琼剧腔唱起了来：“夫人啊，你走前来我走后，夫妻双双把螺捡——”

扑哧——黄桂芳忍不住笑了。

两人一前一后朝黑夜深处走去。他们沿着一条小便道，走了十来分钟便走到一个水塘坝上。

黎文乐把手电筒交给妻子，自己脱下酸臭味很浓的长衣裤，从坝基小心滑下了水。水很深，他向前蹚了几步，塘水就浸到了胸口。

黄桂芳手中的电筒一直照着丈夫。不知怎的，她突然想起这个水塘以前淹死过两个小孩，大家都传说水塘里有水鬼……她心里一下恐惧起来。

“老黎，你要小心点啊。”

黎文乐朝妻子咧着嘴笑，慢慢横向移动，水底下的两只脚在淤泥中一点一点地踏踩摸索，踏着石头或是杂物就滑过去。突然他右脚脚趾触碰到一个尖刺一样的硬东西。凭经验，他心知这是一只螺的屁股尾尖。

黎文乐用右脚小心把“尖刺”周围的淤泥撩开，这螺露出有半截身了，就张开嘴猛吸了一口气，“扑”地沉入水底，黎文乐用手抠出螺抓住它浮出了水面。

黎文乐把螺举得高高的，大声叫：“桂芳，你看，有螺！有螺！”

“我看到了。”黄桂芳应了一声，却没有一点惊喜，此刻她只担心丈夫的安全。

“又踩到一个了。”黎文乐把手中的螺用力甩到塘坝上，人又沉入了水中。

哗啦的水声响过后，夜色下的水塘如死一般的沉静。

“嗷嗷……嗷嗷”不知哪个角落传出了长脚蛙的尖叫声。水塘右侧，一丛竹子沙沙摇曳，像是有两个黑影在竹丛里晃动。

她身体怵了一下，大声惊叫：“老黎！老黎！”

黎文乐沉入水中的地方没有动静。

黄桂芳紧张起来，两眼死死瞪着丈夫潜水的位置开始默默数数：“一、二、三、四、五、六……”

她默数到十时丈夫没有浮出水面，又接着重新数：“一、二、三、四、五、六、七、八、九、十——”

“哗——”黎文乐突然浮出水面，右手举着一个比撑开的巴掌还要大的肥螺，兴奋地说：“桂芳，大螺！大螺！”

“做么这么久才浮起来?”

“这个螺大，藏得深，抠了好一阵才抠出来。”

“哎，注意捡螺，我丢上去了。”黎文乐把手中的螺扔上塘坝又沉入了水里。

这水塘很多年没干过水，塘底的淤泥又肥又厚。又不知谁丢下了螺种，塘底下长满了大大小小的螺。只半个小时的工夫，黄桂芳就拾满了一桶螺。

“哗——”黎家乐手里抓着螺又浮出了水面。

“老黎，桶装满了，快上坡。”

“我再摸两个。”黎家乐摸得正兴起。

“半个都不行，明天还要施肥，快点上来，我肚子饿了——”

黎文乐这才想起晚饭还没吃呢，他赶紧爬上岸，身子湿漉漉的就穿上了衣服。穿好了衣服又弯下腰摸摸桶里的螺，说：“这桶螺够咱们的鳖吃两天的了，以后抓螺就来这个水塘。”

“晚上我不来了，也不准你来。”

“你怕水鬼呀?”

“你才怕水鬼呢！快走快走。”

两人一人一边手提着沉沉的塑料桶往家走去。

手电筒的光线已经暗下来，两人在黝黑的夜色中小心地行走。四周很安静，天上的小星星不时地挤眉弄眼，像一群顽皮的小孩在好奇地看着人间这两个捡螺人。那颗最大最亮的星星一定是动了恻隐之心，它不停地闪烁，似乎是想用星光照亮他俩回家的路。

“夫人啊！你走前来我走后，夫妻双双把家还——”

黑夜中，黎文乐那沙哑的琼剧唱腔又响了起来。

五十五

农业综合开发办是韩劲松特批的唯一不用参加施肥的部门。然而开发办的7名成员每天要跋山涉水，一个队一个队地去清查丈量土地，比施肥还要辛苦。这次大规模清查私人用地，意味着将要改变私人无序经营农场土地的状况，将直接触动到职工群众的利益。因而丈量土地的机关干部成为下面不受欢迎的人，徐克坚更是成为众矢之的，所有不满的情绪全部泼向了他一人。

在这样的特殊时期有这样的反应是正常的，徐克坚并不在乎，他自信有能力化解掉这些反应。而他真正担心的，是那些来自内部的压力。昨天他去场长那讨尚方宝剑，其实是想探询一下韩劲松对他放开手脚干的态度。韩劲松的明确表态，终使徐克坚下了最后的决心——不管清理土地的难度有多大，他都要义无反顾地干下去，直至全面完成。

徐克坚这么拼命干除了他的个性使然外，还有一层原因，就是他坐了快十年的冷板凳，只有韩劲松来了才器重他重新起用他，因此清理土地这项工作不论有多难，他都要认真做好，以报新场长对他的知遇之恩。

这天一大早，徐克坚就赶到开发办，给他的6位属下安排今天的工作。

“今天我们要去的单位是十二队。这个队可是块硬骨头不好啃啊！你们知道我为什么要这么说吗?”

属下们面面相觑。

“我告诉你们，有人偷偷跟我说，十二队队长蒋汉民，他去年底利用职权占了一块丢荒的农场苗圃地。这是一块人人都想争的好地啊。十二队队长是咱们周副场长的一个什么地瓜藤亲戚，我们今天去十二队，第一个就去丈量他的土地。这可是个马蜂窝啊，今天叫你们去捅马蜂窝，你们怕不怕?”

6个属下没人敢表态。

“十二队这个骨头我们只要能啃掉，以后的工作就容易做了。这个骨头要是啃不掉呢，我们接下来的工作可能就不好做了。当然，我们下去不光是要清理丈量土地，还要宣传农场这么做的意义。翁德平，你说说，我们这次清理土地有哪些意义?”

“清理丈量土地就是要收取土地费，为农场增收。”

“还有呢？”

“……”翁德平抓抓后脑勺答不上来。

“杜艳，你说。”

“韩劲松叫我们爬山越岭搞土地清查，不就是想要从职工身上割点血出来吗——”

“停停！杜艳你别说了。罗明辉，你是副主任，你说说。”

“农场这次清理土地，一是要摸清全场私人用地的基本情况，为农场决策提供依据；二是对职工自营经济用地进行规范管理。你要用地，就要经过审批，就要办理手续合法经营，不能乱占乱用。三是为职工发展自营经济找出一条好的路子。”

“大家听听，罗明辉不愧是我得力的助手。再听听你们说的话，啊，杜艳，如果你都是这样跟职工解释土地清理工作的，就有人要把我徐克坚生吃了你信不信！”徐克歪着脖子用手指点着几个手下说，“你们都给我听好了，农场这次清理土地，其目的就是罗明辉副主任说的这三点。你们明白了吗？”

“明白了。”手下人有气无力地回答。

“大家都记着了，今后职工群众要问你们，为什么要清理土地呀？你们就按罗副主任讲的三点这么说，尽量消除群众的误解，尽量减少一些阻力，争取在8月底9月初前把这项工作完成。后天就轮到十二队施肥，我们啃十二队这块骨头只有两天时间，大家一定要拿出干劲来好好干，干好了——”

“干好了你发点油钱给我们吧！”翁德平不满地说，“我们领这点工资，每天开自己的车下队，我还要拉着杜艳下去，为农场清查土地，车辆损耗不算，油钱还要自己掏，换了谁也没这么高的觉悟。”

“发点油钱？你们就这么点想法啊？我告诉你们，干好了，我徐克坚年底给你们每人发一台彩电！怎么样啊？嗯？”

“徐主任，你吹牛吧你？”

“你们干好了，年底我若不兑现这句话，我这个开发办主任就不当了！走，跟我进十二队啃骨头去。”

徐克坚骑着自己那辆红色的狗仔车，带着三辆摩托车六个手下往十二队开去。

十二队是东线最远、土地最平坦的一个队。由于这里地势平坦，土壤肥沃，家家户户都发展种植业和养殖业，十二队成了全场自营经济发展得最好、人均年收入最高的单位。农场去年下半年发生的经济危机中，十二队是全场唯一受到冲击和影响最小的单位——自营经济收入让他们家家平稳度过了1997年的经济危机。

徐克坚带着摩托车队兴冲冲地来到十二队入口处时，被一群中青年男女组成的人墙堵住了去路。

“唧——唧——”

这支轻骑摩托车小队被人墙逼停了。

“你们——这一大早的堵路干吗？”徐克坚仍骑着车，他单脚点地惊讶地问。

一个虎背熊腰的大汉冷冷说道：“干吗？不准你们进队！你们到此为止，从哪来的回到哪去。”

徐克坚知道麻烦来了。

“我们是来清理土地的，请大家配合我们的工作——”

“你们清理完土地下一步就准备收地租了是吧？”大汉提高声调说，“胶价下跌了，橡胶不值钱，农场穷了，你们这帮人就下来清理什么土地，想变个法子来剥职工的皮了，是不是这样啊？”

“丈量清理土地是农场党委作出的决定，不是要剥哪个人的皮。”徐克坚捺住性子说，“大家让开路吧。”

“让路？”大汉翘了一下嘴角说，“你先问问他们同不同意。”

“谁敢丈量我的地，我就砸破谁的四方头！”一个留山羊胡子的青年大声喊叫。

徐克坚一听这话牛脾气就上来了，刚要发作又强压了下去。他扭头对身后的手下说：“既然此路不通，我们就从其他小路进去！”

“哪里都进不了！”大汉一声高呼，人群中立刻冲出五六个青年仔把他们围住，气氛顿时紧张起来。

徐克坚仍单脚点地骑在车上，阴沉着脸一动不动。

他心里清楚，在这种情况下，如果自己稍有一点过激的言行，就有可能酿成一场打人伤人事件。现在唯一的办法就是让队干部出来，劝解这几个对他们怀有敌意的人。

这么多人围堵观看一定会惊动队干部的。徐克坚两眼不停地扫描，搜寻队长或支书的影子。奇怪，人群里竟没有一个干部的身影。

一圈，两圈——突然一个熟悉的大头在人群后面一幢平房的墙角露了出来。

这大头一露出来，就被徐克坚的三角斜眼锁住了：“蒋汉民，蒋队长，你躲在墙角那里干吗？快过来！”

蒋汉民只得现身，满脸堆笑走了过来。

徐克坚心里思忖：这蒋汉民管辖下的人一大早就在大路口堵路闹事，他却躲在墙角里头看热闹，会不会是这家伙搞的鬼？

徐克坚猜得没错。

昨晚，徐克坚打电话给蒋汉民，告诉他明天要来十二队清理土地。蒋汉民放下电话后就想：徐克坚是个吃铁钉的人，他亲自带队来清查土地，自己占用的那块公家苗圃地会不会有麻烦？自己的表姐夫周自成虽然是农场的副场长，但徐克坚这个四方脑在丈量土地时会不会给面子放宽松一些？这都不好说。蒋汉民思来想去，觉得最好法子就是给徐克坚来个下马威，提醒他来十二队做事放圆滑点，别太四方了。

他叫来几个平时一块喝酒的青年仔，如此这般教了一番。第二天一早，十二队路口就出现了拦路的人墙。蒋汉民本想躲在一边看热闹，没想一下就被徐克坚那三角斜眼给逮住了。

徐克坚嘴里笑笑，说："蒋队长，是你叫他们来堵路的吧？"

心里正得意的蒋汉民没想到徐克坚一张口就点着了他的要害，马上乱了方寸，说："徐、徐主任，他们一大早堵在这里，不关我的事，我也不知道呀。"

"是吗？算你不知道吧。"徐克坚突然收敛笑容说，"农场清理土地，周副场长可是在大会上表态支持的，你这个副场长的表亲戚可不能拖他的后腿哦。"

"是的是的，我表姐夫大小也是个场领导，我怎么会拖他的后腿呢？"蒋汉民转过脸呵斥围堵的青年仔，"徐主任是场党委派下来清理土地的，你们围在这里干什么？都回家去！"

几个小青年一哄而散，但职工组成的人墙依然不动。

"你们还站在这里干吗？回去回去，该做什么做什么，不要堵在路口影响人家进出。"

"回去？"大汉双手交叉抱在胸前，仍硬邦邦地说，"今天我就要问清楚了，我们职工辛辛苦苦开出的一点荒地，农场为什么要下来清理丈量？不说清楚，我今天就站在这里不走了！"

"对，你们不说清楚，我们就不走了！"围观的人群骚动起来。

"徐主任，你看你看，我这个队长说话他们也不听啊——"蒋汉民对徐克坚摊摊手，一脸无奈，心里却笑道：四方脑，我看你今天怎么收场。

"既然大家都不想走，我们干脆就在这里开个大会吧。"徐克坚仍单脚点地跨在车上，"你们对农场清理土地有什么疑问，有哪些看法，有什么意见，都可以提出来。”

骚动的人群平静了下来，一些在远处看热闹的人也全凑了过来。

“大会现在开始，你们谁先说。”徐克坚点燃一支烟歪着脖子吸起来。

“我先说。”大汉放下手，粗声粗气地说道，“我叫蒙铁牛，十二队胶工。听说你们量土地连职工的一点菜地也不放过，连职工房前屋后种的几株槟榔、椰子也要清点，然后折成亩数收土地费是不是这样啊？请问你们这是什么政策？”

“蒙——铁牛，你听谁说的？”徐克坚反问道。

“队里人都是这么说的。”

徐克坚心里一沉——农场下发的清理土地的文件精神，到了一些连队已经被严重曲解。

“铁牛，我们这次要清理的土地，是面积在五分以上的可以用来发展自营经济的土地。至于五分以下的边角地、零碎地包括菜地都不在清理的范围之内。这些文件里面都写着，每个队都发了文件，难道蒋队长没有开会传达？”

“队长开会传达了，不过你讲的这些我好像没听到。”有人说。

徐克坚笑了笑说：“可能蒋队长念文件的时候，你打瞌睡了，要不就是屙尿去了所以没听到，是吧？”

众人哄地笑起来，蒋汉民也跟着笑，心里却说：这个四方脑看来讲话并不四方啊！

“没听到没关系，文件在蒋队长那，你们可以去找蒋队长借来仔细看一看。”徐克坚收住了笑脸，“不扯淡了，我们言归正传。农场这次清理土地，不光要丈量核实职工自营经济用地面积，还要调查职工发展自营经济的具体情况。比如说你们的土地是肥的还是瘦的，是石头地还是山坡地，你们种了什么效益怎么样，等等，我们都要详细弄清楚；这么做，是为了农场今后发展职工自营经济提供决策依据——”

“你大话少说，我们只是关心农场是怎么收土地费的。”

“这个文件里虽然没有写，但我可以明确地告诉大家，土地连片面积在五分以上的才收土地费；五分以下的零星土地可以免收土地费。铁牛，你家房前屋后种了多少株槟榔、椰子啊？”

“槟榔有二十多株，椰子有七八株吧。”

“130株槟榔折面积一亩地，47株椰子折面积一亩地。铁牛你算一算，你这二十几株槟榔、七八株椰子能折几分地，够不够条件交土地费？”

“还差一大截呢。”有人大声喊。

蒙铁牛抓抓头发，口气软了下来：“原来是这样的呀。”

“你还有什么要问的吗？”

“没，没有了。”蒙铁牛不好意思地咧嘴笑了。

“我问你一个问题。”一个中年胖妇女挤上前。

徐克坚笑笑：“你说。”

“听说你们一亩地收费100块，这么高的土地费我们怎么受得了？我那几亩地统统给你们拿去种算了！”

“大姐，你先不要生气嘛，听说的东西不一定是准确的。刚才蒙铁牛提的问题也是听说的，所以就不准确了嘛。”徐克坚提高了声调，“关于土地收费标准，下份文件就要讲到。但我现在就可以明确地告诉大家，地里的作物要是没有投产的，一亩地只收20块，这样的收费标准不高吧？地里的作物投产了，分类收费。一类地，也就是农场的农用地，这样的好地块每亩才收100块左右；二类地，就是比农用地差一些的地，每亩收60块左右；三类地，就是那些五边地、石头坡地，每亩只收40块左右。大姐，你那几亩地是什么样地呢？”

“石头坡地。”

“那你种了什么东西?”

“种胡椒呀。”

“收获了没有?”

“去年收获了。”

“去年买胡椒果收入有多少钱?”

“有五六千块。”

“你那几亩石头坡地，一年挣几千块钱，土地费顶多就交一两百块，不算高吧，我的大姐?”

中年妇女脸红了，没说话。

“农场口口声声说要扶持职工发展自营经济，干吗又要收土地费。”一个青年胶工在人堆里高声喊叫。

“农场为什么要这么做?道理也很简单，就是要规范土地管理，实行土地有偿使用。农场土地是国有资产，已经使用了的，要跟农场签订经营合同，实行土地有偿使用，你们有收益了得大头，农场得小头合情合理呀。在座的都是三叶人，都是吃农场橡胶饭长大的，没有农场就不会有大家的今天啊!你们发展自营经济没有错，但农场现在遇到困难了，我们也不能光为自己而忘记了农场啊，小伙子你说是吧?”

那青年不作声了。

“对呀!”刚才那位中年妇女大声说，“前几年农场经济好的时候，没有亏待我们职工啊，现在农场有难了，我们不能忘恩呀!”

“说得对!”蒙铁牛也大声说，“农场好的时候没有亏待我们，现在农场有难了，我们不能在一边看热闹是吧?农场那么多人，大家只要伸出一个手指头来帮一下，就能把我们三叶顶上去。”

“说得好!”徐克坚抬手鼓掌。

骚动的人群完全安静下来。堵路的职工群众无声地让开了一条路。

“你们——谁，还有什么要问的？”徐克坚歪着脖子斜着眼睛大声问。

蒙铁牛举起右手说：“没问的了。领导，你们先量我的地吧。”

“量了铁牛的就量我的。”中年妇女也举起了手。

徐克坚咧开嘴嘿嘿干笑了两声，说：“大家都不要急，所有的私人用地我们都要量。今天，我们第一个要量的是你们蒋队长的地，然后再量大家的，大家都回去等通知。蒋队长，怎么样啊？”

“先量我的？”蒋汉民愣怔了一下。

“有问题吗？”

“没问题，没问题。你们随便量——”蒋汉民嘴上这么讲心里却说：哼，四方脑你要搞名堂我也不怕你！

徐克坚他们把车开进队里，在队部门前停放好车，然后跟着蒋汉民朝东边的便道走去。

刚走出连队，便道又分出一条岔路指向南边。蒋汉民正要朝南走，被徐克坚叫住了——

“蒋队长，先去东边丈量河边那块苗圃地。”

蒋汉民心里咯噔了一下：这四方脑对我的地了解得一清二楚，看来他今天是有备而来，来者不善啊！——哼，老子有人在场里头当副场长，你四方脑就是铁脑袋也不敢把我怎么样。

蒋汉民嘴里笑道：“徐主任，你说去哪就去哪，走！”

蒋汉民领着他们朝东边继续走去。

走了十几分钟，他们来到苗圃地。这块南北走向的长方形地块位于万泉河支流清水河下游西侧，地势平坦、土质肥沃，又靠近水源，是一块难得的种植经济作物的理想宝地。苗圃地南侧有几十株椰子，其余的全部种上了槟榔。

徐克坚站在地边看了足足五分钟才脱口而出："好地，好地哇！"难怪蒋队长下手这么快。"

"徐主任，怎么是我下手这么快？话不要讲得那么难听嘛。去年农场半年发不出工资，谁的心里不发慌啊。队长也是人啊，总不能活活饿死吧？看到职工都开地种东西，我也想种点什么，就要了这块地。怎么就叫下手快呢，真是的——"

"职工开的大都是山地、荒地、边角地、零碎地，而你要的这块地是农场登记在册的正式农用地，再说你也没有办理任何用地手续。"

"这——你量完地，我补个手续签个合同不就完了。"

"还没完，你这块地南边种的那68株椰子树可是公家的噢，按农场的拍卖方案，未投产的椰子，每株30元起价拍卖，就是按30块，你还得补交2040块给场里，这块地的使用合同才能签。"

"徐主任，这几十株椰子，我看就算了。"

"68株还只是报表上的数字，也可能没那么多。"徐克坚好像没听见蒋汉民的话，继续说道，"杜艳、小翁，你两个先去点椰子树，点完了再丈量土地。"

俩人应声下地点树去了。20多分钟后他俩返身回来了。

杜艳汇报说："主任，我们清点了一遍。椰子的总数是78株。比报表上的数多了10株。"

"还有多的啊？你们没点错吧？"徐克坚惊讶地说。

翁德平说："没错。不信，你可以和蒋队长再去点一遍。"

"那就算78株，杜艳你记好了。"徐克坚转脸对蒋民笑笑说："蒋队长，你还得多交300块啊。"

蒋汉民阴沉着脸没说话——这个徐克坚看来今天是有意要拿他开刀了。要是在以往，他蒋汉民早就暴跳如雷、大发脾气，把他们轰出十二队了，可今天不行。他徐克坚是打着党委的旗号来的，而且，这个家伙说话做事明明是刁难人却又处处在理上，叫你是打不得也骂不得，只有憋着气往肚子里吞——先忍着吧！

“蒋队长，你说这块地该按什么类型算呢?”徐克坚又发话了。

“这样的地，我看按二类地算了。”

“这块地要算了二类地，你说农场还有哪块地是够得上一类地的?”徐克坚歪着脖子反问。

“这个——”

“蒋队长啊，这一类地，投产了每亩也就交100块；如果我现在拿这块地出来竞价，120块一亩我看保证有人抢着要。”

“不要竞价，不要竞价。”蒋汉民连连摇手。

“你的意思是这块地不用竞价，按一类地算是吧?”

“对对对!”蒋汉民连连点头。

“你们记好了，这块地就照蒋队长意思按一类地算。”

“……”蒋汉民发觉自己又中了徐克坚的圈套，气得脸色铁青，额头上的青筋也暴露了出来，但他无可奈何。

“你们还站着干吗?”徐克坚指着手下说，“你们六个人分成两个组，每组两个人量，一个人记。以我站的位置为中线把地切成两块一个组量一块。”

6个属下三人一组，各自带着皮尺标杆丈量起来。

罗明辉、翁德平和杜艳一组。罗明辉和翁德平拉着皮尺丈量北边的地块。量长度时，两人只拉直线，切断了凸出去的一小块弯角地和一小块三角地。

“不行不行，这样量不行。那两个角不是地吗? 把皮尺拉进去、拉进去。”徐克坚在地边上指手画脚大声说。

罗明辉直起身，没有动。他不想这么做。他们今天已经得罪了这位有后台的蒋队长，他不想再得罪下去。

罗明辉说："主任，那一点地，我看就算了吧？"

蒋汉民也低声下气地说："徐主任，这两小块边角地我看就不用量了吧。"

"不行，翁德平，你把皮尺拉进去。"徐克坚歪着脖子说。

翁德平仍站着没动，心里纳闷：今天主任吃了火药还是怎么的？这么刻薄！平日量地他从来没有这么狠过啊。

"你不拉是吧？"徐克坚突然走过去，夺下翁德平的皮尺头，拉进了凸角，"明辉，我们先量这两个角。"

"徐克坚，你是不是要存心整人？"蒋汉民再也忍不住了。

"我在丈量土地怎么就变成整人了？"徐克坚继续量地。

"徐克坚，你这四方脑，你可别把事情做绝了，我蒋某人也不是好欺负的！"蒋汉民提高了声调。

"我这个人可是很好欺负的。你看啊，我这脑袋明明是圆的，人家偏偏叫我四方脑，这路明明是公路，偏偏有人不让我走，唉——"

"你——算你狠，算你厉害！"蒋汉民说着转身怒气冲冲地走了。

蒋汉民走远了，罗明辉才走过来说："主任，我们这么做，是不是有点不近人情？"

徐克坚直起腰板："是我们不近人情吗？我们一大早来到十二队，还没干什么就被人拦在路口喊打叫杀的，真是可恶至极！"

杜艳说："这跟蒋队长有什么关系？"

"没关系？这些人堵路八成是他指使的。对这样的队长就得用这样的办法治治他。"

"周副场长可是他的表亲戚呀！"罗明辉忧心忡忡地说，"我们得罪了他就等于得罪了一个副场长啊。"

"副场长又怎么样，副场长上面还有场长、书记呢。昨天我去韩场长那，韩场长亲口跟我说，你们放手干，党委给你们当后台！这话什么意思，还要我解释吗？我们有场长、书记撑腰，还怕他蒋汉民背后有什么人吗？”

“韩场长是这么说的吗？”翁德平说，“徐主任，你不会假传圣旨吧？”

徐克坚把尺头丢下地：“这种话是随便乱讲的吗？明辉、小翁，你们接着量，一寸土地都要给我量出来。杜艳，你给我认真记录好了；这样的队长不整治他一下，以后个个队长都学他还得了！照我说的量！出了问题我给你们顶着！”

有了徐克坚的发话，两个组的6个人开始一丝不苟地干起活来。

五十六

天色已经完全黑了，徐克坚才拖着疲惫的身子回到家。妻子彭美娟一人在客厅里看电视。

“夫人，我回来了。”徐克坚脱下迷彩服上衣，一屁股坐在她身边，“唉，今天收获不小啊。量完了十二队的土地，还发现了两个致富典型。他们的做法很值得推广。一个是李国财的林下养鸡，一个是苏杰的鱼鸭猪混养。特别是胶林下养鸡，这一招很有创新。鸡舍建在胶林里，鸡群放出来吃草啄虫，鸡屙出的粪便又可当肥养树，一举两得啊！”

徐克坚比手比脚滔滔不绝地说，彭美娟却一点反应也没有，两眼一动不动地盯着电视。

“哎，夫人，我说半天了你一声不吭，你听见没有？”

“我耳朵没聋！”彭美娟硬生生地回了一句。

“咦，你今天怎么啦？”徐克坚这才发觉妻子有些异常——平时这个时候，她还在厨房里忙家务活。

“哎，夫人，你煮饭没有？我还没吃饭啊？”徐克坚最怕妻子生气，小心翼翼地问。

“吃饭？统统喝西北风去吧！”彭美娟又硬邦邦地回了一句。

“嘿嘿，夫人，你们加工厂组今天到哪个队施肥了？是不是累了？来，我给你按摩按摩。”徐克坚站了起来，转到妻子身后，两手抓着她的双肩揉捏起来。

“你走开！”彭美娟一抖肩把身子挪到沙发的一头。

“美娟，怎么回事？有话你就说嘛，这样没头没脑的冲我发火，你想憋死我啊？”

“我问你，今天你又得罪谁了？”

“我今天一直在十二队丈量土地，没得罪谁啊！”

“你没得罪谁？”

“我真没得罪谁啊？”

“你没得罪谁，下午施完肥后，厂长突然通知我，叫我从明天起不用再下队施肥了。”

“不用下队施肥那是好事情嘛，你发什么火？”

“我话没说完呢。厂长还说，从明天起，你也不用上班了，经厂里研究决定，安排你下岗了。你看到哪个科长的老婆是下岗的？多丢人啊！”彭美娟说着抽噎起来。

“安排你下岗了？！”徐克坚大吃一惊，“这，这是真的？”

“真的假的你可以去问嘛！”

“什么理由？”

“什么理由也没有。”

徐克坚在屋里踱着步。他终于在电话机旁停下来，拿起话筒给加工厂厂长打电话。电话通了，接电话的正是厂长欧挺公。

“欧厂长，我老婆干得好好的，为何又突然安排她下岗了？”

“徐主任啊，是这样的，今年，我们根据场党委定岗定编、下岗分流、减员增效的要求……”

“定岗定编、下岗分流、减员增效工作你们加工厂不是早就完成了吗？怎么现在还……”

“徐主任啊，是这样的，我们前段时间搞的岗位人员编制方案，场里没有通过，说我们改革的力度不够，人员还多，还必须再减。所以经过我们反复的考虑和研究，又安排了第二批人员下岗。唉，徐主任，你也知道的，今年场里搞的五项改革、四项清理可都是来真的，不是走过场的啊。我这个厂长这么做也是给逼出来的，没办法啊。”

“我说，欧厂长，你能不能通融一下，我老婆……”徐克坚第一次开口求人。

“徐主任，我也想通融啊。可你想一想，加工厂今年一共安排了28人下岗分流，这28个人谁的眼睛都睁得大大的盯着厂长；我通融了你老婆，那28个人也找上门来要我通融可怎么办？我实在是没办法啊。这样吧，以后厂里有了空位，我们会优先安排你老婆上岗的。我刚施肥回来，饭还没吃呢。”“咔”，对方挂了电话。

徐克坚抓着话筒愣了好一阵才缓缓放下。

“你老实说，你们今天量土地是不是得罪了厂长的什么亲戚朋友？”

“你们那个欧厂长在场里有什么亲戚呢？”

“他有什么亲戚我不清楚。但他和周副场长是同村的上下房亲戚是谁都知道的。”

徐克坚明白了——欧厂长和周副场长是亲戚，自然和十二队队长蒋汉民也是亲戚——真验了海南话的一句俚语：亲戚地瓜藤，地瓜藤亲戚啊！

“下岗就下岗吧，坐在家里每月还能领98块钱也不错嘛。”

“你说得轻巧。咱们两个孩子在外面读书，阿志在大陆念大学，阿莹在海口读高中，每月光伙食费就要五六百块，光靠你那三四百块工资顶得住吗？”

“那——你说该怎么办？”

“……”

“你叫我徐克坚带着礼物上门去求人？叫我去找场长、书记要他们插手你这件事？”

“我一个40多岁的妇女还能怎么办？”彭美娟说着抽噎起来。

徐克坚突然感到全身一阵燥热，燥热得心胸发胀发闷，躁热得想一拳砸在电话机上。但他强忍了下来。

他走到妻子身边缓缓坐下。

“我平时是怎么跟你说的，我叫你这个四方脑要放圆一点，说话不要那么尖，不要到处去得罪人，你老说我做得直行得正怕什么，现在你怕了吧？”

徐克坚坐在妻子旁边的短沙发上，点燃一支烟，一口一口吸起来。

“你平时把人都得罪光了，关键时候谁还会帮你？”

徐克坚不停地抽烟，一语不发。

“你不是说场长、书记是你的后台吗，你找他们去呀！”

徐克坚全身又燥热起来，燥热得胸口发闷脑袋发胀很难受。他猛地站起来，朝门口走去。

“四方脑，你去哪？”

“我找韩场长去。”

“回来！不准去！”彭美娟喝了一声。

徐克坚只得重新坐回了沙发上。

“老徐，我不想你为我的事上门去求人。下岗就下岗吧。跟我同一个车间的肖姨、郭姨，还有阿花姐，她们也下岗了。全场那么多人都下岗了，下岗就下岗吧。”

徐克坚沉默不语。他心里清楚，妻子一下岗，他们的收入根本无法支持儿子和女儿两人在外读书的费用。这是他工作以来碰到的第一个难倒他的问题。过去，不管有多大困难，他都能凭着一股闯劲和拼劲冲过去，而现在碰的这个难题光靠闯和拼是解决不了的。

他轻轻叹了口气，重新坐下来。夫妻俩隔着茶几，相对坐着，四目相视，默默无语。

“老徐，要不这样，我出去……打工。”彭美娟突然冒出这一句，“你回来之前我就想到了这条门路。”

“去打工?”徐克坚又大吃了一惊，“你这么大岁数了，又没有什么特长，谁要你?”

“我有一个表姐在海口开了一家饭馆，我去找她，兴许会是一条出路。”

“你要去打工……”徐克坚嘟哝着。

“我出去了，你也好无牵无挂地做你的事。”彭美娟低下头说，“我过去经常骂你得罪人，其实我心里知道你是一个很直的人，你得罪人是为了公家的事。我下岗了不会怨你，我冲你发火只是替你担心，替这个家担心。我煮饭去了。”

她擦了擦眼泪，站起来朝厨房走去。

望着妻子已有些佝偻的腰背，徐克坚心里感到很内疚——他想对妻子说些什么却什么也说不出来。

五十七

机关大队最后一天施肥在难度相对小一些的二十九队。杨明亮一大早就起来编排搭配小组，找三轮车把肥提前运到各林段路口——机关干部在山里连续施了6天肥早已人疲马倦，能把肥料往林段挪近一点是一点，减轻一些他们的劳动强度。三轮车运肥时缺少人手，杨明亮就亲自装肥、押车、卸肥。一切安排就绪后，他才赶回到家想吃点东西，补充点能量再迎接今天这场施肥大战。

他回到家里一坐下就不想动了。农场自3月中旬减员后，二十九队只保留了统计员、出纳员和他这个队长兼支部书记三名干部；计时人员也只保留了一名收胶员、一名割胶辅导员、一名植保员和一名保育员，一下减掉了两个副队干部和7名计时人员。人手少了工作量却增加了好几倍——他要宣传农场改革方案，要开展五项改革、四项清理工作；他要搞“两病”防治、推行新割制，编排新岗位，定产定价，还要做下岗分流人员的思想工作……工作一项接一项、一环扣一环，他经常忙得焦头烂额，精疲力竭。有时还要受到职工的误解、挖苦、谩骂和上级的批评，他两头受气一肚子苦水却不知往哪儿倒。

苦闷的时候，杨明亮还真想撂下担子不干了——这么辛苦干每月也就领两三百块钱工资图个啥？还不如去广东打工算了。可真要叫他离开这块养育了自己35年的土地，叫他离开和自己朝夕相处了30多年的父老乡亲、兄弟姐妹，叫他离开那一片片他挚爱的美丽而多情的橡胶园，他杨明亮做不到。

尽管工作很苦很累，尽管他回到家里坐下就不想动了，可休息了一下，喝下两杯热茶，他又会站起来，打起精神走出这个温馨的小家，继续今天要做的工作。

杨明亮靠着门边的老式木沙发上休息时，妻子吴玉兰从厨房里端出一碗热气腾腾的粥放在茶几上，又拿来了一小袋馒头说：“今天你们要施肥。我特意给你买了几个馒头，你多吃两个能耐饿。”

杨明亮抓起一个馒头，咬了一大口，边嚼边说：“玉兰，你们老师今天还要施一天肥，你也吃两个馒头吧！”

“我这几天胃痛得厉害，不能吃馒头。”

“你胃痛，今天就不用去施肥了，等会儿我去学校替你请假。”

“学校老师都去了，我怎么好意思待在家里？再说人家机关干部连施了五天的肥，最后剩两天才叫老师上的，农场已经是很照顾我们老师了。”

“你——顶得住吗？”

“昨天我跟大家一起施肥，有说有笑的，就忘记胃痛了。”

“你们今天在哪个队施？”

“二十七队。林段就在学校附近。”

杨明亮看到妻子今天的脸色很苍白，还是担忧地说：“玉兰，你的脸色很难看，今天你就不用去施肥了，学校不缺你一个。”

“去年农场发不出工资，我们老师心里也很难过。老师的工资也是从胶水里出来的，所以，我们也想为农场尽一点力，农场兴亡，匹夫有责嘛。”

“这个道理我懂，可是——玉兰，你就别去了，我今天多施几包肥，把你的那份补回来行不？”

吴玉兰抿着薄唇笑了：“有这么补的吗？你一个人把全队的肥都施完了也不是我施的呀！”

“你一定要去？”

“嗯。”

“你能顶得住吗？”

“你刚才不是问过了吗？”

“你千万要小心，挑不了半包就挑小半包。”

“哎，你就别管我了，快吃你的早餐吧。机关干部很快就要到了，我也准备去学校集中了。”

吴玉兰从墙边推出单车，推到门口又停住了。

“今天是星期天，学校放假，你我都去施肥了，咱们的儿子怎么办?”

杨明亮三口两口吞下一个馒头，又捏起一个馒头，咬了一大口，含糊着说：“他呢?”

“还在床上睡着呢。”

“让他睡吧。等我会把门锁上，留两个馒头放这里不就行了。”

“你就是这么当爸的。”吴玉兰摇摇头，轻叹了一口气说，“家里没个老人真不方便啊。你看对面的王喜家，大人出门了，两个老的在家里又带小孩又做家务。平时一家子老老少少、热热闹闹、快快乐乐的多幸福啊。我真羡慕他们的家庭呵!”

“我爸我妈都去世得早，要不然我们家里也会有老人的。”

“不说了，我去学校了，你也快点吃吧。”

吴玉兰骑着单车走了。

杨明亮填饱了肚子，又喝了两杯茶，才拍拍手出了门。

他走到球场，满载着机关干部的三辆大卡车也开进球场中央停了下来。

从车上爬下来的机关干部，穿着打扮已经和职工一模一样。连续六天紧张辛苦的施肥，让他们经受了肩膀肿痛、腿脚麻木、腰骨酸痛的折磨，饱尝了蚂蟥山蚊对身体的攻击。他们第一次尝到了施肥劳动的艰辛，也真切感受到了下面职工割胶的辛苦和挣钱的艰难。他们当中的绝大部分人从一开始的满腔怨气，到无奈承受，到最后心平气和地把自己融入职工之中。

六天的施肥，让他们完全放下了机关干部的尊严和面子，也让他们经历了一场脱胎换骨的历练。和这些没日没夜在野外橡胶林里辛勤劳作的胶工们相比，你们机关干部还有什么不平呢？还有什么委屈？还有什么怨愤的呢?

一辆2400型皮卡车开到球场边缘。周自成打开车门走下来——

这位身材高大肤色白皙的副场长，经过几天太阳的暴晒，脸庞手臂变成了炭黑色。

他虽然反对机关干部施肥，但又不时地为他们扛肥挑肥艰难往山上爬的场景所感染所感动。他一看到这样的场面，一股干的冲动就涌上来，驱使他也不顾一切地扛着一包肥跟着手下往山上冲。施完一包肥下来，满肚的怨气和不满又重新占据了他的心胸——周自成就是在这种充满矛盾的心态中坚持到了最后一天。

杨明亮走了过来：“周副场长，辛苦你们了。”

“杨队长，我的人马已经全部到齐了，你这边安排布置好没有？”周自成双手叉腰问道。

“胶工已经分好组，二十九队胶工多，机关干部只能一人跟一个胶工。上午要施的肥料我已经提前用三脚猫全部运到了林段的路口。机关干部跟着胶工去林段挑肥就行了。”

“好好好！”周自成没想到这个二十九队队长把施肥工作布置得如此周到，连声叫了几个好。

他见杨明亮头发、肩膀、衣服、手臂全部脏兮兮的，知道他一大早就搬运装卸肥料了——现在人员减少了，事情又这么多，大家都很辛苦，特别是下面这些基层干部更为辛苦。如果辛苦能改变一下农场的现状，如果辛苦能让农场走出困境，那还值得；如果没有，那真是难为这些基层干部了。

“杨队长，今天你是总指挥，你安排吧。”

杨明亮也不推辞，照着名单分起组来。

机关人马和胶工队伍很快就组合成一个个小组，朝林段开去。

寂静的橡胶林沸腾起来了。施了六天肥的机关干部个个成了施肥老手，他们一到肥堆就争抢着肥包扛了起来。

杨明亮也没闲着，一会儿帮这个扛肥上肩，一会儿帮那个解开肥袋，还不时讲一些笑话活跃气氛。

“杨队长，过来帮我一把。”又有人在背后叫唤。

杨明亮转过身，喊他的是宣传科干事王秀文——他两手攥着一袋肥的两个边角。

“嗬，是我们的王秀才啊。”杨明亮乐呵呵走过去，“你也要扛一包肥？”

“你看我扛不动吗？”

“不不，我不是这个意思。你是农场的秀才，也是我们大家的秀才，压坏了身体我可担当不起啊！”杨明亮对会写文章的人一向很敬重。

王秀文笑道：“我扛了6天的肥，扛了多少包我都记不清了。我这双肩膀，从不肿扛到红肿，又从红肿扛到它消肿，现在已经熬过来了，没事的。来，帮我上肩吧！”

“好嘞。”杨明亮正要动手，突然发现王秀文左眼又红又肿，还流着眼泪，又住了手说，“秀文啊，你这只左眼怎么回事？很红肿哪。”

“前几天扛肥时，不知是汗水还是肥水老是渗进去搞成这样的。”

“痛吧？”

“刺痛刺痛的，不停地流眼泪，还真不好受。”

“我看你不用施肥了。快去医院看看，别把眼睛给弄坏了。”

“没那么严重吧。”王秀文笑了笑说，“这次施肥，很多人都受了伤，崴到脚的扭到腰的什么都有，可没人请假，大家一直坚持到了今天。”

“那你的眼睛——”

“等施完肥了我再去医院看。来，帮我一把。”

杨明亮只好弯腰帮他托起肥。王秀文扛着肥袋也不回就朝林段走去。杨明亮也扛起一包肥追了上去。

“秀文，你施谁的林段？我帮你扛一包。”

“刘梅花的。”

“秀文，你看起来文文静静的还能扛一包肥啊！”

“我就是因为太文静了，所以我要改变一下自己的形象。”

“秀文，第一回下来施肥有什么感受？”

“我们的胶工太辛苦了！”

“是啊，胶工长年累月在野外林段里做工，他们确实辛苦。秀文，你是个文人，你说说，要是拿胶工来比的话，比作什么好呢？”

“橡胶树。”

“橡胶树？”

“对。你看啊，橡胶树满身刀痕，外表丑陋，可流出的胶水是那么的洁白，那么的鲜亮。它们终日在大山里默默地滴啊流啊，从青年流到壮年，又从壮年滴到老年，一直到被锯倒为止。橡胶树这一生，都在为人类作贡献，它们不知疲倦不懂索取，得到的报酬就是一身疤痕。杨队长，这种奉献你见过吗？还是似曾相识？”

“你是说，我们的胶工也是这个样子的？”

“难道不是吗？他们每天上林段割胶，衣服又脏又旧，蓬头垢面，一身酸臭。他们终日在大山里默默无闻地割胶、收胶，收胶、割胶，为国家的建设奉献了一生中最美好的年华。可他们到老了得到了什么，又索取过什么？杨队长，我们的胶工和橡胶树是不是很像啊？”

“秀文，你说得太好了！我也割了几年胶，我心里总觉得我们的胶工很伟大，可我又说不出他们伟大在哪里。”

“英雄之所以伟大，是因为他们至少做了一件惊天动地的大事。而凡人伟大的地方，是他们长年累月坚持做好了一件普通的事。这样的伟大是显露不出来的。农场胶工，从我们父辈那一代算起，他们长年累月在山里开荒种胶，割胶收胶，一辈子默默无闻，把一生中最美好的青春年华奉献给了胶园，奉献给了国家，他们没有得到什么，也从来不企望得到什么！杨队长，你说，我们胶工不伟大吗?”

“伟大！伟大！说得好秀文！还有呢?”

王秀文突然停下来，低下头，用手擦拭着眼睛。

“怎么了?”

“咸水又渗入眼睛了。”

“不要紧吧?”

“唏——树位还远吗?”

“到了，前面这个山头就是刘梅花的树位。”

王秀文又迈出了脚步。

两人一前一后来到山脚下。

“咦，那位女胶工呢？她先来的。”

“可能进里面施了。她的树位有一小半在里头。我们就施这个山头吧。”

“秀文，你从山脚往上施，我从山顶往下施。我走惯了山路，爬惯了山。”杨明亮想把难的留给自己。

“我在里面施了六天肥，爬了六天的大山，也习惯了。”

“要不，咱俩一块从山顶上施下来。”

“上——”

俩人扛着肥袋，一前一后一步一步走到了山顶。他俩放下肥袋，解开袋口，两手攥着口子一用力就背在肩膀上。王秀文在上行，杨明亮在下行同时施起来。他们上边用手控制放肥，下面用脚培土，一包肥很快就施完了。

王秀文施完肥站在环山行上不走了。他一只手提着空袋子，一只手撩起衣摆，小心擦拭着左眼。

“秀文怎么了——”在下行的杨明亮见状一跃跳上去，走到王秀文身边。

“眼睛难受——”

“我用清水帮你洗一下。”杨明亮拿出自带矿泉水瓶——里面装着家里煮的凉开水。

王秀文放下衣摆，睁开闭着的左眼。

“啊呀秀文，你这个眼珠都红了——秀文，我看你不用施了，弄坏眼睛就麻烦了。剩下的肥我包了。”

“没事。帮我洗一下。”

杨明亮拗不过王秀文，只好拧开塑料瓶盖，用里面的清水一点一点小心冲洗着他红肿流泪的左眼。瓶里的水倒完了，他才停手。

“感觉怎么样？”

“好像舒服多了。走，扛肥去。”王秀文故作轻松走下坡——其实他左眼的刺痛一点也没有减轻。杨明亮只好跟着下了山。

也许是最后一天施肥，机关干部施肥劲头不但没减，反而陡然增加。上午11点还没过，堆在各林段路口的肥袋就已经被人挑的挑、扛的扛、背的背全部进入了林段，紧张活泼的劳动气氛洋溢在胶林的各个角落里。虽然每一个人都大汗淋漓、蓬头垢面、脏衣污手，但没有一个人停下来歇息，没有一个人躲在树荫下偷懒。

胶林之上，碧空万里。太阳像一个火球悬浮在晴空中，让四月天的林下也炎热难当。这群在炎热下不顾劳累埋头施肥的人，太阳看见了却没有丝毫动容；而橡胶树似乎被感动了，它们张开宽大的树枝篷叶，轻轻地摇曳，为这群辛苦流汗的人扇风遮阳。

杨明亮和王秀文施完了刘梅花树位最后一行胶树——两人在最后一个肥坑会合了。

王秀文抖完了袋子里的肥粒，用脚把肥坑填埋好后突然说：“杨队长，我的左眼很痛，看不见东西了！你的轻骑我借用一下，我要去医院。”

“啊?”杨明亮大吃一惊，“行行——不行不行。我送你去医院。”

“我自己能开去。”

“不行不行，这回我不听你的了。”杨明亮拉着王秀文的手一直走回连队到了家里才松开。他帮王秀文洗了手脚，找了一套干净的衣服给王秀文换上，又跟儿子交代了几句，才踏响那辆破旧的红色轻骑，搭着王秀文朝场部快速开去。

场医院在场部东北角，离王秀文住的地方不远。杨明亮开着轻骑进入场部后，向东一直开到场医院大院里才停下。

两人下了车，杨明亮没挂号拉着王秀文直接走进了一号门诊室。坐诊的是一个微胖的中年男医生。他胸前的挂牌写着“医师谢进华”。

谢医生正收拾桌上的东西准备换班，看见有人进来了，又坐下来打开了门诊记录簿。

杨明亮像拉孩子似的把王秀文拉到诊桌前，摁他坐下。

“医生，他这只左眼看不见东西——”

谢医生凑过来，用手小心翻开王秀文的左眼皮，仔细看了又看，才说:“你怎么现在才来?”

“施肥，没时间。”杨明亮答道。

“施肥?全医院的人都去施肥了，我还得留下来值班呢!”

杨明亮像个小孩似的咂了一下舌头。

“医生，我的左眼有问题吗?”王秀文问。

“还有问题呢?眼球都红肿发炎了，问题已经很严重了!”

“医生，我的左眼不会瞎吧?”

“你要再来晚一天，我可就不敢说了。你现在必须得住院治疗。”

赵医生写完了诊断书，又带着他俩穿过廊道到住院部办理了住院手续。

年轻的女护士把王秀文领到一楼西侧三号干部病房。他刚换上医院病号服，女护士就端来了针和药水，给他插上了吊针。

王秀文躺在床上，睁着一只眼睛，望着天花板出神。

“秀文，不用怕，医生说现在来治眼睛还不算晚。”杨明亮坐在另一张床上安慰道。

“我怕？”王秀文嘴角动了一下，说，“在林段的时候，我还真想让这只眼睛瞎了。”

“啊？”杨明亮大吃一惊，“秀文——你没事吧？”

“我神志清醒得很。”王秀文说，“上午施肥时我没告诉你，我的左眼一直很痛，我一直在忍。我当时就想：不管它，让它瞎掉算了！我真想试试一只眼睛瞎掉后我能不能承受得住。”

“秀文——”

“可当我这只左眼突然痛得不能睁开的时候，我一下感到很害怕，真的很害怕。杨队长，我想坚强，想像我父亲一样坚强，可事情来了我又做不到。你说我这个人，做么会这样矛盾和脆弱呢？”

“秀文，我认为你很坚强，真的。”

“杨队长，我没事了，谢谢你把我送到了医院。你回去吧，下午你还要指挥施肥呢。”

“还早呢。我们再聊聊吧。跟你们这些文人秀才在一块，我还真学到了不少东西。”

王秀文终于咧嘴一笑，说：“像我这种文人，文没几下，武没气力，一副寒酸相，没什么好学的。你要跟乐哥一起，倒可以学到很多东西。”

“乐哥采访过我几次，我跟他很熟。他文章写得好，种植技术也很厉害。我们队老付种了一亩多地橡胶苗，他的芽接技术就是乐哥教的。”

两人正聊着乐哥，黎文乐突然走了进来。他提着一个黑色大袋子满头汗水。

“老话说日不点人，我怎么忘了——”杨明亮扮了一个鬼脸。

“乐哥，你怎么知道我在医院？”王秀文很惊讶。

“我施肥回来就听人说杨队长开轻骑把你拉去医院了，我猜你一定是到医院看眼睛了。”黎文乐把黑袋放在床头的铁柜上说，“你们都没吃饭吧？你俩的饭我帮你们带来了。”

黎文乐扒开黑袋，从里面提出两个大口盅说：“今天的主菜是梅菜煮猪肉，很好吃。”

杨明亮走过来，揭开一个口盅盖，一种特别的香味飘散开来。他端起口盅，拿出里面的调羹，大口大口舀吃起来，边吞咽边含糊地说：“哇，香！好吃——秀文，你快尝一尝。”

王秀文坐起来，黎文乐提起另一个大口盅，揭开口盅盖递到王秀文胸前说：“秀文，我端着，你拿调羹就这样吃吧。”

“乐哥，让你端饭呀——”

“你左手不是插着针头吗？跟乐哥不用太讲究，吃吧吃吧。”

王秀文不再说话，右手拿起汤匙，低下头一口一口吃起来。

吃罢饭，王秀文说：“乐哥，我这个样子看来三五天内出不了院，麻烦你打电话给十八队的冯队长，让他喊我妈过来医院……”

“不是有我们吗！叫她老人家跑来跑去做啥？”

王秀文心头一热——乐哥一家人平时对他的好尚未回报一点一滴，现在又要给他们添麻烦了。

“乐哥——”

“不用说了。”黎文乐抬手张开手掌，“跟乐哥不用太讲究。科研所离医院挺近的，有乐哥和你桂芳嫂在，你就放宽心住医院治眼睛好了。”

“秀文，乐哥的话实际，你就听他安排吧。”吃完饭的杨明亮走过来说道，“我老婆要是生病住院，我是绝不会叫老岳母从十六队赶出来照顾的。”他正说着话，刚才打针的女护士又匆匆走了进来，问：“你们三人谁是二十九队杨队长？”

“我就是。”杨明亮说。

“杨队长，你老婆出事了，队里打电话来叫你赶快回去！”

“我老婆出什么事了？”杨明亮大吃一惊。

“电话里说，你老婆施完肥后突然昏倒在林段里，情况很严重，救护车已经拉她去市医院了，他们叫你快点回去收拾些日用的东西赶去市人民医院。记住，是市人民医院。”

“好，我马上就回去。”

杨明亮招呼也没打，扭头就冲出病房。

五十八

杨明亮开着嗷嗷怪叫的破旧红色轻骑，发疯似的朝二十九队冲去。

轻骑爬一个S形长坡时，前面拐弯处突然驶出一辆蓝黑色的三菱越野车。越野车紧急刹停。轻骑吱吱尖叫着在泥沙路面上划出一道长长的车轮印，在离越野车头一米处刹住了。

越野车副驾座上的人打开车门下车，伸手拦住了想转向开走的狗仔车。

“杨队长，你开车这么快不想要命了！”

杨明亮一惊，抬头看去——拦他的人竟是陈惠明副场长。一向笑容可掬的陈惠明板起了冷脸。

“陈副，我我我……”

“玉兰送去市人民医院了知道吗？”

“我就是为这事着急才开快车的。”

杨明亮扭动油门又想走。

“等下。”陈惠明沉吟了片刻，说，“你身上的钱够用吗？”

杨明亮愣住了——银行里存的钱去年就掏空了。今年农场虽然按月发工资，但橡胶树没开割，效益工资这块目前还是挂空的。队长一个月200块的岗位工资领到手也只有100来块，加上吴玉兰的教师工资才能勉强度日，哪还有多余的钱？没有钱，怎么去市医院？

杨明亮脑中一片空白，额头冒出了一层层豆粒大的汗珠。

陈惠明从裤袋里掏出一叠百元大钞递给杨明亮：“我女儿在广州刚工作三个月，前几天寄了1000块钱过来说是孝敬父母的，我今天下队前正好取了出来，现在也用不着，你先拿去用吧。”

“不不不！”杨明亮慌忙摆手——他怎么好意思要场领导的钱。

“杨队长，治病要紧，其他的不用去想了，快拿着。”

“陈副……”杨明亮喉头一紧哽住了。这个陈副场长素以慈母心肠闻名三叶，过去他只是听人传说，今天算是亲身领略到了。

杨明亮从陈惠明手里接过钱，说：“陈副，一发工资我就还你钱。”

陈惠明说道：“又不是放高利贷你紧张什么。机关人马中午就上林段施肥了。队里的事场里也已经安排好，你就放心去医院照顾玉兰吧。”

“嗯嗯。”杨明亮连声应承。

陈惠明钻回小车。越野车轻轻滑过杨明亮，很快消失在蜿蜒公路中。

陈惠明在此路遇杨明亮，说巧合也非巧合。

原来临近中午时，正在南线坡塘区指挥施肥的陈惠明突然接到场九小王校长的电话，说吴玉兰老师在二十七队施肥昏倒了。她听了报告后先打电话叫医院派救护车下去救人，接着叫小马开车载她赶去二十七队。他们赶到连队后，救护车已经拉人直接去了市医院。陈惠明得知杨明亮在场医院，叫小马又开车掉头开往场部，在出山路上恰好碰到了杨明亮。

越野车消失了好一阵，杨明亮才塞好钱，开着轻骑朝二十九队匀速开去。

他拐过一个S形弯口时，突然看到洪铁钢穿着工作服手提一个旅行袋迎面走来。

杨明亮开车到他面前刹住。

“铁钢，你带着旅行包要去哪？”

洪铁钢阴沉着脸不吭声。

“明天就要动第一刀了，你不知道啊？现在没有吃闲饭的人，你走了，三个树位丢给谁割？”

洪铁钢避开杨明亮的目光，垂下头。

“你说话啊！我还有急事呢，你想急死我呀！”杨明亮喊了起来——他很少这么喊。

“明亮，我——唉！”洪铁钢蹲了下来。

如果不是碰上天大的难事，洪铁钢这样的硬汉是不会轻易在人前有这种表现的。

杨明亮架好车，也蹲下来说：“铁钢，有什么事你说出来，你一个人解决不了，咱两个人商量解决。”

“明亮，你说我长着这一身肉有什么用啊！”

“铁钢，什么事你说出来啊。”

“我那两个读初一的儿子，开学两个月了，现在还没钱交学费。班主任一到星期五就对他俩说‘洪大王、洪二王，放假回去叫你爸要钱来交学费。’到了星期一，班主任一上班会课就点他兄弟俩的名字，大声说：‘洪大王、洪二王，学费拿来没有？’——去年半年没发工资，现在又没有开割，我、我去哪里要钱给他们交学费啊！”

“铁钢，咱海南有句俗话山猪——能钻过去的洞，黄猄也钻得过去。我回去就打电话给学校领导，说明你的实际情况，请求他们宽限到五六月份——”

“明亮你不知道，大王、二王的脾气比我的还臭，他哥俩说，这个星期再不给钱交学费，他们就不去学校读书了！明亮，这叫我——唉！”

“你提着这个大包要去哪里？”

“三十六队有个老乡，他给我介绍了一份扛木头的活，按立方算工钱，我打算去山里扛一段时间木头——唉，我这一身力气连小孩的学费都挣不到，不走这条路还能怎么办？唉，人穷志短啊！”

“洪铁钢，你站起来说话！”杨明亮站了起来，洪铁钢愣怔了一下也站了起来。

“大王、二王要交多少学费？”杨明亮右手插进裤兜。

“一人要295，两个要590块。”

“要590块啊——”杨明亮喃喃自语，右手动了一下又停住了。

“以前家里穷，兄弟多，父母供不起我读书，我也不想读，这辈子就这么过了。可大王、二王读书都有一点天分，我再苦再累再下贱也要供孩子们把书读下去。明亮，你要是没别的事，我就先走了。”

洪铁钢提起旅行包想走。

“等下。”杨明亮右手掏出了一叠百元大钞，点出6张递给王铁钢：“拿去给孩子交学费吧。”

“明亮，你——哪来这么多钱？”

“孩子上学要紧，其他的就别问了，快拿着。”

洪铁钢默默接过钱。

“铁钢，你给我听着，明天1号树位动第一刀，你一株树也不能漏掉。”

“明亮，你放心，公孙老头树我也给你开出来割。”

杨明亮重新踏响轻骑，拉着洪铁钢朝二十九队开去。

“铁钢，我有事要出去几天，回去收拾点东西马上就走。小聪我想交给你们管几天。”

“玉兰呢？”

“她——学校派她去外地听课去了，也要好几天才能回来。”

“你放心去吧，我们会照顾好小聪的。”

说话间，轻骑在杨明亮家门口停了下来。

杨明亮一打开门，他那圆大头、竹竿身的宝贝儿子杨小聪就堵住了去路。

“爸爸，妈妈不回来，你也不回来，我快饿死了！”

“我早上留的两个馒头呢？”

“早就吃完了。爸爸，我现在又饿了。”

杨明亮在身上摸索了半天，才摸出一块钱交给儿子：“小聪，你先到对面的小店买两个饼吃。”

小聪伸手抓过钱，钻出门，朝对面的小店跑去。

杨明亮换掉了身上又脏又臭的衣服，收拾了两套他和玉兰的衣服连同一些洗漱用品统统塞进玉兰用碎布缝制成的布袋里。刚收拾好，小聪两手捏着大饼，左一口右一口边吃边走了回来。

“爸，你又要去哪里？”杨小聪咬嚼着饼含糊地问。

“小聪，妈妈去海口听课了，要过几天才回来，爸爸也有急事马上要出去，也要过几天才能回来，你一个人在家里要听铁钢叔叔的话。”

“听铁钢叔叔的话就是听爸爸妈妈的话，是吗？”小聪闪着两只大眼睛。

“我的乖儿子，你真聪明。”杨明亮伸手抹了抹小聪嘴边的饼屑，说，“爸爸回来就给你买件东西。”

“爸爸，买什么东西给我？”

“你想要什么东西？”

“我想要遥控汽车——”

杨明亮蒙了一下。

杨小聪又改口说：“要是贵，就不用买了，就买一个——买一个小机器人给我。”

“好哩！爸爸一定给你买个小机器人回来。小聪，爸爸现在就要走了，你在家里好好待着。铁钢叔叔先送爸爸到场部搭车，一会就回来煮饭给你吃。”

小聪懂事地点点头。

杨明亮提起布袋突然又放下，把车、房钥匙交给一直站在墙角边的洪铁钢，说：“我先去打个电话。”说着拔脚就往外走，一直走进队部。

他打开电话箱锁，拨通了陈惠明的家里电话。接电话的正好是陈惠明。

“陈副场长，我是明亮——”

“明亮，你还待在家里呀，你赶快给我去市人民医院！”

“陈副，我有件急事想跟你说一下，说完就走。”

“你快说。”

“陈副，橡胶还没有开割，据我所知，下面胶工有相当一部分人目前经济比较困难，他们在学校读书的子女目前还交不起学费；你是分管教育的领导，能不能跟学校说一说，让那些眼前交不起学费的胶工子女，暂缓到五六月份才交，这样行不行？”

“……”

“陈副，这事情看起来是小事，可弄不好要影响割胶生产的。”

“杨队长，你怎么知道还有一些胶工的子女现在还欠交学费？”

“我们队现在就有这种情况，我猜测其他队也一定会有。”

“好吧。我先去学校了解一下。如果确实如此，我们会特殊情况特殊处理的。你赶快去市医院吧。”对方挂断了电话。

杨明亮轻轻吁了一口气，抹了一把脸上的汗水走出队部。

那头陈惠明接到电话反映后，下午立刻组织人到学校和生产队进行了调查，结果全场确实有76名胶工子弟因家庭困难无法交纳学费。她召集有关部门开会协商，对76名学生做出了缓交或部分减免学杂费的决定，解决了困难职工的后顾之忧。

五十九

下午两点半，杨明亮才搭车赶到了市人民医院。经过询问，杨明亮在住院部一楼一〇五房单人间找到了正躺在病床上打吊针的妻子吴玉兰。

她紧闭双眼直挺挺地躺在洁白的床单上，脸色苍白，无一丝血色。

杨明亮轻轻走进病房，轻轻坐在床沿上，双手轻轻抓着妻子那细瘦的左手。

吴玉兰睁开了眼睛，一看见杨明亮，眼泪就从两边凹陷的眼眶里流了出来。

杨明亮紧紧握住妻子的手说：“玉兰，别怕。今天是怎么回事？检查了没有？医生怎么说的？”

“上午，我在林段施肥的时候，胃一直在痛。后来越痛越厉害，就像有一把刀在里头割肉一样。还剩下小半包肥时，我实在挺不住了，想休息一会儿，就蹲了下来，可一蹲下来，就怎么也站不起来了——”

“嗨！玉兰，我不是跟你说过了，你施不了——还是坚持施了，表现很好，不错不错。”

“医生给我做了胃镜检查，说我得的是胃溃疡和十二指肠溃疡，很严重，要住院动手术。”

“要开刀？”杨明亮吓了一跳。

“医生是这么说的。”吴玉兰反过手抓住杨明亮说：“明亮，我年纪轻轻的不想开刀——”

“医生还说什么？”

“医生说家属来了先去办住院手续。”

“玉兰，你现在感觉怎么样？”

“来的时候痛得受不了，现在感觉舒服多了。”

杨明亮抬头望了一眼吊瓶，摘下布袋说：“我去办理住院手续，很快就回来。”

杨明亮走出病房，朝医生值班室走去。

当班的是一个老医生，杨明亮向他道明了身份并询问玉兰的病情。

老医生轻轻叹了口气说：“我们根据她的病史给她做了胃镜检查，你爱人患有严重的胃溃疡及十二指肠溃疡。”

“能治好吗，医生？”

“我们根据你爱人的病情，研究了一下，准备给她实施手术治疗，切除溃疡部分。你是病人家属，我们正想听听你的意见。”

“医生，除了手术外，没有其他办法了吗？”

“如果你们不愿手术治疗，就得慢慢治了。这种慢性疾病，靠打针吃药，只能好一段时间。要彻底治好它，关键是平时要注意调养，也就是俗话说的‘三分医治，七分调养’。”

“怎么调养？”

“简单地说就是平时要多休息，不要过度劳累。饮食方面更要注意：酸甜冷硬辣的东西尽量不要吃，多吃些有营养而又容易消化的东西。比如，要经常熬一些老母鸡汤，煮一些瘦肉粥吃。当然，精神也是一个很重要的因素。人身体有病了，精神可不能有病。要保持乐观的心态，要有战胜病痛的信心和意志，只有这样综合调养，才能收到良好的效果。”

“谢谢您医生。我们选择后一种治疗方法。”

老医生沉吟了一下说：“好吧。那就住院治疗几天再说。你爱人现在的身体非常虚弱，你真的要好好照顾她了。现在你先去前台收费处办理住院手续。”

杨明亮谢了又谢才走了出去。

杨明亮拿着医生的诊断书来到收费处办理住院手续。收银的妹子要他交1000块钱押金。杨明亮下意识伸手掏钱，掏出钱来才呆愣住了——他把家里的毛角全部搜光殆尽，再加上陈惠明的400块，身上也只有586元，除去10块钱车费，手里现在还攥着576元整。

这下不知怎么办了！市里不要说亲戚朋友，就是熟人也没有一个，去哪里找钱交押金呢！

杨明亮呆了一会，才说：“医生，我不交押金行不？我不会赖账的。”

那妹子笑了笑，轻柔地说：“同志，这是医院的制度，押金是一定要交的。”

“医生，你能不能跟你们领导说一下？”

“同志，我说过了。这是医院的制度，跟谁说都不行。”妹子依然微笑着轻柔地说。

“医生，我身上只有576元，交500块钱可以吗？”

妹子笑而不答。

“500块钱——也够几天的住院费吧？”

妹子轻轻敲了几下电脑键盘，说：“一〇五号病房的病人到现在为止的医药费是396元4角。”

“哇，这么贵呀！”

“她做了胃镜检查，吊了三瓶针水，有一瓶是240多块钱的营养针水。”

原来如此！——杨明亮痴痴地站了一会，把掏出来的钱重新塞回裤兜，转身默默地往回走。

他回到一〇五病房，心事重重地坐在妻子的身边。

“明亮，是不是住院太贵了，你没办手续？”

“是啊。咦，你怎么知道的？”

“你有什么心事我不知道的？”

“住院要先交1000块钱押金，我身上只有几百块钱，还是陈副场长给的——”杨明亮叹了一口气。

“明亮，住院手续办不了，我们就办理出院手续吧。”吴玉兰消瘦的脸上挤出了一丝笑容。

“办理出院手续？”杨明亮有些吃惊。

“刚才值班医生来过这里，他说我这病关键是平时要注意调养才能治好。既然这样，在家里调养不是更好吗？”

杨明亮沉默不语。

“明亮，我在这里一看到针筒、药水，一听到病人喊叫，我心里就害怕！明亮，我想回家……”

杨明亮还是沉默不语。

“你要不想回去，我自己回去。”吴玉兰挣扎着想起身。

“别动，针水没打完呢。”

吴玉兰伸手去拔针头。

杨明亮慌忙按住她：“别动别动！玉兰——等打完了针水，我就去办理出院手续。”

杨明亮了解妻子，她虽然柔弱，可一旦认准的事情，就非要做不可，没有人能拦得住她。

杨明亮拗不过玉兰，只好要求医生开了几天胃药，办理了出院手续。

杨明亮提着药袋往回走时，心里充满了内疚和难过——过去，他只知道工作，只关心树位、胶水、产量，只关心连队工人，却从来没有认认真真关心过妻子的身体和她的病痛，从来没有给她煮过一顿好吃的肉粥，从来没有给她买过一瓶胃药，哪怕是最便宜的胃药。而玉兰，除了教书带孩子外，还包揽了家里所有的家务，全力支持他做队里的工作。现在妻子病倒了，他却没有能力让她住院治疗——杨明亮走着想着鼻子一酸，眼泪差点流了出来。

下午三点钟，杨明亮夫妻坐上从市里开往三叶的中巴。中巴车一路走走停停，颠簸了两个小时才在场部市场三角街区中心停了下来。

杨明亮脖子上挂着还没有打开的胀鼓鼓的布袋，搀扶着妻子缓缓走下车。

吴玉兰脸色苍白，嘴唇发紫，额头上满是豆粒大的汗珠。

“玉兰，现在胃感觉怎么样?”

“好像又疼了一点，可能是坐车颠的。”

“不要紧吧?”

“快到家了，不要紧的。”

杨明亮叫了一辆三轮车。两人坐上十二匹马力的三轮车朝西线公路驶去。

二十九队公路的路面坑坑洼洼，凹凸不平石头又多，颠得三轮车左摇右摆，上蹦下跳，碰上一大块的石头，便哐的一声，整个车子都给弹了起来。

三轮车开了一半多的路程，斜靠在杨明亮怀里的吴玉兰就觉得胃里似翻江倒海，胃内像被刀子割一样剧烈地疼痛起来。她忍不住呻吟："哎呀、痛，哎呀、痛——"

"停车！快停车！"杨明亮大声喊叫。

司机听到大声喊停，猛踩脚刹，挂着挡位的三轮车欻一下子卡死在一个拐弯的平路上。

"怎么回事？"司机扭过头问。

"三轮车太颠，我老婆受不了。"

"我已经很小心开了。"司机无奈地摇摇头，说，"三轮车减震太差，路面又不好，没办法。"

"明亮，我不想坐车了。"

"好好，司机，我们不坐车了，我们要下车。"

杨明亮付了15块钱全程的包车费，才搀着吴玉兰下了三轮车。

三轮车掉头走远了，杨明亮才对妻子说："玉兰，现在感觉怎么样？"

"好像——轻了一点，回到家里吃点药就没事了。"

"要不要休息一下？"

"不要。我想回家。"

"玉兰，我背你回去。"

"不用背，我自己能走。"

"玉兰，听话。"杨明亮转身弯腰弓背。

"还有这么远的路……"

"还有四里多路，不远了。"

"你要背着我走四里多路……"

"上午，100斤重的一袋肥，我一口气背上了刘梅花的树位，你有一袋肥重吗？"

"……"

"玉兰，听话，啊？"

吴玉兰顺从地趴在丈夫厚实的背上。

杨明亮反手一捋，托住她的两条大腿，用力往上顶了顶，背着妻子一步一步朝前走去。

吴玉兰伏在丈夫的背上抽泣起来。

“玉兰，不要哭，你一哭，我身上的气力就会给哭散的。”

她依然抽泣着。

“玉兰，不要哭，你一哭，我这心里——难受。”

吴玉兰抽泣了一阵，终于停止了。

杨明亮背着妻子，在橡胶绿叶覆盖拥簇的公路上一步一步朝前走。公路上静悄悄的，跟着公路两边延伸的橡胶林也静得出奇。只有山风偶尔从树梢轻轻掠过，发出轻轻的吟唱。

“明亮，你说农场的日子怎么是越过越难过了。”

“橡胶农场就是这个样子，时好时坏。以前不是也有过这种现象吗?”

“以前再怎么坏，也坏不到连工资都发不出去呀，这两年到底是怎么了?”

“我也弄不清楚——不过，这里的土地这么肥，种什么长什么，农场再怎么坏也饿不死人的。”

“日子要坏到什么时候才是个头呢?”

“应该快了吧。”杨明亮停下来，托着妻子弯腰顺势往上一抖，又继续往前走，“玉兰，你看，两边的橡胶树叶长得多好啊，叶片绿油油的，今年橡胶肯定是一个丰收年。明天就动刀了，胶水一流出来，我们的日子，农场的日子就都会好过的。”

“去年胶水不是也照样流吗？去年的日子好过吗?”

“今年和去年不同。”

“怎么不同?”

“你没看到吗，今年场党委进行了五项改革、四项清理，我水平低说不出个道理来，可我觉得农场党委这么做、这么走是对路的。这个新场长确实是厉害！”

“可是，我听到有很多人在背后骂他。”

“我也在背后骂过他。农场今年这么搞，真把我们这些干部折腾苦了。连施肥这样的活也叫干部做——可是人家场长、书记都下来扛肥施肥了，你还骂什么？气也就慢慢消了。”

“明亮，走这么久了，休息一会吧。”

“好哩。”杨明亮轻轻放下妻子。

两人在路边的一块草地上坐下来。

“明亮，从结婚到现在你还没背过我呢，背着我走很累吧。”

“不累。”杨明亮望着橡胶林出神。

“骗人。看你，满头大汗了还说不累。”

“只要心不累，身子就不会累的。”杨明亮依然望着橡胶林出神。

“明亮，你在看什么？这么专注？”

“我在看橡胶叶。玉兰，你看那橡胶叶长得多好啊！绿油油的，又肥又大，今年的橡胶一定是个丰收年。”他说着咧开嘴自己笑了。

“你刚才不是说过了吗——看你高兴的，像中了头奖一样。”

“玉兰，我们走吧。”

杨明亮重新背起妻子，一步一步朝前方走去。

“明亮，你说我这胃病能治得好吗？”

“能！一定能！医生说，只要平时注意调养，就一定能够根治。”

一辆摩托车呼地从他们身边飞过，唰地又在前面急刹住了车。

骑车的是二十九队胶工巫云飞。他扭头问道：“杨队长，怎么回事？吴老师——她怎么了？”

“胃疼，老毛病。”

“队长，我搭你们回去。”

“她坐不了车。你先走吧。这里离家也不远了。”

巫云飞不再说什么，加大油门，开着摩托车飞驶而去。

杨明亮用力托紧妻子，弯腰顺势向上抖了一下，背着她继续朝前走去。

“玉兰，回到家里要好好休息一段时间，我去学校替你请半个月假。”

“半个月太长了。”

“那——请多少？”

“三天就够了。”

“三天就够了？”

“是啊，三天就够了。”

“玉兰，你胃痛得这么厉害，要多休息几天，学校会同意的。”

“我不是那个意思。”

“那是什么意思？”

“不知怎么的，我平时胃疼的时候，一看到学生们的脸蛋，一听到他们的读书声，一听到他们喊老师、老师的时候，胃就不感觉痛了，真的。”

“……”

“明亮，我只是担心……”

“担心什么？”

“我这胃痛好几年了，而且一年比一年严重，老是治不好，我担心会不会发生病变……”

“病变？什么病变？”

“我担心我这胃病以后会不会变成胃癌。”

“呸呸，净说些不吉利的话。”杨明亮佯怒道，“玉兰，别胡思乱想啊，人没有过不去的坎，再苦再难，我这次也要把你的胃病治好！”

吴玉兰又抽泣起来。

公路的拐弯处，突然涌出了一群粗陋的人，他们喊叫着朝他俩迎面走过来。

“明亮！”

“杨队长！”“杨队长！”“明亮！”……

人群走近了，全是二十九队的胶工，他们堵住了杨明亮的去路。

站在最前面的是洪铁钢和刚才开摩托车过去的胶工巫云飞。

杨明亮感到有些突然，说：“铁钢，我——”

“明亮，你什么都不要说！”洪铁钢从裤兜里掏出一叠百元大钞，高高举起，大声说，“这600块钱，是几个小时前杨队长借给我交大王、二王学费的。队长借钱给我不到一个小时，人家就告诉我，吴老师今天施肥昏倒在林段里，送去市医院治疗了。可杨队长是怎么对我说的呢？他说玉兰被学校派去外面听课了，他也有事要出去几天，要我帮忙照顾小聪几天……”

“铁钢——”

“可结果是怎样的呢？大家都看到了，杨队长又背着吴老师回来了。明亮，你把钱给了我，没钱住院了又跑回来了，我说得对不对？”

“玉兰她是胃痛，是老毛病，医生说要回家慢慢调养，哎铁钢，那600块钱是给大王、二王交学费的，你不要乱来啊，我这个人说话做事的性格你是知道的。”

“明亮，你说过什么话，做过什么事，我们心里都有数。这600块钱我不会乱来，但我要告诉我两个儿子，要他们要记着，这笔学费，是杨明亮叔叔给吴老师治病的钱！”

洪铁钢说话间，几名胶工已经把一张崭新的红毛毯展开，一边七八个人攥着，拉成一副人工担架。

“你们——这是干啥?”

“杨队长，把吴老师放上去吧。”胶工们回答。

杨明亮眼圈红了——这些平时衣着不整，满身汗酸味、说话动作粗鲁的胶工，心地却是这般的善良呵!

“杨队长，把吴老师放上去吧。”胶工们又一次请求。

杨明亮稍一抬眼，就与十几双目光相撞，这些平时绝少这样看他的眼睛里，充满了真挚、坦诚和祈求。

杨明亮只得把吴玉兰放在人工担架上。十几双粗糙的手均衡用力，拉着毛毯朝二十九队走去。

吴玉兰躺在舒服柔软的人工担架里，眼泪一串串地涌出来，她没有用手去擦拭，任凭它们流。

人工担架队伍走了半个多小时才走进杨明亮的家。他们还没有散去，杨家门外又围满了人。

“你们让一让，让一让。”

队里年纪最大的阿清婆一只手攥着一把刚采的槟榔花，一只手提着一只老母鸡挤进屋里，对杨明亮说:“明亮，玉兰有胃病你怎么不跟我说，槟榔花炖老母鸡吃能治胃病，你拿去试一试。”

“阿清婆，这——”杨明亮没有接。

“你这什么?槟榔花我有的是，吃了有效果我再去摘。快拿着，别婆婆妈妈的。”

杨明亮只得接过阿清婆递到胸前的老母鸡和槟榔花。

队里的“尖嘴嫂”也挤了进来，说道:“杨队长，这两瓶蜂糖拿去给玉兰冲水喝，喝蜂糖能补胃强胃。我跟你说，这两瓶蜂糖不是机器摇出来的，全是用手捏出来的，百分之百纯正。别人向我要50块一斤我还舍不得卖呢，这两瓶蜂糖我送给你的一分钱不要，拿给玉兰吃。”

杨明亮还没反应，“尖嘴嫂”放下蜂糖转身就走了。

“叔叔，这是我妈妈叫我拿来给吴老师的。”和小聪同班的小花钻到杨明亮跟前，细嫩的小手抓着两个小盒子高高举起。

“小花，这是什么东西?”

“是胃药。我妈妈说，是舅舅从南洋寄来的。我妈妈说她也得过胃病，吃了这种药胃就不疼了。妈妈叫我拿两盒来给吴老师吃，她说吴老师吃了这种胃药，胃就不疼了。”

“小花，谢谢你，也谢谢你妈。”

“不用谢!”小花瞅见杨明亮两手抓着东西，就把药盒子往他裤兜里一塞，转身低头从大人的缝隙间钻了出去。

一个个头矮壮的中年人手里提着两只母鸡挤到杨明亮跟前——他是去年才从广西来的聘请胶工蓝常乐。

“队长，我听说吴老师的胃病很严重，这两只母鸡炖点汤给老师吃，补补身子。”

“老蓝，你拿回去，我手里有母鸡。”杨明亮右手举起了仍提着的母鸡。

“杨队长，别人的母鸡你收了，我的母鸡你叫我拿回去，杨队长，你是不是瞧不起我老蓝啊?”

“不不不，老蓝，我不是这个意思。”

“杨队长，去年，我两公婆拖儿带女从广西来这里想找份工干，混口饭吃。你不嫌我们年纪大，收留我们在这里割胶。这还不算，我们来了，你帮我们找住房、盖厨房，还帮我们找菜地，手把手教我们割胶。去年下半年发不出工资，你出面为我们担保到处去借钱借米……杨队长，这两只母鸡你不收就是瞧不起我蓝常乐!”

“老蓝，我不是这个意思——现在大家的日子都还很紧，你们聘请胶工……”

“我蓝常乐虽然穷，但两只母鸡还是拿得出的!”

“杨队长，你就收下老蓝的母鸡吧!”

“这是老蓝的一点心意，队长你收了吧。”

众人你一句我一句劝杨明亮。

杨明亮只好接过蓝常乐的母鸡说：“大家不要再拿东西来了，你们的心意我领了，再拿来，我杨明亮可就收不了了……”他说不下去，转身朝里面走。

人们跟着捅了进来。洪铁钢在布帘门挡住了他们：“吴老师刚从医院回来，身体很虚弱，需要安静休息，大家先回去吧。不要进去了。”

众人站了一会儿才转身退了出去。手里有拿东西的将东西悄然放在墙角下、茶几上才走。

人走尽了，屋里静了下来。用布帘隔出的小客厅里只有杨明亮一人静静地坐在木沙发上。

看着墙边、茶几上堆满的连队人送来的五花八门的东西，杨明亮心里怎么也平静不下来。——他这一生，受到人家的帮助和恩惠实在太多了。1973 年，那场给农场带来毁灭性灾难的十四号台风过后，他父亲在一次扶风倒树时，被一条挂在残树上的断干砸中头部，父亲没吭一声就永远地走了。母亲带着他和两个妹妹艰难度日。父亲去世后的那几年，队干部经常踏进他那简陋的家里嘘寒问暖，左邻右舍也经常来串门帮杨家做这做那，谁家里有了好吃的东西，都会拿一点过来给他兄妹三人尝尝。

他印象最深的就是在公家大饭堂里做厨的阿石叔。这位个头矮壮、秃顶圆脸的阿石叔对他最好。他每次去打饭菜，阿石叔总是把饭压得实实锥锥的才倒进他的大盆里。打菜时，一份菜只有一勺，阿石叔就打给他盈盈的两勺，又加上半勺香浓的菜汁。队里过年过节杀猪杀牛，阿石叔就拿一些牛杂、猪血之类的东西偷偷塞给他，叫他拿回去。母亲没钱开早餐，他兄妹三人每天早上上学经过饭堂时，阿石叔就招手叫他进来，把那些切完后多出来的边角小块松糕、九层米粄统统拣出来，塞在他手里，叫他拿去和妹妹们一块吃。这些松糕、九层米粄虽然不多，但他吃在嘴里就觉得这是世界上最香最甜最好吃的东西了！

在杨家处境最艰难的日子里，只要有人帮助他们，哪怕只是有一个外人进来他家串门，他杨明亮心里就充满了感谢，就充满了阳光、充满了信心。也就是从那时起，他就经常在心里对自己说：要记住这些帮助过杨家的好心人，长大了一定要回报他们！

可是当他走出社会、有了回报他们能力的时候，那些过去曾经帮助过他家的叔叔、阿姨，调走的调走，离开人世的离开人世；就连对他最好的阿石叔也回广东罗定老家定居去了。

他静静独处的时候，就会下意识地回想起那些帮助过他的人，就觉得自己欠了很多的人情债，就觉得不安和内疚。如今旧债未还，新债又来了，这些人情债怕是他这辈子都无法偿还了——唯有拼命地工作、工作，尽心尽职地做好队里的事情，或许才能减轻一些心头的不安和内疚。

六十

王秀文下午住院打完吊针后，发炎的左眼疼痛减轻了一些，没有再恶化下去。傍晚时分，黎文乐夫妻来医院给他送来了一大口盅的饭菜。

王秀文接过饭菜就大口大口吃起来。

平时他一人住在三楼上，乐哥家有好吃的，芳嫂就会上楼招呼他下去一块吃。他稍有一点推辞，芳嫂就会假装生气说："秀文，你跟乐哥还客气什么啊?"芳嫂把他拉下来了，乐哥就会迎上去说："秀文，跟乐哥不用太讲究，来来来，坐坐坐，不就是多添一双筷子的事嘛。"就他们这两句话，他在乐哥家不知吃了多少顿饭。乐哥把他当成了家人，他也早把乐哥一家人当成了自家的亲人。

王秀文吃饭的时候，黎文乐夫妻二人坐在另一张床上不说话，一直看着他吃。

他吃光了大口盅里的饭菜，黄桂芳才走过来说："秀文，饭菜合口不?"

"合口，合口!"王秀文用力点点头。

"秀文，你明天想吃什么？芳嫂给你做。"

"芳嫂，不用了。我感觉眼睛舒服多了，明天上午打完针我打算回去上班。"

黎文乐也走过来插话道："秀文，我问过医生了，医生说你的眼睛最少要住院治疗一个星期。我替你跟苏科长请了假，你什么事都不用管，就安心住院。"

王秀文沉吟一下，说："乐哥，我想明天叫我妈出来——"他不想麻烦乐哥芳嫂天天给他送饭。

"秀文，我知道你心里想什么，科研所离医院很近，我们不麻烦，不用叫阿母出来。"

"是啊，秀文，我们煮饭也就多加了把米，一点都不麻烦。"

听乐哥、芳嫂这一说，王秀文不再说话——加之父亲腰骨还没有完全好，家里也需要有人照顾。

黎文乐见王秀文精神不好，又不怎么说话，安慰他几句就起身告辞。

黄桂芳走到门口又转回来，从床底拿走了王秀文换下的衣服，带着空空的大口盅走出了病房。

三叶农场医院单独建在场部的东北角，到了晚上，医院里外都很安静。住院部一楼西侧有5间干部病房，除了三号房的王秀文外，其他房间住的都是老干部。他们早早就休息了，只有王秀文躺在床上，一动不动看着白色的屋顶。

他今晚情绪很低落，脑子也很杂乱。

这两年农场大跌大落。干部职工这么辛苦收入却这么低，出路在哪里？年迈的父母退休了还要下地干活，自己眼睁睁看着却一点办法都没有，这种现状何时才能改变？……王秀文呀王秀文，你读这么多书有什么用？你会写几篇文章又有什么用？

今晚他想最多的还是水秀。她去广东深圳已经半年多了，至今音信全无。水秀走后，他很后悔那晚对她发飙时说出的那些伤害她的话。他每天都盼着水秀有一天突然从广东打电话到单位找他，哪怕是打电话骂他一顿，然后给他一个道歉的机会也好。然而等到现在，水秀一个电话都没有打过来，连一封信也没有写给他。

他有很多次想去三十六队水秀家问问她的母亲，问问她的二哥二嫂，了解一下水秀在深圳那边的情况，但他没有勇气去。他只能在夜深人静的时候，苦苦地思恋心中热爱的人。有很多次，他想水秀想到心痛想到流泪。

农场穷了，家里又不富有，水秀离开他去广东深圳能怨谁？

今晚他躺在医院的病床上，对水秀的思恋尤为强烈，想到心痛时，眼泪又禁不住地流出来。

这时，一个白色的人影走进了病房。

恍惚中，王秀文以为是郑水秀，喊了一声“水秀——”一下翻身坐起来，再定神一看，走进病房的不是郑水秀，而是身段、衣着，连头发都与郑水秀极为相似的李秋红。

她穿着带有小花点缀的白色连衣裙，手里提着一个精致的青色碎花小布袋子。

王秀文慌忙把两脚放下床沿，坐正。

李秋红的突然到来，让王秀文感到很突然——他眼疼住院的事没有几个人知道，她怎么知道了？

原来，李秋红下午施完肥回到家里进卫生间冲洗换衣时，正好听到父亲在厨房灶台边跟正炒着菜的母亲说了一个信息：宣传科的王秀文施肥搞到了左眼，情况有点严重，中午住进了三叶医院一楼三号干部病房。

李秋红吃了晚饭，冲好凉，不动声色地从衣柜里翻出一条白色连衣裙穿上，又拿了两盒精装饼干用一个小花布袋装着，一个人悄悄地从机关宿舍区步行走到了三叶医院。

李秋红把带来的两盒饼干放在床头柜上，又从那儿搬过一张椅子，在王秀文面前坐下来，关心地问："秀文，你的眼睛怎么样了？"

"医生说我左眼球发炎了，有点严重。"

"痛吗？"

"上午施肥时很痛，受不了，打针吃药后现在好受多了。"

李秋红把目光移到他身上、病床上，上下左右打量。

"秋红，你看我，穿着这身病号服，躺在病床上——在你面前出丑了。"王秀文自嘲道。

李秋红怔了一下，说："秀文，人生病住院很正常，没什么出丑的。"

王秀文怪笑了一下，说："秋红，你看我现在这个狼狈样，不是出丑吗？"他脑子里突然冒出了哭着走的水秀、摔断了腰的父亲和躺在病床上的自己……

"我感觉我在三叶人的眼里，就是一个丑人，一个笑话。"

李秋红又怔了一下。

“秋红，你看我这个人呵，做人这么谨小慎微，做事这么勤奋努力，可到头来我得到了什么，我什么都没有得到，空空如也！嘿嘿，施个肥还差点把眼睛弄瞎了，我真够衰的，这些都是命啊！命里注定的东西，你是怎么努力也改变不了的。我王秀文就是三叶的一个笑话，一个笑话而已！哈哈——”

“秀文你——”李秋红突然转变了口气，“王秀文，你这个人做么这样古古怪怪的？我很奇怪，我怎么一来到你面前，你要么一语不发，要么就阴阳怪气，胡说八道，你就不能像前两天在三十六队河边那样，好好跟我说几句话吗！”

“我怎么阴阳怪气了？我哪里胡说八道了？”

李秋红压了一下情绪，说：“秀文，你不是还有父母吗？你不是还有乐哥这些好朋友吗？你怎么就说空空如也什么都没有了呢？你经过自己的努力，从一个连队的割胶工人，一跃三级跳成为机关干部，怎么就说是命里注定的东西怎么做也改变不了呢？你不但工作出色，还在各种报刊上发表了很多文章，你知道有多少人在背后羡慕你夸奖你吗？连我爸都对你赞不绝口，你怎么能说自己是三叶的一个笑话呢？秀文，你不是什么笑话，你是一个追求上进奋发有为值得三叶年轻人学习的一个好榜样！”

“我王秀文还会有人学习？”

“有！我李秋红就是一个！”

“我要是有你说的这么优秀，这么出色，水秀她会离开我吗？她家人会嫌弃我吗？”

“呵呵，秀文，你说了一大堆话原来都是因着郑水秀啊。水秀去了广东深圳，那是她的自由，谁也管不了。可她走了那又怎样？你就悲观厌世了？农场没有了她，你就空空如也了？她走了，三叶就没有好的妹子了？农场就没有漂亮的姑娘了？”

王秀文沉默不语。

李秋红继续说道：“秀文，今晚我不应该对你这些话。可我看到你这个样我就忍不住要说。秀文，你过去在连队割胶的时候那么辛苦，也没有见你哼过一声。你一割完胶就拿起书本坐在树头下，一只手拿大饼啃一只手拿书本读书的样子，我现在还记得很清楚。当时我们都认为你这个人不合群，是个落古人，现在我才明白，你那时这么做，是对现实不服，对自己的命运不服，你是想要与命运抗争，对不对？秀文，说心里话，你那股不声不响的拼劲，一直到现在都还激励着我勤奋学习，努力工作。秀文，我爸对我说过，你是一个外表不露、内心却是充满阳光的青年。我真的希望看到你过去的样子。秀文，只要心中还有阳光，人就没有过不去的坎！”

“说得好！”

随着一声洪亮的声音，个头高大的苏俊才右手提一大袋东西走了进来，后面跟着宣传科副科长叶少华和干事老冯、老郭。

“苏科长——”李秋红赶紧站起来。

苏俊才对李秋红笑着说：“秋红，看来你的文才是越来越厉害了，连说话都充满了哲理和文学味。农场放你在工会屈才了，调你来宣传科跟咱们的王秀才一起干怎么样？”

李秋红红着脸，不好意思地笑了。

苏俊才又转对王秀文说：“秀文，调李秋红来宣传科跟你做搭档怎么样？”

王秀文有些困惑地说：“科长，乐哥他要调走？”

“开个玩笑。”苏俊才说，“言归正传。秀文，今晚我们是受韩场长的委托，专程来看望你的。韩场长还专门让我带话给你，场长说你这次施肥表现得很好，说你是好样的！”

王秀文一听到场长表扬了他就激动起来，说：“苏科长，这次施肥，我不算什么，乐哥、杨队长、雷姨，还有很多人，他们表现都比我好，我不算什么，真的，科长。”

“场长还说，你要安心住院，把眼睛完全治好了才回来上班——”

“谢谢场长的关心……”王秀文说着突然低头抽泣起来。他一个普通的宣传科干事，又是一个内心极要强的人，突然听到了农场最高领导的关心和表扬，让他情感瞬间失控，第一次忍不住在同事面前哭出声来。

四位科室同仁围着王秀文，这个拉着他的手，那个轻轻拍着他的肩膀，不停地说些安慰的话，只有李秋红站在一旁默默不语。

这时，门口又走进了一老一少两个女子。王秀文抬眼一看就认出是他母亲苏凤英和邻居许家二女许静霞。

“妈，你们是怎么来的?”

“是静霞开摩托车拉我出来的。”

苏凤英走到儿子床前，看见儿子穿着病号服，话没出口眼泪就流了出来。

原来，苏凤英和王土生吃完晚饭正在小屋厅里看电视时，冯队长急匆匆走进来告诉他们，二十九队杨队长打来电话，说秀文施肥搞到了眼睛住进了场医院，要他务必跟秀文的父母说一声——

冯队长话没说完苏凤英就起身想去医院，可这个时候谁还会开车去医院？她一着急就去隔壁找许静霞。许静霞二话不说，推出嘉陵70摩托车，载着苏凤英就赶去了医院。

“秀文，你哪只眼睛弄到了？让我看看。”

“左眼。”王秀文把病情告诉了母亲。

苏凤英轻轻抚摸着儿子的左额和左脸颊，说：“秀文，眼睛里面这么红，能治好吗？人家施肥都好好的，你怎么就搞到眼睛了？你爸让我担惊受怕了一世，到了你，还要让我担惊受怕——”

“妈，医生说治疗几天就会好的——”

苏凤英边说边抬手擦拭眼泪，说：“秀文，你吃饭了没有，静霞给你买了一份猪脚饭带来了。”

王秀文还没开口，许静霞就提着大口盅走到他面前说：“秀文哥，猪脚饭，还热着呢。”许静霞把大口盅递过去。

心细的许静霞出门时顺手带了一个大口盅，经过场部五哥饭店时，停车给王秀文买了一份猪脚饭，还特地叫店主多要了一勺卤汁。她很早就从苏凤英口中知道王秀文平时最爱吃猪脚饭。

大家的目光都聚焦在许静霞身上。李秋红特意多看了她几眼。

许静霞穿着一身藏青色的女式工作服，脸皮色有些黑，相貌并不太出众，个头也不太高，但身体匀称，手脚敏捷，一看就知道是一个干农活的好手。

王秀文接过大口盅，放在床沿上，说：“妈、静霞，我吃过饭了，是乐哥和芳嫂送来的——”

“秀文，你命好，遇到了那么多好人——”苏凤英说着又抬手擦拭起了眼泪。

苏俊才安慰说：“阿姨，农场就是一个大家庭，我们都是兄弟姐妹，大家都是喝一条河水的，秀文是你的儿子，也是我们的兄弟，他住在这里，您就放心吧。”

叶副跟着说：“秀文，你安心治病，工作上的事有我们呢。”

老冯也说：“秀文，我们都是一起工作的同事，有什么需要帮忙的，就说一声。”

“秀文哥，你就安心治眼睛吧，你家里要有什么事，还有我呢。”许静霞像个男人一样拍着胸口说。

“嘿，看来你这小姑娘不赖啊！”苏俊才转头对老冯说，“老冯，这小姑娘身上一定有故事，你抽个时间下十八队采访采访她。”

“我就是一个胶工，没有什么好采访的。”许静霞小声嘟哝着，不好意思地低下头。

这时，医生进来查房了。他告诉众人病人需要多卧床休息，不要说太多的话。

苏俊才摊摊手，又说了几句安慰话就带着三个手下走出了病房。李秋红又偷偷瞥了许静霞一眼才转身出门。

苏凤英想留在医院照顾儿子，王秀文说他爸的腰骨还有些痛，需要人照顾，催促母亲快些回去。

苏凤英只好反复叮嘱儿子一些注意身体的话，才和许静霞离开了医院。

王秀文的左眼由于发炎了好几天才来治疗，炎症比较严重，打了针就舒缓一些，针水药效一过左眼就又开始发红疼痛。一连治疗了三天，虽然有好转的趋势，但还是反复发作，王秀文心里又烦躁起来。

这天晚上，王秀文吃完乐哥送来的饭菜，正坐在床头上发呆，许静霞突然像一阵风似的走进来，手里还提着个大口盅。

许静霞还没站稳，王秀文连连摆手，说：“谁叫你买猪脚饭的？我不吃，拿走拿走。”

许静霞像中了蛊，整个人一下僵住了。她愣了一会儿，才说：“秀文哥，我爸下午下琼安河抓到了两条黑鱼，我留了一条炖了鱼汤拿来给你吃，不是猪脚饭。你要不吃，我就拿回去。”她说着转身就往门外走。

“静霞，我吃。”

王秀文马上意识到自己的不对——他已经用语言深深地伤害了一个好姑娘，他不能再用同样的方式去伤害另一个好姑娘了。

许静霞又转身走回来，恢复了刚才的神色。

“秀文哥，我爸说黑鱼能补身体，也能补眼睛。”许静霞把大口盅递过去说，“里面有调羹，打开盖子就看到了，趁热吃。我问过医生，医生说，你不能吃辛辣的东西，这鱼汤我什么都没放，就放了一点点盐，你尝一口。”

王秀文接过大口盅，揭开第一层冒盖，看见调羹放在第二层的盖面上。揭开第二层里盖，一股黑鱼特有的鱼香迎面扑来。王秀文拿起调羹舀喝了几口鱼汤。

“秀文哥，鱼汤好喝吗?”

“很清甜，好喝。”王秀文又连喝了几口鱼汤，吃了一块鱼肉才说，“咱们琼安河养的鱼就是好吃。”

“我爸说，琼安河连着万泉河，这条河水养的鱼很多都是从万泉河游上来的，可好吃了。”

“我等会再慢慢吃。”

王秀文把口盅盖好，侧身把口盅放在床头柜上，又指着床边上的椅子说：“静霞，你坐，陪我聊聊天吧。”

“我还没冲凉，身上的衣服有味道，我坐远点。”许静霞把椅子挪到对向墙边才坐下。

“静霞，今天我心里很烦，刚才的话你不要介意啊。”

“我以为你烦我呢。”

“不是。这两年农场不顺，我家里不顺，我也很不顺。去年农场发不出工资，接着水秀又离开我去了深圳，跟着我爸摔断了腰骨，现在我又弄到了眼睛，窝这里治了三天了还不见好，我心里真的很烦躁。我这只左眼也不知道能不能治好，有时候我担心万一真瞎了怎么办?”

“秀文哥，会治好的。万一治不好，秀文哥，静霞来给你当眼睛。”

许静霞不经意的这句话让王秀文内心深处颤抖了一下。这个和他做了十几年邻居的许家老二，他很少用正眼去看过她。即便是她长大后经常跑来王家帮母亲干这干那，他也很少去留意这个比他小两岁的女孩。直到父亲摔断腰骨，许静霞那天晚上双手抱着父亲从厕所走出来的那一刻，他才第一次认真看了一眼这个已长成大姑娘的许家二女儿。

此时许静霞的一句话，让王秀文内心感动不已，他看着这个单纯善良的姑娘，心里一直想：她要是我妹妹该有多好啊！

“秀文哥，你不说话，老看我干吗？是不是我穿牛仔衣服像个男孩子不好看？”许静霞上下左右打量身上的牛仔衣裤说，“我也想穿裙子出来，可穿裙子开不了摩托车。这牛仔服结实，做工穿最好。”

“静霞，你穿什么衣服都很好看，真的——”王秀文移开了眼光，说，“静霞，你是读哪届高中的，我怎么没有一点印象？”

“我读完初三就出社会做工了。”

“为什么不读书了？”

“初三那年暑假，有一个晚上，我听到我爸对我妈叹气，说家里有五个女儿读书家里没有钱了。当时我姐读高二，我读初三，老三读初一，老四、老五还在读小学，家里面负担很重。我听了我爸的话，就偷偷去报名做工，做工就有钱啊。我第一次去报名填表时，队里说我才16岁，不给报。我第二次又去报名，这次我骗他们说我17岁了，他们就给我报了。”

“静霞，你出社会后都做过什么工？”

“我做过的工多了。我刚出来就当林管工，管理中小苗，后来就学割胶，跟着我妈当了胶工，割两个树位。冬天停割了就去开荒挖橡胶穴，有一年冬天停割了，队长还叫我去炊事班干了三个月，挑水、锯木、劈柴。我小时候还跟着我爸给公家种过水田，插过秧，割过谷，反正农场很多工我都做过。”

“静霞，你不去读高中，现在后悔吗?”

“不后悔。我割胶挣钱供我姐我妹读书我不后悔。我姐会读书，她考上了大学，她现在在广东化州工作，她前年嫁人了，生了个儿子，小家庭很幸福。老三考上了师专，毕业后回农场在三叶第一小学当了老师；老四考上了高中农管班，毕业后分到十七队当统计员。只有老五学我，读完初中就出来跟我们一起割胶，老五也说挣钱给姐姐读书一点都不后悔。”许静霞说着咧嘴笑了，浅黑中透着红润的方圆脸颊上露出两个小酒窝。

如果许静霞今晚不说，王秀文还不知道这个不起眼的邻居小姑娘竟然吃过这么多苦，干过这么多脏活累活。他只割过几年胶，和眼前这个许家老二比起来根本算不了什么。

也许是受到许静霞的感染，王秀文的心情舒展坦然了很多。

“静霞，我们做了这么久的邻居，我还不知道你这么能干——我们科长说的没错，你是一个有故事的人，等我眼睛好后，我要给你写一篇散文，题目就叫‘我的妹妹许静霞’。”

“你要我给你当妹妹呀?”

“静霞，我妈说，我调上机关这几年，你大忙小忙帮了我们王家很多，我妈很想让你做她女儿——”

“秀文哥，邻居之间互相帮助是应该的——”

“静霞，我知道，这个时候突然叫你妹妹，我这个人是不是有点厚脸皮——”

“秀文哥，你说什么呢？好！我就给你当妹妹。你写吧，写好了一定要给我看啊。”许静霞又咧嘴笑了，方圆的脸颊上露出了甜美的笑靥，“秀文哥，鱼汤凉了就有腥味了，快喝了吧。”

王秀文顺从地侧身拿过大口盅，把鱼汤和鱼肉吃干净才放下。王秀文喝完鱼汤，外面已经很黑，许静霞收拾好大口盅要回家，临走出门时又回过身说："秀文哥，我爸明天要抓到黑鱼，我再炖鱼汤送来给你吃。"

王秀文急忙骗她，说乐哥今天已经为他专门去市场买到了几条活黑鱼，这几天都有鱼吃，叫她不要再送鱼汤来了。许静霞信以为真，一口就答应了。

王秀文把许静霞送出医院大楼出口，一直目送她消失在夜色中才返回三号病房。

王秀文住院治疗到第六天时，左眼病情才稳定下来，炎症不再反复发作。下午，王秀文感到左眼已经与平常无异，就向谢医生提出了出院的要求。谢医生仔细检查了王秀文的左眼后，说再观察一个晚上，如果不出现问题，就同意明天上午办理出院手续。

晚上，王秀文冲好凉后，换上了乐哥带来的自己经常穿的那件青黑色长裤和白色长袖衫衣，顿时感觉全身清爽。他在白色的病房里走来走去，整个人的精神、气色开朗了很多。

他正在房间里来回踱步时，一个他潜意识里很少想到的人——李秋红悄然走进了病房。她身着白色连衣裙，手里提着翠花青色小布袋子，和她几天前第一次来医院时的装束一模一样，也跟郑水秀平时的装束几乎一模一样。

两人一个坐在床沿上，一个靠墙壁坐在木椅上。

李秋红把小布袋子放在双膝上说："秀文，看你今天气色不错，眼睛好了吧。我爸说你明天要出院了，是吧?"

"昨晚连着今天一天都没发作了，应该是好了。"王秀文说，"秋红，谢谢你的关心，谢谢领导对我的关心，谢谢大家对我的关心。"

"秀文，上次我来，你跟我说了一大堆怪话，这次是不是准备要跟我说一大堆套话?"

“不是，不是，我——”王秀文摆摆手，指着床头柜上的一堆吃的东西说，“这些水果和营养品都是领导和同事们送的，柜里头还有你送的两盒饼干。谢医生昨天告诉我，我一住院李书记就给刘院长打了电话，说王秀文是农场难得的秀才，要医院一定要治好他的眼睛，如果治不好，就送到海口农垦医院去治。秋红，你爸是农场党委书记，对我这个小人物这么关心，我，真的很感谢他。我出院后，我一定会努力工作，报答场领导对我的关怀，报答李书记过去对我的知遇之恩。”

李秋红静静地听着，一双大眼不时地眨动一下。

“秋红，那晚我说的话很唐突，对你很不礼貌，我失礼了——”

“停！这话我不想听。”

王秀文顿了一下，又说：“秋红，你今天穿得很漂亮，很美，真的。”

“哈，我终于听到了一句从你嘴里说出来的赞美我的话了。”李秋红嫣然一笑说，“你说的是心里话吧？”

“绝对是心里话。”王秀文说，“秋红，你本身就很有气质，穿上这身白色连衣裙，更显得高贵典雅。”

“好像，水秀也穿过这样的连衣裙吧？”李秋红转了话题。

“是的，水秀也经常穿白色的连衣裙。水秀穿的时候很漂亮，像一个窈窕淑女，让人怜爱——”

“那我穿着白色的连衣裙，你看了是什么感觉？”

“秋红，你穿这身连衣裙，也很漂亮，但我感觉你更像个仙女，像个公主，典雅、高贵，可望不可即。”

李秋红心里咯噔了一下。王秀文说这些话不知是有意还是无意。

5年前的一个晚上，在十八队的胶工宿舍，才20岁的李秋红就大胆地向大她两岁的王秀文表示过爱，但被王秀文无情地拒绝了。李秋红离开十八队时就发誓再也不理睬这个无情无心的人。然而，王秀文写的一篇篇发表在报刊上的文章，让李秋红内心对王秀文的爱慕不曾熄灭过，也让王秀文的身影无法在她心中抹去。这两年母亲和一些亲戚介绍了好几个各方面条件都比较好的对象，都被她一口回绝了。她发誓一定要找一个强过王秀文的人，气死这个王秀文。可几年过去了，李秋红在三叶不仅没有找到这样的人，还让郑水秀捷足先登，和王秀文谈情说爱了，这让李秋红内心又羡慕又嫉妒。

前几天在三十六队施肥，她中午在万泉河河边意外遇到王秀文，那个深深埋藏在心底很久的情愫又被触发翻涌起来，让她心中再次升起了爱情的欲望。

可今晚王秀文说出的话，让李秋红第一次清醒地意识到他们之间存在的现实鸿沟——就是两个家庭存在的巨大差距，这可能是王秀文拒绝她的根本原因。难怪王秀文在她面前要么一语不发，要么就阴阳怪气。

李秋红又坐了一会儿就站起来，走近床头柜，从小布袋里拿出两罐牛奶放上去，就告辞了。

她走到门口又回过身问："秀文，假如，水秀她不回来了，你会有其他的选择吗？"

"我——不知道。"

王秀文不是傻乎乎的人，他明白李秋红两次来医院看望他的用意，但两个家庭的巨大差距，让王秀文不敢也不能对李秋红有任何想法。这是他给自己画的底线。

"秀文，我还是那句话，我们这一代人都是喝万泉河水长大的，你有什么需要帮助的，就说一声。"说完转身就走了。

这次，李秋红走得很坦然。今晚她明白了一个理——很多事情，是要顺其自然的。

六十一

凌晨5点，天地仍漆黑一团，从三叶场部开往市里的早班车已开始在三角街口鸣叭待发了。

徐克坚推着轻骑和妻子彭美娟从科长楼出来，沿着还没有行人走动的青石块铺设的街道，向西一步一步走到广场，两人谁也不说话，又折向南并排着朝三角街区慢慢走去。轻骑前踏板上搭着一个大号的布质旅行包。

“我一到海口就给你打电话。”彭美娟终于开口说话了，“你不用记挂我，饭馆是我表姐开的，他们不会亏待我的。”

徐克坚只是推着车，一语不发。

“我打工挣到钱，一出粮我就给阿志、阿莹他们寄去，就不寄回来了。”

“……”

“我出去后最放心不下的就是你。以后做事要圆一点，别太认真太四方了。”

“……”

“大家在农场一块生活这么久了，抬头不见低头见，你要好好改改你那牛脾气，得饶人处且饶人。”

“……”

“我走了，饭菜你得自己做了。煮饭用一筒米就够了，水放小半瓢就行了。”

“……

“炒菜的时候先放油，再下蒜头用酱油爆一下，香味出来了再倒菜下去炒，菜快熟了才放盐和味精，盐不要一下放太多，先放一点，试一下味道，不够味再放一点。味精也不要放太多，放一点点就行了。”

“……”

“吃东西不要太省，每天要买一点肉吃。酒不是好东西，不要喝太多，烟也不是好东西，不要一支接一支地抽。”

“……”

“衣服你也要自己洗了。洗衣服的时候，先把脏衣服放在水里，再放一点洗衣粉浸泡，过了10来分钟才洗刷，最少要过三次水衣服才能洗干净。”

“……”

“我不在家了，你要懂得自己照顾自己，晚上不要睡得太晚，早上不要起得太早。要熬夜写材料，就自己煮个鸡蛋吃。我买了两排鸡蛋放在橱柜里。”

“……”

“喂，怎么不吭声？我说的话，你都听清记住了没有？”

“嗯，啊，我听清了记住了。”徐克坚连连点头。

“我知道你不想我出去，其实我也不想出去。那天我碰到厂长，他跟我说，下岗是暂时的，一有空位就叫我回来上班。真的有了空位，你就打电话给我，我马上就从海口赶回来。”

“……”

两个人慢慢走着，一个不停地说，一个默默地听，不知不觉走到中巴车门前。

徐克坚架好车，拿出旅行包，默默送妻子上车。

彭美娟踏上车门又转过身，说：“我要走了，你就不跟我说两句话？”

“……”徐克坚抬起头，望着朝夕相处了21年的妻子，这个从不落泪的硬汉，眼泪也禁不住流淌了出来。

“你千万要注意自己，你没事我就会没事的，你要有事了，我就会有事的，记住了?”

“嗯……”徐克坚把头低下来。

“我走了。”彭美娟提着旅行包走进车厢里，“到了海口我就打电话给你。”

中巴鸣着喇叭徐徐向前开去。徐克坚踏响轻骑在后面慢慢跟着中巴跑。中巴逐渐加大油门，速度越来越快，徐克坚也加大油门，呜呜吼叫着拼命追赶。中巴速度越来越快，渐渐与轻骑拉开了距离。徐克坚用力扭尽油门，开着变了调的轻骑疯狂地追赶中巴。

中巴越来越远，很快消失在茫茫的夜色中。徐克坚仍开着狗仔车沿着公路疯狂地追赶，直到汽车的引擎声消失在胶林中才停下来。他骑着车，单脚点地，木木望着向前延伸一头钻进胶林里的公路出神。

天大亮了，公路上各种车辆渐渐多了起来。徐克坚才掉转车头往回开——他上午还要参加一个重要的场务会议。

和往常要开会一样，韩劲松提前上班坐在会议室里边等人边看材料，边梳理近段时间的工作情况。

昨天他去局里参加了一整天的场长书记会议。郝局长和岳书记在会议上明确了扭亏增盈是农垦今年工作的重点。去年，垦区大部分产胶农场都出现了不同程度的亏损，全垦区亏损了17个亿，各农场在经济上出现了前所未有的困难，海南农垦企业已经到了生死攸关的危急关头。会议要求各农场要加大改革力度，加强企业内部管理，特别要加强和完善以财务为中心的企业管理制度，全力打好扭亏增盈攻坚战，力争两到三年内全面实现扭亏增盈，走出困境。

郝局长对三叶农场的五项改革和四项清理给予了肯定，虽然只有短短的几句话，却让韩劲松感到非常振奋和巨大鼓舞。然而振奋之后随之而来的是无形的巨大压力——郝局长在会议上透了风：三叶农场去年经营亏损高达2100多万元，今年经营限亏830万元，也就意味着1998年这一年要减亏1000多万元。虽然还没有正式下文，但这个减亏数字就已经像一座大山压在了他韩劲松身上。

五项改革、四项清理自开展以来，各项工作进展得都很顺利。特别是五项改革，基本上已经完成，没有出现人们预想的大波大浪。但韩劲松心里都清楚，改革的定律往往是这样的：在大形势大趋势之下，会出现一种暂时的平静；而改革清理所产生的一些问题和矛盾并未解决和消失，它们经过一段时间的等待、整合和积蓄后，就会从不同的方向集中爆发，而且有的已经开始爆发了。

有人暗地搜集了他韩劲松的十大罪状，把他告到了总局党委。有人直接打电话给总局某领导，细数了他韩劲松在三叶独断专行、胡作非为的行径；有人在深夜里突然打来电话，恶狠狠说要他站着来三叶横着出三叶……更让他担忧的是，目前还有相当部分场区队干部对当前的“五改”“四清”存有疑虑，信心不足。他们是农场改革的中坚和主力，如果不在短时间内清除他们的疑虑鼓起他们的信心，三叶这场史无前例的改革就有可能半途而废或是功亏一篑。而消除他们疑虑的最好办法，就是在7月份前要拿出超过去年的干胶产量。

令他欣慰的是，目前各项工作已从纷乱中理了出来，逐步走上正轨。割胶生产到今天为止已经动了三刀，拿了两刀的胶水，虽然拿的胶水不多，但却是割制改革后拿的第一刀胶水，其意义不可估量。

李智全穿着一套新衣服走了进来，在韩劲松左边的书记位置坐下。

“咦，李书记呀，今天穿这么漂亮，有喜事啊？”

“没有喜事就不能穿漂亮点啊？李智全笑道，“到下面去扛了7天肥，平时穿的那两套衣服已经弄得不成样子，老婆不让穿上班，没办法，只好买新的穿了。”

“这白衬衫什么牌子的？很贵吧？”

“我穿衣服只管合适不问什么牌子。我老婆前天去三叶市场买的，她说35块钱。”

两人笑了起来。

“这次施肥，让大家吃了不少苦。李书记，你那边，大家对下队施肥有什么看法？他们的情绪怎么样？”

“看法嘛，是好的，可情绪就不妙了。”

“噢，能不能说出来听听。”

“从上到下都说，农场这么个施法，肥料流失肯定是少了，橡胶树头吃肥肯定是多了，今年的胶水肯定会多过去年，这就是大家的一致看法。”

“那不妙的情绪呢？”

“不妙情绪——怎么说呢，就是有人一肚子怨气啊！他们说，我们是机关干部，扛锄头挑畚箕下去施肥像什么话嘛！”

“他们又在背后骂我了吧？”

“在我面前他们还不敢。任何一种新事物出来，任何一种新做法出台都会引起非议的，这很正常不用去理它。”

两人又笑起来。韩劲松点燃一支烟，深深地吸了一口才说：“李书记，说句实在话，我们开始搞五项改革、四项清理，各种各样的脸色、各种各样的情绪我都见过，可我并不感觉到有多少压力；但走到今天这一步，不知为什么，我倒是感到压力是越来越大了。”

“我也有同感啊！”李智全呷了一口服务员刚端上来的热茶说，“改革清理走到了这一步，农场累积的各种问题和矛盾也开始暴露出来了。现在下面谣言四起议论纷纷，说什么的都有。我们有相当一部分干部，对‘五改革四清理’持怀疑态度，很多退休的、在职的干部都问我：农场这样搞到底行不行，这样搞下去会不会垮得更快？目前这种疑虑已经蔓延开了，一旦形成气候，会给我们下一步的工作带来很大的影响和阻碍。还有，我最担心的是这次改革清理，有很多人不再享受农场交三费的福利待遇。还有很多人下了岗，这部分人怎么办？也不能丢下不管啊！”

“李书记，你说得对，这些是我们下一步工作应该要考虑的。”韩劲松说，“我们党委一班人首先要统一思想，坚定不移地把五项改革、四项清理推行下去，绝不能像以前搞改革那样半途而废。其次，我们要抓好当前的主业割胶生产。今年的割制改革是五项改革中最重要的一个环节，很多人都公开表态，今年推行三天一刀制，干胶产量一定比去年的3200吨还要减少500吨。要击败这种说法就必须拿出产量来。经过去年的经济危机后，现在的人都变得很现实，只看结果不看过程。如果我们推行新割制后产量上来了，对其他改革都会起到推动作用；反之，后面的话我就不说了。最后，我们还要加大宣传力度。党委宣传部门要利用各种形式大张旗鼓地宣传五项改革、四项清理，正面的舆论宣传必须加强。至于这些下岗人员，我也正在考虑，但目前还没有成熟的想法。”

“韩场长，我看这个问题可以在今天的会上提出去，看看大家有什么好的办法，大家一起想办法，总会有办法的。”

韩劲松叹了一口气，说，“李书记，说实在的，没有你的全力支持，没有大家的全力支持，我真的有点难以支撑下去啊！”

“不单是我和几个机关科长支持你，全场的干部职工都在支持你。下面的干部职工虽然一肚子怨气，但也都在拼命地干啊！这就是对我们的最大支持！”

“是啊。可你书记的支持尤为重要啊。”

“不要这么说。三叶落到这种地步谁不心疼啊！我们唯有同舟共济才能渡过难关啊。”

“李书记！”韩劲松心底涌起了一种莫名的冲动——现在他才切身

体会到，企业党政两个搭档之间的真诚合作是多么的重要。如果李智全不合作，或背地里做手脚拆你的台，那真的是什么事也搞不成，再好的事也要搞砸的。

开会的人陆续走进来。人到齐后，韩劲松抬腕看了一眼手表，8点30分，比规定的开会时间超出了半个小时。他想发火，但看到开会的人个个精神不振又压住了火头。他尽量用平和的语调说："以后不论开什么会，大家都要准时参加。这段时间大家都很忙都很辛苦，人员减少了，工作量却增加了。这边要搞五项改革、四项清理，那边还要搞冬春管，抓'两病'防治，抓割前各项准备工作，还要下队施肥，工作是一环扣一环。工作虽然很多很累，但大家都做得比较好。特别是这次施肥，我们的机关干部表现得都相当出色。挑肥扛肥爬山越岭，过河涉水，中途没有一个人退出来，大家都坚持到了最后。我们的陈惠明副场长，一个女同志，患有胆结石，在施肥过程中又扭伤了腰，但她和大家一样坚持到了最后一天，很让我感动。还有宣传科干事王秀文，他眼睛严重发炎了还坚持到最后一天，这说明了什么呢？说明了我们三叶农场的干部是一支素质好觉悟高有战斗力的队伍。从他们身上，我看到了我们三叶农场走出困境的希望，也更加充满了信心！在这里，我首先对大家这几个月来的辛勤工作表示衷心的感谢！"

没有人为这句话鼓掌——他们一个个都很累了。

韩劲松喝了一口茶，继续说："当前，我们的改革清理已进入第二阶段，但我们遭到的阻力和压力也越来越多，越来越大。有的人对改革清理等待观望，持怀疑态度；有的人对改革清理冷嘲热讽，四处散播谣言；有的人因为改革清理触及了他的既得利益而反对改革，制造事端；等等。面对这些阻力和压力，党委的态度是明确的，就是坚决顶住，义无反顾地把五项改革、四项清理继续推行下去，这也是我们贯彻执行中共十五大精神和总局工作会议精神的重要体现。

“在座的各位都是农场中层以上干部，我希望大家认清形势，统一思想，和场党委保持一致，在今后的工作中克服畏难情绪关，克服人情面子关，克服吃亏无利关，坚持原则，敢于碰硬，这样我们的五项改革、四项清理就不会半途而废，才会取得最后的胜利。今天开会的主题有两个：一个是大家汇报一下这段时间改革清理的进展情况，还存在着哪些问题；二是汇报一下当前的割胶生产情况。”

韩劲松话一停，李智全就接着说道，“我来说两句吧。我想讲的话，韩场长大部分都讲了，我就不再重复。这里我要说一点，就是我们三叶农场是一个建场快50年而且有着光荣历史的橡胶农场，有近50年历史的老场走到今天却连工资都发不出去，大家有什么感受？这简直就是耻辱！我们已经没有退路，再不改革只有死路一条！三叶兴亡，人人有责。为了三叶今天的生存和明天的发展，我们每个干部职工都要认清形势，统一思想，不要犹豫彷徨，更不要胆怯后退，坚定不移地把五项改革、四项清理坚持到底！下面大家开始汇报吧。”

“我先汇报吧。”方珏首先发言，“我们组织部门负责全场干部人事的精减工作，到目前为止，我们已经按照场人事改革方案的要求，完成了这项工作。具体情况是：全场九个区撤并为七个，留下红旗区、红星区、红岭区、坡塘区、沙洲区、大罗岭区和山猪岭区；42个生产单位建制不变，区队干部减员104名。直属单位撤掉东晟、商贸、华泰等五个公司，撤掉油库管理站、有线电视管理站和车辆管理所，干部减员49名。机关撤掉农牧科、卫生科、老协办、自营经济办；合并武装部、保卫科、房改办；23个科室减至16个，减员57名，由135人减到78人，含场级领导；全场干部一共减员210名，由原来的806人减至596人，减幅26%，这是三叶建场以来干部减员幅度最大的一次。

“这减下来的210人中，有28人是自己提出辞职的，余下的182人，愿意下岗的，安排了下岗，愿意外出承包的，我们签订了合同。一些年轻的刚上来不久的副队级干部，则分流到一线当工人；年纪比较大的，我们准备安排内退。名单材料我们都已经准备好，只要党委开会讨论通过，我们就正式下文通知，我的汇报完了。”

“很好！”韩劲松满意地点点头，“这次干部缩编减员工作开展得非常顺利，没有出现较大的波动，说明我们有关部门的工作做得比较细致，工作做得很好！”

“我说两句。”李智全插话进来，“方科长，我们不能把人减下来就完事了，组织科和工会要对他们个人和他们家庭的生活情况给予密切的关注。有困难的要帮助他们解决困难，有情绪的，领导要亲自到他家里做思想工作，不要出问题。另外，组织部门还要认真核查一下，看看有没有一个家庭有夫妻双双下岗的，我们绝不允许有夫妻双双下岗的现象。我们搞改革如果搞到有一些人，甚至有一批人连饭都没得吃，那就不好办了，下面继续汇报。”

“我汇报。”程祖荣清了一下嗓子，用他那特有的慢条斯理的语气说道，“按照场党委的要求，我们劳工部门对全场所有的在册职工进行了拉网式清查，做了大量的工作。根据场人事制度改革的方案，我们取消了基层连队专职的电工、炊事员、保安员，压减了植保员、辅导员、收胶员、保育员；全场压减非生产人员364名。此外，我们还按割胶树位和中小苗岗位满岗的要求，一个单位一个单位核实人数，清理出职工735人。这些人我们已经列表造册，至于怎么处理，还是由场党委来决定，我的汇报完了。”

“程科长，你汇报的数字我一听头都大了。”韩劲松点燃一支烟说，“程科长，计时人员和橡胶工人两项数字加起来就有1099人，如果这部分人都下岗了，或没有农场的福利支持了，他们会怎么办？”

“我不知道。”程祖荣撂下汇报材料，回靠在椅背上。

“工人下岗，按改革方案是没有三年过渡期每月98元的生活补贴的，大家都说说，这1099名工人下岗了，该怎么办？”

程祖荣面无表情，冷冷地说：“场长，我们只负责清理工作，至于清理出来的人下岗了怎么办，不是我要考虑的事，我也考虑不了。”

李智全打开笔记本，说：“我做过一些调查，在这次清理出的735名胶工当中，有不少是老弱病残的人。这些人为了橡胶事业在农场干了十几二十多年，现在老了病了，干又干不了，退休又不到年龄，我们就把他们给除名了，我还真下不了手。大家好好议一议，看怎么处理才妥当。”

沉默。会场一片沉默。

“这的确是一个棘手的问题。”严守纪打破了沉默，“这些人家庭生活本来就困难，我们工会每年还要拿出钱补贴救济他们，把他们给除名了那也成问题。国营农场毕竟是社会主义农场，是共产党的农场，我们不能丢下他们不管。”

严守纪的话立刻赢来了一片附和声。

“不是不管，而是看该怎么管。”李智全说道，“特殊情况我们可以特殊处理。程科长，你统计一下，看看老弱病残这类人有多少？”

“有两三百人。”

“这部分人可以先放下来，等劳力清理完毕后，你们劳工科、工会、医院等几个部门再重新对他们进行审查。是病残的，做病号处理，是年纪大做不了的，我们可以降低他们的‘三费’上缴标准，继续保留他们的工龄。”李智全喝了一口茶，继续说道，“严主席说得不错，我们国营农场是共产党办的，我们不能因为改革而丢下这些人不管。至于该怎么降低‘三费’标准，降低多少才合适，你们几个部门会后找个时间好好议一下，拿出个方案来。下面接着汇报。”

“我来汇报吧。”朱晋良戴上老花眼镜，打开材料第一页，用手指小心折平后才说，“根据场党委的指示要求，我们财务科对农场历年的应收账款进行了全面的清理。经过两个多月的清查，全场共清理出各种应收账款总额196万元，大部分是1995和1996这两年欠下的。其中物资款168794.52元，水果承包款306216.17元，私建公助建房欠款74801.31元，商品房欠款110630.41元，其他欠款1299557.59元，其他欠款这一项主要是私人借款。这196万元应收账款，我们经过分析过筛，能够收回来的大约只有74万元；其他的恐怕很难收回来了。”

“也就是说还有122万左右很难收回来，是吧？”韩劲松问。

“是的。”

“为什么很难收回？”

“根据我们的调查，这些债务人有的已经离场，有的已经调走，有的已经去向不明。”

“这些欠了款又走掉的都是些什么样的人？”韩劲松又问。

“有的是农场职工，有的是外地的包工头，有的不知道他是哪里人，只知道他叫李老板、陈老板……”

韩劲松一掌拍在桌面上，怒不可遏地说：“你们都听见了吧！三叶的管理制度我看了好几遍，条条框框细如牛毛，可根本就是形同虚设！向农场借走公款的人，有的连这个人是什么地方的人，甚至叫什么名字都不知道。朱科长，你说说，财务管理是怎么管理的？啊？你再说说，122万是个什么概念？在生产高峰期，这笔钱我可以发二十几个大单位一个月的工资啊！你们财务科是怎么把关的？我看可以关门了！”

会议室的气氛骤然紧张压迫起来。

“韩场长，你别冲我发火。人家拿着场长亲笔签字的字条来要钱，我一个科长能挡得住吗？”朱晋良委屈地说，“再说很多借款根本就不通过财务科，直接在海口办手续就从银行把钱提走了，叫我们怎么去把关?”

“在海口能办理提款手续?”韩劲松反问道，他语气平和了许多。

“为了方便办事，经场长同意，农场多刻了一套农场和法人印章存放在办事处，只要有场长签名，那边就给办了。”朱晋良说。

“办事处也存有农场和法人的印章?”韩劲松很吃惊。

“是的。”

“啪!”劲松韩又一掌拍在桌面上，厉声说道：“这简直是拿国家拿企业的财产当儿戏！方便办事，方便谁办事？方便办什么事？啊？从今天起，所有以三叶农场名称刻的公章，都要全部收回来，交到保密室由老林统一管理，包括我的私人印章。这件事由办公室刘主任负责落实办理。”

“好的好的，开完会我立刻就去办理。”刘金福连连点头。

韩劲松不理会刘金福的表情，继续对朱晋良说：“朱科长，前段时间我们讨论研究通过的1998年三叶财务管理规定和财务计划搞好没有?”

“场长，搞好了。”

“搞好了就马上打印出来，发下去。每个科室单位都要发一份。各单位各部门都要严格按规定和计划执行。你们财务科不要把文件发下去就万事大吉了，还要履行好监督管理的职责。财务这块不抓好，上面水龙头流水，水渠底下四处漏水，再大的家产也要流空，再好的改革到头来还是一场空的！朱科长，我的话你听懂了吗?”

“……”

“朱科长，欠款已经清理出来了，下一步你们财务科要协同审计、经管、劳工等部门进行追收欠款，能追回一分算一分。”

“韩场长，我……我想申请退休。”朱晋良嗫嚅地说。

“申请退休?”韩劲松怔了一下，马上意识到刚才对朱晋良的指责过于严厉了——虽然有些话不是针对他，但一个30多岁的人当着这么多人的面对着一个50多岁的人拍桌子骂人是有些过火了，看来以后在公共场合要注意控制一下情绪才行。

“朱科长，你今年多大了，想要退休?”韩劲松语气完全平和了下来。

“过了这个4月份就有56岁了。”

“56岁离规定的退休年龄还有4年啊。”

“我——”朱晋良噎住了。

“朱科长，我听说你两只手可以同时打算盘，是三叶第一算，也是三叶农场唯一的一名注册会计师，是农场不可多得的人才啊!”

“哪里哪里，场长您过奖了。”

“朱科长，”李智全一脸严肃地说，“农场现在面临困境，大家都在同心同德搞改革，都在奋力推着三叶这条老船逆水行走，想方设法走出困境，而你在这个关键时候提出要退休，是不是想临阵脱逃啊?”

“李书记，我，我，我绝对没有这个意思。”朱晋良红着脸急忙辩白，“李书记，你是了解我的。”

“那你跟大家说说，你没到年龄就想退休不是临阵脱逃又是什么?”

“李书记，我，我不提退休了还不行吗?”朱晋良嘟哝着。

“光说这句话还不行。你得在思想上和行动上完全抛开这句话。有党委支持有党委撑腰，你不要有任何顾虑，当好三叶的管家。你有什么困难，不便说出来，就来找我老李说，怎么样?”

“李书记，我——听你的。”

“好了，大家接着汇报。”

“我来汇报。”徐克坚斜叼着一支烟，歪着脖子，眯着两只三角眼说，“韩场长，你可把我害惨了!”

会议室里发出一阵笑声。

“我怎么把你害惨了，徐主任？”

“年初你连哄带逼叫我徐克坚扛旗清理土地，结果我徐克坚一夜之间成了人人要踩要打的恶人，你敢说这不是害我吗？”

会议室里又发出一阵哄笑。

韩劲松也抿嘴笑了起来。

“你们笑什么，还有更厉害的。我听说有人要出一万块买我这颗四方脑袋当球踢……”

“哈哈哈！”又是一阵哄笑。

“老徐，现在是开会，说正经的吧。”李智全插了一句。

“李书记，为了搞土地清理，我徐克坚不但背上了恶名，我老婆——我一家人的生命财产安全也受到威胁，我把这些说给大家听难道是不正经的吗？”

李智全笑了一下，说：“老徐，土地清理这块硬骨头也非得你这个四方脑袋才啃得动啊，看来我们党委选人用人还是正确的嘛。”

又是一阵哄笑。

徐克坚向后仰靠在椅背上，歪着脖子眯眼吸烟，待到笑声停止会议室里完全静下来的那几秒钟，他突然拔出香烟说：“这次土地清理，总的来说进展不是很顺利，到目前为止，只清理了19个队，还不到一半。但硬骨头我们基本上都拿下来了。下一步，我们准备兵分两路，加大清理力度，估计7月底8月初就可以全部完成清查任务。我的汇报完了。”

“徐主任，几句话就汇报完了，这么简单啊？”李智全笑着问。

“完了就是完了，不存在什么简单不简单。”徐克坚把脸别到一边，又别回来说，“刚才场长、书记说，连队这些下岗工人该怎么办，我倒有一个想法。这次我们下去清理土地，我发现十二队的职工自营经济搞得很好。这个队人人有自营经济，种胡椒、槟榔、水果，养鱼、养鸡、养猪等，家庭收入都不错。即使是1997年农场半年多没有发工资，他们也不紧张。我提一个建议，对连队这些下岗工人，农场可以考虑拿出一点土地，分给他们搞自营经济，少收或不收土地管理费。我估算了一下，一个家庭如果有5到7亩土地搞种植，就能养活一家人。”

“这个建议好！”韩劲松表示赞成。

李智全也说：“老徐，看来你这个四方脑藏着智慧啊。这段时间我也在考虑职工发展自营经济这个问题。老徐，你再辛苦一下，把你的这个想法形成一个具体的方案，然后再上会讨论，大家一起把它充实完善。职工发展自营经济这条路子，也可能就是农场今后安置下岗工人的最好办法。”

“下面我来汇报。”江浩成打开笔记本说道，“按照场党委的要求，我们经管科同生产科两个部门负责推行橡胶割制改革，负责合同清理和椰子、槟榔、胡椒等亏损项目的拍卖转制工作。橡胶割制改革已经全部完成，今年我场全面推行三天一刀割制，胶工人均割株从去年的580株增加到1057株；全场胶工从1976人减至1241人，减少胶工735人。从理论上来说，三天一刀割制不但减轻了割胶强度，还可以提高劳动生产率，提高胶工的收入，对农场对胶工都有好处。应该说，我们今年推行的新割法比过去的割法要优越得多，科学得多。当然，结果如何，我们还要拭目以待。

“合同清理工作也基本完成。所有的数字我们已经发了一个通报公布了，这里就不再重复。我只讲存在的一些问题。我们在清理合同过程中，发现有的合同未能按条款履行，有的合同在执行过程中有漏洞；有的合同不仅没有使农场受益，反而要农场倒贴了一大笔钱。我举一个例子，我们茶厂从1995年开始，每年以6万元的承包金承包给某私人老板。从合同表面上看，农场每年有6万元的进账，但承包合同条款中有一条规定，农场要负责茶园抚管和茶工的‘三费’，光这一条，我们每年搭出的肥料费和300多名采茶工的‘三费’就将近40万；这样一算下来，我们不但没赚人家一分钱，还倒贴了30多万给承包商。”

“企业都这么管理哪有不垮的道理!”韩劲松又气愤起来，“茶厂的承包合同，今年要重新完善，重新定价招标，绝不能再做亏本生意了！江科长，会后你们马上就着手这项工作。”

“好的。”江浩成继续汇报，“椰子、胡椒、柑园已经全部拍卖转制完毕；槟榔也基本上拍卖完，但有一块槟榔园我建议不要卖掉，还是承包出去。”

“哪块槟榔园?”韩劲松问。

“就是三十二队和三十三队交界处的那块大槟榔园，有一万多株，已经全部投产。由于那里地处大山，常年阴冷潮湿，槟榔开花结果迟，形成了天然的反季节槟榔果，每年都能卖到好价钱，很多老板都争着要包下来。如果我们不卖掉，对外竞标承包，农场一年可以稳收6万至8万元，是一本万利呀!”

“那这块槟榔园就不用拍卖了，改为对外承包。”韩劲松说，“江科长，你提的建议很好，特殊情况我们就要特殊处理。江科长你接着汇报。”

“至于茶园和30公分以下中小苗的转制工作，由于涉及国有资产流失的问题，上级有关部门现在还没有明确表态支持，所以我们暂停这两个项目的拍卖转制工作，我的汇报完了。”

“下面由我来汇报。”年初从武装部调到纪检科当科长的曹刚翻开笔记本说道，“根据场党委的指示，我们纪检审计部门对农场的固定资产进行了全面的清查，虽然清查工作还没有结束，但我们已经发现了大量的问题。第一，有很多单位对农场资产的管理很差，农场的财产被偷被盗被无偿占用的现象比较严重，且无人过问；有些单位主管甚至连本单位有什么固定资产都不清楚。我们的资产管理意识很淡薄。第二，基建项目做假虚报比较严重。例如十七队的水塔、二十一队的水井全部是虚报数字，也就是说根本就没有这个项目；山猪岭水电站的机房、二十二队的护坡、二十七队的校舍、一队二队的水井等项目，全部报大……”

“这些项目都是谁搞的?”韩劲松问。

“胡文斌，就是我们前任场长赵为民的大舅子。”

“哼，国有企业都快要变成家有企业了。”韩劲松点燃一支烟，对工建科长范海东说道，“范科长，你这几年一直管着基建这一块，你听了曹科长的汇报有何感想啊?”

范海东没想到韩劲松会突然指名道姓向他提这个问题，一时不知如何回答，额头上冒出了一层层细细的汗珠。

“曹科长，你们要彻底查出这些虚报多报的项目，多领的工程款要一笔一笔算清，追回来。”

“场长，胡文斌人已经不在农场了，怎么办?”

“他还有没有工程款挂在场里?”

“有。由于去年经济困难，农场还欠他178万元工程款。”

“先扣住它，把胡文斌以前做假虚报的项目和金额全部清查统计出来，用这178万来抵对，有多少抵对多少，剩下的才给他。还有，那些参与作假的人也要清理出来，分清责任，该负什么责任负什么责任。”

“韩场长，我认为这么做有些欠妥。”一直没说话的周自成说道，“在当时的背景和情况下，很多事情并不像今天说的这么简单。我们现在要推翻的东西，在当时也是手续齐全、程序完备、合理合法的。如果都像这样清查和追究，我看十年八年前的老账都得统统翻出来查。因此在这个问题上我们要考虑它的复杂性和时间性，这是其一。其二，农场欠胡文斌178万元工程款，是他前几年包建的大大小小工程项目的一部分，其中一部分是他去年承建的那四幢职工宿舍楼的款项。这四幢宿舍楼据我了解不仅质量好，而且也没有多报虚报。我们现在要拿这178万去抵对验收人做假虚报的数字，于情于理都讲不过去。其三，单从感情上讲，我个人是不赞同这么做的。我跟赵场长跟了十几年，在座的各位除了韩场长外，哪一位跟赵场长没有十年八年的？李书记就更不用说了。说句良心话，赵场长在这里当了整整十年的场长，对三叶发展是做出了很大贡献的。别的不说，就讲橡胶生产，他刚当场长时，我场的年干胶产量只有一两千吨，后来产量一路攀升，到了1995年，我场年干胶产量突破了5000吨大关，达到了5110吨，成为垦区的产胶大户。还有农场这几年的变化大家是有目共睹的。修筑了山猪岭水电站，新建了大型的农贸市场，新盖了教师楼、科长楼、歌舞厅和职工宿舍楼等，这些都是赵场长在位时建起来的。虽然农场1997年经济陷入了困境，半年发不出工资，我认为那主要是1996年台风和1997年亚洲金融风暴导致胶价暴跌引起的，我们不能把责任统统推在某个人身上，更不能因为赵场长不在位了，就把他过去的一切统统推翻，全盘否定！曹科长，你说我讲得有道理吗？”

曹刚没有回答。会场一片寂静。

“我说两句吧。”坐在周自成右边的林诗锦打破了沉默，“我作为党委副书记兼纪委书记，去年主管工程验收和审计这一块。现在查出了这么多名堂，要说承担责任，我首当其冲——在座的也有不少同志参与了不少工程项目的检查验收，论起责任你们也都有份。但话说回来，周副场长刚才说的也有道理。在当时，所有的基建工程项目，不论是立项、上马还是检查验收都是经场务会、党委会讨论通过的，都具有它们的合理性与合法性，所以在抵对欠款和追究责任的问题上，我认为还是慎重一点为好。”

会场又陷入了一片沉静。从脸色和表情可以看出，参加开会的大多数人心里都认同周、林二人的说法，只是不敢表态而已。可以说，周自成和林诗锦的讲话一下扭转了整个会场的情绪。

韩劲松注意到了与会者表情的变化——这种变化如果不扭转过来，对今天的会议和今后的工作都会产生不利的影响。他想扭转过来，但一时又想不出恰当的言辞。他便抽出一根烟，点燃一口一口吸着，以掩盖一下内心的烦躁和焦虑。

“我再说两句吧。”李智全呷了一口茶，不紧不慢地说道，“周副场长和林副书记的话都有一定的道理。从感情上来讲，我和赵场长的私人关系、私人感情比在座的任何人都深厚；但我们不能因为感情深就可以放弃职责放弃原则。我现在强调两点。一、今天开的这个会，不是要全盘否定哪个人和他以前的业绩，也不是要追究哪个人的责任，而是要反省检讨我们过去的做法，研究我们当前的工作，这是两码事，不要混为一谈。二、农场从1995年的辉煌一下子落到今天这一步，有外部的因素，有体制上的因素，也有管理上的问题。现在很多人希望胶价一下飙升起来，又回到1995年那样的好价格，农场呼的一下又起死回生，这种希望我看不要去希望了，也希望不来的。我们现在能做的，就是从管理体制和经营机制上下手，从自己的身上找原因、找毛病、找错误，找好的办法找好的路子。如果我们发现了错误不去改正，发现了漏洞不去堵漏，有了好的办法不去使用，发现了好的路子不敢去走，听任三叶这样下去，那就不是发不出工资的问题了，而是整个三叶都要毁掉，毁掉在我们手里的问题！”

李智全喝了一口茶，继续说：“一个身上有肿瘤的企业如果只指望市场价格上涨来盖住这块肿瘤，这块肿瘤只能是越盖越多，越捂越大。当有一天，这块肿瘤盖不住也捂不了的时候，我们再来谈如何用药治疗，那为时就已经晚了！1997年整整7个月发不出工资，这段日子大家都刻骨铭心，难道大家还愿意再来一次那样的甚至更为厉害的刻骨铭心的经历吗？我们现在既然还坐在这个位置上，就应该对党委负责，对三叶负责，对三叶的子孙后代负责！这是党性原则，也是我们做人应有的最起码的品质！”

李智全又喝了一大口茶，压了一下有些激动的情绪，继续说道：“刚才的汇报大家都听到了，三叶从表面上看还有120万株开割胶树，还很强大很了不得，可里头呢，已经长肿瘤了，如果我们现在不下重手治理，不是动真格地去搞改革搞清理，我看用不了多久，大家就不用来上班了，包括我在内，统统回家去跟老婆孩子慢慢讲过去的丰功伟绩吧。”

会场里爆发出一阵哄笑，气氛又重新活跃起来。

“我们还是言归正传吧。”李智全继续说道，“资产清理工作必须进行下去，所有清查出来的数字都要力求准确完整，该处理的我们必须处理，该处罚的我们必须处罚；至于一些有争议的问题，我们也可以像处理有争议的劳力问题那样，先搁置下来，以后再研究解决。”

“我同意李书记的意见。”坐在李智全左侧边的陈惠明发言道，“三叶已经到了生死攸关的时候，我们这个时候还用个人感情来论事是不合时宜的，我们现在应该做的是理性地面对现实面向未来，重续三叶过去的辉煌才是正事……”

“现在谈个人感情不但不合时宜，简直就是误导！”徐克坚歪着脸打断陈惠明的话，“那是一种极其不负责任的言论。”

“好了！”韩劲松插话说，“我们言归正题，大家接着汇报。”

“我汇报一下当前的割胶生产情况。”孙志远打开一个小小的笔记本说道，“我们19号施完肥，跟着20号动了第一刀。今天是22号，到今天为止，我们割了3刀，拿了两刀的胶水，共拿了14.5吨鲜胶，看来情况还不错，目前全场胶工的积极性很高——”

“孙科长，你重点说说当前割胶生产还存在哪些问题。”韩劲松不客气地打断他的话。

“好的好的。”孙志远脸上露出几分尴尬，低头急翻小笔记本。

经管科干事伍华走了进来，他把手中的干胶生产进度表给每人发了一份。

韩劲松接过进度表，只扫了一眼，脸色就变了：“孙科长，全场拿两天胶水了，红旗区一队、二队怎么一两胶水也没有？这是怎么回事？”

“我，我正要说这个问题。”孙志远有些紧张，“我昨天下午和蔡副科长专门下去了解了一下，事情是这样的：一队、二队今年在扩岗的时候没有重新清点株数，没有重新划分树位，只是在去年报表数字的基础上就近扩岗，树位公布出来后，胶工都说株数不准，树位界线不清，他们不愿上岗，所以到今天还没动刀。”

“一队、二队问题这么严重，为什么现在才讲？”韩劲松压住心中的怒火问道。

“那几天我们都去山猪岭施肥，施完肥后又用了两天处理科里的事情，一队、二队的问题我也是昨天下午才知道的。”

“孙科长，你现在就打电话到红旗区，叫区主任陶志刚下午来我办公室。作业区就驻扎在一队、二队中间，那里出了这么大的问题他这个区主任到现在还没有来汇报，他究竟想干什么？”

“我马上就去打电话！”孙志远慌忙起身，匆匆走出会议室上二楼生产科打电话去了。

韩劲松怒气未消，办公室保密员老林急急走进来，径直来到他身边小声说：“场长，大楼下面聚集了一大群退休工人，他们指名道姓说要跟你面对面谈谈。”

“我知道了。”韩劲松转头跟李智全说了几句，站起来说，“大家继续开会，我有事要去处理一下。陈副场长，你跟我出来。”说着离开了会场。陈惠明也起身跟了出去。

从一楼会议室走出来，前面就是一条宽5米、长36米的水泥硬板通道。通道向南尽头是一幢与大楼平行的老式平房，这是三叶机关以前的办公场所。通道从平房中间穿过，与房顶和东西两堵墙构成了一个通透的大开口朝南张开，好似一张大嘴要吸尽南方来的吉祥之气，催生旺财。大开口西墙这边有一溜房间，依次是行政办公室、计生办、工建科；东墙这边的房间是派出所、综治办和保安中队的办公室。

从平房开口向南跨出，前面就是18级与通道齐宽的台阶；台阶两边是两个长方形的大平台，平台南向的垂直切面做成了两排宣传栏；下了台阶就是一大片用青石条块铺成的宽阔的广场。

此时，广场中央黑压压站满了退休工人。他们情绪激动，想往台阶这边冲，被农场派出所民警、保安队队员和一些机关干部拦住。不时有人加入退休工人行列，也不断有人从大楼上赶下来拦阻这些退休工人。双方僵持着，吵吵嚷嚷，闹成一片。

韩劲松和陈惠明站在平房通道里，看着下面乱哄哄的场面。下面有人高声大喊：“叫韩劲松下来！我们要当面跟他论理！”“叫韩场长下来！他不下来我们就站在这里晒太阳不走了！”

……

派出所所长梁军穿着便服从下面快步跑上台阶，喘着粗气对韩劲松说：“场长，有200多个退休工人要上来找你，他们想往上冲，我们正在阻拦，你看怎么办？”

韩劲松参加工作以来还没有见过这种场面，他表面镇定，心里却有些慌乱，一时不知如何回答——退休工人可不是一般人，处理得不好要弄出大事的。

陈惠明平静地说：“梁所长，你下去告诉干警和机关干部，一不准打人，二不准推人，三不准骂人。”

“是。”梁军转身跑了下去。

“韩场长，下面人多嘴杂什么事都说不清楚的。这样吧，你就不用下去了，你到行政办的小会客室里等我。我下去看看怎么回事，叫老工人选几个代表上来跟你谈。老工人都认识我，他们不会把我怎么样。”

韩劲松叫陈惠明出来也正是想让她这个女性场领导出面去和这些情绪激动的退休工人谈。

“陈副，你下去吧！”韩劲松转身朝右边侧门走进了小会客室。

陈惠明快步走下台阶，来到退休工人面前。齐耳短发、身着淡装、笑容可亲的陈惠明一出现，闹哄哄的人群很快就安静下来。

在三叶，没人不认识这个40多岁、长着一米七个头、脸上时常挂着和蔼微笑的女副场长。她从20多岁进机关的那天起，就自掏腰包帮助过困难户，救助过孤寡老人，资助过失学儿童，久而久之，下面的人就给她取了个“女菩萨”的绰号。也正是因为这一层，情绪激动的退休工人才停止了吵闹和冲动。

领头的是三十六队老队长符海涛，和他站在一块的是三十六队退休工人吴秀英。这两位过去曾在红色苏区闹过革命的老人，现在又带头领人找韩劲松论理来了。

“老队长，你们这么多人跑到机关门口吵吵嚷嚷的想干什么？”陈惠明口气很温和也很不客气，“是谁组织你们来的？”

“陈副场长，没人组织我们来，是我们这帮退休工人自发来的。”符海涛也不客气地说，“陈副场长，我们不是来找你的，我们是来找韩场长韩劲松的。”

“你们找他有什么事？”

“这个韩场长来到我们三叶后，打着改革清理的旗号，做了很多我们想不通的事情，我们今天来就是想跟他面对面论理！”

“农场今年推行的五项改革、四项清理不是哪个人要这么做的，而是场党委集体研究作出的决定。”

“我不管这些，反正就是他来到三叶以后农场才这么搞的，我们今天非要找他不可。”

陈惠明沉吟了一下说：“你们这么多人上去找他，什么理也说不清楚。要不这样，老队长你叫上两个人，作为代表上去跟韩场长坐下来，面对面交谈不是更好吗？”

符海涛摸了摸光秃锃亮的头顶，爽快地说：“好，陈副场长，我听你的。”

陈惠明抬头望望天空，说：“啊呀，太阳快到头顶了，大家都是上了年纪的人，长时间站在这儿晒太阳会晒出毛病的。我看这样吧，大家先回去吧——”

“问题不解决大家都不要走，就站在这里晒太阳给那些当官的看！”人群里有人高声大叫，听声音不像个老工人。

陈惠明朝喊声望去，老人群里果然夹着一个矮壮的30多岁的男子。此人竟是前二十九队队长韦小宝。

她小声对身边的梁军说：“那个年轻一点的人是二十九队的韦小宝，他不是退休工人，你们想个办法把他请到办公室里喝茶，不要惊动其他人。”

“好的。”梁军绕过人群朝后面走去。

陈惠明面带微笑，用她那特有的甜美的女中音说：“退休工人同志们，你们有什么问题需要反映，有什么问题需要解决，可以叫几个你们信得过的人去跟场里说。大家都这么闹哄哄地去吵，什么问题都解决不了的。”

“陈副场长说的也有道理。”符海涛转过身大声说，“大家都先回去，我和阿英婆、德叔公三人上去跟韩场长谈，问题解决了就算了，问题解决不了我就带着大家去海口农垦总局找局领导去，大家先回去吧。”

经符海涛这么一说，退休工人才开始慢慢散去。

“大家不要走，走了什么问题都解决不了，不要上当官这群人的当!”韦小宝在散开的人群中拼命喊，然而他刚张口就被几个壮汉挤拥到一边。

他刚想发火骂人，就听有人说：“韦小宝，我们是保安队的，梁所长请你到派出所去喝杯茶。”

韦小宝愣住了，看看围着他的几个大汉，人一下蔫了下来。

聚集的退休工人大部分陆续散去，但仍有二十几个老工人在广场周边的椰树下坐着等待结果。

陈惠明搀扶着吴秀英，领着符海涛、德叔公一级一级登上台阶，进入了通道左边的行政办公室会客厅。

三位老人在韩劲松对面的长沙发上坐下来。陈惠明给他们泡好茶后才坐在侧边介绍起来：“老队长，这位就是我们的场长韩劲松同志。”

“见过面。”符海涛冷冷地说了三个字。

“场长，他们三位都是三十六队老职工。这位是三十六队老队长符海涛同志，本市人。解放前他给苏区地下党当过交通员，是一位老革命。这位阿婆叫吴秀英，今年73岁，是红色娘子军故乡人，年轻的时候也在家乡闹过革命。这位德叔公叫田广德，是安徽人，是1953年的退伍兵，20多岁就来海南参加农垦建设了。他们都是50年代初来三叶的，算是农场的元老功臣了。”

“噢噢，喝茶喝茶。”韩劲松热情地招呼，“三位是农场的元老，也是我的长辈，有很多地方值得我们学习呀。”

符海涛仍绷着脸说：“客气话就不用说了。我们今天来的目的，是想当面向你韩场长请教几个问题。”

老人上穿一条发黄的白衬衣，挽着两衣袖，衬衣没有纽扣，衣摆张开，露出了里面被汗渍渍黑了的旧背心；下穿一条褪了色的黑裤子。

“老队长，哪几个问题，你说吧。”

“第一个问题，我听说农场要减我们退休工人的工资，有没有这回事？”

“上个月中旬，是有人在场务会上提出，今年在职的干部职工全部减了工资，离退休人员也要相应减掉由农场发给的那部分补贴——”

“韩场长，你摸一摸自己的胸口问问自己，你们这么做对得起农场的老工人吗？”符海涛伸手指着韩劲松说，“农场这些退休工人都是五六十年代来三叶参加工作的。他们来的时候也才十几二十多岁呀，吃的是没油没肉的饭菜，住的是茅草、木棍搭起来的茅草屋，天天在深山老林里砍芭、开荒、种橡胶，三叶农场6万亩橡胶都是他们一刀刀一锄锄开荒种出来的。可以说，没有这些老工人，就没有三叶农场的今天啊！”

韩劲松一声不响，默默地听。

“现在他们老了，干不了了，退休了，可他们心里没有退休，他们还时时刻刻牵挂着农场。农场每次遇到困难的时候，退休工人从来不坐在一边观看，是吧？”

由于激动，符海涛站了起来，比画着两手说：“远的不说，1996年那场台风，打断吹倒了很多橡胶树，退休工人没有坐在家里看电视享清福，他们自发组织起来，跟你们干部职工一起参加了抗风救灾。坐在你面前的这位阿英婆，那年71岁了，还拄着木棍，拿着砍刀，要跟我们一起去扶树。1997年，农场下半年发不出工资，退休工人整整7个月才领到100块钱生活费，可我们退休工人没有一个人上来找农场找领导的麻烦，也没有找区队干部要钱要粮的！这位阿英婆，儿女都不在身边，身上没钱花了，也没有跟谁吭过一声。有人告诉我，她有一个月没吃上一块猪肉，实在顶不了了，就拿着自己种的大薯去跟猪客换猪肉吃你们知道吗？啊！”

符海涛两眼圆睁几乎要鼓出来，胸脯一起一伏，脸色涨得通红，像一头发怒的公牛。他顿了一下，吁了口气，继续说：“1997年日子过得那么艰难，退休工人不吭一声，为什么？是因为我们心里知道，农场遇到天大的困难了！我们也要为农场分点忧啊。有困难了，大家就一块扛吧，扛的人多了，担子就轻了。退休工人文化不高，但这个理他们都懂。可话说回来，老工人为农场分忧，农场也要为他们着想啊！这十几年来，农场再苦再难，也没有想过要减老工人的工资，可你们一搞什么改革就想减老工人的工资，他们每个月也就两三百块钱，有的才100来块呀，就靠这点工资过日子，韩场长，你摸摸胸口说说，你下得了手吗？”

韩劲松请符海涛坐下后，才说：“老队长，听了你这番肺腑之言，我韩劲松很感动。三叶有你们这样心胸宽阔、顾全大局的老工人我感到十分欣慰。老队长，你提的第一个问题我现在就给你一个明确的答复。我刚才说过，在场务会上是有人提出暂停发放退休工人的部分补贴，理由是这些补贴是农场1994年、1995年效益好的时候发给退休工人的，现在农场效益差了，理应要停发。这个提议并没有违反上级的有关文件精神，争论也相当激烈，但最后被否决了。场党委对这个问题也专门讨论过，7位党委成员一致表态，今年农场再难再穷，也绝不拖欠、绝不扣减一线职工和退休工人一分钱工资！老队长，你接着提第二个问题吧。”

符海涛怔了一下，习惯性地用手摸了摸光秃的头顶自言自语道：“这减退休工人工资的事，有人对我说是党委成员亲口告诉他的，这……奇怪了。”

他端起茶杯一饮而尽，大声说："好，我现在提第二个问题。农场今年搞改革我们不反对，可你们搞的改革就是把农场的东西卖光卖尽！椰子、胡椒你们卖了，槟榔、柑园你们卖了，荔枝、黄牛你们卖了，听说你们下一步还准备卖茶园和橡胶，你们搞的是什么改革？三叶所有的东西统统卖光了，农场人今后吃什么？我们的子孙后代吃什么？吃树头木根啊？"

符海涛说着又激动起来："怪不得下面人都说老场长打江山，赵场长吃江山，韩场长来卖江山！韩场长，你把三叶的东西都卖光了，过几年你拍拍屁股就可以走人了，可三叶17000多人往哪走？你想过没有？"

"老队长，这个话题你听我慢慢说。"韩劲松起身给三位老人一一斟满茶水才说，"三叶今年搞五项改革，有一项是经营机制改革。这项改革我们是按照十五大精神，总局工作会议精神和我场的实际情况作出的。党的十五大提出国有企业要抓大放小、有所为有所不为——"

"我不听你什么抓大放小、有所为有所不为！反正你们把农场的东西卖光了那是败家子的行为，我们这些老家伙坚决不答应！"

"老队长，你先听场长把话说完了再发表意见也不迟嘛。"陈惠明在一边劝道。

"好！韩场长，你说，我听！"

韩劲松掏出烟请老人抽烟，他们谁也不接。韩劲松自己抽出一根，刚要点火，又塞了回去，端起茶呷了一口，继续说道："农场为什么要把椰子、胡椒、槟榔、柑园这些小项目拍卖掉呢？我先给你算一笔账吧。全场有1万多株椰子，投产的有8000多株，农场每年摘椰子果的收入约有3万元，而为了这3万块，农场要支付12名工人的工资，要替他们上交"三费"，还要支付肥料钱、抚管费。这钱那费加起来一年农场就要付出将近10万元。为了这3万倒贴了7万合算吗？这仅仅是椰子倒贴的钱，还有胡椒呀、槟榔呀、柑园呀等等，全部是赔钱的买卖！这些项目农场一年倒贴出去的钱你们知道多少吗？72万！72万是个什么样的概念？差不多可以发你们退休工人一个月的工资！老队长，这样的亏本生意，农场还能继续做下去吗？再说，这些东西我们也是拍卖给农场职工经营的，农场按月收取地租，收益还是职工的，那可是两头受益的好事啊！”

符海涛摸摸光溜溜的头，好一会儿才说：“这么算起来，你们这么做也不算错。我听说你们还要卖橡胶树，这个账你也算给我听听。”

“橡胶树是国有资产，到现在为止我们也没有卖橡胶树的想法。只是对30公分以下的中小苗，我们想搞转制。也就是把管理权和经营权下放给职工，到收益的时候农场职工四六分成。由于这个事涉及国有资产流失的问题，我们停止了这个转制计划。不过话说回来，我们目前搞的改革也只是初步的改革，企业最终的改革，还得搞产权转制、搞股份制，建立现代化企业制度，当然我们现在还不具备这么搞的条件，那是以后的话题。”

“原来是这么回事啊！”符海涛又摸了摸光溜溜的头说，“韩场长，你今天说的和机关里有些人的说法是完全不一样的噢。”

“那你相信谁的？”

“你是一场之长，我当然是相信你的啰。”

屋里人都笑起来，气氛比刚才融洽了许多。

韩劲松说：“老队长，你提第三个问题吧。”

“韩场长，现在几点了。”符海涛问。

韩劲松抬腕看表说：“12点过5分了。”

“这么晚了，这第三个问题，我看先吃饭，吃完了饭再提怎么样，韩场长？”

“行。”韩劲松转脸对陈惠明说，“陈副，你带他们三位到五哥酒楼吃一顿便饭。”

“好吧。”陈惠明刚站起来，符海涛就摆手制止，“我们今天什么地方都不去，就到招待所去吃，怎么样?”

“好，我打电话叫招待所多搞几样菜。”韩劲松掏出手机。

“韩场长，不用麻烦了，你吃什么，我们吃什么。我们三个都是吃粗粮长大的，除了石头没吃过外，什么都吃过，有大米饭够吃就行了。”

“这——”

“怎么?韩场长，有什么不方便的吗?”

“好吧，就到招待所吃。”韩劲松站起来，一挥手带头走出了会客厅。

一行五人走下18级台阶，有说有笑向西穿过机关干部住宅区，来到招待所西侧的大食堂。五人在招待所的大堂里挑了中央对大门的一台饭桌围坐下来。

他们刚坐稳，饭堂的廖师傅就匆匆走过来，对韩劲松说：“场长，没人告诉我有客人要来吃饭啊，我只炒了你一个人的菜。”

“老李，饭够不够?”

“前面煮了7个主任的饭，饭有多，只是菜——”

“这样吧，你先把我的菜端上来大家吃着，然后看看还有什么菜，再炒它几样上来，能吃饱饭就行了。”

“好哩。”廖师傅转身下厨房。一会儿他用一只大盘端上了三菜一汤：一碟空心菜，一碟油煎豆腐，一碟猪大肠炒酸菜，一碗葱花蛋汤。

“韩场长，你每天就吃这样的菜?”符海涛满脸疑惑。

“菜式有不同，但我一个人吃饭基本上就是这个标准。老队长，这几样菜有什么问题吗?”

“韩场长你说对了。我现在就向你提第三个问题。”

“你说吧。”

“我听说你很喜好吃兔肉，每天要吃掉两只兔子，还专门请了个厨师为你烹制兔肉。有这回事吗?”

陈惠明扑哧笑出声来，说：“在一些人眼里我们韩场长不但是个败家贼，还是一个狐狸精了。”

韩劲松也笑道：“我喜欢吃兔肉连你们都知道了，我也喜好吃猪大肠怎么就没人说呢？老队长，这第三个问题我不想解释了，你要相信我每天吃掉两只兔的说法，我也没办法。”

“韩场长，我可不可以进厨房里头参观参观?”符海涛两眼盯着韩劲松。

“可以可以，你们随时都可以去参观。”

符海涛不说话，起身就朝前面走去。他穿过西角侧门进入打饭菜的隔房，再穿过一道圆形内门走进了宽敞明亮的大厨间。

刚才端菜的廖师傅正在靠东墙的大灶台上炒菜，没注意到有人走进来。

符海涛走到靠西墙的两只大橱柜边，把它们一个一个打开，里面除了碗筷和厨房用具外什么都没有。

厨房中央是一个连着大水渠的T形切菜台。符海涛走过去瞅了瞅，什么也没有。他走近廖师傅，探头看了一眼大铁锅，锅底正煎着鸡蛋。

“啊，好香啊!”符海涛双眼扫了一遍长形灶台突然说，“廖师傅，兔肉呢？兔肉搞好了没有?”

“兔肉？什么兔肉?”廖师傅没有回头，专心煎蛋。

“没什么没什么。”符海涛转过身，斜对面的大后门边，有两个中年女服务员在蹲着洗碗筷。

他走过去，对她们说：“哎，洗碗啊?”

两名中年女服务员抬头看了看这位陌生的不速之客，什么也没说又埋头忙她们手里的活。

“你们杀鸡杀鸭都在什么地方褪毛？”

年纪稍大一点的服务员再一次抬起头，冷冷地说：“你问这个干什么？”她那阔嘴唇边长着一颗醒目的黑痣。

“噢，我是收破烂的，我想问一问你们这有没有鸭毛、鹅毛收？”

“鹅毛没有，鸭毛有，你跟我来。”脸上长黑痣的服务员站起来，很热情地领着符海涛走出后门，往右拐到一间只有三面墙的大柴房里。

“杀鸡杀鸭我们都在这里褪毛。”她从柴堆里找出一只肥料袋，递给符海涛说，“老头，这里面都是鸭毛，全都干了，你看看值多少钱？”

符海涛接过袋子，打开，用手伸下去摸了摸，又抽回手抓住袋子掂了掂说：“这鸭毛不错，给你6块钱一斤怎么样？”

“行行。”这女服务员满心欢喜。

“哎，我想问你一下，你这里有没有兔毛？”

“兔毛？你问兔毛干什么？”

“我也收兔毛。这兔毛收去经过加工后出口很值钱哩。”

“兔毛多少钱一斤收？”

“500块钱一斤。”

“我的天呀！这么值钱呀！”

“你有没有兔毛啊？干湿的都要。”

“啊呀，你又不早点来。韩场长刚来的时候杀过几只兔，可惜那些兔毛都扔掉了。这几个月一只兔也没杀过。”

符海涛拍拍手转身就走。

“哎，老头，这鸭毛你不收了。”

“太少了，你攒多一点，我过两天再来收。”他头也没回，来到水龙头边洗净了手，走回了大堂。

符海涛坐回原处，陈惠明才笑着问道：“老队长，你进厨房有没有找到兔肉呀？”

符海涛尴尬地笑笑，自言自语地说：“看来，人家讲的话，是不能随便相信的。”

他端起碗，拿起筷夹了一块大猪肠放嘴里大口大口地嚼起来，边咬边说：“你们都等什么，吃饭吃饭，里面我看过了，没藏什么好东西了。德叔公、阿英婆，吃啊，还等什么？”

他嘴里的猪肠没嚼两下就吞了下去，他又夹了一块张大嘴塞了进去，边咬边说：“哇，这猪肠又脆又香，好吃好吃！”

众人看他那吃相，不约而同地笑起来。

六十二

韩劲松吃罢午饭，回到二〇三房间坐了一会儿，梁军就走了进来。

“场长，今天退休工人来机关集体上访是有人在背后组织串联的。”梁军一坐下就说。

“噢？”韩劲松锁紧了眉头。

“我们在退休人群中，请出了一个非退休人员。他在人群中大喊大叫，高呼一些煽动性的口号。”

“他是谁？”

“韦小宝，他原来是二十九队队长，现在分流到一线当林管工人。”

“韦小宝？又是他！”

“场长你认识他？”

韩劲松把前段时间在楼梯口被韦小宝拦阻威吓的事说了一遍。

“看来他临走时说出的那些威胁话并非吓人的。”韩劲松抽出烟，递一支给梁军，自己点燃一支抽起来。

“场长，我觉得单凭韦小宝的能力和文化水平，他组织不了这么多退休工人，也喊不出煽动性如此强的口号。”

“你是说他的背后还有人?”

“对！而且这个幕后人还很不一般。”

“何以见得?”

“我们请他的时候，他一开始很害怕，可一上办公室又神气起来。他说‘退休工人今天来机关大门口请愿是我通知的，你们能把我怎么样？我没犯法你们敢把我怎么样?’，很嚣张。”

“人放了没有?”

“我们只是请他并没有抓他，问了他一些情况就把他放了。他临走时说，今天出动的只是卒子，车马炮还在后头，下次还要组织干部工人到农垦总局去请愿。”

“看来有一些人是唯恐天下不乱啊!”

卧室里的电话铃急促地响起来。韩劲松起身走进卧室，拿起话筒，里面传来他熟悉而又十分严厉的声音：“是小韩吗？我是廖副局长啊。”

“廖副局长，您好，我是韩劲松。”

“我刚才听说你们那有1000多名退休工人今天上午10点钟左右聚集在机关大楼门前要集体上访，有这回事吗?”

“有，但——”

“我不是早就跟你们说过了，搞改革不要搞出乱子来，不要搞出乱子来，可你们就是不听！如果这1000多名退休工人跑到总局大门口来集体上访那可不是开玩笑的，你们要负政治责任的你知道吗?!你们今年推行的五项改革、四项清理，我们是大力支持的，但你们要把握好一个度，那就是要稳！稳！稳！只有稳定才能促进改革发展，你明白吗?”

“明白，廖副局长，我们今后一定会注意到这点。”

“光注意是不够的。小韩啊，你们年纪轻，血气方刚，做起事来大刀阔斧，敢想敢干，这是好的一面；但你们也应该要看到，改革不单单是减掉一些人，撤并一些机构，卖掉一些东西那么简单，它涉及方方面面，涉及很多人的利益，它会产生一大堆我们预想不到的难以处理的问题。这些问题处理得不好，就会给企业、给社会留下很多不稳定的因素。因此，我们要特别处理好改革与稳定的关系，二者处理好了才会健康地发展。我在局里主管企业‘体改’这一块，我既希望你们的改革做出成绩来，为农垦的改革提供一条好的路子、一些好的经验，也希望你们不要因改革而闹出不可收拾的乱子来，明白吗？”

“明白，廖副局长。”

对方挂了电话。韩劲松心情又变得沉重起来——廖副局长的话虽然有些刺耳，却有很多令人深思的地方。农场今年推行五项改革、四项清理就像九把利斧齐齐对着企业的顽疾猛砍下去。砍下去是很痛快，但也砍出了许多新的棘手的问题：如下岗分流人员今后的再就业问题，企业老弱病残人员的安置问题，如何确保国有资产不流失问题，等等。这些问题处理得不好，它们不但会反过来影响阻碍改革的进程，甚至会毁掉整个改革。看来这些问题——以前他并不太重视——现在必须得重视起来才行了。

韩劲松调整了一下精神状态，回到客厅里重新坐下。

“梁所长，上午在机关大楼门前聚集的退休工人到底有多少人？”

“二三百人左右。场长有什么事？”

“没有。”

“场长，韦小宝恐怕以后还要闹，怎么办？”

“由他闹去吧。”

“由他们闹去？”

“我是说，他们这么一闹，倒让我们知道了不少我们以前不知道、知道了也不重视的问题，这未必是坏事。”

“我明白了场长。”梁军起身告辞。

梁军前脚刚走，红旗区作业区主任陶志刚后脚就踏了进来。

陶志刚，瘦高个，后背有些驼，一头浓密乌黑的卷发，白净脸，凹陷眼，鹰嘴鼻，厚嘴唇，上穿格子短袖衬衫，下穿青色牛仔裤，活脱一个老外的形象。

陶志刚一屁股坐在韩劲松对面的沙发上，大大咧咧地问：“场长，你找我来有什么事?”

韩劲松给他沏了杯茶，才说：“全场已经动刀三天，拿了两刀的胶水，可你们区一队、二队却一两胶水也没有，是怎么回事?”

“一队、二队胶工不肯上岗割胶。”陶志刚喝了两口茶说。

“他们为什么不肯上岗割胶?”

“他们反对三天一刀割制。”

陶志刚的说法与今天上午开会时孙志远的汇报完全不同。韩劲松胸里顿时蹿起了一股无名火。

“陶主任，一队、二队的胶工对今年的割制改革有什么看法?”

“看法多了。他们说这种割法一拿不到胶水，二累死人，三管不来。他们说农场这样搞纯粹是乱来，没有一点科学依据，他们强烈要求恢复去年的两天一刀割法。”

“去年的两天一刀，说明白一点就是两刀补一刀，实践已经证明，这种割法是典型的杀鸡取卵的短期行为。”

“放屁！农场今年把什么东西都卖光了才真正是杀鸡取卵的短期行为!”

韩劲松吓了一跳——他来到三叶还是第一次碰到如此张狂放肆的下属。

他想发火，又忍住了。抽出一支烟递给陶志刚，又掏出火机帮他点燃才说："陶主任，一队、二队是农场的产胶大户，年干胶产量都在260吨以上，在三叶是举足轻重的产胶单位啊。我希望你回去以后，多辛苦一些，集中全区干部，下去协助队干部多做胶工的思想工作，尽快上岗割胶，不能再拖了。"

"全区干部？十多个人减剩下这么五六个人，哼，我都快成光杆司令了！场长，我回去后尽力多做工作吧，但胶工什么时候上岗割胶我不敢打包票。"

韩劲松默然。

"场长，你找我还有其他事吗？"

"你回去吧。"

陶志刚站起来就走，几步就跨出了大门。

陶志刚一走，韩劲松心里就开始烦躁起来。看来，一队、二队胶工不肯上岗割胶不单单是胶工的问题，还有区队干部的问题。如果整个红旗区干部都像陶志刚这样的思想，问题就严重了。这个问题目前还可以缓一缓，而一队、二队胶工不肯上岗割胶的问题是一天也不能缓的。

他想去找李智全商量对策，刚起身李智全就走了进来。

"李书记，我们两个心灵好像是有感应的。"

"此话怎讲？"

"我每次一有事想去找你，你就送上门来了，你说这不是感应是什么呢？"

俩人一齐笑起来。

他俩相对而坐。韩劲松泡了一壶新茶，说："李书记，上午的会议开得怎么样？"

"全部汇报完了。我叫陈秘书搞了个会议纪要，下午可以打印出来。韩场长，退休工人今天怎么回事？"

韩劲松把情况简单介绍了一下，说：“这件事上午才发生总局领导中午就知道了，廖副局长刚才还打电话来过问这件事。”

“消息传得真快啊！”李智全沉吟了一会说，“这件事在场部地区已传得沸沸扬扬了，连我老婆都跟我说，今天上午有1000多名退休工人来机关闹事，派出所抓走了3个领头的，关押在招待所里，还动手打了老人——”

“有些人都快变成造谣专家了！”韩劲松右掌击了一下沙发扶手说，“我真想把这些躲在幕后造谣的家伙抓出来，狠狠揍他几拳！”

李智全沉默不语。

“李书记，这些造谣的家伙会是谁呢？我看有必要好好查一查！”

“造谣的人可能是几个，可能是一批，也有可能是一大群，要查是查不完的。”

“那就只有听任他们制造谣言，制造混乱了？”

“对付他们最好的办法，就是我们要把各项工作做好，特别是对‘五改’‘四清’过程中出现的新问题要稳妥处理好，这样他们就无话可说、无谣可造了。”

“难道就这么便宜了这些制造是非、企图引起混乱的人？”

“韩场长，俗话说‘仁者无敌’呀！”李智全呷了一口茶说，“当然，对付造谣者我们也不能无所作为，可以叫宣传科苏科长他们在这段时间加强宣传工作。退休工人集体上访一事，就说明了我们的宣传解释工作做得不够到位，人家不明白不清楚，当然要来问你了。”

韩劲松点点头，转了话题：“李书记，红旗区陶主任刚才来过，他讲的一队、二队胶工不肯上岗割胶的情况，与孙科长汇报的完全不同。”

“陶志刚他怎么说？”

“陶主任是个什么样的人？”

“他是三叶职工子弟。这个人胆子大，敢做事，是个较有魄力的干部，深得前任场长赵为民的器重。目前他是我场最年轻的正科级干部。”

“他能力究竟怎么样?”

“他1994年初调到红旗区当主任，他当主任后，红旗区六个队都发生了很大的变化。特别是一队、二队，这两个大单位居民点是挨在一块的，人多难管，一向是老大难单位，也给他治住了，而且管理得井井有条。可以说，陶志刚在红旗区干部职工中的威信是比较高的，他在那里的人缘也非常好。怎么，他有问题?”

“一队、二队出现的问题绝不能拖下去。”韩劲松避开李智全的提问，说：“我看有必要派一个工作组下去，驻点在那里，协助区队干部做胶工的工作。”

“我同意。一队、二队是我场数一数二的产胶大户，这两个队要出了问题，影响非同小可。”李智全呷了一口茶继续说，“韩场长，这个工作组谁来挂帅?”

“江科长，经管科的江浩成。”

“我同意。”

“江科长这个人原则性很强，办事又很灵活，工作认真负责。我对他很有信心。”

“他有一个外号叫‘电脑’。”

“我只听说三叶机关有一个大名鼎鼎的‘四方脑’，怎么又冒出一个‘电脑’来。”

“江科长这个人原则性强，做任何事情都只认数字，从不认人。他对数字特别敏感，看一眼就能记住，所以人家背后给他取了个‘电脑’的外号。”

韩劲松笑道：“看来三叶这个地方出怪人、能人还真不少啊。李书记，工作组的事就这么定了，组员由他江科长自己挑，下午就进驻下去，争取三天内全面恢复割胶。”

“希望如此吧。”

六十三

下午一上班，江浩成就根据韩劲松的交代从本科室的几个手下中挑出了伍华和卢海川，又从劳工科里点出了谭东共四人组成工作组，带着简单的行李，开着各自的摩托车一溜烟来到了东线的一队和二队。

两队的居民点合并在一块，位于一个向阳的缓坡上。一队集中在坡顶上，二队集中在坡底下。坡上坡下各建着一幢南北走向的两层办公楼，它们相互对应，很有些气势。两幢楼房之间，是一幢幢南北走向、整齐排列的平房。平房的前庭、后背砌起了一个个椭圆形的花池，花池里种满了花草，在整个环境中显得格外醒目。缓坡东面两队中间向下砌出了一块平地，建了一个标准的灯光球场。球场周围栽满了槟榔树和椰子树，与房前屋后的花草交相辉映。队与队之间的道路，平房与平房之间的便道全部是水泥硬板路，环境整洁干净。不知底细的人初到这里还以为是进入了一个城市的社区。一队和二队由于规划合理，环境怡人，被总局列为精神文明建设标兵单位，成为红旗区的一面旗帜，也成了这两个队人的骄傲。

谁都知道这一显赫的成绩是陶志刚当主任后，争取到场里的资金支持，他又带头捐献了两个月的工资，号召两队干部职工出钱出力，花了整整半年的时间搞出来的。陶志刚在一队、二队创建的成绩，奠定了他在红旗区干部职工中不可动摇的“旗手”地位。

江浩成四人在一队办公楼房前的空地架好摩托车，就直接上了二楼办公室。办公室里只有统计员小李在上班，看到顶头上司来了慌忙起身沏茶。

“小李，你不用忙了，张队长和黄支书在家吗?”江浩成一坐下来就问。

“在在。张队长刚才还在这里。”

“麻烦你去把他们两个请来办公室，我们有事要跟他们商量。”

小李应声快步走了出去。江浩成足足等了半个小时，小李和张队长黄支书才上楼走进办公室。

七个人四对三隔着椭圆形的办公台相对而坐。

江浩成开门见山地说：“张队长，到今天为止全场已经拿了三刀胶水，可你们一队一两鲜胶也没有，是怎么回事?”

长得五大三粗的张队长挪动了一下肥厚的肩膀，不紧不慢地说：“是这样的，今年呢，农场搞割制改革，我们按照场的要求扩大了岗位，但岗位扩大以后呢，胶工都不愿意上岗。我和黄支书反复做了工作，可他们就是不肯上岗，我也没办法。不信你可以问黄支书。”

“江科长，张队长说的一点没错。”矮个头的黄支书点头附和。

“那胶工为什么不肯上岗割胶?”

“是这样的。”张队长自个点燃了一支烟，边抽边说，“胶工对农场今年的做法有意见。”

“有什么意见?”江浩成打开了随身带的笔记本。

“意见多了。有的说岗位扩大了割不完胶树，有的说今年的单价太低了搞不到吃，有的还说——哎，说什么的都有。”

“今年的单价是根据目前的胶价定的，是比去年的低了几毛钱；但岗位扩大了，产量增加了，收入不会比去年的低。这一点我们是测算过的。”

“问题是，你们搞三天一刀能不能拿到产量?”张队长直起腰说，

“如果胶工拿不到你们在办公室里测算出来的产量，那他们还不都喝西北风去！”

“胶工都待在家里，胶水能从地下冒出来吗？”谭东忍不住插了一句。

“胶工不肯割胶我有什么办法？要不你们机关干部统统下来代刀好了。”张队长也硬邦邦地回顶一句。

会场出现了沉默。办公室的气氛变得压抑起来。

“张队长，场领导对一队、二队胶工不上岗割胶的事非常重视。”江浩成打破了沉默，“从今天开始，我们四个人就驻扎在这里协助你们工作，同时也希望你们以积极的态度处理好这件事情，尽快恢复生产。”

会后，江浩成四人立即展开了调查。他们找胶工谈话，进林段随机清点树位，很快就找出了胶工不肯上岗的真正原因。

原来今年初，这两个队的干部为了省事，没有按照农场的要求重新清点株数，重新实地编排岗位，只是简单地在去年的统计报表上增减数字、扩并岗位。岗位扩好后，胶工临割胶前进入树位清理时，才发现理论上扩好的岗位，存在界线不明、好坏不均、株数不符、搭配混乱等致命的问题，导致胶工全体罢工，拒不上岗割胶，并引发了他们对农场的强烈不满。

队干部为了掩盖和推卸责任，则把胶工的不满情绪作为不肯上岗割胶的主要原因上报区里。陶志刚本就反对扩大岗位，反对割制改革。他听了队干部汇报后，就武断地把责任全推到了农场今年推行的割制改革上。

江浩成找到问题的症结后，在一队办公室主持召开了场区队三方联合会议。

江浩成首先发言：“同志们，今天利用下午的时间，我们工作组和你们区队干部联合开一个碰头会，会议的主要内容就是向大家反馈我们工作组这三天来的调查情况。到今天上午为止，我们在一队、二队走访了20名胶工，抽查了16个树位，结果发现这两个队的岗位存在界线不清、株数不准、搭配混乱等严重问题。我们通过查阅原始资料，通过询问两个队的统计员了解到，一队、二队在三月份扩岗时，没有按照场里的要求重新清点株数，重新实施编排岗位，而只是在报表上，坐在办公室里划分岗位，这是导致岗位出问题的根本原因，也是胶工不肯上岗割胶的根本原因！”

坐满了人的办公室里鸦雀无声。张队长不时用手抹额头上冒出的冷汗。

江浩成喝了一口茶，继续说：“我们这次下来不是要追究哪个人的责任，而是来解决问题的。韩场长一天来三个电话询问这里的情况，要求一队、二队三天内必须全面恢复割胶，当然这已经是不可能的了；因为要解决岗位问题必须得重新清点重新编排，工作量相当大，再多一个三天也解决不了问题；所以我建议，集中全区六个队的干部和辅导员，再加上区干部和我们工作组，我算了一下，一共有38个人，按两人一组分成19个清点小组，在两个队同时重新清点树位。这样的话，10天之内可以解决问题。陶主任，你的意见如何？”

“我不同意这么做。”陶志刚大声说，“你们上面的人把我们下面的干部当成什么了？当牛当马还是当驴？今年农场搞五项改革、四项清理，从年头到现在，基层干部忙得团团转，连拉屎屙尿都没空闲，还要干这干那，连‘两病’防治这样的活都要队长支书背着机器满林段地跑，去打硫黄粉，哪有这样当干部的？工作没完没了，可工资有多少？我这个主任正科级干部月岗位工资还不到300块，说出去人家都笑！一队、二队胶工不肯上岗割胶，你们工作组下来几天，仅凭某些人的几句话，只抽查几个树位，就全盘推翻队干部花了很大精力才编排好的树位，就把责任统统怪罪在一些次要的因素上，就要求重新点树重新编岗。我说句实在话，如果把一队、二队的岗位统统打乱，又重新清点重新编排重新定岗，不要说10天，就是一个月你们也搞不定！我不同意这么搞，这就是我陶志刚的态度。”

“陶主任，依你看，这件事该如何解决呢？”谭东反问一句。

“依我看，最好的解决办法，就是让一队、二队恢复去年的割制。全场都搞新割制，留这两个队不搞不会影响大局，而且还可以比一比，看看哪种割制优越。如果场里同意这么做，我陶志刚担保胶工两天之内就上岗割胶。江科长，你看怎么样？”

江浩成沉默不语——他了解陶志刚的个性，他一旦认定的东西，就很难再有商量更改的余地。他是区里的最高行政主管，在一队、二队的干部群众中又有极高的威信，没有他的支持，任何工作都很难做下去。看来，会议再开下去已经没有什么意义。

江浩成收起笔记本说：“大家的意见一时还很难统一，这样吧，我们先回去，把陶主任的意见转告给场领导，看他们的意见如何？陶主任你看怎么样？”

“行！”

“会议我看就开到这吧。”

“等等，我还有一件事。”陶志刚打开小笔记本。

“什么事？”江浩成也打开了笔记本。

“你们工作组4个人在一队吃住了3天，用电5度，电费每度1元，共计5元；用水2吨，水费每吨1元，共计2元；伙食费每人每顿5元，一天两顿10元；早餐每人1元，你们整整吃了3天，江科长，你号称‘电脑’，你给算一算，你们在这里总共用去了多少钱？”

江浩成略一思索就说：“水电费7块；伙食费120块，早餐我们只吃了两次，8块；共计135块。”

“对了。江科长，农场今年取消了队里的招待费用，你们用去的135块全都是私人先垫付的。韩场长在上面反复强调要固本经营，不做亏本生意，下面也不能做蚀本生意，也要固本经营啊！”

江浩成笑道：“陶主任，我们不会赖账的。”

江浩成当即掏钱付清了陶志刚列举的清单费用，然后带着工作组撤出了一队。

六十四

江浩成回到机关，直接到场长办公室向韩劲松汇报了他们在一队、二队调查了解到的情况。

韩劲松听完汇报后拧着两道浓眉思索良久才说：“江科长，我场今年全面推行新割制是党委的决策，这一点是丝毫不能改变的，这是一。第二，一队、二队的树位必须按要求重新清点重新编排，这一点也是丝毫不能动摇的。人手不够，就从机关各科室抽人，生产科的人全部调上去，再不够就从其他区队抽调人员。调人的事我叫孙志远负责，但工作上的事还是由你全权负责。你现在就去找孙科长，商量抽调人的事，所有被抽调的人员下午必须通知到位，明天一早全部进入一队、二队林段清点株数，力争一个星期内重新编排好岗位，其他的事情我会处理。”

“好的。”江浩成起身告辞，上二楼找孙志远去了。

江浩成走后，韩劲松又陷入了沉思。从汇报的情况看，一队、二队胶工不肯上岗割胶的问题，根源在干部身上，而陶志刚则成了解决这个问题的最大障碍。如果继续让他在红旗区当主任，不但会影响、阻碍一队、二队树位的重新编排工作，还会在今后的工作中产生更多更大的问题和矛盾。陶志刚的问题必须先着手解决了。

韩劲松走出办公室，穿过会议室来到党委书记办公室。李智全正在办公桌前一人静静地阅读材料。

“李书记，我想跟你商量一件事。”韩劲松在李智全对面的长沙发上坐下来。

李智全放下材料，说：“韩场长，你是不是想跟我谈陶志刚的事？”

“对。咦——你怎么知道？”

“你昨天突然向我问起他，我想他肯定是有什么事了。”

“怪不得三叶有人叫你智多星，看来什么事都瞒不了你啊。”

“智多星我倒没有听谁叫过，倒是有人在背后叫我李矮仔、武大郎。”

“他是狗眼看人低。”

哈哈——俩人笑了起来。

笑罢，韩劲松说道：“李书记，刚才江科长向我汇报了一队、二队的情况，他们调查了解的情况和孙科长说的完全一样。一队、二队胶工不肯上岗割胶的主要原因，是队干部在扩岗时没有按要求重新清点株数重新编排树位——”

“问题找到了，我们就可以对症下药嘛。”李智全插了一句。

“江科长向区队干部提出了重新点树、重新编岗的建议，但陶志刚当场反对。他这个作业区主任要求场里在一队、二队恢复两天一刀割制，说什么要和新割制比试一下，看看哪个割制优越。一个区主任在农场改革处于关键时刻公开带头和党委唱反调对着干，我看他这个主任，已经不适合再当下去了，而且他本人也不适合再待在红旗区，我想换人。”

李智全缄默不语。

“李书记，你看怎么样？”

“陶志刚这个人，我是看着他成长的。他从基层工人干起，从工人干到队长，又从队长干到副主任、主任，一步一步走上了农场中层领导的岗位。可以说，他这个主任完全是靠实干干出来的。虽然他也有不少缺点，比如固执、争强好胜、独断专行，有时候还很狂妄等等，但他的能力他的魄力是其他区主任无法相比的。”

李智全顿了一下继续说：“他在红旗区当了四年主任，做出了不少成绩。一队、二队的文明点建设，他个人就起了非常大的作用，这是有目共睹的。他在红旗区特别是在一队、二队的干部职工中威信很高，这是无人能比的。对于这样的区主任，我们突然把他撤掉，调离红旗区，恐怕不合时宜也难以服众。我的意见是，这件事情要慎重考虑一下。”

“如果陶志刚在那里带着队干部和场里顶着干下去怎么办？”

“我们可以慢慢跟他谈，耐心地做他的思想工作，他的工作做通了，就一通百通了。”

“还要慢慢跟他谈？他就是现在通了，一队、二队也要丢掉至少10刀的胶水。再过几天就安排第一周期涂药了，他就是现在通了，一队、二队也无法安排涂药了。这次药涂不了，就会影响到第二次第三次涂药；李书记，这个损失你算过没有？”韩劲松说着情绪激动起来，“再跟陶志刚慢慢谈，一队、二队4月份拿不到胶水，5月份至少还要丢掉100吨干胶，这一连锁损失你想过没有，我的李书记?!”

“韩场长，你冷静一点。”李智全仍是平和地说，“你也想过没有，我们这个时候把陶志刚拿掉会引起混乱，造成的损失就会更大。”

“一队、二队现在已经乱套了，我们再‘仁者’下去，后果更不堪设想!”

“你说会有哪些不堪设想的后果?”李智全声音也大了起来。

“前面说的损失不算，如果其他6个区都学他要求场里拿出一两个队恢复去年割制，和新割制比试一下，那我们今年费了那么大力气推行的五项改革、四项清理就有可能半途而废！”

“我看没那么严重吧，韩场长？”

“我不跟你争了，这个陶主任我想换人，你同意不同意？”

“这事不是你我两个说了算，我们开党委会讨论决定吧。”

“那好，我现在就通知其他委员来办公室开会。”韩劲松起身走出了李智全的办公室。

党委其他5个委员下午恰好都在各自的办公室，他们接到通知后，陆续来到了一楼会议室。

韩劲松和李智全照例是对着大门并排坐着。陈惠明、严守纪坐在韩劲松右侧这边，周自成和林诗锦坐在李智全左侧这边。只有方珏坐在椭圆会议桌的另一端，与两位党政主官相向。

会议还没有开始，气氛已显出几分紧迫。突然被通知来开会的5个委员看到韩劲松和李智全表情严肃，就猜出又有重大议题了。

韩劲松先开口说：“下午突然请大家来开党委会，议题只有一个，就是讨论红旗区主任陶志刚的问题。”

他把江浩成在一队、二队调查的情况详细说了一遍，然后说：“我提议党委免掉陶志刚红旗区主任的职务。大家的意见怎么样？”

除李智全外，其他人对韩劲松的提议感到很突然。没人表态。

李智全沉默了一会，说：“我不同意！”接着也把不同意的理由陈述了一遍。最后说：“我的意见是去做他的思想工作，转变他的观念。陶志刚是一个能力很强的同志，对这样的中层干部我们不能这样草率地处理。”

“如果他的观念转不过来，那么他的能力越强，反作用力就会越大。”

“你这样处理会毁掉一个年轻有为的同志。”

“如果毁掉一个人能换取来全局的胜利，我看值得！”

“韩场长，我们都不用争了！既然都不开口表态，我们就举手表决吧。同意免掉陶志刚主任职务的请举手。”

韩劲松、陈惠明、严守纪举起了手，李智全、周自成、林诗锦没有举。方珏表示弃权。

三对三，表决没有通过。

韩劲松心里感到一阵烦躁，他端起茶猛喝了一口又重重地放下说：“我提议，晚上继续开党委会，再讨论陶志刚的问题。”

李智全表示同意，三叶历史上最短的一次党委会无果而散。

韩劲松从会议室回到办公室，朱晋良不知何时已坐在沙发上等他。

朱晋良把今年的财务计划表递给韩劲松：“场长，这是几经修改后最后定下的方案。我们的预算方案刚打印好，问题又出来了。”

“什么问题？”

“刚才市税务局打来电话，说我们去年欠交的110万元税款今年一定要补交上；还有，宏达公司的何老板也打来电话，要我们上半年必须还他250万元借款及利息。这两项我们都没有列入预算内，如果要补税还款的话，我们的预算要出现360万元的缺口，场长你看——”

韩劲松向后靠在椅背上，轻轻叹了口气，说：“我们现在连吃饭都成问题了，他们还要来追债——唉，我们就想办法还吧。这360万元的缺口，只能是多拿胶水，靠增产增收来填补了。”

“场长，3月份的工资发出去后，我们手里的钱不多了，仅仅够维持4月份运转的费用。要不要申请一些贷款？银行现在有所松动。”

“今年我们光要还银行往年的贷款利息就要300多万元，这一块就压得我们喘不过气来了，你还敢贷吗？”

“可是——4月份又快完了，我们去哪里要钱发工资？”

“我们仓库里还存着去年的100多吨干胶，4月份我估计可以拿到八九十吨，加起来有200多吨。目前标胶价格已稳定在7000块左右，就按7000块卖掉，货款也够我们支撑到5月份。到了5月份产胶高峰期到了，我们就不怕了。”

“好吧。场长，你还有什么指示？”

“今年我们的经营目标是，要力争做到不借不贷一分钱也要发出工资，有可能的话还要补发农场1997年拖欠职工的工资。还有，应收款已经清理出来了，你们下一步的工作就是加大追缴欠款的力度，能够收回来的钱一分钱都要追回来。”

“好的。”朱晋良起身告辞。

朱晋良一走，韩劲松又烦躁起来，他来三叶与李智全搭档合作以来，俩人的观点、立场基本上一致，从来没有红过脸争吵过。正因为如此，五项改革、四项清理才得以顺利推行。没料到在陶志刚的问题上，两人的意见却出现了严重的分歧。明天上午，机关大队人马就要下去点树了，如果今晚不解决掉陶志刚的问题，明天的清点工作肯定会受到影响。如果一队、二队干部不配合工作，问题就会越闹越大，越搞越僵。今晚在会上必须说服李智全，如何说服他呢？韩劲松陷入了沉思之中。

六十五

晚上八点整，机关大楼一楼会议室里灯火明亮。七位党委成员全部到齐入座。他们坐的位置和下午开会时坐的一样。

“都到齐了，我们就开会吧。”韩劲松首先发言，“晚上这个会继续讨论陶志刚的问题。今天下午说的话我不想再重复，我只强调一点，陶志刚在对待改革上，已经不仅仅是观念的问题，而是在思想上抵触反对，在行动上阻挠农场的改革；如果继续让他在红旗区当主任，不仅会影响一队、二队明天的清点工作，还会在全区全场造成相当大的负面影响；如果让他继续当主任下去，我敢断言，一队、二队今后还会出现更多更大的问题，所以我请求大家认真地考虑一下我的意见。”

“我认为问题还没有严重到如此地步。”李智全接着发言，“一队、二队虽然在割制改革上出了问题，但整个红旗区也和其他区一样全面推行了五项改革、四项清理，而且还有不少工作做得相当出色。所以我不认为陶志刚同志在思想上、行动上有反对、阻碍改革的问题，而仅仅是对割制改革的看法不同而已，我们完全可以通过做思想工作转变他的观念……”

“他这个人这么固执，这么狂妄，谁能说服他？”韩劲松打断李智全的话。

“我去说服。”李智全说，“明天上午，我也跟清点队伍下去，做他的思想工作。”

“说服不了怎么办？”

“我这个党委书记不当了。”

“军中无戏言。”

“我立军令状！”

会议一下僵持住了。

李智全抽出笔，打开笔记本正要动笔写——

突然，一个瘦高个的人从外面冲了进来，开会的人还没看清楚是谁，冲进来的人就拍台大声斥问：“韩场长，我陶志刚犯了什么错误你要撤我的职？！”

韩劲松很快就反应过来。他镇定地坐着，一语不发。

“韩场长，你才来三叶几天？你对三叶有什么贡献？你算什么东西……”

“陶志刚!”李智全一掌拍在桌面上，喝道，“你太放肆了！你知道现在开的是什么会吗?这是党委会！不是你想闯就闯想闹就闹的地方!”

陶志刚让李智全这一拍一喝给镇住了。

“陶志刚，你太令我失望了！你的问题还在讨论中你就冲进来大喊大叫，就冲这一点，你就没资格当这个主任!”

“李书记，我——”陶志刚愣住了——他在三叶就怕两个人，一个是赵为民，一个就是李矮子李智全。

“陶志刚，你给我出去，回去好好反省一下你今晚的行为，听候党委的处理。”

“李书记，你们要是这么处理我，把我调走，老子就不干了!”陶志刚甩手就往外走，边走边说，“我出去扛大包每月也不止挣三百块钱!”

陶志刚走了，会议室安静下来。没有人说话，空气仿佛停止了流动，叫人感到压迫。

李智全下意识地喝了一口茶，铁青着脸说：“今天下午开的党委会议，议题还在讨论中，陶志刚就已经知道了会议的内容，是谁泄露出去的?就是我们七个人当中的某一个！这是党委会啊同志们！不是玩儿戏也不是在玩过家家!”

李智全压制了一下自己的情绪，继续说：“谁泄露了会议内容谁心中有数，这次我就不追查了。但我要重申一下会议纪律，今后，凡是农场的重要会议，特别是党委会议，在会议没有做出最后决定公布之前，任何人不得泄露会议内容，否则，我一定要追查到底！一旦查出，泄露者不但要受到纪律处分，还要对由此而造成的一切后果承担全部责任!”

李智全喝了一口茶，转了话题：“下面我们继续讨论陶志刚的问题。我和韩场长都发表了意见，大家接着发表自己的意见吧。”

沉默。

李智全扫了一眼会场：“说吧，大家说吧。”

还是沉默。

“那好，都不说我们就举手表决。同意免掉陶志刚红旗区主任职务的请举手。”李智全首先举起了手。李智全态度的突然转变让其他人都感到了意外，也打破了会议的僵持现状。稍后，韩劲松、陈惠明、严守纪也跟着举起了手。周自成和林诗锦依然没有举手，方珏还是表示弃权。

“四票同意，两票反对，一票弃权，通过。”李智全又扫了全场一眼说，“关于陶志刚的安排，我同意韩场长的意见，调到山猪岭区任副主任。另外，红旗区主任一职，我提议暂由作业区书记刘秉章同志兼任，大家意见怎么样？”

韩劲松、严守纪、陈惠明表示同意，周自成、林诗锦、方珏没有表态。

“好。就这么定了。”李智全对正在记录的方珏说，“方科长，你们组织科明天就下任免通知书——”

“韩场长、李书记。”刘金福突然从外头匆匆走了进来。

“什么事？”李智全不满地问。

刘金福一脸焦虑地说：“李书记，一队、二队全体干部和两名区业务干部来了，10个人，他们现在都在行政办的会客室里——”

“他们来干什么？”李智全拧紧了眉头。

“他们一致要求党委保留陶志刚主任职务，否则——”

“否则就怎么样？”

“否则就集体辞职。这是他们10个人联名写的请愿书。”刘金福把请愿书交给李智全。

李智全接过请愿书，只扫了一眼就交给韩劲松："大家都看看吧。"

韩劲松看完了转给陈惠明，陈惠明看了转给严守纪，最后又回到了李智全手里。

"李书记，您看怎么办？"刘金福仍在一边站着。

"刘主任，你先出去吧。"李智全摆摆手。

刘金福点着头退了出去。

"李书记，你看这事怎么办？"韩劲松转头问李智全。

"如果谁都可以用这种方式来要挟党委改变决定的话，还要党委干什么！"李智全望着外面漆黑的夜色，沉缓地说，"我这里也套用一句伟人的话吧，'天要下雨，娘要嫁人'，他们要走，由他们去吧。"

李智全端起茶杯一饮而尽，说："方科长，你们组织科明天除了下陶志刚的任免通知书外，还要从这次下岗分流的干部中选出15到20个人的名单来，如果红旗区那两个区干部和一队、二队干部真的全都辞职的话，你就马上把名单提交党委会讨论补上去，散会。"

五位党委成员起身走了出去，会议室里只有韩劲松和李智全两人默默地坐着。谁也没有说话。

韩劲松转过身，向李智全伸出了右手。李智全也伸出右手接住，两只右手紧紧地握在了一块。

陶志刚的任免通知书下发后，立刻引起激烈反应。陶志刚当场撕毁文件，愤然辞职。红旗区两个区干事、一队二队党政主管及业务干部随后也宣布集体辞职，成为三叶建场以来基层干部以集体辞职的方式抗议党委决定的首例事件。红旗区干部集体辞职事件一时间轰动了全场，在各区队乃至机关掀起了轩然大波，整个三叶出现了山雨欲来的紧张之势。

然而，愤然辞职后的陶志刚，并未按常见的逻辑去为自己打抱不平，而是出人意料地走上了另一条人生之路，这是后话。

伍

六十六

孙志远按照韩劲松的指令，从机关各科室抽调了30多人下到红旗区会同区队干部突击清点一队、二队的岗位株树。宣传科黎文乐和王秀文也被抽中，两人每天下去清点树位暂且不提。

这天下午，过了6点钟黎文乐才开摩托车载着王秀文从一队点树回来。王秀文一下车，黎文乐又开车搭上黄桂芳朝自家的胡椒地开去——夫妻俩要去那里打胡椒桩，把石桩栽入洞穴里立起来。

胡椒地在离家一公里外的一处缓坡上，它原是一块长满棘刺遭人嫌弃的边角地。进入1998年后，黎文乐看到机关干部个个下去四处找地种胡椒栽槟榔，自己也开着摩托车在场部周边到处钻巡找地，找了半天才在场部东南角找到这块没人想要的边角地。他和黄桂芳花了一个春节的假期和两个月的双休日才把这块长满恶草的荒地开垦出来。

地平整好后，黎文乐像伺候一件宝贝似的精心测量、订标，在不规则的一亩多地里竟挖出了210个胡椒洞。他又亲自跑到阳江镇选购胡椒苗，订购胡椒桩。胡椒苗栽下不久，210条青石胡椒桩也运到了地头边。

胡椒桩运来的那天，黎文乐和王秀文正好被抽去一队参加树位清点工作，一去就是一整天。那一条条堆在地边的石桩单靠黄桂芳一个女人根本扛不动，不扛又怕被人偷走。一条胡椒桩拉到地头加运费要18块钱，这对现在的三叶人来说，是一笔不算小的数目，况且购买胡椒桩的钱全部是东借西借凑来的。黎文乐心里挂着它们，下午点树回来不管多累都要去胡椒地扛一会儿胡椒桩，能扛一条算一条。

两人到了胡椒地，架好车子就动手干起来。一条石桩大腿般粗细，2.5米见长，足有100来斤重。黎文乐把细的一头用双手抱起，先架在妻子的肩背上，架稳了他才走到后面抱起粗的一头用力托到腰间，停顿一下，吸进一口气，再猛一使劲，头一歪，肩一撅，那粗糙硌人的沉重的石柱就实实压在了他的肩膀上。

“好了没有?”黎文乐在后面喊。

“好了。”

“走。”

两人扛着石桩，小心翼翼、斜斜扭扭地往坡下20多米远的洞穴走去。来到洞穴边，两人停了下来。在前头的黄桂芳站稳脚跟，透了一口气，一歪身双手抱住四方棱石柱，嘴一咧，一抽肩，石柱离开了肩膀，直往下坠。她两手死死箍住石柱不让它猛然落地折成两段——如果那样，这条石桩就废了。

石桩抱住了，她才缓缓弯下腰，将桩头对着洞口一点点斜戳入胡椒洞壁上。后面的黎文乐紧跟着上步，用肩膀托着石条一步一步顶上去，石桩那头擦着洞壁戳到了穴底，他才抽去肩膀，用手把石桩推直。黄桂芳倒回去拿来锄头往穴里填土，边填边戳，填满了再夯实，一条石桩就稳稳地立了起来。黎文乐又用手推了推石柱，确实牢固了才说：“走，扛第二条去。”

夫妻又回身朝坡顶走去。

黄桂芳边走边埋怨道：“这石头桩做么越扛越重了！累死我了！”她和黎文乐已经扛了两天的胡椒桩，今天全身都感觉酸痛——这是她40年来干的最重的体力活。她压根也没想到自己活到40岁了，还要来扛这些沉重的石柱。

天色将晚，两人一条接一条扛着石桩不敢歇息。扛到第七条石桩下洞穴时，黎文乐大汗淋漓，气喘吁吁，嘴唇发紫，脸色乌青。

黄桂芳填好土后才发现丈夫突然间变了样，慌忙问：“老黎，你的脸色很难看，你没事吧？”

黎文乐咧嘴笑了笑，指了指左胸：“这里心跳又有点不正常了。不碍事。”——其实他胸里头的那颗心脏已经很不正常了，一会儿停着不跳，一会儿又扑通扑通急速跳动，一会儿跳得很微弱，一会儿又振得整个胸脯在起伏，折腾得他胸口也越来越闷，心胸感觉越来越窄，一用力就几乎透不过气来。他知道，心脏病又要发作了，只是这次发作的感觉和平时不一样。

“老黎，你这个样——不要扛了，回去吧，明天再来扛。”

“还有100多条胡椒桩呢，”黎文乐扭头看看身后的一大堆石桩说，“咱们再坚持扛两条。”

“胡椒桩重要还是命重要？”

“命重要。可一条胡椒桩运到这里要18块钱，我们还是借钱买的，丢不起啊。”

“这么重的石条，鬼才想来偷你的。”

“电视上不是说有钱能使鬼推磨吗？”

“不跟你争了!”黄桂芳一屁股坐在地上，气嘟嘟地说，“回去你别跟我说这痛那痛就行了。”

“好的，我们休息一会再扛。”

夫妻俩面向着落日的余晖席地而坐，晚风习习拂面而过，送来了阵阵的凉意。

“桂芳，下午喂鳖了没有?”

“我一下班回来就喂了。这100多只鳖光吃东西不长肉，我是越养越心烦。”

“谁说不长肉?鳖苗下池的时候只有手拇指大小，现在大的有半斤六两了，小的也有二三两重了。”

“养了半年了才半斤六两，还叫长肉?养两只老鼠都大过它了。”

“这种鳖养一年也才一斤多重，它就是这么长的你想怎么样?”

“我想怎么样?我想它们长得像头牛这么大!”

“哈哈，要是鳖长得像一头牛这么大，我们就发财了。”

“你不想发财啊?”

“想啊!如果我们发财有钱了，阿珠今年要考上大学，她的学费就不用愁了。如果有钱了，我们就不用再养鳖了，也不用来这里扛胡椒桩了。有了钱，我想去海口大医院好好看一下我这个心脏病。哎，桂芳，将来我们要真有钱了，我就带上你和阿珠，还邀上一些文朋笔友一起坐飞机去北京登长城，去上海看外滩，去泰山看日出，去西安看兵马俑，我还要去……”

“好了，我的梦想家，你的梦醒了没有?时间不早了，别再说梦话了，扛你的石头去吧。”

黄桂芳站起身朝缓坡上的石桩堆走去。

黎文乐也站起来——刚才堵住胸口的那股气团现在已散开了许多，心胸一宽，气力又上来了——他甩了甩左手，跟在妻子后面走去。

两人使出全身力气扛起了一条粗大的青石桩。

“哇，这鬼石头这么重！压在肩上像刀割肉一样疼！”黄桂芳喘着粗气说。

“站稳了没有？”

“站稳了。老黎，你心脏怎么样？”

“受得住。走——”

两人一前一后扛着青石桩，歪歪扭扭、小心翼翼地朝坡下的胡椒洞穴走去……

王秀文从一队点树回来后，在公共卫生间随便洗了个冷水澡，搞了简单的饭菜，囫囵吞下肚后就开始伏案写苏科长交代的宣传材料。

他写了几页，左眼就感到有些模糊不清起来。上次施肥搞到的左眼虽然治好了，但一写东西看材料久了就会有这种蒙蒙的视觉——看来得配一副眼镜了。

他搁下钢笔，闭上双眼，做起了眼保健操。揉着揉着，眼前突然出现了郑水秀的影子。

“水秀！”他脱口叫了一声，睁开眼，窗外只有椰子树的叶子在暮色下摇曳摆动——他知道，这是一个幻觉，这样的幻觉已经重复出现过无数次。

水秀去年10月份去广东深圳后，他每天都强迫自己忘掉她，甚至以拼命工作和疯狂写作来强迫自己忘掉她。但疯狂过后，郑水秀的音容笑貌又会清晰地浮现在他眼前。他脑中一闪现水秀的影子心里就会想：水秀这几天一定会打电话给我的；这个月的某一天她会从广东回来突然出现在科研楼的……这些念想刚一闪现，他又立马自嘲起来：秀文啊秀文，你别自作多情了，你别痴心妄想了……自嘲过后水秀又笑盈盈地朝他走来了——这样的幻觉，在他晚上独处的时候会反复出现，反复折磨他，让他难受不已。

今晚，王秀文正痴痴地想着水秀时，黄桂芳突然气喘吁吁跑进来，惊慌地说："秀文，乐哥刚吃完饭胸口就难受起来，越来越厉害，吃了药片也不顶用，你快下去看看。"

王秀文霍地跳起来，冲下楼去，跑进黎家。

黎文乐歪靠在门边窗口下的木沙发上，脸色暗黑，双唇发紫，胸膛一起一伏，呼吸似乎有些困难。

"乐哥，怎么回事？"

"胸口闷，难受……"

"乐哥你要挺住啊，我马上送你去医院！"

王秀文从屋厅里推出摩托车，叫黄桂芳扶着黎文乐一起坐上去。摩托车启动后一溜烟就开到了场医院。

医院门诊部亮着灯光，但空荡荡的一个人也没有。

"医生！"黄桂芳大声喊。

"芳嫂，别叫了，我们到住院部去。"

王秀文和黄桂芳一左一右搀扶着黎家乐朝长廊那头的住院部走去。

走了几步，黎文乐突然停下来吃力地说："胸口疼，我走不了……"

"老黎——"黄桂芳急得哭起来。

"芳嫂，你快去值班室喊医生，我背乐哥先到急救室。"

黄桂芳松开手，跑步朝对面入口处奔去。

王秀文背起黎文乐小跑着走进大楼入口，又往右拐急走进了二号房急救室——他施肥住院时知道一楼右边的二号房是急救室。

他把黎文乐扶到急救床上，黄桂芳、医生和两个护士就匆匆走了进来。

这位医生是上次给王秀文看过眼睛的谢医生。他只看了一眼病人就说："呼吸急促，嘴唇绀紫，心肌缺氧，赶快输氧。"

谢医生和护士一起动手，给黎文乐插上氧气管。过了一会儿，黎文乐的呼吸渐渐平和了下来，脸上也有了点血色。站在床头边一直注视着黎文乐气色的谢医生轻轻吁了一口气，他问黄桂芳："你爱人以前有过什么病史?"

"他高血压，好几年了。心脏也有问题，他平时心口不舒服时，自己吃几粒药片就缓过来了，谁知这次吃了很多药片都没效——"

"去医院检查过没有?"

"照过心电图，医生说心律不齐，早搏，三联四联律，其他的就没有检查过，检查费太贵了——"

"唉！你爱人这几天都在忙什么?"

"这几天，他白天下队点树，下午回来和我一起去胡椒地扛胡椒桩，晚上赶写材料，一写就是深夜——"

"哦——"谢医生又轻叹了一口气，说："有高血压和心脏病的人要特别注意休息，别过度劳累。现在病人没事了，吊两瓶针水就好了，你们放心吧。"

医生和护士走出了急救室。过一会儿，一名护士端来针水，给黎文乐打了点滴，又观察了一会才离去。

黎文乐的气色已完全恢复正常。

王秀文对黄桂芳说："芳嫂，你回去吧，乐哥已经没事了，这里有我就行了。"

黄桂芳看看黎文乐——家里，两人换下的脏衣服还没洗，吃饭的碗筷没有收拾，鸡鸭也没有赶进笼。

黎文乐点点头，说："桂芳，我没事了，你先回去吧，家里没个人我也不放心。"

黄桂芳这才转身走出了急救室。

王秀文从隔壁三号病房搬来了一张木椅，放在床头边坐下来，默默地守着躺在急救床上的黎文乐。他鼻孔插着输氧管，左手背上插着吊针头，那样子让人看了心酸——都说好人有好报，好人一生平安，可像乐哥这样乐于帮人从不计较个人得失的好人，在机关干了十几年还是小干事一个，官没当上，钱没赚着，却沾上了高血压和心脏病，天天靠吃这药那药过日子。这好人啊，哪来的什么平安、哪有什么好报啊?!

“秀文——我给你找麻烦了。”黎文乐向王秀文伸出了右手。

王秀文也伸出右手紧紧握住了乐哥的手，说：“乐哥，前段时间我在这里治眼病住院的时候，你和芳嫂天天给我送饭，一日三餐连送了六天，我说过什么没有？以后不准再说这样的话了。”

“好，不说，不说。”

“乐哥，你刚才可真吓人哪!”

“唉，生老病死，自然规律，也没什么好怕的。”

“乐哥，你以后真的要好好爱惜一下身体了，不能这么拼命干了。”

黎文乐抽回了右手，沉默了一会儿说：“唉——秀文，其实我心里头有很多东西我不想说出来。你不知道，从今年以来，我夜里经常睡不着觉，一躺下来脑子里就不停地想——”

“想什么呢?”

“什么都想。家里的存折空了，我们两公婆的工资这么低，农场今后的形势也不知道怎么样。唉，阿珠读书需要钱，农村老家母亲病在床上需要钱；大哥的小孩住院开刀也向我借钱，我真不知道该怎么办才好！想辞职出去打工嘛，自己40多岁了，身体不好，又没有什么特长，不敢出去。本指望养那一百来只鳖赚点钱，可鳖还没养大，鳖价又跌下来了。怎么办呢？看到人家四处找地种东西，我也跟着种。不种吧，心里慌慌的；一种起来吧，又累得够呛，有什么法子呢？唉！有时候真的越想心越酸，想着想着，眼泪就自己流出来了……”

黎文乐说着眼圈就红了。

如果不是黎文乐亲口说出来，王秀文根本就想不到一向开朗乐观见人就咧开嘴唇笑的乐哥，心里头竟然也藏着如此多的愁苦和忧郁，承受着如此沉重的心理和家庭负担！

“乐哥——”王秀文想说些安慰的话，又不知道讲什么。他叹了一口气说：“乐哥，不管怎么说，身体是本钱，无论如何，本钱得保住啊！”

黎文乐又恢复了原来的神态，咧嘴笑了笑说：“我会注意保本的，没本怎么能‘固本经营’呢。”

王秀文也笑了。

“秀文，你说，我们明天会去哪一个队点树？”黎文乐转了话题。

“乐哥，你明天还要去点树啊？”

“去林段走走，去呼吸一下新鲜的空气，对身体有好处。再说大家一块工作，我脑里就不会乱想东西了。”

王秀文鼻子一酸，一时不知如何回应。

黎文乐打完吊针后，感觉胸口已经没事了，就坚持要回家。谢医生仔细查量了他的脉搏和血压，数值已基本正常，只好给他开了一些心脏救急的药物，又再三叮嘱他注意休息才放走了黎文乐。

第二天一早，黎文乐像平常一样又开着嘉陵70摩托车搭载着王秀文下到了红旗区二队，和大队人马一起进入林段继续清点树位。

机关干部和抽调过来的区队干部仅用了7天时间就全部完成了一队、二队林段株数的清点和树位的实地编排工作。树位编排好后，胶工们全部上岗恢复了割胶生产。在关键时刻，韩劲松的果断决策和三叶干部的执行力又一次发挥了定海神针的作用。

然而经过这么一折腾，红旗区一队、二队4月份的产胶计划全部落空，并直接影响了5月份的产量，这是后话且按下不提。

六十七

三叶的改革清理进入4月份以来，全场局势出现了从未有过的嘈杂与动荡：先是有200多名退休工人集体到机关上访，再就是红旗区10名区队干部集体辞职，跟着是4月底全场完成干胶仅为去年同期的一半。这一连串的“负面新闻”经过一些人的加工渲染后，变成了一枚枚威力十足的炸弹，在三叶表层炸响，掀起了一阵又一阵的轩然大波。

一封封状告韩劲松的信件雪片般飞到农垦总局信访办，一个个电话从四面八方打进韩劲松办公室，询问、怒斥甚至威胁……还有灵通人士悄悄告诉韩劲松，总局准备成立一个调查组到三叶调查他的问题，要他做好思想准备……

这段时间，韩劲松每天都承受着巨大的心理压力，而且这些压力一天比一天大，让他感到身心疲惫，却又不得不死死撑着。他心里明白，只要自己稍有一点点松动，有一点点退缩，就有可能出现洪水溃堤般的不可收拾的局面。

而让韩劲松欣慰的是，三叶农场的干部职工，在收入锐减、工作量增加的情况下，绝大多数人选择了默默接受，继续工作。三叶农场的退休工人更是识大体、顾大局，他们了解了事实的真相后，停止了吵闹，悄然散去。还有那些下岗职工，他们没有像人们预料的那样去上访，去找领导大吵大闹，而是选择了无声承受，自己消化……在经济转型、国有橡胶农场深入改革的阵痛时期，全体三叶人选择了与农场同甘苦、共命运，同呼吸、共存亡！这是农垦三叶人长期在恶劣的生活环境和艰苦的野外劳动中形成的一种品质——那就是像山一样坚忍，如水一样善良！

这天上午，韩劲松正想抽身下队走一走，查看一下各队的割胶情况，谢伟走了进来。这位高个头、长脸尖下巴，两腮刮得很干净、穿着西装革履的供销科科长，有一段时间没有来过场长办公室了。

谢伟在韩劲松对面的沙发上坐下来。

“场长，这段时间，我们的产量怎么样?”谢伟先开口问。

“这段时间，我们的鲜胶产量有所上升，但每天仍在五六十吨之间徘徊，不是那么乐观。谢科长，现在海口那边的胶价行情怎么样?”

“年初胶价有所回升，我们4月份出手快，平均售价卖了7700元每吨，现在胶价又跌下来了。”

“跌到什么程度了?”

“今天是5月14日星期四，到上个星期五为止，期货价格一路走低，‘标一’已跌到7100元每吨，乳胶也在5300元每吨之间波动。乳胶昨天的挂牌价是5300元每吨，实际售价只有5200元每吨，折干胶为8100元每吨——”

“谢科长，你的意思是——”

“我建议场里这段时间暂停标胶生产，全部改为生产乳胶，这样卖合算一些。”

“好！就听你的，我等会就打电话告诉欧厂长这件事。”

“场长，另外，你还得告诉欧厂长，现在外面市场竞争得很激烈，我们加工厂一定要把好质量关，打造出我们三叶的品牌来。”

“好！我听你的!”韩劲松走出座位抽出一支烟给谢伟，又打火给他点燃，“谢科长，销售这一块，你就多费点神了。从今天起，外面销售的事，你看着办，可以先斩后奏。同时要密切注意橡胶市场行情的动向，哪种品种的卖价高，我们就生产哪种。我们不能再像过去那样闭着眼睛盲目加工生产，加工和销售这一块也要加强风险竞争意识。”

“场长，你说得对。”谢伟站起来，“场长，我还有事先走了。”

韩劲松一直把他送出会议室大门外才折回来。

韩劲松刚坐下，李智全就带着一个身体发胖、头发油亮、衣着讲究的中年陌生人走了进来。

“韩场长，我来介绍一下。”李智全把人带到办公桌前说，“这位是胡文斌，我场上任场长赵为民的大舅子。”

“胡文斌——”韩劲松在这以前没见胡文斌，但对这个人已有所了解。

胡文斌点了一下头，说：“韩场长，敝人现在是龙腾实业有限责任公司总经理，这是我的名片。”他掏出名片双手毕恭毕敬地递过去——就是这位胡文斌，去年利用农场财务管理的漏洞，从海口提走了200万元现金后便人间蒸发不知所终了。谁知才过了半年多，他摇身一变，成了龙腾公司的总经理大摇大摆地又回来了。

韩劲松接过名片，看了一眼就丢在桌面上，招呼他入座。

“胡总大驾光临，有何贵干呀？”韩劲松仰靠在老板椅背上抽着烟问。

“韩场长，是这样的，三叶农场现在还欠着我们公司178万元工程结算款，请你们尽早把这笔款付清给我们。”

“178万元工程款？”韩劲松直起了腰。

“就是胡文斌他们前几年在农场做的那些七七八八工程项目的结算款。”李智全解释说。

“噢，是这么回事啊，我听说了。”韩劲松思索了一下说，“胡这个——总，178万不是一个小数目，我们商量一下再答复你怎么样？”

“可以。”胡文斌竖起三根手指头说，“韩场长，我给你们三天时间考虑，告辞。”说完起身大摇大摆地走了。

从窗口看着胡文斌走远了，韩劲松才说：“李书记，这个姓胡的架势不小啊，嘿，这个人我怎么越看越像一个贼。”

“韩场长，这178万工程结算款我们打算怎么回复他？”

“我们欠他178万工程结算款，但曹刚他们目前也查出胡文斌弄虚作假的工程款将近110万，清查完的话可能还不止这个数，所以这178万，我最多只能给他68万。”

李智全沉思了一会儿说：“胡文斌他们前几年在农场做的所有工程项目都是经过场务会、党委会讨论通过并记录在案的，他们所做的工程项目也都是按程序通过了检查验收的，所以从法理上讲，他们这178万工程结算款农场是应该要付给他们的。如果我们现在一下要推翻掉前面班子已经认可的东西，恐怕会惹出事端来。”

“李书记，那你说该怎么办？”

“依我看——我们先跟他们和谈。”

“和谈？”

“对。跟他们好好地谈判一下，把我们的处境摆给他们听，把我们这次清理查出的虚假、夸大的项目和数字摆给他们看。大家都各退一步。比如说你不用要求178万，我给你100万，如果他们同意，问题就解决了；如果他们不同意，我们也已经先‘礼’了，以后再用‘兵’，大家面子上就不会这么难看。”

韩劲松思索了一下说：“这么做也行，不过我有两个条件：第一，我们付给他的金额不得超过100万，超出免谈；第二，如果他们同意在100万以内，这笔款也得在下半年或者年底才能安排。”

“行。”

“派谁去跟他们谈？”

李智全说：“我去吧。”

李智全说要去找曹刚要资料起身走了。他前脚出去，梁军后脚就跨了进来。

梁军递给韩劲松一份材料，说：“场长，这是今年我们制定的护林保胶方案，你看看吧。”

韩劲松接过材料说："周副场长现在分管这一块，你先给他看吧。"

"我刚才拿去给他了。他说拿给场长看，场长说行就行了。"

韩劲松沉默不语。

梁军在桌对面的沙发上坐下来。

"梁所长，你对今年的护林保胶有什么看法？"

"今年的护林保胶形势会比往年的更为严峻。"

"噢？你说出来听听。"

"第一，今年的胶价有所回升，不法分子为利益所趋一定会蠢蠢欲动。第二，今年民营收胶站在我场境内又增设了四个收购点。这些收购点，不仅形成了对我场的包围，有的还插进了我们的腹地，在客观上便利了不法分子偷胶卖胶。第三，今年农场减员增效，机关人手少了，区队干部更少了，而我们的6万亩胶林却分布在15万亩的山地上，要保住这一大片橡胶林，困难是显而易见的。第四，现在才5月份，就已经有十几个单位出现了偷收偷割的现象。综合这些情况我们分析判断，我场今年的护林保胶形势会相当严峻。"

"梁所长，你们分析得不错。"韩劲松轻轻叹了一下说，"面对这样的严峻形势，你们派出所保胶办有什么应对措施？"

"措施都在方案上。我们经过研究，决定把全场划分成7个警务区，每个警务区配备一名干警和6到7个保安员，驻点在各区偷卖胶比较严重的单位。"

"哪几个单位比较严重？"

"红旗区的五队、红星区的七队、沙洲区的十五队、红岭区的十九队、大罗岭区二十四队，还有山猪岭区的二十九队和三十六队。其中二十九队周围有两个村子，是重中之重。我们准备派所里最得力的干警张杰驻扎在那里。如果方案通过，我们下个星期就准备驻扎下去。

"不要等方案通过了，你们先驻扎下去，最好是明天就驻扎下去。"

“好的，我回去就安排。”

“唉，这段时间这个事那个事，这个告状那个告状搞得我是焦头烂额啊，我的脑袋都快要炸了！护林保胶这么重要的事情我差点给忘了。”韩劲松走出来，抽出一支烟递给梁军说，“梁所长，说句实在话，没有大家的同心协力，三叶这么大的一个农场，我韩劲松就是有三头六臂也玩不转啊！”

“场长——”梁军站了起来。

韩劲松伸右手按着梁军的肩膀说：“李书记说得好啊，我们三叶目前正处一个非常困难而又非常关键的时期，唯有大家同舟共济才能共渡难关啊！”

“场长，护林保胶这一块，我们一定会竭尽全力把它抓好，我这就去安排下队驻点的事。”梁军转身走了。

韩劲松坐回老板椅上，拿起《护林保胶工作方案》，看了两页，陈秘书就急匆匆地走了进来说：“场长，局里来人了，已经到了楼下。刘主任说是郝局长的车，他叫我快来通知你，他先下去迎接了。”

“郝局长来了?!”韩劲松心里一惊——上面连招呼都不打局长就下来了，莫非真的要下来调查他的问题?

“场长，快去迎接吧，他们可能已经上来了。”陈秘书见韩劲松还在发愣，就提醒了一句。

“哦。”韩劲松站起来，怀着忐忑不安的心情走了出去。刚出会议室大门，刘金福就哈着腰领着郝局长迎面走了过来——

郝局长身后只跟着秘书一个人。

韩劲松快步迎上去：“郝局长，您来了。”

“怎么？你不欢迎我来啊?”面容宽厚的郝局长握着韩劲松的手上下打量了一下说：“唔，瘦了不少，精神也差了很多。只有穿戴没变，什么时候都是天蓝衬衫黑色裤子，在我印象中，你好像没换过衣服啊。”

韩劲松也说道："郝局长，我看您也是什么时候都穿着白色衬衫黑色裤子，也好像也没换过衣服啊。"

"哈哈哈——"众人都笑起来，一齐走进了会议室。

宾主分两边坐下后，郝局长喝了一大口茶说："我是第一次来三叶啊，这个地方虽然偏僻了点，但山清水秀风景宜人啊！哎，老李呢？我听说你们的李书记能言善辩，号称智多星，他去哪了？我今天很想找个话题跟他辩论两句。"

"他谈判去了。"

"谈判去了？"

韩劲松把情况简单地介绍了一下后说："我打电话叫他过来。"

"不用了，让他谈吧。如果他能谈回78万那比谈什么都强啊。"郝局长说话声音不高，但中气很足："我听说你们三叶班子里头有一个巾帼女杰叫陈惠明，我来总局半年多了还没见过她呢，她去哪了？我很想看看她的风采啊！"

"她和严主席随同劳工科他们一同下队去核实老弱病残人员了。要不要叫她回来？"

"不用不用，见面的机会有的是。"郝局长又喝了一大口茶说，"我还听说你们三叶班子里头有一位科班出身、不爱讲话很少发言的林副书记，他哪去了，我今天非要让他开口发言破掉纪录不可！"

"郝局长，还真碰巧了，他昨天就去局里开会了。"

"哎，还有一大个子周副场长呢？我听说他经常和你韩劲松'顶牛'，有没有这回事啊？"

"……"韩劲松子不知如何回答。

"你去叫他来，你两个当我的面顶一次牛给我看看，看谁厉害，谁更牛。"

众人哄地笑了。

“郝局长，周副场长和生产科孙科长他们下队检查割胶生产去了。我叫人去把他叫回来。”

“不用不用。小韩，依我看哪，‘顶牛’未必是坏事。兼听则明嘛，是不是？我也很希望有人特别是你们这些场长书记们来跟我顶一回牛啊！”

众人又笑开了。

郝局长的一番问话使原来严肃的会议变得轻松起来。

“既然他们都不在，那我们两个就好好聊聊吧。”郝局长拿出笔记本和钢笔说，“小韩，你把三叶这半年来的情况说来听听。”

韩劲松手中没有任何材料——也来不及准备材料——但他略一思索就把今年五项改革、四项清理推行的情况，和目前存在的问题详细说了一遍。

郝局长拧着两道浓眉，边听边记。韩劲松讲了足足一个多小时才汇报完，郝局长也足足听了一个多小时才放下笔，他翻看了一下前面写的记录，沉思良久才缓缓地说：“小韩啊，你刚才汇报的情况和数字，和我在局里了解到的大体上是一致的。在我来之前，局党委开了一个会，对三叶近半年来的工作作出了以下评价：一是班子状态好，在困难和压力面前保持了高昂的情绪；二是改革力度大；三是减员幅度大；四是减费幅度大；五是增效节支措施有力。这五点是总局党委对你们三叶工作的总体评价。我今天来这里有两个目的。一是来为你们打气撑腰的，你们现在推行的改革还仅仅是开始，以后还要不断深化下去。所以你们班子一要团结，形成合力，坚决顶住各种困难和阻力，迎难而上，把改革清理的各项工作做好，力争三年内把亏损大户的帽子甩掉。此外你们还要加强学习，解放思想，更新观念，加快产业结构调整的步伐。我们不但要农场职工有饭吃，还要让他们尽快地富裕起来。我来这里的第二个目的，就是给你们带压力来了。在上次的场长书记会上，局里给你们三叶定下了830万的减亏目标，但我这次来则要求你们力争减亏1000万。1997年你们三叶亏损了2100多万，成了全局的亏损大户，1998年我要你们三叶当全局的扭亏大户，洗掉1997年的耻辱。韩场长，怎么样？有困难吗？"

韩劲松深深吸了一口气，说："郝局长，有总局党委的支持和撑腰，再大的困难我们也要想办法克服。"

郝局长看了看手表说："时间还早，我们到下面去走走。"

韩劲松亲自开着场里的三菱越野载着郝局长和两个秘书往西线山猪岭方向驶去。

越野车在半山腰间的一段盘山公路行驶时，郝局长突然喊停。韩劲松把车小心靠在山壁这一侧停下来。

四人一下车就感到一阵阵清凉湿润的气息直入心脾。他们走到公路的另一边呈一字形排开站住了。他们的脚下是悬崖陡壁，陡壁下面是几十公尺深的山谷。一条清亮的山溪由南而北蜿蜒横卧在谷底。如同一条白练飘落在山涧。对面，群山巍峨，峰峦叠嶂。山腰以下的橡胶林青翠如黛覆盖在山体上，和山腰上的茂密葱茏的原始森林连成一体和成一色。这大自然之美，尽在眼帘中，让人心宁意静。

"这大山里的环境和城市里的真是天壤之别啊！"郝局长眺望着对面的山野说，"这里山清水秀、空气新鲜、风景独特，美不胜收啊！你们知道吗，我一下车，就感觉到鼻孔里吸进去的空气，就像从嘴里喝进了清凉的甘露一样，滋润五脏六腑啊！"

"郝局长，那您就在三叶多待两天吧。"韩劲松说。

"这么好的地方这么美的地方如果养不活人留不住人，我们这些当领导的就要好好地扪心自问一下了。"郝局长说到这突然转了话题，"小韩，我叫你出来还不单是为了看风景的。"

"郝局长，还有什么事？"

郝局长脸色变得严肃起来，语气沉重地说："小韩啊，你知道吗，这段时间，局里有关部门包括我和岳书记那里都收到了三叶干部和群众的来信，足足有一大袋呀，这些信件的内容我都一一看了，有很大一部分是告状信。这些来信的内容归纳起来就从一个侧面反映出三叶还有相当一部分干部职工对改革疑虑多，对经济现状怨气多，对稳定现状意见多啊！"

"郝局长，我——"

郝局长摆摆手，继续说："目前，农垦正处于计划经济到市场经济这一转型时期，经济关系的重组，利益结构的调整，新旧体制的摩擦碰撞，使得一些原有的社会矛盾不断积累扩大，新的矛盾也日益突出，职工下岗失业、收入分配减少、家庭负担沉重、市场风险不定、未来预期不测等等。我们在进行改革的同时，也面临着突如其来的种种难题和复杂的矛盾。这些问题和矛盾都是我们不能也无法回避的。目前我们在无法一下子解决这些问题和矛盾的情况下，如何去帮助人们更为清醒、更为理性地去认识这充满矛盾和变化不定的现实，如何及时有效地去理顺社会情绪，消除心理疑虑，不断增强人们的心理承受力和适应能力，是我们应该好好研究的课题。因此，我们在大刀阔斧进行改革的同时，还要更多地去关注那些弱势群体、关怀普通人生，多去倾听他们的呼声和诉求啊！"

"郝局长——"

"国企改革，是一场深刻的革命，伴随着的是希望和收获，也有风险和代价；这就需要我们清醒地观察，理智地思考，勇敢地去应对，不能光闭着眼睛往前冲啊。我们自己本身也要尽快地成熟起来。"

"郝局长——"

"小韩，你们今年推行的五项改革、四项清理，总的思路和做法是正确的，措施也是有力的，但在具体操作过程中还存在一些做法过于生硬，一些尺度把握不够精准等问题，还应该要沉下心来多做一些调研，多做一些宣传解释工作，多一点的人文关怀才行啊！”

“郝局长，我明白您的意思了。”

“三叶这次改革，有不少人下岗失业了，这部分人的家庭生活要安排好，他们的再就业工作，也要列入场党委议事日程。三叶别的优势没有，但有肥沃的土地和丰富的水草资源，你们可以在这方面作文章，出台一些优惠政策，鼓励和扶持下岗职工大力发展种植业和养殖业，尽快让他们自食其力，脱贫致富。这样，我们的改革才能算是成功的。”

“郝局长，您说得对。”

郝局长转身抬头望了望公路上面的橡胶林，说：“这一路走来，我看到今年的橡胶树叶长得很茂密，是个好兆头啊。北方有句话叫‘瑞雪兆丰年’，我这里也套用一下，叫‘绿叶兆丰年’啊！小韩，目前的橡胶产量如何？”

“目前鲜胶产量有所回升，日产鲜胶都在五六十吨。但这个数还不理想，我们的日产鲜胶量至少要达到七八十吨才行。”

“橡胶是农场的支柱产业，橡胶生产是各项工作中的重中之重。如果产量上不去，很多问题就会跟着来了。从现在开始，就要狠抓割胶生产，尽快地把产量提上去。光节支而没有增收，改革的意义就会少了很多。”

“是，郝局长。”

“走，我们进队里看看。”四人重新上了车。

三菱越野车重新启动，很快消失在茫茫的群山林海之中。

六十八

郝局长连中午饭也没吃就走了。他虽说在三叶只停留了半天时间，却让韩劲松吃了定心丸，也给了那些在背后散播谣言制造事端的人当头一击。郝局长这次单枪匹马突然来到三叶，对安抚人心、鼓舞士气、指导工作、纠正失误起了恰到好处的关键性作用，这是后话。

下午两点半，韩劲松准时走进了办公室。他坐上老板椅时，感到了从未有过的轻松和爽快，异常疲惫的身心似乎又源源不断地注入了元气，让他又恢复了初来三叶时的精神和气色。

李智全走了进来。

“李书记，坐坐。”韩劲松走出座椅和李智全并排坐在长沙发上。

“韩场长，听说郝局长来了。”

“来了。”

“他人呢?”

“下队回来中午饭没吃就走了。郝局长这次来得太及时了!”

“他带来了200万还是300万，你这么高兴?”

“你说郝局长会带钱来吗?”

“那你高兴什么?”

“李书记，我跟你说，总局对我们的五项改革、四项清理给予了高度的评价和充分的肯定。”韩劲松把郝局长上午在会议室说的话一句不漏地说了一遍。

李智全听完长长吐了一口气说：“这回总算吃了一颗定心丸了。韩场长，有些事情我一直不敢跟你说。这段时间，在局里的一些老朋友晚上经常打电话来说，局领导天天收到一大堆状告你我的信件。有的还是大字报，还有一份血书——我真担心总局会突然下来个调查组，这样问题就复杂了。”

“总局要派调查组下来的风声我也听过一些，现在我们完全可以不用考虑这方面的事了。”

“郝局长上午的讲话要赶快整理打印出来下发到各科室各单位，

堵一堵那些好事者的嘴巴。”

“我已经叫老陈去做了。”韩劲松说道，“郝局长上午还去了山猪岭，在路上，他对我们的一些做法也提出了批评。”

韩劲松把郝局长在山猪岭盘山公路上说的话也一五一十说了一遍。

李智全沉思了一会儿，说：“还是局领导高瞻远瞩啊！有时候我也觉得我们今年的很多做法过于仓促，一定下来就执行，先做了再解释，这样就很容易产生摩擦，使职工群众产生不满情绪。郝局长说得好，我们在今后的工作中是应该要多做一些调研和解释工作，同时在对待一些敏感的问题上如职工土地收费问题等，要把握好一个度才行。”

韩劲松点点头，转了话题：“李书记，你和那个叫什么胡总的谈得怎么样了？”

“输了一顿饭钱。”

“你请他吃饭了？”

“我以为在饭桌上好谈判，谁知道他根本就不同意我们的提法。”

“他怎么说？”

“他说欠账还钱，天经地义，178万一分钱也不能少。”

“如果我不给他呢？”

“他说法庭上见。”

“他想打官司？”

“他说，这178万必须在这个月内付清，否则就把我们告上法庭。上了法庭要的就不是178万了，还要按1996年的存款利率计算利息。”

“如果要计算利息，加起来有多少？”

“200万左右。”

“这个贼！”

“韩场长，看来胡文斌他们对这件事已经做了充分的准备，他这次是有备而来，来者不善啊！无论上法庭与否，从现在开始我们也要着手做一些准备了。”

“李书记，你的意思是——”

“我们约好了下午再接着谈。韩场长，我们是不是再退一点，给他120万。如果他再不接受的话，就只能法庭上见了。”

“这——好吧，但不能再退了。”

“我们约好3点钟谈，我得去了。”李智全起身告辞，走出了办公室。

韩劲松坐回老板椅上，思索了一会儿，打电话到三楼纪审科，叫曹刚把这次清理的材料全部带下来。

一会，曹刚带着一叠厚厚的材料走了进来。他把材料放在韩劲松面前，然后退到对面长沙发边坐下来。

“曹科长，固定资产清理工作搞得怎样了？”韩劲松边翻阅资料边问。

“场长，大项基本上搞完了，有一些小项目还在继续搞。”

“胡文斌他们近几年搞的工程项目清理完没有？”

“已经全部清理完，具体情况都在材料里面。”

“曹科长，现在这里没人，你跟我说实话，胡文斌他们虚报多报的工程款是否与实际相符？”

“不相符。”

“什么？不相符？”韩劲松大吃一惊。

“是的，不相符。场长，说句心里话，这次清理固定资产，我们这一组的人员心理压力都很大。所以我们在丈量登记时，都留了一点余地。一来可以减少一点大家的心理压力，二来以后万一复查起来我们也不怕。”

“曹科长，你所讲的留有余地能不能说具体一点。”

“比如说一队打的大水井，验收单上写的是深14米，而我们实地测量的数字只有6米，验收单多报了8米；我们登记时多报的数字只填写7米，留下1米做余地。又比如——”

“你的意思是说，胡文斌他们虚报多报的金额还不止110万？”

“对，不止这些。如果不留余地的话，至少有120到130万。”

“曹刚呀曹刚，你可真会吓人啊！”韩劲松松了一口气，说，“曹科长，材料你拿回去，把胡文斌他们弄虚作假的项目、金额全部抽出来，单独列在一份表上，并做好详尽的说明，我有用。”

“好的。”曹刚起身上前拿回材料，转身出了办公室。

曹刚刚走，电话铃就响了。韩劲松拿起话筒，里面传来了李智全的声音：“场长，我是老李呀。”

“李书记，这么快就谈完了？谈成了没有？”

“成个屁！他们根本就没有和谈的诚意。谈来谈去只有两句话：要么月底付清178万，要么法庭上见。韩场长，你看怎么办？”

“他们要想法庭上见就法庭上见吧。我看也到此为止，不再让步了！”

“那就这样了。”那边挂了电话。

韩劲松放下话筒，陷入了沉思——这官司真打起来，到底有几分赢的把握呢？

六十九

按常规，进入5月份后，橡胶开始进入产胶高峰期，但5月份完了并没有出现人们预期的结果——5月份完成干胶与去年同期对比又减产58吨。4月、5月连续两个月的减产，给三叶干部职工的心理蒙上了一层阴影。新割制到底行不行又成了三叶人议论的热点话题。正当下面干部职工疑虑重重时，6月份鲜胶产量突然直线上升，日产量突破了70吨关口——割胶生产终于出现了峰回路转的好势头。

在6月底召开的例行场务会上，三叶的决策者们终于听到了能让人松一口气的消息。

孙志远汇报：6月份，全场日鲜胶产量连续24天突破70吨，当月完成干胶496吨，比去年同期增产25吨；全场减产的势头开始逆转，产量呈现上升之势……

江浩成汇报：全场所有的槟榔、胡椒、椰子等亏损项目已全部拍卖转制完毕，唯一没有拍卖的三十二队槟榔园也被人承包，当年承包款6万元已交到财务科。三叶茶厂重新核定承包指标公开对外招标，现被外地一茶商承包，当年承包金30万元已全数划入三叶银行账户……

徐克坚汇报：土地丈量工作已全部完成，清查出职工自营经济用地1.2万亩，预计今年能回收土地费21万元……

朱晋良汇报：应收账款催收工作取得进展，到昨天为止已收回历年欠款46.7万元……

曹刚汇报：资产清查工作已全部结束，查出虚假金额112万元，并追回一批私人占用的农场资产……

程祖荣汇报：劳力清理工作已全部结束，清查出混岗和违纪人员508人，其中293人已正式下通知除名或辞退，余下215人正在处理中；收缴外出人员上缴的“三费”59万元……

刘金福汇报：上半年机关各项行政费用支出25.8万元，和去年同期相比减少支出89.5万元……

加工厂欧厂长汇报：加工厂通过减员增效、加强质量管理，上半年吨加工成本下降了57元，产品制成率提高了1.82个百分点；浓缩胶产品一级率、胶清产品一级率全部达到100%；产品质量处于垦区同行业领先地位，销售价格高出其他厂家的同类产品……

汇报中的一连串数字让所有的与会者振奋不已，这预示着三叶的各项工作，开始朝着他们的既定目标推进。这半年多来的辛苦付出，终于让人看见了回报的苗头，看到了希望的曙光。

汇报会一直开到中午12点才结束。散会后韩劲松没有回招待所，而是走进场长办公室里，一个人静静地坐着，边抽着烟，边慢慢地回味和思考，回味刚才科长们汇报的内容和数字，思考下一步如何完善之前的不足，解决面临的各种问题。

徐克坚叼着烟，歪着脖子，吊着两只又黑又长的手臂，趿着拖鞋走了进来。他那瘦长的体形又瘦了一圈，刀条脸显得更长了；从鼻梁边一直拉到嘴角边的两条皱纹又粗又深，整个人似乎一下子苍老了许多。

“徐主任，散会了你还没走啊。”

“韩场长，你不是也没走吗？”徐克坚在对面的长沙发上坐下来，“很久没有跟你坐了，想跟你聊两句。”

“徐主任，这几个月辛苦你们了——”韩劲松突然发现徐克坚的两脚有些异样，“哎，你的脚怎么有血水流下来？”

徐克坚小心把一只裤脚轻轻挽起，韩劲松顿时惊呆住了——徐克坚整条小腿满是割伤和刺伤。有的伤口愈合了，有的伤口正发炎红肿，还有的伤口已经糜烂，流着脓血……

“徐主任，你这只脚是——”

“岂止是这只脚，那只脚也是这个样。每天跋山涉水，穿草丛钻荆棘，免不了蚂蟥叮咬、草棘割戳，痛不痛痒不痒的，又没工夫去理就变成这个样子了。”

“徐主任，你赶紧去医院处理一下。”

“没什么大不了的。别看它流血流脓，流到它不想流了自然就会好了。”

“徐主任——”

“我们还是谈其他话题吧。”徐克坚深深吸了口烟，徐徐吐出烟雾才说道，“这次清理土地，大部分职工对农场的做法表示了理解和支持，但是，也有一些人对我们的做法特别是土地的收费标准不满意。我这次下去量地，顺便对这些人做了一个调查，结果发现这些不满意的人，很多都是下岗的、残疾的、家庭生活还十分困难的职工。所以我想，农场是不是再出台一个补充方案，对这些困难户家庭给予一些优惠政策，比如适当减免土地费等等，这样才好调动职工发展自营经济的积极性，也帮扶一下这些困难户家庭。”

韩劲松沉吟了一下说：“很多问题，我们当初都没有考虑到。徐主任，你提的建议很好，我完全同意你的意见。这个补充方案意见，你们不必再请示其他场领导，开发办就根据实际情况去制定，方案弄好了就上会，通过了就公布实施。”

“好的，韩场长。这次清理我们还发现，那些与农场有分成的自营胶竟有19万多株开割树。这一块由于往年管理不善，产量低，胶水也走漏很多，农场损失很大。因此我建议场里制定出台一个自营橡胶管理办法，把自营胶这一块全部纳入农场统一管理。”

“这个建议很好。这个方案就由你们开发办和生产科、经管科共同制定，要尽快搞出来。”

徐克坚深深吸了一口烟，徐徐吐出烟雾后又说：“韩场长，这次清理土地，我走遍了三叶的山山水水，走访了很多家庭，也做了一些实地调查，用了十几个晚上写了一份关于我场职工发展自营经济的调查报告。”

他从裤子后兜抽出一份卷成筒状的材料握在手里继续说：“我场西部、西北部山区，常年低温潮湿，那里种的槟榔，外面的果摘卖了它们才开花结果，恰好形成天然的反季节槟榔果，出售的价格会比较高，所以山猪岭那一带山区种植槟榔比较合适。我场南部和西南部山区，水草资源相当丰富，发展水产养殖和畜牧养殖条件很好。我场东部和东南部地势比较平坦，土质比较适合种植胡椒、荔枝、龙眼、芒果等热带经济作物。我在调查报告中还收集了一些种养大户的资料，介绍了他们成功的经验，这些经验我们准备打印成资料供全场的干部职工学习参考——”

“徐主任——”

“当然，场党委这次只叫我清理土地，并没有叫我写这样的调查报告。但是，我场职工自营经济目前还处在盲目混乱的发展状况，我觉得场里有必要出台一个指导性的文件，指导职工发展自营经济。另外，我建议农场把目前不宜种橡胶的山地全部规划起来，优先安排给那些下岗的干部职工和困难户家庭发展自营经济，免收地租，帮助他们渡过难关。基于这些考虑，我就趁这次清理土地之便写了这份东西。”

“好！好！很好！”韩劲松兴奋起来，“徐主任，你知道吗，你写的这份东西解开了我心头的一个大结啊！”

“解开了你心头的一个大结？”

“是啊。场里这次人事机构改革，有500多名干部和计时人员下岗，这些下岗人员除了一部分分流转岗，一部分外出打工外，还有300多人无法安排工作；非生产人员和胶工这块也有1000多人无岗位，这是一个不小的失业队伍啊。中央、省里和总局一再强调要做好下岗职工的再就业工作，而我们呢，既要扭亏增盈又要安排下岗职工再就业，真是两为其难啊！郝局长这次下来对下岗职工再就业的问题十分关注，这部分人现在也确实是农场的一块心病啊！你的这份调查报告，对解决农场这块心病提出了一条思路，而且还是一条可行的思路。徐主任，你说这是不是解了我心中的一个大结？徐主任，这场改革你立大功了，我要在党委会上提出来重奖你！”

“我没有立什么大功，重奖倒不必了。”徐克坚深深吸了一口烟，缓缓吐出烟雾，“其实，我这么做一是为了工作，这二嘛，是想证明一下我自己。”

“证明一下你自己？”

“对。韩场长，10多年前，也就是我30刚出头的时候，我就已经是农场正科级干部了。从那时候起，我心里就想，如果有一天我能当上场长或书记，我就一定要好好地为职工群众谋利益，为他们造福，做一个流芳百世的好官，我也自信有这个能力。但是呢，我这个四方脑不会圆咕噜转，得罪了不少人，令很多人讨厌，结果，我不但没被提拔当上场长、书记，反而被人踢来踢去，最后踢到工会那头当副主席晾在了一边。可我还不死心，心里经常在想，谁能给我一次机会，我就一定搞他个轰轰烈烈给他看。可是十几年过去了，不但没人给机会让我实现心中的抱负，我这个四方脑的外号还成了怪物的代名词，成了人们茶余饭后的笑料。直到今年初，我48岁了，你韩劲松来了农场才把我从工会调到开发办当主任，总算又当上了一个科头，当了一个鸡头。”

韩劲松沉默不语。

“你要我当这个开发办主任，我没去上任心里就很清楚，这是一个吃力不讨好的差事，是一个得罪人的差事。你们要我去当这个鸡头，无非就是看中了我这颗不会转的四方脑壳而已。我呢，明知不是一个好位置，可我偏要去当这个鸡头，我为什么要去呢？我已经48岁了，再不去，恐怕这一辈子连当鸡头的机会都没有了。你韩劲松给了我这个干事的机会，我就轰轰烈烈地大干一场给你看，给那些人看。我要向三叶人证明，我徐克坚不但是一个四方脑，还是一个敢担当能做事的四方脑！”

徐克坚把手中的已无法再吸的烟头摁碎在烟灰缸里，缓缓站起来，走到韩劲松面前，放下手中的调查报告，转身就朝大门走去——他斜着肩膀，耷拉着脑袋，趿着拖鞋，刚才挽起的一只裤脚还高高吊着，那模样显得很滑稽。

“徐主任……”

“韩场长，还有事吗?”徐克坚站住了却没有回头。

“我听说你爱人下岗去海口打工了。”

“她现在包吃包住每月还有500块钱领，比我强多了。”

“夫妻分居两地终究不是个办法，我跟欧厂长打个招呼，叫他安排你爱人回加工厂上班。”

“如果欧厂长能安排的话，就叫他安排其他下岗工人吧。”

徐克坚趿拉着拖鞋，擦着地板一步一步走了出去。

这之后，徐克坚带着他手下一班人制定出台了三叶职工发展自营经济实施方案、自营橡胶管理规定、土地管理细则等一系列文件，对规范农场土地和自营橡胶管理，引导和扶持职工发展自营经济，解决农场部分职工下岗再就业问题，做出了不可替代的贡献，完成了他对自己的证明。这是后话。

七十

7月份是产胶高峰期。凌晨两三点，各连队的高音喇叭就不约而同地响了起来。

放一段音乐后，割胶辅导员就开始广播了：“胶工同志们，起床割胶了；胶工同志们，起床割胶了……”

割胶辅导员的声音带着节奏，含着旋律，不高不低，像一段说唱。这声音通过高音喇叭播放出去，悠扬、响亮，在寂静的夜里传得很远，甚至可以穿过层层胶林传到近邻的连队。

随着割胶辅导员一声声的叫唤，胶工们穿上工作服，点亮胶灯，带上割胶用具上了林段，开始了一天的割胶生产工作。

这天凌晨两点，十八队女割胶辅导员刚开响高音喇叭，还没喊话，许静霞就换上了一身藏青色的割胶工服，戴上工作帽，头顶矿石灯，腰间绑着小胶篓，挑着一担铁制大水桶，里面套着小桶，沿着弯弯曲曲的林间小路，向西南方向的丙八林段走去。她的身后，三三两两跟着十几个胶工。弯曲起伏的林间小路上，星火点点，与天上闪烁的星星交相辉映。这样的美丽夜景，也许只有晨起割胶的工人才能看得到的吧。

许静霞今天要割的2号树位，在丙八林段深处。她在林间小道走了约半个小时才走到自己的2号树位。

丙八林段地势相对开阔平坦，由外入里有三条南北走向的防风林，把丙八林分割出7个树位。穿过第二条防风林进入第五个树位就是许静霞的岗位，有360多株107号橡胶树。

许静霞进入岗位时，其他6个工友还没到位。她沿小路走到树位中段停下，把扁担水桶放在路边一株粗大的橡胶树头下，又从胶篓里拿出胶刀、抹布，顺着胶行开始了今天的割胶作业。

许静霞走近一株中割线胶树，右手指捏住胶丝头一拉扯，一条完整的胶线就拔了出来，反手放入了背后的胶篓里。她拔了胶丝又抹净了胶碗，才双手握住刀柄，弯腰低头从后割线下刀。锋利的刀口稍一用力就切入树皮，轻轻一挑，一块薄树皮就挑了出来，然后回刀贴住刀口顺着割线有节奏地推割起来——

唰……唰……随着清脆的声音，一片片厚薄均匀大小一样的树皮在灯光下如飞花一般扬起落下；胶刀推到前割线，往下一沉，再一转一挑，最后一块树皮便被挑出落地，一条标准完美的新割面线呈现了出来。眨眼间，密密麻麻的白点从新皮里冒出来，这些白点就是新鲜的乳胶。白点越冒越多，很快连成一条白线，顺着倾斜的新割面往下流淌，流至前割线约20公分处被鸭舌接住滴入胶碗里。胶水便与胶碗实现了完美对接。

这个年轻的女孩子割胶就像一台精密仪器在作业。她下刀精准，推刀均匀，收刀齐整，整条割线割入囊皮，却不伤着骨质，收割乳胶而不伤着树身；割一株胶树用时不超过3分钟，整个过程如行云流水，一气呵成。内行人一看就知道她是个高超的割胶能手。

许静霞的割胶技术能达到如此娴熟标准的境界，除了她心细如针、心灵手巧和平日的勤学苦练外，她还怀有一颗爱岗敬业的心。她像父辈一样，深深地爱着农场这片土地，深深地爱着这片凝聚着两代人心血、寄托着两代人希望的橡胶林。正因为她心中有着这样的爱，她才会倾注全部的心血和精力，心无旁骛地把每一株橡胶树认真割好。

割完树皮后，许静霞手握胶刀站在树旁，看着胶水滴入胶碗，又检查胶水没有外溢后，才往下一株胶树走去。

在空静的胶林里，许静霞不停地弯腰低头，又不停地抬头起身，半小时工夫就割完了两行胶树。因为全神贯注，其他6个胶工进入周边林段割胶时，她却全然不知。

许静霞走到了一株低割线胶树旁。这株胶树的前割线已低至树头底，胶碗要放在地上才能盛住胶水。她弯腰伸手翻开倒扣在草地上的胶碗，一条小竹叶青蛇霍然呈现在眼前，她吓了一跳。在野外割胶，碰到毒蛇小兽、蚂蟥蚊虫叮咬是常有的事，可揭开胶碗就看见蛇还是第一次。

竹叶青蛇盘蜷在胶碗底下，一动不动。她拿起胶碗本能想击打下去，但又停住了。她直起腰，抬脚一跺，小竹叶青蛇仿佛在梦中被惊醒，摇头吐信，慌张溜出泥土窝滑跑了。

小蛇消失在夜色的草丛里了，她才拿抹布擦净胶碗，又放回小土坑里，然后屈膝半蹲，弯腰低头扯开旧割面上的胶丝，双手握胶刀从后割线“唰唰唰”有节奏地推割起来。推刀快到前割线时，她顺着下势完全蹲下来下沉转刀上挑，完成最后一刀。转眼间，一条新的斜度约30°的标准低割线在这女孩子半蹲半跪的割式中完整地开割出来。割面瞬间溢满乳胶，洁白的胶水从高向低流淌，源源不断地滴入胶碗里。

她蹲着身子，仔细观察割线面上流淌的胶水，确认没有外溢后才站起来，直起身抹了一把脸上的汗珠，向下一株未割的胶树走去。

许静霞割到水沟处的一个角落时，突然发现上行过去不远的两株胶树间吊着一团黑影。这团黑东西着实吓了她一跳。她从不相信这世上有什么鬼怪存在。她稳住心绪，手握紧胶刀，对着黑影大喊一声："谁啊？你在那干吗？"

"是我！"黑影翻身下地，一个修长的黑影站立起来。

许静霞倏地俯身抓起一块石头，她左手扬起胶刀，右手抓着石头侧身喝道："不准过来！你是人还是鬼？"

"我是机关干部，下队护林保胶的。"黑影原地站着未动。

"秀文哥！是你吗？"许静霞大喊一声。

"静霞，是我，我是王秀文啊！"

许静霞丢掉石块，放下胶刀，兴奋地跑上去。

许静霞在自己的树位里意外遇见王秀文异常高兴。她一屁股坐在王秀文绑在两株树之间的网兜上，说："秀文哥，你今天怎么钻到丙八林来了？你什么时候来的，你是怎么进来的，我怎么一点都不知道啊？"

王秀文站在一边说道："现在偷胶水有点厉害，保胶办今天安排宣传科到十八队护林保胶。我和乐哥一组，冯队长派我们两个到丙八林段守5号、6号、7号三个树位。乐哥守防风林那边林段，我守这边林段，有事我们就呼喊为号。我在这里割过几年胶，这一片胶林我闭着眼睛都能钻进来。我是从后面这条防风林悄悄穿过来的。我钻过来的时候，你在那低头割胶，怎么会知道我来呢？静霞，刚才我要是不应答，你手中的石块是不是就要甩了过来啊？”

许静霞笑了两声，说：“秀文哥，你要是坏人，我手中的石头就敢擂过去。”

王秀文也笑了，说：“静霞，这段时间你割胶有没有碰到过什么可疑的情况？”

许静霞想了一下说：“有。前几天我割这里2号位，收胶的时候，有一个陌生的中年男子就从后边这条防风林穿过来，叫我卖一桶胶水给他，我不肯，他就走了。就这个，其他情况没有。”

许静霞说着腰身一撅跳下网兜道：“秀文哥，天快亮了，沟底那还有几行树没有割。不跟你说了，我要去割胶了。”

“静霞，我带有头灯，你还有胶刀吗？我帮你割。”

许静霞每次割胶都会带两把胶刀。她从后背胶篓抽出一把胶刀递给王秀文：“你从这行割下去，我从底行割上来。”

许静霞走到下行又回过头说：“秀文哥，你别把我的树割伤了。”

“放心！我也割了五年胶，月月一等胶工，保证不割伤你的树。”

当下两人分头专心割胶不提。天亮时，两人会合到同一胶行，割完了最后一株树。

许静霞直起腰，右手抹了一把额头上的汗珠，说：“秀文哥，你先到路中间那株大树头下坐着休息，我过去那边帮阿荣哥割一下。”

王秀文摘下头灯，说：“哪个阿荣哥？”

“十八队还有哪个阿荣哥？就是从小和你一起玩到大的舒荣。阿荣哥跟我说，他和你从小学一直同学到初中。读完初三，你考上了高中，他没考上，就出社会工作了。”

“你是说阿荣啊，他人很好，很实在，也很重情义，就是读书笨了一点。”

“他不笨。他割胶割得又快又好。今年队里重新调树位，我2号位跟阿荣哥的2号位隔一条防风林，每次我们割2号位，他都比我割得快，他割完了就会过来帮我割。今天我割快了，我要过去帮他。”

许静霞说着朝东北边的林段走去。

王秀文也走上缓坡，来到地势较为平坦的小路中段，在路边一株大树头坐下。他一边休息一边观察四周的林段。

他坐的树头根旁，摆放着许静霞的水桶、扁担，大水桶里套着小水桶，小水桶里放着一壶水和一筒纸包的大饼。这是她割完胶后要吃的早餐。

冷开水加大饼这样的早餐，是王秀文再熟悉不过的割胶早餐。多数时候，胶工们凌晨起床割胶，就带着这样的早餐点灯上林段的。

胶工割完一个树位，一般要4到5个小时，割完树了，就靠着树头，边休息边用冷开水就着大饼咽下。他们吃了早餐才有力气做接下来的收胶工作。

收胶时，胶工拎着小桶要一株树一株树地收，用胶刮把胶杯里的胶水一杯一杯刮入桶里。今日若弯腰割了400株树，收胶时就得再弯腰400次，收完胶水挑回队收胶站过秤入了大池，今天的割胶任务才算完成。

胶工们就是吃着这样简单的早餐，支撑野外割胶作业八九个小时。他们通过辛苦烦琐的劳动，才能收满一桶桶新鲜的胶水，用肩膀一担担从山林中挑回来，交给连队收胶站集中称收，统一加氨存放在大池里，然后由罐装卡车运到加工厂制成标胶和乳胶，再一车一车将它们运出万泉河山区，源源不断地输送到国家需要的地方去。

王秀文在树下坐守了半个多小时，许静霞才返回来。她坐在王秀文旁边的一块石头上，身上的工作服和额头上的刘海已经被汗水浸湿。

她取下头灯，解下胶篓，摘下帽子，拿起水壶，揭开壶盖正要喝，又递给王秀文：“秀文哥，我这里有水有大饼，要吃不？”

王秀文摆摆手，说下队之前在场部已经领早餐吃过了。

许静霞不再说话，右手举着水壶，仰头咕噜咕噜喝起来，连喝了几口水才放下水壶，左手捏起一块大饼，送到嘴边大口咬嚼起来。

王秀文看许静霞喝一口水咬一口饼的模样，就想起了自己以前割胶吃早餐的情景——割完胶后那又累又渴又饿的滋味，那坐靠在树头上喝凉水咬大饼的滋味，是那样熟悉，好像昨天才经历过。

5年前，他因为经常吃这样的早餐，割完胶后又拼命读书，不知不觉患上了胃炎。碰上涂药补刀，干活一劳累，胃炎就发作，胃痛的折磨，让他一度瘦成了竹竿。调上机关后，胃炎才慢慢调理好。现在想起来，真的不堪回首——现在要让他再尝回这种滋味恐怕难以再适应了。——唉，胶工辛苦！胶工不易啊！

许静霞连吃了两块大饼，喝掉了半壶水才停下来。

这时天已大亮，刚才还影影绰绰的橡胶树、模模糊糊的防风林变得清晰起来。

“静霞，阿荣割完胶了？”

“割完了。我和他一起割完的。”

“阿荣他知道我在这里护林保胶吗？”

“我告诉阿荣哥了。我叫他割完胶过来这边来和你聊聊天，吹吹牛皮，他说要磨刀守胶水，不过来了。阿荣哥也真是的，往日割2号位，他割完胶就会过我这边坐，今天怎么叫他都不来，不说他了！”

“静霞，你现在割的这片林，以前就是我割的2号树位，我在这里割了5年胶，你知道吗？”

“我只知道你的树位在丙八林段，不知道具体在哪里。秀文哥，我听人家说你一割完胶就在这拿书出来坐在树头下看书，是吗？”

王秀文点点头，说：“是，我就是在这株树下读的。我高中毕业没有考上大学，又补习了一年，因为英语很差，数学也不好，还是没有考上。我没有再补习就出来报名做工了，分配在连队里割胶。那年我还不到19岁，我虽然出社会做工了，但我还很想读书，我做梦都想读大学啊。第二年，我通过成人高考，考上了海南师范学院中文系函授专科班。我当时想啊，上帝给了我这个读书的机会，我一定要好好珍惜。从那时起，我一割完胶就会拿出函授课本，坐在这株树下看书背书。我也不知道当时哪来的这么大干劲。”

“秀文哥，我还听人家说你很会写文章，是吗?”

“怎么说呢？会一点吧。那几年我白天在林段里读书，到了晚上就一个人在宿舍里写作业，练习写作。函授大学毕业那年，我在《农垦报》上发表了第一篇散文，后来又陆续发表了一些文章，给农场领导看到了，就把我调上机关工作了。”

“秀文哥，你真了不起!”

“1995年我刚调上机关时，我也感到自己很了不起，脑袋时常飘飘然，但现实很快让我蒙了头。1996年来了一场大台风，我们机关干部下去扶了差不多一个月的树；刚喘了一口气，1997年农场下半年就发不出工资了。今年每个月有100多块钱领到手了，可又要下去施肥又要下队护林保胶，累得我们够呛。有时候我真想不通，王秀文你做么就那么倒霉呢，你的运气做么就那么差呢!”

许静霞看着王秀文，静静地听着。

“不过现在我想通了。农场有困难了，大家都这么过，我为什么就过不去呢？机关干部很苦吗？我王秀文很苦吗？比起割胶工人来，机关干部能苦到哪里去呢？和你许静霞比起来，我王秀文能苦到哪里去呢?”

“秀文哥，你别拿我来比。”许静霞探身轻轻拍了一下王秀文的手。

“说实话，这几年，我经历了很多。农场的大起大落，还有我个人境遇和我家里的一些变故，特别是我爸摔断腰骨的时候，我真的感到天都要塌了。那些日子，是我感觉人生最为艰难的时候。我爸的坚强和坚韧，同事和连队人的关心和帮助，让我心里平静了很多，释然了很多，我也想通了很多。现在回过头来看，我很感激他们，尤其是很感激你——许静霞妹妹。”

“秀文哥，你别把我扯进来。”许静霞又探身轻轻拍了一下王秀文的手。

“静霞，我们是邻居，我调上机关前，我俩天天见面，可我一直没有把你放在眼里，现在却要喊你静霞妹了，我这个人是不是很不要脸？”

“秀文哥，以后不准你这么说！”

许静霞扭头想取水喝，突然发现身后面不远的一堆杂木丛里有个人影在晃动。

“谁——”她喊了一声起身就飞跑过去。

杂木丛里的人影看有人冲他来了，拔脚就跑。

许静霞一眼就认出跑出杂木丛的人是舒荣。

“阿荣哥，你别跑——”

许静霞跑到杂木丛时，舒荣已经钻进东边的防风林里，没了踪影。许静霞只得回到原处坐下来。

“静霞，那人是谁？”

“舒荣！他以为他跑得快我就认不出他来了。这个阿荣哥也真是的，过防风林了也不来这里坐坐，躲在草木丛里干吗？后天我带把镰刀来把那堆草木丛全给砍了，看他下回还藏哪里。”

王秀文清楚舒荣的心态。他想跟眼前这个女孩子说一说人性的弱点，但又忍住没说出口。舒荣这样的心态，和他在李秋红面前的心态类似，只不过表现出来的形式不同而已。

许静霞心情有些不快，她闷闷坐了一会儿就说要先收一轮胶水，提起小桶带上胶刮朝最早割的胶树走去。

这时，天色突变，胶林顶上刚才还是青蓝的天空，不知何时已布满了黑云。

许静霞右手掌心提着小桶，手指夹着胶刮，走近一株胶树弯下腰，左手捏起胶杯往右手这边一靠，胶刮顺势一刮，胶碗里的胶水就全进了小桶里。她走走收收，小桶里很快装满了胶水。

她走回到大树头下，把小桶里的胶水倒入大桶里，又提着空桶继续收胶。

突然，从东边的防风林里传来舒荣的喊叫声："静霞，快收胶，下雨了！快收胶！下雨了！"

天上的雨点仿佛被舒荣喊落了，他话音才落，滴滴答答的雨点就从东向西洒了下来。

许静霞右手提着小桶，小跑着加快了收胶速度。

王秀文看胶篓里还有一个备用胶刮，忙抓起胶刮拎起一个空桶，起身快步走到下行抢收胶水。

雨点由小变大，由稀疏变密集，扑打着茂密的树叶，滴滴答答的声音变成了稀里哗啦的响声。

许静霞跑着抢收胶水，王秀文也在跑着抢收胶水。以小路为界，一个往缓坡上抢收，一个往水沟下抢收。他们和雨水抢时间争速度，在水冲胶前要把胶杯里的胶水收入桶里。否则，雨水一旦流入割线注入胶杯，胶杯里的胶水就会冲掉。

茂密的橡胶树叶挡住了密集的雨点，延缓了雨水下泄的速度。两个人在雨水中奋力抢收，赶在水冲胶之前抢收完了360多杯胶水。

他们抢收到的胶水正好装满一担大桶和一个小桶。雨还在不停地下，许静霞脱下上身的工作服，张开罩住了一个大桶桶口。王秀文也脱下了身上的迷彩服，也罩住了另一个大桶桶口。

还有一个小桶胶水没东西遮盖。

“秀文哥，你去折点树叶来遮住小桶，我过去那边看阿荣哥收完没有。”许静霞穿着贴身白背心拿起胶刮往东边跑去。

王秀文没有去折树叶，而是拿扁担横在小桶上，一屁股坐下，正好遮住了小桶桶口。

雨不停地下着，打在树叶上，又穿过层层叶片滴落在王秀文的头上身上。他的头发和身上的背心很快就湿透了。

割胶是野外作业，要看天吃饭。胶工最怕下雨天割胶，更怕割完胶后就下雨。一下雨就会发生水冲胶，水冲胶轻则使胶水变质变坏；碰上大雨若抢收不及，严重的水冲胶可冲掉胶杯里的胶水，造成颗粒无收。

夏季是产胶高峰时期，也是天气变幻莫测的季节。胶工在林段里埋头割胶时，时常会遇到雨水的偷袭。胶工与雨水抢夺胶水的场景经常在胶林里发生，能抢收多少算多少，尽可能多地保住胶水减少损失是胶工不顾一切在雨中奔跑抢收的共同心愿。

王秀文在小桶上坐了一会儿，一身湿漉漉的许静霞跑了回来。她只穿着贴身背心，肉身大块显露了出来——她裸露的肌肤竟是那样的雪白、丰满。

王秀文连忙低下头，他不敢看她只穿着背心的身子。

雨停了，天依然阴沉着。

“静霞，阿荣那边怎么样?”

“水冲掉了20多株。”许静霞拿起工作服重新穿上说，“秀文哥，这个天还会下雨，我得赶紧挑胶水回去了。你的衣服也全湿了，你快去那边找乐哥回去吧。”

王秀文站起来，也拿起他的迷彩衣穿上。

“秀文哥，谢谢你今天帮我割胶收胶。明天你还来我们队护林保胶吗?”

“不了。我们已经来你们队3天了。按规定我们科室明天要到其他队去了。静霞，‘谢谢’两个字以后不要再对我说了，你再说，就别叫我秀文哥。”

“我不说可以了吧。”

说话间，许静霞已戴上工作帽，把胶篓重新绑在腰间。她把两大桶胶水挪开距离，拿起扁担钩住水桶耳吊。

“静霞，我帮你挑——”

“不用。”

许静霞叉开脚，屈膝半蹲，低头往扁担下一绕，扁担就搁在了左肩上；两脚用力一挺直，一担大桶胶水就挑了起来。

“我帮你提小桶胶水。”

“不用。”

许静霞挑着担子调好两头平衡，再次屈膝半蹲，伸右手抓紧了小桶耳吊，两脚再次用力挺直，就肩挑担子手提小桶，沿林间小路朝东北方向走去。走了几步，又停下回过头说：“秀文哥，乐哥那边的林段应该收完了，你快去和他会合吧。我走了。”

她说着粲然一笑，就转头大步走了。

王秀文一直看着许静霞行走的背影。这个只有25岁的姑娘身上尽管压着近100斤重的胶水，但她的步伐依然沉稳有力。这也许是胶林里的妹子才具有的力量和风采吧。

许静霞踩着林间小路，走进了防风林，没了人影，王秀文才沿着这条林间小路朝着反方向往西走去。

七十一

在产胶高峰期，胶工们凌晨上了林段。杨明亮也睡不着了，这天凌晨3点，他小心翻身下床，蹑手蹑脚走进厨房，换上迷彩衣服，装好矿石灯，带着一把胶刀悄悄地走出家门，一个人钻入了树位。前段时间队里接二连三出现了偷收胶水的事，他不进林段走走，心里总踏实不下来。

今天全队割1号位，1号位林段在西南方。杨明亮进入林段后，没有顺着林间小道走，而是随意在胶林盘山行中穿插。他不用担心方向——全队所有林段和地形地势、各个树位的方向出口都已经印刻在他心中。

他头顶矿石灯，走走停停，边走边看，一会儿把满杯的胶水换上空杯，一会儿把外流的胶水引回割道，一会儿扶正倾斜的胶杯，一会儿蹲下来抠三角皮底下的积垢，还不时帮这个胶工割一行帮那个胶工割几株。不知不觉，他从1号位的南边林段一直穿到了西边林段的尽头。这里隔着一条水沟和2号位林段交界。

东方的天际边露出了鱼肚白。杨明亮感到有些累了，便在半山腰的一块大石头上坐了下来。今天是一号位涂药第一刀，这一路看来，涂药的效果还是不错的，天还没亮，很多胶杯都快满杯了。作为生产队长，没有什么比看到胶水满杯更感到舒心开怀了。

一阵清凉的山风吹来，让一身热气的杨明亮顿时感到清爽无比。山风不时捎带着野花的幽香扑面而来，沁人心脾，让人感到很舒适。

山林里的野花仿佛很知性，晨起割胶的工人经过它身边时，它就会散发出阵阵的花香，那花香气味淡里含甘，香中带醇，妙不可言。

杨明亮最喜欢闻山林的野花香了。他经常跟胶工一起上林段，他知道哪块丛林里藏有野花，也知道哪处林里的野花香气最浓郁。他在胶林里走累的时候，就会找一处地方坐下来休息，等待野花香的飘来。很多时候，野花香会不期而至，杨明亮走过来，它就飘过来黏住人，让杨明亮疲惫的身心顿感轻松。

对面的小山丘是西五林段，那是胶工李淑英的2号位。

杨明亮坐了一会儿，突然发现小山丘那边的橡胶树有些异样。他心里咯噔了一下，起身小跑下去。他踏过水沟，穿过沟边的丛林，一跨上橡胶行就惊愕住了——这一片明天才轮到割的林段，今早已被人全部偷割，偷割的胶水也被人收去了一趟。偷割贼虽然没有乱捅乱挑，但由于吃刀深、削皮厚，加上树皮还涂了药，使得割线上的胶水还在不停地冒涌，汇聚到鸭舌尖滴落在胶碗里。

“这该死的偷割贼，我今天非把你抓住不可！”

杨明亮想找个位置埋伏起来，捉住这个胆大妄为敢偷割农场橡胶的家伙。

他扫了一眼周边的环境。整个山丘呈一个大三角形。底边是水沟灌木丛，水沟对面有人割胶，偷割贼不会从那边过来；左右两边是两条防风林，偷割贼很可能是从其中的一条防风林窜钻出来偷割。杨明亮思索了一下，朝右边的防风林走去。他低头弯腰刚钻进防风林，就与一个陌生的年轻人撞了个正着。此人瘦高个，黑马脸，胸前的衬衫纽扣一溜解开，胸间露出一撮黑毛。他右手提着一个铁桶，桶里还有胶刮——很显然，他就是偷割贼！此人钻过来是打算偷收第二趟胶水的。

两人隔着几步站着，相互对峙。杨明亮刚反应过来，黑马脸突然甩掉手中的铁桶，转身拔腿就拼命跑。

“你站住！”杨明亮大喝一声追了上去。黑马脸像一只山老鼠专往刺丛和草堆里钻。杨明亮也不顾一切紧跟着黑马脸屁股后面穷追猛赶。黑马脸左钻右钻突然钻出防风林甩掉拖鞋光着脚板朝山丘顶上逃窜。杨明亮也跟着追上山顶，黑马脸又沿着盘山行跑，跑了十几步，在一处草密的坡陡处突然转向，朝山下狂奔下去。穿着布鞋的杨明亮不知是计跟着下坡追赶，可脚下的解放鞋一踩到长着厚草的斜坡就刺溜一滑，身子向后一仰，整个人倒地顺着斜坡滑了下去。黑马脸听到响声回头看了一眼，奸笑一声，又改变方向朝左边的防风林逃去，很快就隐入了密林之中。

杨明亮一直滑到下面的山盘行才停下来。他站起来时，狡猾的黑马脸已不知去向。

杨明亮不再追赶，回头捡起黑马脸丢弃的铁桶，靠着树头坐了下来。看着一行行被偷割的胶树，杨明亮心里不禁忧虑起来。往年不法分子只是偷收胶水，很少有偷割的，现在竟然发展到偷割了。这家伙选择涂药期间偷割胶树破坏性很大，给农场和胶工造成的损失也比较大。二十九队胶林面积这么宽广，单靠队里的三名干部和几名计时人员根本保不过来。场里虽然派干警张杰带着六名保安驻在二十九队，但他们还要负责山猪岭全区的护林保胶工作。看来今年的护林保胶工作成问题了。

杨明亮在被人偷割的林段里一直蹲守到太阳爬上树梢，胶水停滴了才起身收胶。他收了满满一桶胶水带回来，交给收胶站才朝队部走去。

队部门前停了一辆吉普警车，身材魁梧的三叶派出所干警张杰和几名保安员正搬着湿漉漉的大胶块往车厢里装。这阵势不用问就知道张杰他们又抓到偷胶贼了。

“杨队长！”身穿便服的张杰一看见杨明亮，就招呼着迎了上来。

“阿杰，这么忙啊，是不是又抓到大鱼了？”

“抓到三条小鱼。”张杰笑道，“11点钟左右，我们巡逻到你们队与二十八队交界的南六林段时，撞着了三个扛大胶块的陌生人。他们承认这些胶块是偷收了二十八队的胶水凝固成的，准备扛到私人收购点去卖掉，我们就扣下带了回来。”

“你们的运气好啊，我的运气可就差了。”

“杨队长有情况？”

“到我家里再说吧。”

“不会很要紧吧?”

“不会，但情况有些严重。”

“这样吧，我先把这三个家伙押回场里，吃了中午饭我就赶回来去你家里碰头，行不?”

“行。”杨明亮折身往家里走去。走到门口，杨小聪冷不防从墙角跳出来，堵住门口大喊:“站住！把手举起来！

杨明亮笑了，装成了俘虏的样子高高举起了双手。

“不准笑，后退两步。”

杨明亮举着手后退了两步。

“站着别动，我要检查。”

“警察同志，我可没偷胶水啊，我身上什么都没有啊，不信你来查吧。”杨明亮捏腔拿调地说。

“我不是检查胶水的，我是检查蚂蟥的。”杨小聪走了出来，绕着杨明亮上上下下、左左右右仔细查看起来。

“小聪，你检查完没有?我两只手可是举累了。”

“没有，你把两条裤脚叠起来我要检查。”

“小聪，爸爸今天没时间演戏，以后再演吧，啊?”

“这不是演戏。妈妈说了，今后爸爸从林段回来，一律要检查，看他有没有带蚂蟥回来。”杨小聪认真地说，“妈妈还说，你昨天从林段里带回了两只大蚂蟥都是血，妈妈看了差点吐了，今天都还想吐。”

“好好，我彻底接受检查。”杨明亮弯腰卷起裤脚，自己细细检查了一遍说，“报告小聪同志，检查完毕，左小腿被蚂蟥咬伤三处，右小腿被蚂蟥咬伤两处，但身上未发现蚂蟥，报告完毕。可以过关了吗?”他话没说完，杨小聪就溜进屋里报告去了。

杨明亮走进屋，一屁股坐在门边的木沙发上就不想动了——他今天确实是累透了。

吴玉兰系着围巾从厨房里走出来。上次从市人民医院回来后，凡是别人说的能治胃病的东西，杨明亮都千方百计找来做给她吃，还隔三岔五炖母鸡汤给她喝。经过两个多月的调养，吴玉兰的胃病果真渐渐好转起来，精神和气色比以前好了很多，消瘦的脸颊也渐渐地丰满红润起来，失去的青春和美丽又悄悄回到了她的身上。

“明亮，小聪说你今天让蚂蟥咬到了五个地方是不？这些鬼蚂蟥又吸走了你很多血!”吴玉兰给丈夫倒了一杯凉开水。

杨明亮接过杯一饮而尽，说：“蚂蟥咬人有什么奇怪的，它不吸血怎么大呢，是吧？”

“有你这么说话的吗!”吴玉兰又给丈夫倒满了一杯水。

“爸爸，最大的蚂蟥有多大？”小聪也来插过话。

杨明亮举起杯子一饮而尽，说：“最大的蚂蟥——有半斤重吧。”

“你别吹牛啦，我也是在农场出生长大的，我可从来没听说过有半斤重的蚂蟥。”吴玉兰反驳说。

杨明亮反问妻子：“海南岛有十八怪你听说过吗？”

“海南岛有十八怪？”

“是啊。海南岛十八怪，三只老鼠一麻袋，四只苍蝇一盘菜，老鼠和苍蝇都有这么大个，这山蚂蟥有半斤重有什么奇怪的。”

“爸爸，你才说两怪呢，还有十六怪呢，快念给我听，快念给我听呀。”杨小聪抓住爸爸的手说。

“爸爸今天累了，明天再讲好吧？”

“不，我现在就要听，我现在就要听。”杨小聪撒起娇来。

杨明亮挠挠后脑勺想了一会，又念了下去：“海南岛十八怪，拿起草帽当锅盖，咸鱼煮汤是好菜，赶牛上街屁股挂个袋，老太婆爬树比汽车跑得快……”

吴玉兰哈哈大笑起来。杨小聪说："还有呢？还有呢？快说给我听！"

杨明亮卡住了，边抓头皮边说："还有，还有——对了，还有，还有短裤穿在长裤外——"

"乱扯淡吧你！"吴玉兰又忍不住笑了。她走进厨房，动手给丈夫儿子做午饭。

杨明亮刚吃罢午饭，张杰就骑着摩托车赶到了。两人在靠门墙的短沙发上隔着茶几坐了下来。

冲好茶后，杨明亮看了一眼张杰，笑道："阿杰，你这个人的面相不太好啊，浓眉豹眼，有点凶，像《三国演义》里的张飞，队里的小孩一看见你就躲。"

"我的面相真有这么凶吗？"

"你看你，人又长得虎背熊腰，本来够吓人的了，再加上你那眉毛又浓又粗，眼睛又爆又圆，脸盘又大又粗的，真的是有点那个啊。"

张杰苦笑道："我生来就是这个样子有什么办法。"

"你的脸相是凶了点，但透着一股正气。好人是不会怕你的，只有坏人看到你这副模样才会感到害怕，你说是吧？"

张杰端起茶喝了一口，说："杨队长，听你这句话我这心里舒服多了。说句心里话，我们这些农场民警，名为国家干部，实和你们一样拿着农场的工资，土不土洋不洋的，心里本来就不顺畅了，还要干一大堆杂七杂八的事。按理说，警察的任务就是打击罪犯、保护人民，可我们，除了履行警察的职责外，还要下队搞冬春管，还要下队施肥，还要经常驻点跑林段。反正农场干什么，我们派出所都有份。最气人的是，我们辛辛苦苦抓到了那些偷胶贼，罚款没钱，判刑又不够，严重的最多送去市局拘留十天半月就放回来了。回来后又接着偷，抓到他了，他还讲话气你，有时真想一拳头打过去！唉——"

“平时看你们穿警服、佩手枪挺威风的，没想到也有一肚子苦水啊。”

“谁叫我们是农场派出所的警察呢？”张杰挥挥手说，“不谈这些了，“杨队长，你叫我来有什么事吗？”

杨明亮把上午追赶偷割贼的事说了一遍。

“那个偷割贼长什么样？”

杨明亮把偷割贼的模样描述了一遍。

张杰蹙着浓眉沉吟了一阵，说：“根据你的描述，这个人很像大屋村的一个惯偷，此人有一个外号叫‘黑马脸’。他抢在我们涂药第一刀前偷割，这在三叶还属首例，破坏性相当大。不抓住他，对二十九队乃至全区的护林保胶都会产生很大的负面影响。”

“他还会来吗？”

“我想这三刀内他肯定会来的。”

“来了你们就把他给我抓住！”

张杰轻轻叹了一口气说：“二十九队胶林面积大，分布比较散，而且山头多水沟多野林多，护林保胶难度相对较大。我们驻队的保胶人员包我只有7个人，加上你们队干部计时人员几个，一共才有十来个人。这十来个人就是每天都上去巡逻，也是顾东顾不了西，顾头顾不了尾，把人累死了还不一定能抓住他。”

“那——该怎么办？就要他这么偷割下去？”

张杰深思不语，好一会才说：“我想这样，在三刀之内，集中10人分成两个组，每天选两个重点地段悄悄埋伏下来，来个‘守株待偷’。”

“如果我们选的林段他不来呢？”

“那就得看谁的运气好了。杨队长，你把二十九队容易偷收偷割的林段全部列出来。”

杨明亮按照张杰的要求很快用笔列出了16个林段。两个人压低声音对这些岗位进行了比较分析，确定了埋伏的时间顺序和具体的人员。所有的细节都敲定后，张杰郑重地说道："杨队长，埋伏的事除你我之外，不能再对第三个人说，就是要参加埋伏的人员也要等到集中临出发前才说明，今晚就开始行动。"

"好的。"杨明亮伸出右手，"阿杰，祝我们首次合作成功。"

张杰伸手一握，杨明亮便叫了起来："哎哟！你的手劲可真大，黑马脸的手要给你握住了他肯定跑不了。"

"还是那句话，看谁运气好吧。"

吃过晚饭，天一擦黑，张杰、杨明亮就带一组人，保安班班长和辅导员带着另一组人，趁着月色分头朝3号位的两个重点树位摸去。到达位置后立即埋伏下来。然而两个组一直埋伏到天亮也没有发现目标出现。临近中午，两组人马才悄悄撤了回来。这样连续埋伏了3天，目标依然没有出现，只是撤回来时驱赶了几个偷收长流胶的人。

第四天晚上，两组人马又趁着月色悄悄向3号位最远的两个重点岗位奔去。

杨明亮这组走了一半的路程，张杰突然叫停。

"杨队长，明天队里割哪号位？"张杰小声问。

"明天轮到2号位。"

"上次黑马脸偷割的西五林段是不是2号位？"

"是的。是李淑英的2号位。"

"她的树位明天割不割？"

"不割。黑马脸抢先割了一刀，所以李淑英的2号位只能和1号位同步割，今天已经割了。"

"杨队长，我想改变一下今晚的行动计划。我们这组不去3号位了，改去西五林段李淑英的2号位埋伏。"

“李淑英的2号位黑马脸已经偷割过，我又在那里追过他，这个家伙还敢去那里偷割？”

“他可能也会反过来这么想。我突然有种预感，这个黑马脸今夜很有可能又会窜到那里下手。”

“那我们就赶紧去李淑英的2号位埋伏吧。”

“走！”张杰一挥手，杨明亮带着这组人转身抄近道朝西五林段走去。

走了约莫半个小时，埋伏小队从右边的防风林穿入李淑英的2号位。杨明亮一进入林段就轻声说道：“阿杰，有情况。”

“什么情况？”张杰赶了上来。

“李淑英的2号位真的又给人偷割了。”杨明亮揿亮手电照着一株树，“你看，割线是新的，又粗又深，全部吃进了骨头，整一条线伤树过去，胶水正在流，胶碗里已经有小半杯胶水，看样子是刚偷割不久，我们来迟了一步。”

张杰按亮手电筒，上下左右照了照——这一大片胶树已经全被人偷割，汩汩涌出的乳白色的胶水在手电光下特别显眼。

“这些树今早才割过晚上又来偷割，这个偷割贼下手真够狠的。”张杰小声骂道。

“会不会又是这个黑马脸干的？”

“我想十有八九是他，这回他应该跑不了了。”张杰关掉手电，借着月光察看了一下地形说，“杨队长，上次黑马脸是从什么地方钻出来的？”

“就从右边这片防风林。”

“他很可能还会从这个方向钻出来收胶水。我估计他会赶在胶工上岗割胶之前来收胶水。这家伙狡猾奸诈手脚又快，我们抓他要讲究一点战术才行。”

“阿杰，你说吧，怎么抓他?”

“杨队长，你带着阿勇在水沟边那头的杂林里埋伏，我在水沟边这头埋伏。阿彪、阿锐你们两个一人到一条防风林里埋伏。如果偷胶贼钻出来了，大家都不要惊动他，让他先收胶水，他一定是从上往下收，等他收到水沟边这行时，我一喊抓，大家就一起冲出来，把他压在水沟边就容易抓了，大家记住没有?”

“记住了。”

杨明亮握紧拳头：“偷割贼，这回我非抓住你不可。”

张杰交代了一下埋伏纪律后，五人按指定位置形成四角点位埋伏下来，等候偷胶贼的到来。

在胶林里埋伏最能考验人的耐性。除了单调乏味外，还要忍受成群的山蚊和大大小小蚂蟥的轮番攻击。不到半个小时，有露皮肤的地方全都被山蚊叮咬出一个个红肿的痒包，蚂蟥也肆无忌惮地爬上来，或钻进裤脚腰间，或爬上脖子拼命吸血，它吸得身子滚圆膨胀了才自己掉下来。杨明亮两个在水沟边埋伏，山蚊和蚂蟥攻击得更厉害。尽管五个埋伏的人被叮咬得全身上下难受，但还是按捺着性子，不动声色地等着。

时间一分一分地过去，两个小时过去了，偷胶贼还没出现，杨明亮心里焦虑起来——这家伙是不是嗅到什么不来了？还是不想收胶水而让它凝成胶块明天再来取？他有些按捺不住了，探头看了看，那头的草丛依然纹丝不动，杨明亮只得按下心中的焦虑继续埋伏下去。

又过了一支烟工夫，从右边的防风林中清晰地传来了窸窸窣窣的响声。杨明亮屏住呼吸瞪圆了眼睛。

清凉的月光下，一个高瘦人影从防风林里钻了出来，此人挑着担子，光着膀子，长头发瘦长脸。是他——黑马脸！这个家伙终于来了。

黑马脸吹着口哨大摇大摆走进盘山行——或许，他真的认为除了自己，不会再有第二个人想到这儿会被人偷割，然而偏偏就有人逆着他的思维在这里恭候他多时了。

黑马脸放下担子，从大桶中抽出小桶，从山顶往下大大咧咧收起胶水来。收到水沟边这行时，两个大桶已盛满了胶水。

“嗨，这么多胶水，老子今天又有酒喝了！”黑马脸站着休息了一会，开始收水沟边最后一行胶水。他收着收着竟得意忘形地哼起歌来：“妹妹你坐船头哥哥我岸上走，你想抓我没那么容易——”

“我现在就抓住你！”杨明亮再也按捺不住，大喊一声一跃而起，从背后一把拦腰抱住了黑马脸。黑马脸冷不防被一双手从背后紧紧抱住，以为撞上了鬼，顿时吓得魂飞魄散。

“上次你跑掉了，这次你跑不了了！”杨明亮加大了手劲。

黑马脸马上意识到是人而不是鬼抱住了他，便拼命挣扎。他挣扎得越凶，杨明亮就箍得越紧。黑马脸突然提起装有胶水的小桶，右手托桶底猛地转身朝杨明亮头上扣下去。

“扑通！”小桶正正扣在杨明亮头上，半桶胶水全部泼到他的头上、脸上，向下四处流泻。

杨明亮感到突然掉进了一个没有空气的黑洞里，顿时透不过气来。他被迫松手去掀小桶，黑马脸乘机脱身顺着胶行拼命跑。

“阿勇快抓住他！”杨明亮闭着眼高声喊叫。

阿勇冲了上去，上面的阿彪、阿锐闻声也冲了下来，堵住了他想往上窜的去路。

黑马脸右手突然拔出胶刀，停步转身对着三名保安冷冷笑道：“来抓呀，不怕死的就过来呀。”

三名保安犹豫着，不敢再上步。

“偷胶贼，你转过身来！”

黑马脸没想到背后传来了一声冷冷的却十分威严的声音。他哆嗦了一下，下意识地转过身——一名腰壮膀圆的年轻人正拿着黑亮的手枪对准他。

“我是三叶农场派出所民警，把胶刀放下！”

“你、你敢开枪？”黑马脸握着锋利胶刀。

“砰！”张杰朝天放了一枪，“我再说一遍，把胶刀放下！”

黑马脸迟疑了一下，仍抓着手中的胶刀似笑非笑地说：“你手里有枪，算我怕你；你手里要是没那块铁，你们四个一起上来也搞不过我。”

张杰不搭话，把手枪插入腰间，说：“你们三个都站一边不要动，我来收拾这个大炮公。”

张杰说话间突然上步转身飞起右脚，不偏不倚击中黑马脸的右手腕。黑马脸哎哟一声胶刀脱手落地。张杰不等黑马脸反应就冲上去，左手扣住他右腕反转一拗，右手跟着从他腋下穿过去，掐住了黑马脸的后脖子，再提手上步，一个利索的反手擒拿，黑马脸就嗷叫一声跪了下来。三名保安冲上来，把他按倒在地。

“我还以为你是一个什么三头六臂的家伙。”张杰从腰间取出手铐扣住黑马脸的双手。

胶行那头，杨明亮还站在原地不停地擦抹着头发和脸上的胶水。

“杨队长，快跳下水沟，用水清洗。”张杰大声叫喊。

杨明亮这才如梦初醒，纵身跳下水沟，拼命泼水冲洗起来……

七十二

进入8月份后，三叶农场的护林保胶形势变得严峻起来，其严峻程度已经远超出了三叶决策者的想象。

为了应对日趋严重的护林保胶问题，韩劲松亲自主持召开了第二次护林保胶专题会议。一楼会议室里坐满了科长主任，六位场级领导全部到会。会场气氛显得异常严肃。

韩劲松语气沉重地说："同志们，今天上午我们抽时间召开护林保胶专题会议，主要议题就是如何做好下半年的护林保胶工作。当前，我场橡胶生产形势很好，鲜胶日产量最高的已经突破110吨。但是，护林保胶形势也越来越严峻。到昨天为止，全场已经有33个单位报告了偷卖胶案件。今年由于我们推行改革，胶工、计时人员和干部都大幅度减少了，在客观上给我们的护林保胶工作增加了难度，也使那些不法分子越来越猖狂。他们不但大摇大摆进入农场林段偷收偷割，还打伤我们的胶工，围攻我们的干部，追打我们的保安员。我们的基层干部为了抓护林保胶工作，不但人身安全受到了威胁，他们用业余时间辛辛苦苦种起来的经济作物也遭到了报复性的破坏。十四队队长种的215株荔枝，一夜之间全部被人砍光；三十五队队长种的1000多株槟榔也叫人一夜之间全部砍掉；五队支部书记种的358株胡椒已经开始投产结果了，也全部被人连头砍断……还有一些例子我就不举了。据我了解，这种偷胶和报复行为是历年来最为严重的。这样发展下去，就会影响甚至毁掉我们正在进行的改革。今天召开的这个会议，就是要大家献计献策，看如何做好当前的护林保胶工作。下面先由梁军所长通报一下前几个月的护林保胶情况。"

身穿警服的梁军打开笔记本说道："到昨天8月12日止，全场共发生偷卖胶案件78宗，破获19宗，抓获偷胶分子63人，其中拘留19人，缴获被偷收偷割的鲜胶3625公斤，大小胶块8061公斤。从偷胶案例的分析来看，目前的偷胶有以下几个特点。第一，不法分子不再像往年只是偷收胶块或偷收长流胶，而是专偷胶工未收的胶水，有的甚至把胶工收好的胶水连桶扛走。第二，不法分子今年偷割的现象比较严重。偷割的案件增速比较快，而且开始有意识地选择我们涂药的时候下手。这种偷割破坏性相当大。第三，不法分子过去基本上是散兵游勇式的偷胶，今年开始有意识地结成团伙进行偷胶。张杰前几天在二十九队当场抓住了一个偷割的不法分子。据他交代，山猪岭地区的一些不法分子已经组成了一个规模较大的偷胶团伙，开始有组织地进行偷胶偷卖。从以上三点我们可以看到，当前不法分子的偷胶手法和偷胶规模都比往年厉害，而我们又面临人手严重不足的难题。情况就是这些，我的汇报完了。”

“我来说两句吧。”李智全接着说，“从刚才韩场长介绍的情况和梁军所长汇报的情况来看，我场今年的护林保胶已经面临了一个十分严峻的形势，而我们又处在两难的境地：一方面护林保胶需要大量的人员，而另一方面我们不但不能增人，按照改革这个大趋势发展下去，我们年底还要减一批人。怎么办？任他们肆意偷下去？其结果就会像韩场长所说那样威胁甚至毁掉我们今年进行的这场改革。同志们，这不是危言耸听啊！全场人都盯着干胶产量，现在产量上来了；如果我们的干胶产量上来了又因为偷胶流失而滑了下去，如果我们今年的干胶产量达不到3600吨甚至比去年的3200吨还低，那么我们今年又会面临着工资发不出去的风险。我们辛辛苦苦、轰轰烈烈搞的五项改革、四项清理到头来可能又会有几个月发不出工资，如果真出现这样的情况，大家想想那将会是一种什么样的局面？我不说大家心中也有数。干胶产量和经济效益是衡量我们改革成功与否的重要指标，所以护林保胶不论形势多么严峻，不论工作多么困难，我们都只有一条路可走，那就是迎难而上，不惜一切代价抓好护林保胶！除此之外我们别无选择！”

李智全喝了一口茶水，继续说道：“我们三叶农场，从建场到现在48年了，可以说是多灾多难啊。60年代的饥荒，1973年遭受十四号台风毁灭性的打击，80年代末干胶滞销，还有去年的经济危机，都一次一次地把我们逼到了死角，逼到了绝境，可我们三叶人，从来不因为没有退路可走了就放弃了抗争，放弃了努力，放弃了艰苦奋斗，而是不屈不挠地拼命，一次一次地从绝境中冲了出来，这就是我们三叶为什么能在如此困难、条件如此恶劣的情况下生存发展壮大的根本原因。

“当前，国家的形势大家都从电视报纸上看到了，大陆那边正在与百年不遇的洪水进行着一场殊死的搏斗，并取得了阶段性的胜利。比起这场洪水来，我们的护林保胶工作又算得了什么，比起我场以前遭遇到的困难又算得了什么？江主席在抗洪前线上说过一句话：‘中华民族是不可战胜的！’我这里也套用一下，我们农垦三叶人也是不可战胜的！护林保胶这场战斗，我们必须打赢也一定能够打赢！我的话说完了，大家接着发言吧！”

陈惠明接着说：“既然我们人手不够，我们的机关干部、区队干部可以打破分散下去巡逻的常规，必要的时候夜间可以集中起来分组分班下去巡逻。”

“我认为这个意见是可行的。”严守纪接过话茬，“涂药割胶期间，对一些重要的单位、林段，机关干部夜间分组分批下去巡逻，我看就是抓不到人也可以起到一定的威慑作用。再说这两个月产量上来了，大家都领到了效益工资，工作的积极性都很高。”

“我也认为这个意见很好。”韩劲松说，“梁所长，你们派出所保胶办把陈副场长的意见统筹考虑一下，然后尽快拿出个方案来执行。”

梁军边应允边记录。

“干部执行夜间上岗巡逻后，我们组织部门也要跟着建立一个夜间查岗制度，不定时进行检查。”方珏说。

“这个提议很好。”李智全说道，“这个夜间查岗小组要由场领导亲自带队检查。”

“干部夜间上岗巡逻是不错，”程祖荣慢条斯理地说，“不过——

不是我讲风凉话哈，护林保胶工作光靠干部是不够的，职工也要发动起来才行。”

“我赞同程科长的意见。”江浩成说，“我们下队的时候，有些胶工反映，现在人手少了，看到有人进来收胶也不敢抓。我建议在胶工中按片区组成联防小组，由被动守胶变为主动保胶，联防小组如何组成，可以由队里根据实际情况来安排。”

“这个建议很好。”梁军边说边快速记录。

“我来说两句吧。”周自成神情凝重地说道，“当前的护林保胶形势如此严峻，我作为分管这块工作的副场长心里也感到非常焦虑。听到我们的干部为了保胶遭到不法分子的围攻殴打，他们种的东西遭到毁坏，我感到非常气愤！我同意大家的意见，不惜一切代价也要刹住这股偷卖胶歪风!”

周自成边说边用力叩击台面——这是他情绪激动时的习惯动作。在会上一贯和韩、李唱反调的周自成会做出如此激昂的表态，让所有的与会者颇感意外。

周自成继续说道：“我场护林保胶最大的威胁来自周边农村的不法村民，光靠我们自身的力量压住他们不是那么容易，所以我认为，我们除了做好内部的防范打击外，还要走出去，主动去与市政府以及周边乡镇政府加强沟通联系，加强协调合作，共同打击偷盗橡胶的不法分子。”

“好，好!”韩劲松连说了两个好字，“和地方政府协调合作的事就由周副场长全权负责，李书记你看怎么样?”

李智全点头同意。

周自成发言后，其他与会者纷纷跟着发言，提出自己的看法和建议。发言之热烈为历年场务会上所少有的。虽然讨论的是护林保胶的问题，但已开始凸显出三叶的中层干部以及班子内部对今年改革清理的做法，已由不同的看法逐步走向了共识，一种集体的强大合力正悄然形成。

大家都表态发言后，韩劲松说：“同志们，今天这个专题会议开得非常好。说句心里话，我从去年底来三叶到现在，开了很多大大小小的会议，但每次开完会后，我心里都是很沉重很压抑的，从来没有开朗过。只有今天这个会议，让我感到很舒畅，很高兴，很振奋。大家心这么齐，还愁什么工作做不好呢，还愁什么困难克服不了呢？大家今天对护林保胶工作提出了很多好的建议，派出所和保胶办要把它们综合起来，尽快拿出一个具体的实施方案。今天是8月12日，后天全场就开始第二次施肥，机关干部安排施肥的时间是6天，施完肥后就立即转入护林保胶工作，也就是说你们必须在一个星期内拿出干部护林保胶工作新方案。”

“好的。”梁军点头应允。

“韩场长，这次施肥，机关干部能不能换一换防？”程祖荣半眯着眼睛问，“山猪岭里面的大山，也该轮到其他人去爬一爬了。”

韩劲松笑了笑，问李智全，“李书记，你说机关干部这次施肥要不要换防？”

“不换。吃点苦算什么，六七十年代开荒种橡胶的时候，我们是天天举着火把扛着锄头镰刀走路进大山的，从早上一直干到晚上八九点钟才点着火把回来，够苦了吧？可没人说什么要换防的。不换，这次施肥，机关干部还是到山猪岭区，我也跟着去。”

会场里发出一阵唏嘘声。

“大家还有什么要说的？”韩劲松扫了一眼会场问。

“借这个机会我跟大家汇报一下上半年我场的财务计划执行情况。”朱晋良戴上老花眼镜，翻开财务报表说道，“从去年到现在，我这个财务科科长没给大家报告过一点好消息，今天在这里我总算可以给大家报告一个小小的好消息。”

会场立刻安静下来。

“上半年，我场财务总收入是1750万元，这里面没有一分钱贷款，总支出是1732万元；对比节余18万元，我场的收支开始平衡还略有了节余。经过测算，到6月30日止，我场的吨干胶综合成本已由年初的12200元下降到6425元。目前橡胶市场平均的胶价是7200元，我们现在每卖一吨胶就盈利775多块，我场经营亏损的势头已经得到了初步的遏制。如果这个价格保持下去，我们今年的扭亏增盈的目标是可以实现的。”

谁都静静地听着，没人插嘴提问。

因为激动，朱晋良说话的声音有些颤抖：“同志们，如果我们的吨干胶成本现在还是12200元的话，我不说大家也明白这将意味着什么后果，现在我才真正感受到‘三叶不改革只有死路一条’这句话的真正含义了。”

会场一片沉静。——本该欢呼雀跃的时刻却出奇地静默。

“18万”“775”这两个数字对一个国有中型企业来说根本不算什么数字，但三叶人为了这两个微乎其微的数字所付出的心血和代价是根本无法用文字和数字来表述和说明的；而且，为这两个数字做出牺牲和贡献的，还有1000多名下岗的农场干部和职工！

“大家都愣着干什么？这么好的消息我们应该鼓掌祝贺才对。”李智全说着带头鼓起掌来。会议室里顿时响起了一阵密集掌声。

只有韩劲松一人没有鼓掌。他静静坐着，两只眼眶慢慢湿润了，他低下头，第一次用手指在众目睽睽之下擦拭着将要溢出来的眼泪。

掌声刚刚落下，办公室保密员老林匆匆走了进来，把一封信函交给韩劲松，轻声说：“场长，这是市法院派人送来的。”说完又匆匆走了出去。

韩劲松拆开信函扫了一眼眉头就皱了起来。

“这是什么东西？”李智全转过头问。

韩劲松把信函递给李智全说：“那个胡文斌真的把我们告了。这是市法院送来的文书，通知我们8月31日开庭审理三叶农场拖欠龙腾实业有限责任公司工程款一案。”

李智全把信函仔细看了两遍才放下，轻轻叹了一口气说：“看来，我们真的要撕破脸皮打一场官司了。”

韩劲松把胡文斌前几年在三叶承包工程弄虚作假的项目、金额以及一个多月前与胡文斌谈判的情况简单介绍了一遍，然后说：“借着这个会议，大家议一下，看看我们该怎么办？”

“还有什么怎么办？”徐克坚一拍桌面，“打！这场官司打到北京也要跟他们打！”

“打就打，难道我们还怕他们！”

“胡文斌这小子，我们不告他算他命大了，他反过来告我们了，他想打官司那就打吧！”

……

会议室里响起了一片喊打声。

周自成沉默了一会儿，终于也开口：“在工程款的问题上，应该说，我们已经先做了君子，我们提出的谈判条件，我认为是合情合理的，他们应该要知足和接受了。现在他们既然不接受，非要打官司不可，那也怪不得我们不讲过去的情面了。”

“看来，我这个法人代表要去当一回被告了。”韩劲松自嘲道，“天知道我以后还会扮演什么角色。”

“韩场长，你是主帅，家里需要你。这个被告由我去当吧。”李智全说，“胡文斌这小子也懂得用法律来解决问题了，这不是坏事，说明他有进步了，公民的法律意识增强了，也说明我们的社会在进步，不是坏事嘛。”

“场长、书记，这个被告由我去当吧。”林诗锦缓缓说道，“我读大学时，学的就是法律专业，我出庭应诉效果可能会好一些。”

韩劲松和李智全对视了一下没有表态。

林诗锦继续说：“韩场长、李书记，在座的各位，因为我平时很少讲话，开会很少发言，大家都在背后说我是一个沉默的副书记。今天我这个沉默的人就在这里也给大家说说心里话。年初，我场推行五项改革、四项清理以来，我一直以一个沉默人的身份在一旁观看。这半年多来，我看到了什么呢？我看到了我们三叶的干部职工领着这么点工资在自己的岗位上拼命干，连轴转；我是越看越惭愧，越看越感动啊！我还看到了什么呢，我还看到了改革给三叶带来的转机，看到了三叶走出困境的希望。在这场史无前例的改革中，大家都在拼命地干，而我却在一旁扮演了一个沉默人，当了一个旁观人的角色，我不能再沉默下去了。我现在郑重向党委请求，这场官司交由我来牵头打。”

韩劲松和李智全又对视了一下，两人同时点了头。

“好吧，这场官司就由林副书记扛旗打，我和曹刚当你的助手。”李智全说，“不过刚才林副书记说的话我要纠正一下。我场在今年这场史无前例的改革中，林副书记虽然很少发言讲话，但他也和大家一样每项工作都没有撂下，每项工作都做得非常出色。也正是有了大家的同心协力，我们的改革才得以走到今天的这一步。五项改革、四项清理虽然取得了一定的成效，但我们还有很多工作没有做完，还有很多问题没有解决。可以说，现在剩下的问题都是一些很棘手、比较难处理的问题，我希望在座的各位在抓好护林保胶工作的同时，也要把五项改革、四项清理工作继续下去，不完成任务誓不收兵。大家还有什么话要说的？”

“韩场长、李书记，有件事我想说一下。”很久没有主动发言的刘金福突然说道。

“什么事?”韩劲松问。

“我场1996年花了50万元在市金海路买了一块1000平方米的地皮，原来计划要建一幢商品楼，但由于资金问题到现在还没建。最近我从市府的一个朋友那里得到一个消息，像金海路这样的地段，1997年以前买下的地皮，今年如果再不建房，市里就要把地皮收回来。市政府很快就要发布公告了，我建议场里考虑一下这个事。”

“范科长，你是工建科科长，依你看该怎么办才好呢?”韩劲松问范海东。

“那块地皮，建吧，我们没钱，不建吧，人家又要收回，就只有转让了。不过要转让的话，50万怕是很难要回来了。”范海东不假思索地说。

“这话怎么说?”李智全问。

“目前整个海南房地产仍处在降温期，包括我市在内。现在建好的房子都很难卖得动，谁还敢出这么高的价买你的地皮。”

“韩场长，李书记，我认识一位有实力的房地产老总，前几天我在市里碰到他，他说他想在市里找一块好一点的地皮盖酒楼，如果场里想转让的话，我去跟他洽谈。”刘金福说道，“如果他要买我们地皮的话，我估计本钱是可以拿得回来的。”

“大家议一议，这块地皮是盖楼房呢还是转让掉?”韩劲松说。

“三叶都到了这个份上，哪还有钱去外面盖楼房，这块地皮，有人要，亏本也要卖了。”

“50万买了块地皮放在那儿长草已经是亏本了，还留着干啥?赶紧转让掉。”

会议室里又是一阵叫卖声。

“这块地皮，既然大家都同意转让，那我们转让掉它。”韩劲松说道，“这件事就由刘主任全权处理。刘主任，我的最高期望是能把本拿回来；如果你能把50万拿回来，我请你喝酒！”

“行！韩场长，咱们一言为定！”

“刘主任——”徐克坚歪着脖子伸出手指点着刘金福说，“刘主任，你当了这么多年的办公室主任，提的都是馊主意，只有今天提的这个主意还不算馊。”

大家哄地笑开了。

刘金福红着脸尴尬地笑着，第一次没有反驳这个老对手说的带刺的话。

七十三

机关干部只用5天的时间就完成了农场安排的施肥任务。他们休息了一个白天后，晚上就开始分批轮班下队护林保胶。各组人员骑摩托车下队，到了指定的连队后按队干部的安排步行进入林段巡逻埋伏，封锁路口，拦截可疑行人。

除了李智全和林诗锦准备材料要应付官司外，其他场领导也轮流带队凌晨三四点下到各单位去检查区队干部上岗的情况。

今夜轮到韩劲松带队查岗。晚上11点他就上了床，他想睡早点，夜里好有精神查岗。在床上他翻来覆去睡不着，心里老惦着打官司的事。明天上午市法院就正式开庭审理三叶农场拖欠龙腾公司工程款一案，李智全和林诗锦他们中午就住进市里做好了最后的准备。

据了解，对方为了打赢这场官司，请了省里有名的两位律师，并花钱在电台、电视台和报纸上大作宣传广告，树立公司形象，在舆论上争取同情和支持，大有志在必胜之势。而三叶既没有花钱请律师，也没有宣传造势。官司还没开庭，一些关注这场官司的人士就断言，这场官司，三叶农场八成要输。韩劲松虽然不相信这些论调，但始终是悬着一颗心，而且越接近开庭的日子心就悬得越紧。8月份虽然完成干胶503吨，突破了近几年的最高纪录，可这场官司一旦打输，两个8月份生产的干胶都要付诸东流。

他睡不着觉干脆起床，踱到后面的阳台上，朝北望着眼前的万泉河。

西斜的月亮悬挂在河道上空，默默俯视着下面寂静的山水。柔和清亮的月光之下，万泉河水如一块墨绿色的软体悄无声息地由西向东滑动。河对岸，椰林、橡胶林层次分明，清晰可见；它们背后连绵起伏的山体则朦朦胧胧，影影绰绰。

宁静的夜和着清凉的风，柔和的月光辉映着清亮的河水，迷蒙的山体衬托出清晰的椰树胶林……它们共同构成了一幅独特的让人能暂时忘掉一切的月色山水图画。如果人能永远置身于其中，这世间也许就没有什么烦恼和忧愁了。

突然，上游河段的水面上出现了一块不和谐的黑影。韩劲松以为看花了眼或是眼中出现了幻觉，开始并不在意。然而这块黑影贴着水面缓缓向下游滑来。黑影越来越大，不对，这团黑影不是幻觉是实实在在的物体，好像是一只竹筏。

韩劲松两眼锁定黑影，不错，是一条竹筏，上面还站着一个撑竹篙的人。他抬腕看了一下手表，才凌晨一点多。奇怪了，这个人干吗这个时候撑竹筏下河？打鱼？不像。运货？竹排上光溜溜的什么也没有，他是干什么的？

韩劲松心里咯噔了一下，猛地闪过了一个念头。他转身快步走进屋里，拨通了派出所值班室的电话：“值班室吗，我是韩场长，请立刻通知在家的干警和保安，火速赶往机关大楼背后的一号码头，拦截一条可疑的竹筏。”

对方说了一个“是”字，韩劲松就挂了电话，快步走下楼，启动停在大门口外准备查岗用的越野车，朝下游一号码头开去。

韩劲松驱车赶到码头，刚下车一会儿，张杰穿着便服也带着三名保安员阿勇、阿彪、阿锐骑着两辆摩托车赶到了河边码头。

“小张，你们所长呢?”

“听值班室保安讲，十九队桥头堡那边拦住了一辆载满大胶块的卡车，梁所带着后勤黄健赶去处理了，家里没有干警了。”

“你不在警务区，跑回来干啥?”

“我们四个刚从二十九队押人回来，正准备要赶回去——”

“你回来得正好，有一个可疑的竹筏从河上游漂下来了，你们等会儿要连人带筏把他拦住。”

张杰抬眼看了一下河面，可疑的竹筏还没有出现，便说：“场长，这里河面宽水位深，水道又是直流，不容易拦截竹筏。下面的2号码头有一个大回水湾，河道窄，河水浅，容易拦截，到二号码头拦截比较理想。”

“有道理。走，到下游2号码头。”

他们很快赶到了2号码头。

韩劲松下车察看了一下河面，说：“在这里拦截——你们说说怎么拦比较好。”

张杰说：“场长，码头上面是个S形急转弯，水流比较急，强行拦截比较危险，但我们可以利用这个急转弯。场长，你看急转弯下面就是我们面前的平坦沙滩，这只竹筏过来时，你突然打开车灯射住撑筏的人，只要他眼睛蒙住几秒钟，我们不用拦，竹筏就会自己冲到沙滩上了。”

“好！这个办法好！我在车里开灯，你们四个到沙滩上去准备。”

“好的，场长。”

张杰带着三名人手朝沙滩走去。

韩劲松跨入车子里，调整好车头方向，把车大灯对着河道，然后全神贯注盯着河道上游方向。

竹筏终于出现在韩劲松视野中，它顺流拐入弯道向码头冲来。竹筏越漂越近，连撑竿的人也看清了轮廓——那是一个身材魁梧壮实的中年男子。

竹筏开始进入180°急转弯，韩劲松瞅准时机猛地摁亮两个前大灯。两道雪白炫目的光束瞬时罩住了一张粗鲁的大麻脸。

大麻脸被这倏然而至的强光束射得睁不开眼，抓竹竿的两手一下乱了方寸，竹筏失去控制直撞过去。待大麻脸睁开眼想控制竹筏时，竹筏已一头插向湾底的沙滩上，搁浅在了那儿。

张杰拔出手枪带着阿勇三人跳上竹筏。

大麻脸双手横握竹竿，挡住了他们去路。

“喂，你是干什么的?”张杰问。

“我还想问问你们四个是干什么的?”大麻脸冷冷反问，“是不是想抢劫啊?”

“我是三叶派出所的，我们要检查你的竹筏。”

“把你的证件和搜查证拿出来，我就让你检查，否则的话就统统给我滚下去！我可不怕你手上的那块铁。”大麻脸一点也不怵。

张杰愣住了——他一接到拦截电话，警服也没穿带上手枪就赶来了，个人证件全在衣兜里，更不用说办搜查证了。

“拿不出来就立刻给我滚下去，否则就别怪我不客气了！”大麻脸发出了威胁。

张杰火起，下令搜船：“阿彪，给我搜！”

阿彪第一个走过去。他还没靠近，大麻脸就突然发力，一竹竿横扫过来，击在阿彪腰上，阿彪应声落下水中。

“阿勇、阿锐给我！”

两名保安一前一后又冲了上去。大麻脸大叫一声，上步拿竹竿一个反扫过来，同时击在阿勇和阿锐的大腿上，两人应声落入水中。

张杰大怒，插好手枪冲了上去。大麻脸挥舞竹竿又横扫过来，说时迟那时快，张杰突然扎马下沉，左手外旋向上挡住了重重扫来的竹竿。大麻脸还没反应，张杰就反手一扣紧紧攥住了竹竿一头，用力一扯但丝毫未动。对方也在使劲抽，竹竿竟未移动半寸。两人心里都清楚遇上对手了。

张杰和大麻脸各握着竹竿的一头僵持时，落水的阿勇偷偷摸到大麻脸站的位置，突然站起伸出两手抓住大麻脸一只脚往后用力一拉，大麻脸顿失平衡，伏倒在竹筏上。张杰冲上去死死按住拼命挣扎的大麻脸，反剪住了他的双手，又用手铐扣住。三名落水的保安爬上了竹排，阿彪走过去照着大麻脸的屁股踢了一脚：“他妈的，你这家伙下手真狠啊！”说着又想踢，被张杰拉住。

“你们凭什么抓我？”大麻脸被手铐扣住了还一脸凶相。

“搜！”张杰不理会他的话。

“杰哥，竹排上光溜溜的什么也没有。”阿勇报告。

“你到船尾去，看船尾底下有没有拖东西。”

阿勇朝船尾走去，还没到船尾就大声喊：“杰哥，水里漂浮很多黑色塑料圆桶！”

张杰叫阿彪阿锐看住大麻脸，自己走到竹排尾端，果然发现离竹排尾端六七米远的水面上浮满了一只只几乎与水色相同的圆形黑塑料桶。这些塑料桶的提把被一条粗绳串连着，绳索另一头牢牢地绑在竹筏下面。这样，竹筏往下漂，几十只黑桶也跟着往下走，在夜间行船，人在岸上根本就发现不了竹筏下面会藏有如此猫腻。

张杰用力拖起一只黑桶，拧开外盖，揭开里层的凹形盖子，一股浓烈的酸臭味直冲鼻孔——里面竟是满满一桶凝固了的胶水。

“阿彪，里面全是胶水制成的胶块！”

“那不是我的东西，我是替别人送的。”大麻脸慌忙说，“全部是私人的橡胶。”

张杰转过头：“你涉嫌偷卖农场橡胶，人、船、货全部扣下，把他拉到岸上，看好了。”

阿勇三人把大麻脸押上岸。张杰蹲下来，动手解开串连黑桶的绳索。

韩劲松走过来，跨上竹排：“小张，看来收获不小啊！”

张杰解开竹排这头绳索，叫阿彪把黑桶拉到岸边才站起来向韩劲松汇报了刚才发生的一切。

韩劲松听完后沉默了一阵才说：“农场这么好的胶水偷去这样糟蹋——这个王八蛋，我要去揍他！”他猛然转身，“噔噔噔”快步走下竹筏，走近大麻脸身后朝他屁股狠踢了一脚，又挥拳想打去。紧随身后的张杰慌忙把韩劲松抱住拉开。

“场长，不能打！不能打！”

“你放开我，我要揍他！我要揍死他！”

怒不可遏的韩劲松完全忘记了自己的身份，拼命向前要打人。张杰死死抱住：“阿勇、阿彪，你们两个快把他带走，带到所里关起来！”

两名保安急忙把大麻脸押走，很快消失在迷蒙的夜色中。

大麻脸被押走远了，张杰才放开韩劲松。韩劲松喘着粗气说：“这个家伙要给我好好审，我要看看这几十桶胶水是怎么偷来的！这些王八蛋！”

张杰回所后亲自审问大麻脸，大麻脸说他叫黑青熊，是大屋村人。他此次偷运的60桶胶水是老大王三交代运的，全部是在山猪岭区各队分散偷盗来的。他们把偷来的胶水倒入黑塑料桶里凝成胶块，然后集中往外运出三叶场界卖高价。由于三叶通往外界的陆路出口桥头堡已被封死很难运出去，就改用这种方法从水上偷运，每隔十天半个月偷运一次。

从黑青熊交代的情况分析，山猪岭区已形成了一个以大屋村为中心、以王三为老大的专门偷盗偷卖农场橡胶的黑社会性质组织团伙。

韩劲松在办公室里听完了张杰的审讯汇报后大吃一惊——农场的护林保胶措施如此严密，动用了所有能够动用的人力和巨大的物力财力，可胶水还是源源不断地往外流；看来三叶一年流失几百吨干胶绝不是危言耸听。护林保胶已经成为三叶改革发展的软肋，必须得想办法解决了。

下午，韩劲松叫来周自成和梁军，在他的办公室里开了一个小型分析会。韩劲松把今晨一点钟拦截竹筏的情况和张杰审讯黑青熊的情况简单介绍了一遍，然后说："这段时间，我们虽然采取了很多措施，投入了大量的人力物力财力，但结果并没有像我们预期的那样完全刹住了偷胶的歪风，农场的胶水还是源源不断地流失。我这心里，真的是很焦虑啊！"

"我场山地多，地理环境复杂，橡胶林面积宽广，护林保胶难度相当大。"梁军也不无忧虑地说道，"重点防守吧，则顾此失彼；全面防守吧，人员不足……"

"周副场长，地方政府现在的态度怎么样？"

"我场周边的乡镇我都亲自跑了，市里我也去了三趟，市政府的态度是很明确的，就是坚决打击偷盗破坏国家天然橡胶的不法行为。市里还专门成立了机构，由一个副市长牵头主管，并下文要求我场周边各乡镇建立场乡联防，共同打击不法分子的偷胶行为。只是——"

"只是什么？"

"只是地方乡镇政府——他们人手有限，事情也很多，护林保胶主要还得靠我们自己。”

“说得没错。”韩劲松问梁军，“梁所长，机关干部这段时间夜间下队都安排在哪里？”

“沙洲区和红旗区。”

“我看临时调整一下。从今晚开始，机关干部全部下到山猪岭区。”韩劲松语气沉重地说，“据张杰的汇报和我的了解，位于我场三十六队、二十九队和三十五队三个队交界地区的大屋村，有几个烂仔头把一些人组织了起来，成立了一个带有黑社会性质的团伙，专门偷盗偷卖农场胶水，还跟我们的区队干部和保胶人员作对，问题较大。所以我想集中人力放在山猪岭区先压住这股偷胶的黑势力。”

“我同意这么做，”周自成说，“唉，这段时间，真苦了我们这些机关和区队干部！”

韩劲松也叹了一口气说：“除了这么做外，我们也实在想不出什么好的办法来了。”

“场长，要不要从其他警务区调人增援山猪岭区？”梁军说。

“不能调也调不得。把兵力都压在山猪岭区，其他区若乱起来就更麻烦了。”韩劲松说，“梁所长，机关干部临时改变下队地点要保密，到临出发时才逐一通知各组组长。”

“好的。”

“护林保胶这块，二位就要多多担当了。”

周自成和梁军都表示要竭尽全力抓好这项工作，便起身告辞了。

他俩走后不久，李智全和林诗锦脸色凝重地走了进来。

他们还没说话，韩劲松就有了一种不祥的感觉。

“李书记，官司打得怎么样？”韩劲松问。

“打输了——”

“输了？怎么会输呢？”韩劲松愣住了。

李智全从公文包里拿出判决书交给韩劲松说："法庭判我们除了支付龙腾公司178万元工程款外，还要支付对方利息，两项共计201万元。"

沉默——法庭判决结果出乎了三叶决策者的意料。

韩劲松接过判决书，没有看，自言自语说："201万——等于我们卖300吨干胶的收入啊！"

"韩场长，我没能为场里打赢这场官司——"

"林副书记，这不怪你。"韩劲松摆摆手说，"你俩坐下来，我们分析一下看看官司输在哪里。"

李智全和林诗锦同坐在靠前窗的沙发上。

"这场官司我们主要输在缺少人证和物证上。"林诗锦分析道，"由于我们自认为能稳操胜券，拿出的物证全部是一些书面材料，人证又全是己方的人；而对方为了打赢这场官司却做了充足的准备，拿出的人证、物证都压住了我们——我们是小看了对手的实力。"

"林副书记，下一步我们该怎么办？"

"反诉。向省中级人民法院提起上诉，同时向检察院提起公诉，请求他们介入。"

"你的意思是反告他们？"

"对。"

"李书记，你认为怎么样？"

李智全沉吟了一会儿，说："反告他们对我们有利，但这么一来，官司的性质就不同了，我们就得彻底撕破脸皮真枪真刀对着干了。我和赵为民既是同乡又是同学，每年春节回老家，我们两家都要聚一回，喝一次酒，今年怕是要聚在一块打架了……"

又是一阵沉默。

韩劲松点燃一支烟，一口接一口地抽。

“喝酒也罢，打架也罢，既然官司打开了，就打下去吧！”李智全说，“反正我这个恶人也已经做了，就做下去吧。”

“林副书记，官司的事还得由你牵头负责，曹刚和他的纪审科从今天起不用再下队护林保胶，由你调遣，你需要什么场里就支持什么，一定要打赢这场官司。”韩劲松说完后又自言自语道，“下一场官司我们能打赢吗？”

林诗锦叹了一口气说道：“我们尽力而为吧。”

七十四

“笃、笃、笃——”

“笃、笃、笃——”

“秀文，起床了；秀文，起床了。”

“谁呀？三更半夜敲什么门呀？”

“秀文，我是乐哥，起床下队了。”

一听“下队”两个字，王秀文条件反射地从床上翻起，按亮电灯，快速穿上迷彩衣裤。他收拾好东西打开门，黎文乐已穿着一身迷彩服站在门口了。

“乐哥，几点了？”王秀文睡眼惺忪地问。

“快到3点了。”

“哎呀，3点钟要集中下队你怎么现在才叫我呢！”王秀文慌忙拿牙刷、牙膏打水到走廊边洗漱起来。

“我敲了半天门，你一点也没反应。”

“这段时间天天半夜三更起床下队困死人了。”王秀文边刷牙边埋怨道，“这些偷胶的家伙，害得我们连觉都睡不安宁，我今天要抓到一个拉去枪毙了！”

黎文乐笑道："秀文，拉去枪毙时还要说'我代表三叶人民宣判你这个偷胶贼死刑！砰！'"

王秀文扑哧一声笑起来，睡意一下全无了。他刷好牙，穿上解放鞋，拿起手电筒带上门跟乐哥下了楼。黎文乐驾着黑色的嘉陵70摩托车载着王秀文朝机关大楼开去。

"乐哥，我们今夜要去哪里？"

"苏科长刚才打来电话说去山猪岭区，具体去哪个队他没说。"

"白天要上班，夜里还要跑来跑去，我们都快要变成夜游神了。"

"天天坐办公室会坐出病来的，下去跑跑就当锻炼身体吧。"

"这么锻炼身体下去，会锻炼成神经病的。"

两人说话间，摩托车开到了大楼的台阶底下。台阶两边的墙报栏下面三个一群五个一堆坐满了准备下队的机关干部。广场右侧停着三辆东风大卡车和一辆三菱越野车——这是准备下队用的。

黎文乐把车架好，苏俊才就过来告诉他们不用开摩托车下队，全部改乘东风大卡车下去，哪个组去哪个队到时再通知。

周自成、陈惠明和梁军三人从派出所值班室走了出来。韩劲松和李智全今天要到局里开会，严守纪要带人下去查岗，林诗锦在家里要策划打下一场官司，只有周、陈两位场领导带队下去。

三人走下台阶，周自成大手一挥，低声说："上车出发！"

三辆载着机关干部和保安员的大卡车跟在越野车后面徐徐开出场部，在三角街区路口拐向西去的公路，遁入了茫茫的夜色中。

车辆越过盘山公路，穿过山猪岭电站大坝，驶入深山沟坳，在三十六队球场停住。乘大卡车的人在车上待命，周自成、陈惠明和梁军三人从小车上走下来，早已等候多时的队长何书平急忙迎上去，敬了一个军礼，低声说："周副、陈副、梁所长，你们辛苦了。"

"何队长，今天割哪号位？"

“1号位，是涂药第一刀。”

“1号位在什么位置。”

“主要分散在万泉河上游顶头西岸一带，与二十九队的林段隔河相望。胶工都上岗割胶了。”

“何队长、陈副场长带着四个组23个人留在这儿，你们组织安排，我带人分头去二十九队和三十五队。”

“好的。”

周自成点出宣传、劳工、经管、财务四个组和部分保安员留下，就和梁军带着另两辆卡车倒转车头向二十九队和三十五队开去。

何队长小声问陈惠明：“陈副，来这么多人，是不是有什么情况？”

“没有什么情况。”

“那——”

“场里只是例行埋伏保胶。”陈惠明轻叹了一声，小声说道，“偷胶分子跟我们捉迷藏，我们也只好陪着他们捉迷藏了。在此之前，我们已经在二十七队、二十八队、三十队、三十二队、三十三队进行了类似的埋伏。何队长，你现在就带我们去1号位埋伏，注意不要惊动胶工。”

“好的。”

何队长叫来指导员老冼，两人领着机关干部乘着夜色从两个方向悄然进入1号林段的外围，然后两人一组在一号林段的主要岔道和出入口埋伏下来。

黑乎乎的橡胶林里，一盏盏灯光在黑夜里闪烁。胶工们正全神贯注地埋头割胶，浑然不觉在他们周边已经有许多人悄悄地埋伏在杂木草丛里。

黎文乐和王秀文两人被安排在通往河边的一个胶林出口处埋伏蹲守。黎文乐随手撸了两把飞机草，递一把给王秀文说：“把草叶揉出汁来擦在鞋上，蚂蟥就不敢爬上来了。”

“谁教你的?”

“昨天去三十二队一个老工人教我的，试试看灵不灵。”

两人揉碎飞机草，连汁带叶涂抹在鞋和脚上，然后两人在路边的一堆草丛里坐了下来。

一个小时过去了，没有任何动静。王秀文忍不住小声说：“乐哥，我们一会儿分散行动一会儿又集中行动，这样做能抓到人吗?”

“守株待兔和守株待贼的结果大概都是一样的吧？就是抓不着贼吓吓他也好。”

“守株待贼有用吗?”

“那你说该怎么办?”

王秀文沉默不语。

“哎，秀文，现在有没有想过水秀?”

“想——想又有什么用呢?”

“她有没有给你写过信?”

“没有。”

“她有没有给你打过电话?”

“没有。”

“秀文，你说水秀她在深圳现在怎么样了?”

“第一次施肥我去了水秀家，她妈亲口对我说，水秀在广东看上了一个香港老板，有钱人，那意思是叫我不要自作多情了。”

“她结婚了?”

“不知道。”

“秀文，我虽然不是很了解水秀，但凭我的观察和直觉，我感觉水秀不是那种贪图富贵的人，也不是那种见异思迁的人——”

乐哥的话很合王秀文心意，可他嘴里却说道：“乐哥啊，社会在变，环境在变，人也会变的。何况是在广东深圳那个地方。深圳现在是全国最开放的地方，是个大染缸，是个人到了那个地方都会变色的。水秀她会变成一个什么样的人，我自己都不敢说。”

“唉——”黎文乐轻叹了一声不再言语了。

天色不知不觉放亮起来。林段里的胶树渐渐清晰起来，就连附近胶树身上流着胶水的割线也清晰可见。

“乐哥，天都亮了，看来今天是不会有情况了吧。”

“没情况总比有情况好啊。天都亮了，我们也出来活动活动吧。”

两人站起来，钻出草丛，在林间小路上活动手脚关节，检查腿脚被蚂蟥叮咬情况。不知是飞机草汁起了阻遏作用还是这里的山蚂蟥少，他俩竟然没被蚂蟥叮咬。

“乐哥，看来这飞机草还真有点效果。”

“管他有效没效，以后下队埋伏就先扯一把飞机草抹一抹再说。”

“乐哥，你发现没有，这里的早晨真美啊！你看哪，橡胶林里薄雾缭绕，那边河面上水汽氤氲，迷迷蒙蒙，分不清哪是水哪是地，哪是景哪是雾。这里没有尘世的繁杂，没有人间的纷争，有的只是原始一般的宁静和安详，人置身其中，真有一种超凡脱俗的感觉啊！”

“秀文，你是不是有什么灵感来了？我好像很久没看见你在《农垦报》上发表文章了。”

“唉，1997年对前途迷茫惶恐，1998年为生计奔波操劳，灵感早已经消失很久了，哪里还有什么文章发表？”

“秀文，你想放弃写作这个爱好吗？业余写作的人虽说没有多少物质回报，但他能从中得到乐趣，能得到情感的寄托和心灵的慰藉，那是一块灵魂的家园啊！秀文，不要放弃了。”

“乐哥，灵感消失不等于就放弃了追求。我过去产生的灵感，大多是一些幼稚的带有理想主义冲动的那种灵感，现在想起来我自己都觉得可笑，消失掉也罢。乐哥，经过这一年多的风风雨雨、坎坎坷坷，我的思想仿佛从一个世界跨到了另一个世界，旧的灵感消失了，或许新的灵感很快就会来的。乐哥，你想听诗歌吗？我早有一首诗歌在心中形成了，只是没有写出来而已。”

“什么诗歌？念出来听听。”

王秀文站好姿势，面向胶园念起来——

橡胶园，我灵魂的家园
从我生命诞生的那一刻起
我就吮吸着母亲的乳汁和橡胶的乳液长大
橡胶树呵
你那绿色的叶片
早已经融入了我的肌肤
化成了我生命的养分
你那洁白的乳汁
早已经注入了我的血管
和我的血液一起流淌
你生生不息
我便会与你一起同生不灭
橡胶树呵
你是我生命之树
橡胶园呵
你是我灵魂的家园

“好，很好！”黎文乐拍起掌来，“秀文，这首诗，虽然粗糙了一点，但和你以前写的诗文相比，我觉得有一种脱胎换骨的感觉，有一种凤凰涅槃的感受，听了让人感到痛快淋漓啊！这样的诗歌，用笔是写不出来的，只有用心去写，才能够写出来的。秀文，你回去赶紧写出来。”

“不用写也忘不了，这首诗已经刻在了我心里——”

“哎，秀文，不说了，有一个妇女朝我们这边走过来了。”

王秀文抬眼望去，果然看见一个中年妇女从林段里径直向他们走来。她手里提着一只肥料袋，肥料袋底部胀鼓鼓、湿漉漉的，一看就知道装的是大胶块。

两人拦住了中年妇女的去路。一盘查，她手中的袋里果然装着刚凝固的大胶块，足有10多公斤。王秀文问她大胶块是从哪来的，那妇女低下头闭口不语。

“不说是吧？不说就跟我们回队里去说清楚。乐哥，你带她先回队里去。”

“那你呢？”

“时间还早，我在这里再守一会儿。”

“秀文，你一个人——”

“光天化日有什么好怕的？你回去吧。”

“我们一起回吧。”黎文乐不放心他一个人留在这里。

“都走光了，这路口没人守，等下又来了一个扛胶块的怎么办？”

黎文乐只好提起肥料袋，带着中年妇女沿林间小道朝连队方向走了。

王秀文靠着路边的一株橡胶树坐下来——忙碌了这么多天，今天总算逮着了一个偷胶嫌疑人。他坐了一会儿，真的又有两个30多岁的男人肩上扛着大半包鼓鼓的肥料袋从林段里面朝河边路口走来。这两人一高一矮、一瘦一壮，高瘦的留着长发，矮壮的剃着光头。

王秀文等他们走近了，猛然站起来拦住了他们：“站着，肥料袋里装什么东西？放下来，我要检查！”

长发和光头先是吓了一跳，待看清楚拦路的是一个书生气十足的年轻人后，马上又镇定了下来。

光头噗地将肩上的肥料袋甩在地上，说：“袋里装的就是大胶块，就是从你们林段里收来的，你想怎么样？”

长发也跟着撂下肥料袋，嘿嘿干笑道：“我肥料袋里装的也是大胶块，就是用你们农场的胶水凝固的。你想怎么样？是不是要抓我们两个回去领奖金啊？”

“农场胶水是国家财产，你们偷收农场胶水，搞成大胶块拿去卖是违法的——”

“咿呀——口气还不小啊！我们就是违法了，你来抓啊，来啊！”

“别跟他啰唆！”光头露出凶相，“喂，你最好走开，不要在这里挡路！”

“我要是不走开呢？”王秀文也学着光头的口吻说。

“你敢挡老子的路，我扛你去沉河！”光头指着万泉河凶狠地说。

“啊呀，我不懂游水，你们千万不要扛我去沉河啊，我这个人很怕死的——”

“他妈的——”光头看天色大亮，不想跟王秀文纠缠下去。他按下火头，示意长发走人。

两人重新扛起肥料袋，避开王秀文，走下环山行，想从橡胶行溜走。

王秀文一个箭步冲下胶行，又堵住了他们的去路。

“看来你今天是想跟我们哥俩过不去了！”光头发出了威胁。

“这话你说反了，明明是你们想跟我过不去啊。”

“你——想怎么样？”

“不想怎么样。你们跟我走，回三十六队队部去！”

“他妈的——”光头突然丢开肥料袋，弯腰捡起一根橡胶木棍，朝王秀文头砸去。

“噗”的一声，王秀文的左额头拱起一个包。

“不痛，你再打喽。”王秀文像一块石头一动不动地站着。

光头又一棒砸过去。“咔嚓”一声，手腕粗细的木棍断成两截。一道鲜血从王秀文的两眉之间流下来。

“一点都不痛，有种的你再打!”王秀文依然一动不动。

光头手握半截木棍，看着满脸是血的王秀文，心里发怵了。这个看上去文文弱弱的人头上挨了两棍满脸流血了还要叫你打——今天是碰上一个鬼人了!

光头愣了片刻，突然丢掉木棍和肥料袋，叫声“快跑”扭头转身就跑。长发也吓得丢下肥料袋，拔腿拼命跟着跑。

王秀文“呼”地冲上去，像火药爆发一般猛扑在光头的身上，两人倒在地上扭打起来。两个人在地上滚了几滚，王秀文就把光头按在下面，他抽出右手攥拳朝着光头大鼻子狠击了一拳。“欻——”光头大鼻子流出了血，双手捂着鼻子哇哇乱叫。

长发跑了五六步回身想救光头，可一看这架势知道今天碰上一个不要命的人了，他彻底慌了神，撂下同伙拼命跑了。

王秀文压着光头又挥拳朝他的左眼眉狠击了一拳，“嘭——”光头的左眼眶瞬间黑了一大块。

“不用打了，不用打了，我投降，我投降!”光头哭叫起来。

王秀文第三次举起拳头，说：“知道鲁智深是怎么打镇关西的吗?”

“不知道。”

“我第三拳往哪里打?”

“不要打不要打了！我服了我服了!”光头哭叫着——他压根也没想到这白脸书生比他下手还狠。王秀文松开手，站起身，喝道：“起来！把这两袋大胶块给我挑回队里去。”

光头慌忙爬起来，捡了一条木棍，挑起两袋胶块，老老实实地朝连队方向走去。王秀文在后跟着，两个人一前一后走出胶林，走进了三十六队居民点。王秀文又命令光头挑胶块去队部。

此时，陈惠明和机关其他小组分散在各林段埋伏都没回来，队部里只有何书平、黎文乐和那个偷收胶水的妇女。

何书平和黎文乐正聊着天，突然看见走进两个脸上带血的人，都吓了一跳。

黎文乐一眼认出了王秀文，吃惊地问他怎么回事，王秀文把情况简单地说了一遍，然后说：“何队长，打电话叫场里派车来，把他们两个先押回去。”

“何队长刚才已经打过电话，车一会儿就到。”黎文乐说。

何书平看王秀文额头上还在流血，赶紧去找来了卫生员。卫生员刚把王秀文伤口处理好，三叶派出所那辆专押送人的拖厢吉普车也开到了队部门口。

管后勤的干警黄健带着机动组的三名保安从车上走下来。他们简单了解一下情况后就把光头和那妇人押上警车。

吉普车刚发动引擎，连队西头路口突然出现了10多个剽悍的男子，他们手里持着棍棒、钢管、钢筋朝着吉普车冲过来，把吉普车团团围住。

领头的是一个右额左脸上斜卧着一条刀疤痕的大汉。他一脚踩住车头的保险杠上，说：“不准开车，关火！车里的人统统给我出来！”

“老大，老四就在车厢里头！”刚才在河边林段逃跑的长发指着警车喊叫。

“他妈的，敢在我的地盘上抓我的人！”那个被称作老大的“刀疤脸”抬手一指说，“把车门给我砸开！”

10多人一拥而上，挥起手中的棍棒、钢管、钢筋对着车子乒乒乓乓一阵乱打乱砸。

黄健没带手枪，见对方人多势众，手持凶器，不能硬拼，就下令保安离车撤出，迅速退进队部里。

有两个砸车人钻进警车，把光头和那些大胶块抢了出来。

刀疤脸一挥手，这伙人停止砸车，聚集在队部门外。

“老七，你认一认，刚才是谁拦路打伤了老四？”

长发扭头瞟了一眼办公室，尖叫道：“打老四的人在里面，头上包纱布的那个人，就是他！是他打的老四！”

刀疤脸指着队部大门，大声叫道：“你们听好了，把屋里那个包头的人拉出来打，打死了我负责！”

围攻干警、保安的十几号人，又挥着棍棒、钢管，哇哇怪叫着朝办公室冲去。

黎文乐看到情况不妙快步上前把大门关住。

外面越叫越凶。有几个人跑到前窗，抡起钢管，对着钢筋水泥的窗户，砰砰砰地乱砸起来。

在这危急时刻，何书平突然打开门，一人走出来，挺身挡住了这伙人。黄健也走出来，站在他左侧后。

“我是三十六队队长，你们这么做是犯法的，请你们立即停手！”

刀疤脸根本看不上这个中等个头的队长，抬手一指：“就打他！”

一个满脸横肉的大汉冲过来，他两手握着一根粗木棍，举起来照着何书平的头上砸去。

说时迟，那时快，何书平向右一侧身，下面猛一记扫腿，这大汉就扑通倒地，摔了个狗啃屎，痛得木棍丢在一边，爬不起来。

何书平后退一步，叉开两脚，两手反剪身后，厉声说：“告诉你们，老子1979年参加过自卫反击战，是从死人堆里爬出来的，哪个不怕死的，就上来!”

对方十几人被何书平的身手和喝声给震慑住了，他们都看着老大刀疤脸，等他的反应。

刀疤脸先是一惊，突然仰面怪笑几声，恶狠狠地说：“当过兵打过仗又怎么样？老子不怕你!”他阴着脸，眼露凶光，冷笑着一步一步走近何书平。

何书平两手垂放下来，两眼只盯着他的手脚。

刀疤脸突然出拳朝何书平面部击去。

何书平抬左手一挡，手掌顺势翻转往下一捋扣住了对方的右手腕。趁刀疤脸还没来得及反应，何书平上步贴靠，右手箍住他的右胳膊，一转身就把他摔趴在地。

何书平仍不松手，半蹲右腿抵着刀疤脸后背，右手捏死他的三根右手指一拗转，刀疤脸就疼得啊啊大叫起来。

“知道老子在部队是干什么的吗?”

“不知道，不知道。”

“老子在部队干的是侦察兵，专抓俘虏的！服不服?”

“服、服……”

“以后还敢不敢来三十六队闹事?”

“不敢了不敢了。”

何书平松开刀疤脸，站直身喝道：“起来滚!”

刀疤脸爬起来，一瘸一瘸头也不回就走了，那十几个人也慌忙跟着溜走了。

在左侧边站着随时伺机而动的黄健走过来说：“何队长，他就是王三，大屋村偷卖胶团伙的头目，他刚才袭警、砸警车，妨碍执行公务，干吗要放走他?”

“他们人多势众，手里还有凶器，真要都动起手来，我怕他们狗急跳墙会造成伤亡。暂时放了他，他跑不了的。”

“何队长，看不出来，你还有一身功夫啊！去哪学的，教我几手吧？”

“我小时候练过武术，参军后又在部队练过擒拿格斗，对付几个烂仔不成问题。你想学，没有问题。现在的问题是赶紧用警车把头受伤的王秀文送去医院。”

黄健应声走进队部和黎文乐一起扶着王秀文上了警车。警车送王秀文去医院治伤按下不提。

在其他林段蹲守的陈惠明得知连队出状况后，立刻派人通知各路埋伏小组跑步赶回队里，并用手机向正在二十九队指挥保胶的周自成报告了此事。

周自成和梁军乘车赶到三十六队时，围攻队部的人早已散去。他一到现场就拿起手机拨打了市护林保胶指挥部的电话，大声通报了这里发生的情况。

“黑老大”王三带人在三叶农场三十六队砸警车、围攻干部的事件惊动了市委市政府。为了刹住偷盗国家天然橡胶的歪风，数日后的一个凌晨，在市委的统一指挥下，市公安局、市武警中队、市辖区内各农场派出所采取联合行动，100余名公安干警、武警乘着月色突然包围了大屋村，逮捕了王三等打人闹事的首要分子。

市委市政府的这一果断行动，不仅摧毁了以王三为首的偷盗农场天然橡胶的犯罪团伙，还震慑了其他偷胶抢胶的不法分子，有力地支持了三叶农场正在进行的改革，这是后话。

陆

七十五

入秋后，海南进入了多雨的季节。

今年9月的雨，在三叶地区尤为稠密绵长。一场接一场的大雨，常常让人感到一种莫名的惆怅和迷茫。这样猛烈而又持续不停的秋雨，对三叶农场来说，无疑是降下一场天灾，对三叶的决策者来说，又多添了一道忧愁。

大雨有时是早上来，有时是晚上来，有时是半夜来，捉摸不透的天气严重干扰了露天作业的割胶生产。橡胶林里经常出现这样无奈场面：胶工才割了一半的胶树，或是刚割完一个树位，密集的雨点就从天而降，一会儿工夫，这雨水就会和胶水交融一起往胶杯里流。为了减少损失，胶工们和天雨抢速度，在胶林里奔跑抢收胶水。抢收到的胶水，就用草帽、用衣服、用山芋叶片遮盖胶桶，自己宁愿挨雨淋，也要保护胶水不给雨水冲坏。

秋雨要是时停时来，多少还能让胶工割一些胶树收一些胶水回来，若是碰上连续多天的大雨，全场的橡胶树则要被迫停割，胶工只能望天兴叹了。

这天上午，韩劲松刚走进办公室，外面又哗啦啦地下起了大雨。窗外的景色瞬间被密集的雨帘给遮住了。

韩劲松手指夹着冒出丝丝烟雾的香烟，站在办公室窗前望着外面的雨线，心里感到阵阵焦虑和烦躁——这样的天气，9月份干胶增产就成了泡影。

截至8月底，全场干胶只完成了1977吨，离3800吨的年计划还差1800多吨；而今年剩下的割胶时间已不足4个月，如果这种天气持续到10月份，完成3800吨干胶就成为一句空话。如果3800吨产量拿不回来，不仅会影响全年财务计划的实现，还会让三叶人重新审视这场改革的作用和效果。

外面，雨仍在哗哗地下着。韩劲松心里很焦虑却又无可奈何——靠天吃饭的产业，除了对上天祈祷外，还能有什么法子呢？

林诗锦走了进来。这段时间他一直带着纪审科曹刚这帮人下去重新核查胡文斌做的工程项目，由于天天下队，他人消瘦了许多，白皙的皮肤也黑了不少。

“林副书记，这些日子你们辛苦了。”韩劲松招呼林诗锦坐下。

“韩场长，今天上午市检察院的王检官和李检官要过来协助我们办案，等会他们来了，我准备带他们到一队、二队去看那两口废井。打这两口井农场可是花了30多万啊！”

“外面下着这么大的雨——”

“11月中旬省中院就要开庭审理我们这桩案子了。今天已经是9月17日了，离开庭的时间已经不到两个月，我们还有很多工作要做，不抓紧不行啊！”

“你们下去重新核查取证，有没有遇到什么困难？”

“收过几封恐吓信，接过十几个恐吓电话，警告我不要把事情做绝了，否则——”

“否则就砍了你全家！”

“咦，韩场长你是怎么知道的？”

“我也接过这样的恐吓电话，不过没有你的那么多。”

“我老婆孩子都不在这里，他们要砍也只有我一个脑壳给他们砍。只是——”

“只是什么？”韩劲松抬眼看着林诗锦。

“这些家伙，每次打电话，不是在深夜就是在你午睡的时候，搅得你经常睡不好觉。有几次你刚刚躺下，电话铃就响了，你拿起话筒，他又不说话；你放下电话躺下了，他又打过来了，反反复复，搞得你心里烦透了，我有几次真想把电话机给砸了！”

“这些小动作更加证明他们做贼心虚。”

两人正聊着，一辆小车从大楼东侧的后门开上来，在办公室外面停下。不一会儿，市检察院的王检官和李检官穿着制服走了进来。

“下这么大的雨你们还赶来，辛苦了！辛苦了！”韩劲松走出座位和两位检察官一一握手。

宾主落座后，王检官开门见山说道：“前段时间你们那桩案子调查取证的情况，我们已经向院领导做了汇报，院领导十分重视，指示我们要全力以赴协助你们搞清这个案子。我们这次来，准备在你们这里住上几天，怎么样？”

“求之不得，求之不得啊！”韩劲松叹了一口气说，“三叶现在的状况是——很多工作都吊在那儿，上又上不去，下又下不来，我们现在真的很需要帮助啊！”

他们谈话的时候，外面的雨不知何时停了下来。天上，铁板一块的黑云赌气似的分裂成几块，各自飘浮开去，天空露出了湛蓝的底色。太阳马上从云层里钻了出来透气，它喘气间便向天下的人间万物洒下了一束束清新明亮的光芒。

大家聊了一会儿，两位检察官就提出要下去看那两口废井。十分钟后，小马开着三菱越野车就载着林诗锦、曹刚和两位检察官来到东线红旗区，在一队、二队居民点接合部的一处低洼地停了下来。

这两口废井就并列在这里。

曹刚站在井沿边向大家介绍："这两口井直径都是6米，深度都是10米。是1995年3月份由胡文斌找来的工程队开挖的，11月份完工验收。北边这口1号井共投入了18.3万元，南边那口2号井共投入了17.8万元。这两口大井打成后计划供给一队、二队及红旗区区部1000多人口的生活用水。但由于选址失误，建成后两口大井根本无水可抽，形同废井。由于这里是两个队的接合部，这两口井废弃无人管理，井沿大都被毁坏，两口井周围长满了荒草。10米深的水井也被雨水冲刷进来的泥沙几乎填平，现在两口井的深度已不足1米，成了两个大坑。"

曹刚缓了口气，继续说："4月份我们进行固定资产清理时，对这两口井进行了丈量，结果发现这两口井实际的直径只有3.1米和3.05米，与验收结算的6米直径，分别相差了2.9米和2.95米；两个水井的实际深度也只有7米和7.2米，与验收结算的10米深度，分别相差了3米和2.8米。我们请了打井的行家对水井的大小、深度、打井的难度以及使用的材料进行了核算，计算出每口井的实际投入不超过10万元。"

"这两口井给泥沙填得差不多了，你们4月份是怎么测量深度的?"王检官问。

“我们当时是跳下去，用钢筋从四个点打下去，然后取最深的点作为水井的深度。”

“这样丈量误差不会很大，但要作为驳斥对方的证据，就没有说服力了。”王检官说。

“这场官司，我们主要输在缺乏确凿的证据上。”林诗锦跟着说。

“那——我们应该如何丈量呢？”曹刚问。

“把井里的泥沙掏干净，把水井还原了再测量。”王检官说道，“还有，你们在理论上评估这两口井的实际造价也是站不住脚的。必须找到当时打井的人特别是施工员详细了解当时打井的实际情况，然后再请专家根据重新核实的材料进行造价核算。你们找过当事人了吗？”

“没有。当时没考虑这么多。”曹刚红着脸说，“不过，挖井的工人都是外来工，挖完井后他们都走了。只有施工员罗义是本场职工，他现住在场基建队。”

“这个人在家吗？”

“在。今年农场停止了所有的基建项目，基建队现在基本上是无事可做，工人都闲散在家里等待农场的安排。”

“哼，农场都成这个样了，还坐家里等待安排！”王检官自言自语说了一句，就对林诗锦说，“林副书记，我们是不是现在就去找这个姓罗的施工员？”

“好吧。我们来分一分工。”林诗锦说，“曹刚，你去队里打电话把你的三个手下叫来，今天就开始动手清掉井里的泥沙，我和王检官、李检官去基建队找罗义。”

当下他们兵分两路，一路由林诗锦带队乘车回场里找人了解情况，曹刚则去二队队部打电话叫三个手下马上过来。不久，纪审科汪海生、龚小兵和丁大雪三人就开摩托车赶到了。他们从职工家里借来了水桶、畚箕、铁铲等工具，一到井边就跳下废井干了起来。

才干了半小时，曹刚四人就全身溅满了泥浆，个个累得气喘吁吁。

“休息一下再挖吧！”曹刚丢下手中的铁铲，一屁股坐在渗水的泥沙上。三个手下也就着工具坐下来。

“曹科长，这么大的水井，光靠我们四个人挖要挖到什么时候啊？”个头瘦小的龚小兵苦着脸说，“我们要是都这么调查取证，把证取完了，我们也差不多完了。”

曹刚不语。

“小兵说得有道理。”汪海生接过话茬说，“我们是来调查取证的，不是来干农活的。晚上加班加点整理材料，白天还要来抡锄头挥铁铲谁受得了啊！叫他韩场长来干好啦，这个月我这个副科长的200多块工资全给他！”

“海生，你把工资都给了场长，你这个月的生活怎么过啊？”丁大雪点燃一支烟边抽边笑嘻嘻地说，“是不是又像1997年那样，一到周末就带着老婆孩子回外家混饭吃呀？嘻嘻。”

“你笑我干吗？去年你不也是三天两头带着老婆孩子回二十队去吃外家吗？你以为我不知道，你老婆为此还警告过你，说你再厚着脸皮天天往外家跑，小心母鸡挪窝！”汪海生说着也嘿嘿笑起来。

“我老婆说这句话你是怎么知道的？”

“怎么知道的？你老婆这句话早就成为三叶名言了，你还不知道啊？”

“汪海生，我没有跟你论什么公鸡母鸡的，你不要老往这里头钻。”丁大雪不满地说。

“好好，我不说了，咱们言归正传，就谈挖井的事。”汪海生转了话题，“科长，小兵说得有理，我们是来调查取证的，不是来这挖泥沙的。这井有多深，我们不是用钢筋打下去量过了吗？何苦又要费这么大的工夫来挖沙呢？再说这泥沙又不是我们往井里填的！”

曹刚叹了一口气，说："你们以为我想这么挖啊？这两口井就是作假报大了你拿什么去法庭证明呢？拿一根钢筋去啊？"

"那你也总不能把这口井搬上法庭吧？"

"亏你还是干纪检的，"龚小兵接过话，"科长的意思你们还不清楚啊，我们把这两口废井还原了，就可以找人来看，拿照相机来拍，这人证、物证不就都有了吗。"

曹刚站了起来，说："上场官司我们输了，主要输在缺乏证据上，下场官司我们不能再输了。官司打赢了，农场就能保住一百万。你们说我们是在这里挖泥沙吗，啊？我们是挖金子啊！别那么多牢骚怪话了，都起来干活吧。"

四个人又闷头干了起来。

话说两头。且说林诗锦带着两位检察官驱车来到场基建队，在罗家找到罗义。罗义恰好在家，一人正在小屋厅里看电视。

林诗锦向罗义说明来意。罗义略一思索就把当时挖井的情况说了出来。

林诗锦和李检官边听边做记录。

罗义讲停后，王检官又详细追问了一些打井的细节，罗义也都毫无保留地作了回答。林诗锦三人感到非常满意。

话问完了，林诗锦和李检官把笔录交给罗义要他签名，罗义意外地拒绝了："你们问什么我都可以说，但我是不会在笔录上签名的。"

"为什么不签名？"王检官问。

"我知道你们今天来问水井是为了打官司的事，打官司是农场和胡总之间的事，与我无关，请你们不要把我扯进去，我也不想被扯进去。"

"这不是扯不扯的问题。"王检官严肃地说，"这是你作为一名企业职工的责任和义务！"

“我不签名，你们也要治我的罪吗？罗义声音不大却很生硬。

“你这个人怎么这样说话？”李检官来火了。

“我怎么样说话，难道法律也有规定吗？”

“你什么态度？”李检官霍地站起来。

“我就是这个态度！”罗义声音也大起来。

林诗锦赶紧站起来，对李检官说：“李检官，我们来这里的目的基本达到了。这样吧，你和王检官先去现场看看，我和老罗再聊聊。”

林诗锦要下李检官的笔录，叫小马开车载着他俩离开了基建队。罗家房间里只剩下两人。

“老罗，这些笔录，你若不签名，我们就等于白记了。”林诗锦平和地说。

“我要是签了，这些东西就成了法庭上的证明材料是吧？如果你们需要，我还得要出庭作证呢，是吧？”

林诗锦点点头。

“胡总过去对我不错，我是不会这么做的。”

“胡文斌过去对你不错那是小恩小惠，但他们对农场的所作所为，却让农场蒙受了很大的损失，哪头重哪头轻我想你是能够掂量得出来的。”

罗义沉默不语。

“我们三叶农场，现在就像一头老牛，拉着一辆负重的旧车很吃力地往坡上爬。每一个有良知的三叶人，看到了都会忍不住地上前帮这头老牛推一把。老罗，我真的希望你也来帮一帮它，哪怕是喊句口号助助威也行啊！”

罗义沉默了一会儿，说：“我刚进基建队时，还是一个破烂工人，后来胡文斌把我送到了广州进修，进修回来后就让我当了技术施工员，这是全基建队人人都知道的。你们要我这么做，今后我还怎么在基建队立足？我还怎么在社会上做人？”

“老罗，你不肯签名，说白了就是怕落了个过河拆桥、落井下石的小人罪名，是吧？”

罗义沉默不语。

“老罗，你也知道，这场官司，原告，也就是现在的被告，是我们前任场长赵为民的大舅子。由于这层关系，我们工作组的全体成员从这场官司一开始，就已经当上小人了。特别是李书记，他和赵场长从小一块玩耍，一块上学，一块长大，又一块来三叶参加工作，两人的感情两家的关系比谁的都深，比谁的都密切。如果要这么论小人的话，李书记可算是三叶第一小人了。李书记跟我们说过，农场到了这个份上谁都还想着要做好人，不敢去做得罪人的小人，三叶还有什么指望呢？”

林诗锦收拾起两份笔记本，站起来：“老罗，你不肯签名，我们也不勉强，谢谢你为我们提供了这些情况。你忙吧，我走了。”

“等等——”罗义叹了一口气，“林副书记，你把笔录拿来吧——”

罗义拿起笔在谈话笔录后面郑重地写上自己的名字。

七十六

9月的秋雨似乎没有下够，10月初，一场场倾盆大雨又足足下了8天，这在三叶历史上实属罕见。

天空阴沉了9天后，终于又露出了蔚蓝的底色，出现了久违的灿烂阳光。待在家里憋了一个多星期的胶工，没等树身完全干去就上林段割胶了，他们一株不落地割完，恨不得一刀就把漏掉的七八刀给补回来。

上午9点，韩劲松的办公室里坐满了来找他汇报情况的人。

范海东首先向韩劲松汇报了这几天大雨损毁道路的情况：“据我们下去了解和各队上报的数字统计，这次被雨水冲坏的主干公路总长18公里，毁坏的支干公路总长33公里，冲毁的简易桥梁44座，冲毁的涵洞9个。山猪岭盘山公路段有三处塌方——”

“你不用再汇报了。”韩劲松挥手打断了他的话，“这些情况我都知道，你说说你们下一步的打算吧。”

范海东脸红了一下，说：“下一步，下一步的打算我们正在研究——”

“还有什么好研究的？你回去马上就组织公路队的人下去修路架桥，保证各区队公路畅通无阻。如果有一个队的公路交通受阻，你们就是不吃不喝不睡觉也要把路给我修通！”

“是，场长，我马上就去办，马上就去办。”范海东红着脸走出场长办公室。

朱晋良接着汇报：“场长，这9月份工资怎么发放？”

“这还要问吗，按计划发放。”

“要按计划发放。这个月就要补发部分去年拖欠的工资250万。9月份雨天较多，10月份一开始又遇上七八天大暴雨，这250万是不是挪到10月份再发？”

“我们现在不是有五六百万的盈余吗？为什么要拖到下个月发？”

“目前的形势并不十分乐观，还是量入为出、以丰补歉的为好。”

“现在不是谈量入为出、以丰补歉的时候，应该是鼓舞士气的时候。党委做出的决定不要随便更改，怎么决定的你就怎么办，不要打折扣。”

“好的。”朱晋良起身走出了办公室。

孙志远从衣兜掏出小笔记本，翻开汇报：“场长，上午全场各单位都割了胶。如果天气好的话，明天就可以全面恢复正常割胶。”

“天要再下雨，我可真的要跳楼了！”韩劲松自言自语了一句。

“场长，山猪岭区刚打来电话，说全区除了二十九队以外，河西岸那边的三十队、三十一队、三十二队、三十三队、三十四队、三十五队、三十六队7个单位的胶水今天无法运出来。”

“为什么运不出来？”

“大雨昨天虽然停了，但河水仍然暴涨，水位高居不退。他们说，今天山猪岭水电站大坝过坝的水位有四五米高，水流很急，所有的车辆都不敢从坝上开过。这7个队今天的胶水怎么处理？”

“这个还要问吗？先放大池里加高氨压着。”

韩劲松抬头往上窗外望去，远处的天空碧蓝如洗，外面的景物披满了金黄色的阳光。他收回远眺的视线，说：“天已经转晴，这样的天气，用不了几天河水就会降下来的。河水一降下来，我们再组织加工厂抢运。孙科长，那7个队的大胶池都能储存多少天胶水？”

“大约能装三四天的胶水。”

“这样就行了。孙科长，你打电话逐个通知那7个队，告诉队长支书，这几天割的胶水不能运过河，就全部放入大池里按农场的技术要求加氨保存，保证大池胶水不变质。如果哪一个队大池胶水变质了，队干部一律撤职，还要赔偿胶水变质造成的损失。”

“好的，我马上通知下去。”孙志远合上笔记本，匆匆走了。

接着江浩成、方珏、程祖荣等几个科长轮流汇报各项清理工作的收尾情况。他们汇报完后看场长心情不好，也都走了。

韩劲松对面的长沙发上还剩下一直没说话的李智全。

“韩场长，你这里经常闹哄哄的，比菜市场还热闹啊！”李智全笑道。

“唉，我这里一热闹准没什么好事！”韩劲松叹了一口气，说，“这些鬼天气真够烦人的！李书记，林副书记那边搞得怎么样了？有一段时间没跟他碰头了。”

“这段时间，他天天带着检察院的两位同志下去调查核实取证，很忙，也很辛苦。”

“工作进展如何?”

“我昨晚去他家那里坐了一下，他说实物取证基本上搞完，问题不是很大，现在的问题是缺乏证人。”

“缺乏证人?”

“林副他们找到的证人，由于存在思想顾虑，或是其他原因，要么不肯说，肯说的又不肯出庭作证，为这事他们是伤透了脑筋。不过，工作组全体成员的士气还是蛮高涨的，他们都有打赢这场官司的决心。”

“有决心就好。”韩劲松丢掉手中的烟头重新点燃一支烟，仰靠在椅背说，“这100万明明就是农场的，我现在要拿回来还得要去打官司，这是什么道理嘛真是!”

李智全举起一份文件，说：“我这里也有一件事想跟你说一下。前段时间，总局就已经放风，说下面各农场机关还要减人，现在正式文件下来了。我场属二类型企业，机关人数定编45人，不含场级领导。三叶农场被列为第一批定编单位，明年春节以前必须完成这项工作。这是文件，你看看吧。”

李智全把文件递给韩劲松。韩劲松认真看了两遍才放下，说：“年头，我们把机关23个科室一下撤并到了16个；135名机关干部减剩下了78人，缩编减员到了这个份上已经很不容易了。现在大家一口气还没喘过来，又要叫定编减员，你叫我怎么减？今年以来，大家领着这两三百块钱辛辛苦苦干到现在，眼看着企业开始有点起色了，又要我减人，你叫我减哪一个？干脆你郝局长、岳书记下来减好了!”

“企业消肿是改革大势所趋，既然上面叫减，我们就减吧。下午开个党委会讨论一下定编方案怎么样?”

“年初我一刀下去砍掉了57人，剩下的这78个人我再砍掉他二三十个还不容易!”韩劲松丢下文件说，“问题是，农场的改革清理目前正处在最关键的时候，特别是四项清理，剩下的都是些难啃的硬骨头，大家都在拼命啃骨头时候，突然又要搞定编减员，这会引起人心浮动，对工作是不利的!”

李智全沉思了一会儿，说:“我看这样吧，现在离年底还有两个多月，这事先压一压，到了12月份再说，怎么样?”

韩劲松深深叹了一口气:“也只能这么办了。”

七十七

因为河水暴涨胶水运不出去，这几天山猪岭作业区干部每天24小时轮流守候在山猪岭电站大坝西岸上，焦虑地观察着万泉河水位，期待着河水降下来。

一天过去了，河水没有退;两天过去了，水位依然纹丝不动;三天、四天过去了，大坝上游的水位不但不退，反而又涨高了几十公分。黄浊湍急的河水，不时携带着成堆的树头杂物掠过大坝，呼啸着冲下10多米深的坝底，发出骇人的轰隆巨响，撞起七八米高的水浪，令人心惊胆战。

大山里面又传出消息:万泉河上游林区正下着大暴雨，大坝的水位还会有上涨的可能。由于水位高、水流急，连平日涨水时专门搞摆渡的几条渔船也停止了摆渡，不敢过河，山猪岭地区山里和山外的水陆交通已完全中断。河西岸的7个队不仅无法把满池的鲜胶水运出来，外面的大米和生活用品也无法运进去。告急的电话一个接一个打到了机关值班室，打到场领导的办公室。

此时，在一楼会议室里，一个专题研究会议正在紧张地进行，科长主任们全部到齐开会。

孙志远拿着小笔记本向与会者汇报：“到今天中午十二点称完胶水为止，河那边7个队收胶站的大池，已经全部装满胶水，各队都还有部分今天割的胶水无法进池，临时装入胶囊里，堆放在收胶站。各队存放胶水的数量是：三十队有20多吨……”

“孙科长，你报准确一点！”韩劲松突然打断孙志远的话。

孙志远愣怔了一下，又继续说：“三十队有23.12吨；三十一队有24.53吨；三十二队有23.72吨；三十三队有25.88吨；三十四队有25.56吨；三十五队有35.84吨；三十六队有33.69吨；七个队总计有192.34吨胶水。到目前为止，各队大池里的胶水都没有变质，但因为存放的时间过长，已经很危险了。如果我们不在一两天内把这些胶水运出来，不但192.34吨胶水难保，七个队的割胶生产也会因为无处存放胶水而被迫全面停割。现在的问题是，大坝上游的水位不但没有退，反而又涨高了几十——涨高了81公分，加工厂的东风运胶车无法过坝，也不敢过坝。情况就是这样。”

“还有一个问题是比较严重的。”李智全接着说，“由于河水持续暴涨不退，艄公不敢冒险摆渡，山里与山外的交通已经中断近半个月，对岸那边的日常生活用品特别是大米已经很紧张，有几个队的队长今天中午已经把电话打到了我家里来了。所以这个问题也要一起研究解决。大家议一议，看看有什么好的解决办法。”

“大车不敢过坝，船不敢渡河，还能想出什么好的办法来？”程祖荣摇摇头说，“现在是火烧眉毛了。我看不如让大池里的胶水坏掉当大胶块卖算了。”

“那样损失太大了。”周自成立即反对，“程科长，你少提这样的馊主意。”

“我这馊主意总比让7个队二三十万株橡胶全部停割要强吧!”程祖荣不紧不慢地说，“这7个队的胶树要全部停割了，损失比卖胶块还要大!”

沉默，还是沉默。

韩劲松拧着眉头一言不发。右手指夹着香烟一直搁在台面上——这是他心里焦虑的表现。

“如果艄公敢摆渡，我倒有一个主意。”江浩成打破了会场的沉默。

“有什么办法?”韩劲松直起了腰。

“如果艄公敢摆渡，我们可以用人工抢运胶水，分三步把胶水运出来。”江浩成接着说道，“第一步，先集中人力把这7个队的胶水用胶囊装好运到河边；第二步，用船把胶水运到河对岸；第三步，加工厂运胶车开到东岸停靠，待船把胶水运过来后，又用人工把胶水扛上车倒进车罐里，再运回加工厂，这样问题就解决了。还有，如果艄公明天敢摆渡，我们就用他们的船把大米和一些急需的日用品顺带运过河去，这样也就可以解河西岸那边职工群众的燃眉之急。”

“这个办法——倒也是一个办法。”韩劲松说。

“如果艄公不肯摆渡怎么办?”严守纪提出疑义。

“重赏之下必有勇夫!”刘金福插话进来，“如果我们多给他一点钱，我担保艄公一定会答应摆渡的。”

徐克坚笑笑说：“刘主任，你以为人人都像你这样一见钱就眼开吗?”

“我见钱眼开?你没听说过瞎子见钱眼都开吗?老徐，我跟你没冤没仇，你怎么老跟我过不去呢?真是的。”

“不要说了，就这么定了。”韩劲松打断了他俩的话，“刘主任，你马上去渡口征用渡船；他们要多少钱就给多少钱不要讲价，天黑以前你必须把这件事落实。如果艄公同意明天撑船摆渡，除打官司这组人外，明天上午机关全体男干部下去过河运胶水。我这里先安排一下，孙科长，你负责通知山猪岭作业区各队，明天做好人工运胶水的准备，河那边所有能开动的机动车包括三轮车农场全部征用运胶水。从各队大池运到河边这块，由周副负责指挥；胶水运到码头后，卸货和搬运胶水上船这块，由我和陈副负责指挥；船把胶水运过河后，由加工厂组织人力负责把胶水扛上车倒入大罐，这一块由李书记和严主席负责。中午饭在各队吃工作餐，不管干到什么时候，明天一定要把192.34吨胶水全部运出来。人员分组由生产科孙科长负责。”

“我补充两句。”李智全竖起一个指头，“第一，明天过河抢运胶水，不论哪一组，都要保证绝对安全，安全第一，大家一定要记住了。第二，刘主任，你还有一项工作，你办公室会后要马上派专人统计好河对岸7个队急需的各种生活物资，并提前做好采购待命。”

“是！我坚决完成任务！”刘金福向李智全行了一个美式手礼。

散会后，刘金福不敢怠慢，立即驱车去渡口找船老大。凭着他多年的嘴上功夫，很快就说动了4位艄公答应明天摆渡，为农场运送胶水。

韩劲松得到消息后，挨个打电话给各科室头头，要他们按开会的要求布置下去。继五项改革、四项清理和集中下队施肥之后，三叶又一场史无前例的胶水抢运大战拉开了序幕。

第二天上午，太阳刚从天边露出半边脸，在万泉河东岸、在大坝上游200米远的一块临河开阔地上，就站满了机关下来的男性干部和从加工厂抽调来的青壮工人。

他们面前的万泉河，没有了往日的一水青绿，没有了往日的平缓温柔，而变得黄浊、湍急和凶猛起来。由于水位高涨，平日只有100多米宽的河面又宽出了近100米，由一条人眼皮底下的河道，变成了一条横亘在人胸前的宽大河流，让人望而生畏。

高出坝面五六米的河水，接近坝顶时，快速移动，然后像一堵高墙颓然倒塌，排山倒海般往坝底下撞去，发出轰隆、轰隆巨响，震耳欲聋。

机关干部脚下的水边，有4条6米见长、1.5宽的木制渔船一字排开，船舱里铺满了一包包准备运过河去救急的大米。

一切准备就绪后，韩劲松下令渡河。然而，人上满船后，4位艄公看到河面宽阔水流湍急，临时改变了主意，不肯摆渡了。任凭刘金福怎么劝说，他们只是蹲在岸边就是不肯上船。

韩劲松指挥人上满4条船后，看见艄公还蹲在地上一动不动，就走过来说："你们还等什么，赶快撑船渡河呀！"

4名艄公耷拉着头，没动也没有吭声。

"他们是怎么回事？"韩劲松问刘金福。

刘金福摊摊手说："他们说河水太大，不敢划船。"

"昨天不是说好可以渡河的吗？今天我把人马都调来了又说不敢划船，刘主任，你开什么玩笑？"韩劲松口气很冲。

刘金福又摊摊手说："昨天他们是这么说的呀，谁知道他们今天会变卦——"

韩劲松心里烦躁起来，他耐着性子问最年长的一个艄公："伯爹，你们昨天不是答应我们可以撑船渡河的吗？"

"我们昨天这么说，是估计今天水位会降低一两米。可今天一大早，我们起来看河水，还真见鬼了，这河水到现在一点没降，还涨高了。你看，我昨天插的木棍今天被水浸去了一截……"

"如果你们认为我们给的价钱低，你尽管开口，你要多少我们给多少，决不还价！我是场长，说话算数。"

老艄公愣了一下，说："话说到这个份上，我也不想再说什么了。这样吧，你大声喊一喊，看看有谁敢第一个撑船过河，如果有，我就第二个跟上。”

这话把韩劲松给难住了——他们不敢摆渡，谁还敢摆渡？他本来就烦躁的心愈加烦躁起来——如果对岸那边7个队的胶水今天再运不出来，就意味着明天20多万株橡胶树就要全面停割，停割一刀就要损失20多吨鲜胶；如果大池里的胶水一旦变质，那损失就更大！这该死的天气！该死的大雨！该死的大水！该死的——

“场长，我来试试。”一个圆润而坚定的女中音从背后传来。

韩劲松转过身，大吃一惊：“陈副，你——你要撑船？”

陈惠明上穿大翻领白色小花格子短袖衬衫，下穿深黛色长裤，这身衣服使人显得格外精神。她微笑说：“撑船有什么大惊小怪的。我是在万泉河边玩大的，抓鱼摸虾，游泳撑船，什么没干过？机关大楼背后那段河，过去发大水时比这里还吓人，我年轻的时候不但敢撑船过河，我还敢一个人从河这边游到岸那边去哩，没什么大不了的。”

韩劲松不敢表态——陈惠明不仅是一个妇女，还是一个场级领导，万一有个闪失谁也负不起这个责任。

李智全也急忙走过来，严肃地说：“惠明，你别乱来啊！这里不是你逞强的地方，你现在也不是20多岁的女孩子，你别乱来啊！”

4名艄公都抬起头，用惊诧的目光看着这位语出惊人的中年妇女。

陈惠明不再说话，脱掉凉鞋，弯下腰一截一截叠起裤脚，直起腰两手往后挽了挽齐耳的短发，就走到船边，轻轻一跳，整个人稳稳落在船尾上。

岸上的人还没反应过来，陈惠明就拔起长长的竹竿，叫声大家坐好了，然后两手握着竹竿回头往岸边轻轻一点，猛一使劲，载着一船人和大米的木船就缓缓破开水面，轻盈地滑了出去。

她叉开两只大脚板，面向南侧站定，两手攥着竹竿不慌不忙戳入水底泥地，压下身体用力一顶，那船只就像识性似的顶着水流斜插上去。随着长竹竿上下来回抽动，船只快速驶入河心。渔船划到深水处时，陈惠明放下竹竿，操起木桨在左舷快速划桨。整只船继续逆流前进。接近河心急流时，水流按下了往上冲的船头，木船在河心划了个弧就掉头朝下游划去。陈惠明不慌不忙，借力顺流划桨，渔船在水流和人力的双重作用下，向下斜漂过湍急的河道，进入了缓水区。这时她才坐下来，左一桨右一桨从容调整船只方向。待木船进入浅水区与大坝平行后，她才放下木桨，拿起竹竿，熟练插入水中戳入河底，使劲一顶，渔船如箭一般朝河岸冲去，准确地停靠在西岸的简易码头边。

"哇！"——两岸的人都看呆了，韩劲松也长长地松了一口气。

4名艄公站在河边目睹了陈惠明撑船、划船过河的全过程。这位妇女刚才摆渡时，什么时候用竿什么时候使桨，什么时候改变方向，什么时候用力，什么时候借力，把握得相当准确，摆渡技术丝毫不逊于他们，着实厉害！

这时，有一条小木船从上游靠着东岸水边漂了下来。船上撑竿的人上穿白色背心、下着高挽裤脚的绿色军裤。他两条腿叉开，像两根铁钉钉在船上。内行的人一看他这站船姿势就知道又一个撑船的行家里手来了。

船漂近了，人们才看清，撑船的人是二十九队队长杨明亮。

杨明亮把船停靠在岸边，不等岸上人问话，就大声说："场长，听说机关干部要过河抢运胶水，我特地借了一条渔船过来增援你们。"

"杨队长，你也会撑船？"韩劲松问。

"我从小在万泉河边长大，抓鱼摸虾，游泳撑船什么没干过？发大水的时候我还敢空手从这边游过河那边去哩。"

众人哄地笑起来。

"你们笑什么？"杨明亮问道，"我说的话全是真的。"

"杨队长，你说的话怎么和陈副刚才说的话一模一样啊？"众人又哄笑起来。

杨明亮脸唰地红了："刚才我又不在这儿，我怎么知道陈副她说什么？哎，你们要是不信，我现在就撑船去给你们看。谁敢上我的船？"

"有什么不敢上的？我上。"谭东嚷嚷着第一个跳上船，接着又有4个人相继上了船。

"都坐好了，开船喽！"杨明亮吆喝着抽竹竿朝岸上一点，小木船破开水面向深水划去。

"杨队长，小心！"韩劲松刚放下的心又悬了起来。

杨明亮摆渡，不像陈惠明先用力使船逆水而上，进入主河道后再借水流的冲力顺势而下快速穿过急流，而是划着小木船呈直线直插入主河道，然后奋力划桨，驱动小木船硬生生冲了过去。木船冲过急流进入缓水区时已偏离西岸码头20多米——有惊无险，让看的人为他提心吊胆了一回。在缓水区，杨明亮很快就调整好木船方向，划着船安全停靠在码头边。

两岸的观众又个个看呆了。

4名艄公刚才看了一个精彩的"巧渡"，现在又看了一场精彩的"横渡"。他们先是替他们捏了一把汗，后又个个暗暗吐了一口气——看来三叶农场有能人啊！

韩劲松转过头，还没说话，年长的艄公就带头跳上了船。

5条船几个来回就把大米等日用物资和机关干部几十号人全部运过了河对岸。

韩劲松随最后一船人渡过了河。他刚踏上简易码头，周自成和山猪岭区的李主任就走了过来。

李主任向韩劲松汇报："我们已经按照场里的要求征用了这边所有的三轮车和简易车，一共有7辆，已经全部到位。全区干部和计时人员也全部赶到这里集中待命，请场长指示。"

韩劲松抬头一看，两台简易车和5辆三轮车从上而下一字停靠在通往码头的坡路上。他满意地点点头，说："运胶水这块由周副场长负责，具体怎么操作由他安排。周副，你说吧。"

周自成也不推辞，举起粗大的手臂喊道："科长和队长都到我这里来。"

全场干部都认得他这粗大的嗓门。各科室的头头和7个队的队长闻声赶紧凑了过来。

周自成用他那一贯威严的口吻说道："我下面布置工作，你们都注意听好，不要搞乱了！生产科到三十五队，经管科到三十六队，这两个队路途远胶水多，安排两部简易车跟过去。行政办到三十四队，劳工科去三十三队，组织科去三十二队，财务科到三十一队，派出所去三十队，剩下的科室留在码头。到各队去的科室，你们的任务，就是负责把大池里的胶水装进胶囊抬上车，然后队干部负责押运胶水到码头，留在码头的人员负责卸货和装船。另外，我还要强调三点：第一，今天我们是要用人力，把近200吨的胶水运出来，时间紧，任务重，中午大家就不能休息了，也没时间休息了，午饭就在各队吃工作餐，吃完饭马上就投入战斗。第二，各队大池里的胶水必须在天黑以前全部运过河。第三，装桶、押车、上船，不管哪一个环节都要绝对注意安全！分工、任务和要求我都讲明了，有不明白的现在就问，不要到时搞乱套了，我的脾气你们都是清楚的。大家还有什么疑问？没有就出发！"

"周副，我怎么安排？"杨明亮急忙挤上前。

"你这小子划船太吓人了，你把船让给艄公划。我看你还是有一点牛力的，你就留在码头搬运胶水吧！"

"周副，还是我划船，叫艄公搬运胶水吧！"杨明亮笑嘻嘻说。

"叫艄公搬运胶水？岂有此理！杨明亮，你嬉皮笑脸就立刻给我过河滚回你二十九队去！”

“是！”杨明亮做了一个立正，说，“服从安排、运好胶水，保证完成任务！”

周自成大手一挥：“出发！”大家立刻散开召集手下人马跳上简易车、三轮车。满载着机关干部的简易车、三轮车吼叫起来，一台接一台缓缓爬上码头长坡，然后朝着西、北、南三条方向的公路分驶而去。

三十六队收胶站就设在离队不远的路边，是一座刚建好的平顶式收胶站。简易车开到收胶站边还没停稳，江浩成就第一个跳了下来。4名手下跟着跳了下来。他们没站稳，谭东突然大大咧咧从车头里钻了出来。

“咦，谭黑子，你这个劳工科的人怎么跑到我经管科这边来了？”江浩成有些惊讶。

“哎呀！糟糕，光顾钻车头抢座位，搭错车了还不知道！司机先送我去三十三队。”谭东转身想往车头里钻，被江浩成一把拽住：“送上门来了还想走？你这头黑牛就在我这儿干了。”

“我这头牛自家的地不犁，跑到人家田里来干活，回去又要挨程祖荣的骂了。”

“你这个家伙一看见车头就往里钻，这个便宜是那么好占的？骂你活该！”伍华揶揄道。

“骂还是小事，弄不好叫你下岗可就麻烦了。”卢海川跟着说。

“什么？机关又要减员了？”伍华紧张地问。

卢海川神秘地说：“你没听说啊？机关年底又要减员了。这次减员，原则上两头切，岁数大的内退，岁数小的下岗，自谋生路——”

“哎，像我这样的人会不会给切到？”伍华又追问。

“难说。表现不好的，得罪领导的也得下岗。”谭东拍拍伍华的肩膀说，“像我这种假正经人，没准就让领导一刀把给咔嚓了。小伍啊，这次运胶水你可要好好表现一下哦！不然你就回去等着咔嚓下岗吧。”

伍华梗着脖子红着脸说：“老子也种了几百株槟榔，过几年也是小老板一个，谁怕咔嚓下岗？”

众人发出一阵哄笑，一齐蹬上台阶段，走进收胶站。

队长何书平带着两位业务干部和收胶员早就在收胶站里等候。他和江浩成寒暄了几句，就打开了胶池房大门。大门一开，房间里顿时冲出一股十分刺鼻的浓氨气味。江浩成几个猛捂住鼻子，不由得后退了两步。

“哎呀，什么气味这么难闻！”谭东捂着鼻子说，“这气味放水里能毒死鱼啊！”

何书平指着房间里那盛满胶水的大池说，“存放在大池里的胶水一直用高氨压着，哪有不臭的道理？这个味道你们是今天才嗅到，我们这几天，是天天都要嗅它好几遍呢！”

“何队长，这种味道我嗅一次就快要晕倒了，你们一天还要来嗅好几遍啊？”伍华说道。

何书平苦笑道：“场里每天打来几个电话，一来电话就下死命令，要我们每天必须检查大池三次，严防胶水变质；否则胶水一旦变质，不但要追究队干部的责任，还要赔偿经济损失。哎你说，这满满的一池胶水30多吨啊，要真的变质叫我们赔偿，我们几个干部就是倾家荡产也赔不起啊！不过，这大池里的胶水也真有点不妙了。你们看，有的地方开始冒豆腐花了，你们再不来把胶水运走，那可真麻烦了。”

江浩成说：“时间不早了，我们动手干吧。”说着就想走进去。

何书平一把拽住江浩成：“江科长，房里头的气味我们嗅惯了，进大池舀胶水的活由我们来干吧，你们在外头接应把胶囊扛上车就行了。”

“好吧。”江浩成表示同意。

当下他们分头干起来。大池里乳白的胶水被一小桶一小桶舀起来倒进漏斗，咕噜咕噜流入25公斤装的黑色圆形胶囊里。胶囊装满了胶水，负责搬运的人就按下凹形里盖，再拧紧外盖，然后连提带扛搬上简易车厢。

谭东一提就两胶囊。他左右开弓，一口气就提上车码叠好。转回来时，看伍华只提一桶，就比手画脚拿他开涮："小伍啊，你两只手提一个胶囊，你看，这样走这样走，歪歪扭扭的多难受啊！你看人家卢海川，人家话不多，干活从不偷懒，每回提两桶一手一个多潇洒……"

"谭黑子，你别把我扯进去。"卢海川白了谭东一眼说，"没人规定一次要提两桶的。"

"对对。不过谁都提两桶，只有你小伍提一桶，表现不佳啊，咔嚓下岗肯定有你的份了。"

"谭东，干活就干活，你别老是谈东谈西的。"伍华没理会他，双手提着一只胶囊朝车厢走去。他码好胶囊往回走时，谭东又一本正经地说："韩劲松在大会上说了，三叶的改革清理现在已经到了最关键的时候了，大家都要使出十二分的力气！小伍啊，我刚才可是用尽了全身的力气啊，你呢，你用了几分力气？"

"刘黑子，这里面我个头最矮，其他人也有一桶一桶提的，你讲他们去啊，干吗老跟我过不去。"

伍华受不了谭东的调侃，这回他不敢再提一个胶囊，也硬着头皮一手一个拎了两个胶囊。两胶囊胶水少说也有百来斤，这下可苦了个头不高的伍华，他龇牙咧嘴，半拖半提，摇摇晃晃地朝车厢走去，还没走进车厢就停下来大口大口地喘气。

谭东提着两胶囊从后面追了上来，一口气搬上车码好，才回头笑道："你没有金刚钻，就别揽这瓷器活。你提不了两桶，就不要逞能，韩劲松又不在这里，你表现给我看有什么用呢？"

"谭黑子，我左你也说不是，我右你也说不是，你到底想要我怎么样?”伍华有些火了。

“嘿，你这个人，开句玩笑都不行。嗨，还要当老板呢！你这个肚量今后怎么当老板呀?”

大家都笑起来，伍华也跟着笑了。

只半个多小时，简易车就装满了胶囊，然后在队业务干部押运下，突突突开出三十六队，运到了大坝码头。

守候在码头的人看见有车来了就一拥而上，七手八脚卸下胶囊，一桶一桶小心搬上渡船。放在船舱里的胶囊两桶为一排，从船头一直排到船尾。胶囊排满了船舱，艄公就撑船把它们运过河去。

守候在河对岸的人早已排成了龙形长队，船一靠岸，龙头前面的人就跳上船，卸下胶囊，传给身后的人。胶囊下船后开始接力，一个传一个，一直传上龙尾的大卡车上。站在车罐顶上的两个人接过胶囊后，拧开外盖揭开里盖，再一起用力把胶水倒入大罐里……

冷清了十几日的河坝两岸又喧哗热闹起来。山猪岭大坝两头用水泥砌成的观光高台和河两岸的山梁上，站满了一群群驻足观看的人。

浑浊的万泉河，水流汹涌而下，滑过100多米长的坝顶时，一下齐齐颓塌，冲下10多米深的坝底，隆隆一声炸起五六米高的水浪。

在离大坝上游200多米的河面上，5艘木船载着一桶桶胶水不停地穿梭往返，场面摄人心魄。两边简易码头，更是紧张激烈。西岸那头，机关干部从车上卸下胶水，一桶一桶不停地扛上船；东岸这边，胶水从船上搬下来，就通过“人链”接龙一桶一桶不停传送到大卡车上，再一桶一桶地倒进大车罐里，如电影里的打仗场面一样惊心动魄!

三叶农场的这一大群人，甘愿冒着生命危险，蚂蚁搬家似的在万泉河两岸抢运胶水，看起来有几分悲壮，也有几分可怜。也许有的看官会不理解，他们为什么会做出这般近乎疯狂的举动?不理解也不奇怪，因为三叶人在困境中求生存求发展的坚韧之心，三叶人对农场对橡胶对胶水的特殊感情，恐怕也只有苍天知道，只有两岸的青山知道，和那川流不息的万泉河知道。

七十八

机关干部和加工厂职工在山猪岭大坝河段抢运胶水的时候，曹刚正带着手下人紧张地清理着最后一口大井的淤泥。

大雨停后，连续几天紧张的挖掘、铲土、提土，曹刚四人已经累得精疲力竭。他们谁也没想到调查取证还要干如此繁重的体力活。好在这两年多来，他们经过了扶树、施肥、护林保胶等多次魔鬼般的历练，已经完全从一个养尊处优的机关干部脱胎换骨变成了“能文又能武”的多面手。尽管他们很累，但劲头和速度丝毫未减。清完2号大井的淤沙泥后，实物取证工作就基本结束，这100多万能否拿回来也很快就有结果了。

“科长，你说这场官司我们能赢吗?”在上面负责提沙泥的丁大雪停住手中的活儿，喘着大气说，“要是再输了，我们又白干一场了。”

曹刚也停下手中的铁铲坐下来，说：“只要司法公正，我相信这场官司我们肯定能赢!”

“科长，如果官司打赢了，你叫韩劲松给我们每人发200块钱奖金。从年头干到现在，苦得要死累得要命，也就领这么100多块钱工资，唉，我真的是怕了。”埋头铲沙的龚小兵直起腰。

“有钱领你就该知足了。1997年半年没领一分钱大家还不是照样干。”汪海生丢下手中的畚箕，一屁股坐下来。

“你小子少唱高调!”龚小兵丢下手中的工具说，“现在全中国就数我们三叶农场的机关干部最惨了！我们这些机关干部，现在还不如一个胶工，除了大粪韩场长没叫我们挑外，什么活没干过！有这点钱领就知足了？要我说，这官司真打赢了，农场少说也要拿出几千块来犒劳犒劳我们！科头，你说是吧？”

曹刚叹了一口气，说：“这场官司要打赢了，就不单单是拿回一百万的事了。”

“还会有什么事啊？”龚小兵问。

“上场官司，我们是被告，这回是我们反告他们，如果我们赢了，和我们一起共事多年的同事，有的人可能要下岗，有的人可能要被开除，有的人还可能要去坐牢啊。”

“下岗活该！坐牢活该！谁叫他们一块同流合污呢？”龚小兵骂道。

“话是这么说，可真的要有人为这案子去蹲大牢——”丁大雪蹲在井沿上，摇摇头说，“我只想为农场保住那100万，没想过要把谁送到监牢里，唉！”

“你叹什么气？”汪海生仰头说道，“社会什么时候都这个样，该讨饭的讨饭去，该发财的发财去，该坐牢的坐牢去，有什么好叹气的？”

丁大雪扑哧地笑了一声，说：“汪副，你说这话是遵循什么逻辑啊？”

“社会逻辑！”

“什么社会逻辑？”

“社会逻辑就是你命该如此懂吗？就好像今天，机关大队人马都去山猪岭过河运胶水去了，唯独我们几个要在这里挖坑；就好像你丁大雪，在机关混了10年了吧，也只弄了个副科待遇；龚小兵呢，还是大头兵一个！这就是社会逻辑，明白了吧？”

“人有多大头就戴多大帽吧，有个副科待遇我就知足了。”

“你是副科待遇当然知足了，要像龚小兵这样在机关干了10年还是个科员，换了你丁大雪肯定不会说知足这种屁话！你这种人过去要是干地下党，被抓住了肯定是叛徒一个。”

丁大雪嘻嘻笑道：“汪副，在电影里当叛徒的人，都是些猴子相的人。像我和曹科长这种相貌堂堂的国字形脸的人从来都是正派人物。”

龚小兵对丁大雪的话很不满，仰头说：“大雪，照你怎么说来。我龚小兵就是个天生的叛徒了？”

“我不是说你，误会了——”

“好了好了，别说废话了，抓紧干活吧！林副他们等下还要过来看呢。”曹刚站起身先动手铲起泥沙来。

龚小兵也站起来嘟哝道：“我讲废话多，可我干活的工效不比别人的低啊！”

“大雪，放吊绳下来。”曹刚不理会他的话。

一条绑着铁钩的牛绳缓缓放下来。龚小兵伸手抓住铁钩，钩住了装满沙泥的畚箕。丁大雪一使劲，装满沙泥的畚箕就晃晃悠悠地被吊了上去。畚箕一吊过头顶，龚小兵总是习惯地停下活，仰头看它一尺一尺往上升，直到畚箕被拉出井口外才又埋下头干活。

龚小兵仰头看的次数多了，汪海生就忍不住说道：“我说小兵，天就像井口这么大，有什么好看的！你要是怕那绳子断了畚箕掉下来砸到你头，你就上去换大雪下来？”

他正说着，在井上的丁大雪突然大叫一声“啊呀！畚箕掉了，下面人小心——”

原来丁大雪把装满泥沙的畚箕拉到井沿解钩时，因手掌起的血泡破了，手痛没抓稳，畚箕滑脱后带着沙子直直掉向汪海生站的位置。

仰头看的龚小兵一下扑向正弯腰铲泥沙的汪海生身上。几乎是同时，几十斤重的畚箕不偏不倚重重砸在龚小兵腰上。两人同时扑倒在地。汪海生很快就爬了起来，龚小兵却痛得动弹不得。

曹刚赶紧丢下铁铲，和汪海生一块去扶龚小兵。

“别动我，让我缓一缓。”龚小兵趴在沙上，脸变成了铁青色，“这腰——好像有点问题了——啊呀，痛啊！”

丁大雪慌忙顺着木梯下了井，三人围着龚小兵不知如何是好。

曹刚脑子嗡地一片空白——空白过后就拼命责怪自己一味追求进度而忽略了“安全”两个字。

龚小兵趴在地上缓了一会儿，曹刚三人小心地把他翻转过来，龚小兵又痛得叫唤起来。

汪海生坐下来，轻轻抱起龚小兵的头，放在自己的大腿上：“小兵，这样好受点不?”

“好——好受了一点。”躺在地上的龚小兵勉强挤出一丝笑容。

“小兵，都怪我——”丁大雪难过地说。

“不，是怪我——”汪海生眼里衔着泪花。

“我谁都不怪，我命该如此。”龚小兵喘着气说，“我10岁那年，我爸在十六队挖一口深井，十几米深，快要挖好的时候，那条吊绳断了，装满石子的铁桶掉下来，正正砸在我爸的头上，他一声没吭就走了。我爸吊上来的时候，我就在他身边，我摸他的手还暖暖的——比起我爸，我的命好、好多了。”

“小兵——”汪海生明白了他总爱停手抬头看井口的原因——他刚才错怪了龚小兵。

“你们不要守着我，我的命比我爸的硬一点，死不了的。”龚小兵又挤出一丝笑容。

三个人没动。

“你们挖吧，我躺着正好替你们看吊绳畚箕。曹科长，官司要是打赢了，农场保住了那100万，你一定要叫场长摆庆功酒，到时别忘了带上我们几个去干一杯。农场要是能走出困境，将来写场史写到这一段的时候，叫乐哥、秀文他们把我们这些小人物也写上一笔。我爸他为农场种橡胶干了十几年，他死了，在林段里找了一块草地就埋了，连块墓碑都没有，现在也只有我们兄弟四个还记得他……”

“铲！”曹刚大吼一声，三人放下龚小兵各就各位使狠劲干了起来。

七十九

正午的太阳直射下来，黄浊的起伏涌动的河面不停地跳动着、闪烁着白灿灿的亮光。

一直不停歇干了一上午的机关干部，此时正就地停工休息吃工作餐。黎文乐和王秀文两人用自带饭盆打了午餐，走到河边一株野生无花果树荫下坐地上吃起来。

“秀文，水秀她有消息吗？”

“没有。她去深圳快一年了，不知道她在那边过得怎么样？”

“假如，我是说假如，水秀要真像她妈说的那样，嫁给了香港富人，你还要在这里痴痴地等着她吗？”

“我不知道。”王秀文放下饭盆，里面还有一点饭菜。

“秀文，假如水秀在深圳真的名花有主了，你会有其他选择吗？”

“还有哪个妹子会看上我？”

“你两次住院，李秋红都来看你。特别是你第二次被人打到头部住院的那几天里，我看到李秋红来了很多次。平常人都能看出来，这个姑娘对你有意思，她也很优秀。”

王秀文沉默了一会儿，说：“我们两家差距太大。中国传统婚姻讲究门当户对，我们两家差距太大。她是公主是仙女，是一只美丽的白天鹅，我不能有非分之想。”

黎文乐轻叹了一口气，说：“还有一个女孩子，你们十八队的那个许静霞，你两次住院，她也都来看你，听说有几次还带来了黑鱼汤给你吃。看得出来她对你也很有意思。我去打听了解了一下，这个许姑娘心肚好，人勤快，能吃苦耐劳，是一个没有得挑的好妹子。”

“静霞是个好女孩子，可我心里，只把她当作我的亲妹妹，这一点她也看出来了。”

“秀文，静霞这么好的姑娘，你可不要辜负了她啊！”

“我第二次住院，静霞最后一次出来看我，还带来了一个阿荣哥。”

“阿荣哥是谁?”

“阿荣哥是和我一起长大的伙伴，他叫舒荣，现在十八队割胶。他的2号树位和静霞的2号树位就挨在一块，他们两个经常互帮互助，很合得来。我了解阿荣，他人实在，是一个真正爱静霞的人，是一个舍得为静霞付出命的人。”

黎文乐又轻叹了一口气，拍拍王秀文的肩膀说：“我明白了，那顺其自然吧。”

两人不再说话，埋头继续吃剩下的饭菜。

大坝两边寂静了半个多小时后又开始沸腾起来——从东岸到河面到西岸，整个一片都沸腾了起来——宽阔的河面上，5条渔船不停地来回穿梭。西岸这边，一辆接一辆的三轮车、简易车突突突开下来，一停下来，马上就拥上一堆人，你争我抢从车上卸下装满胶水的黑色胶囊，一桶桶往船上搬。东岸那头，李秋红带着机关后勤一帮有力气的妇女赶来了，她们和自愿赶来增援的连队干部胶工排成了另一条人链。一条船一靠岸，两条人链就像两条传送带，把一桶桶胶水从船上接力传上大车顶上，再咕咚咕咚倒入大罐里；倒完胶水的空桶又通过人链传回船上运过河去……每个抢运环节都紧张而有条不紊。

韩劲松在西岸码头一会儿当指挥员一会儿又当搬运工，在毫无遮挡的烈日底下忙得大汗淋漓。他身上穿的白衬衫和藏青色西裤已变成了工作服。也许是受到了场长的感染，也许是受到现场浓烈的抢运气氛的相互感染和推动，卸车装船的机关干部个个像拼命三郎，卸下胶水扛起就跑。

又一辆三轮车突突突开了下来。三轮车刚停稳，站在后面押车的人就跳了下来——跳下车的人是周自成。

“周副——”本想上来扛胶水的韩劲松走了过去，两人站到一边。

韩劲松看周自成的头发上、脸上和白衬衫上沾了不少胶水，就说：“周副，你也下大池舀胶水啊？”

“你不是也在这里扛胶水吗？”

两人哈哈大笑起来。人们第一次看到这两位政见不合的场领导在众人面前面对面地爽朗大笑——这种笑，不是官场上那种为了掩饰什么而装出的假笑，而完全是一种自然的、发自内心的笑。

“周副，你那边的情况怎么样？”

周自成抹了一把额头上的汗水说：“我来之前去各队转了转，到现在为止，各队大池里的胶水都已经运出了一大半，太阳落山以前运完胶水应该是没有问题的。我现在最担心的就是胶水过河这一块，5条船这样不停地来回走，会不会——有危险？”

两人转身向河面望去。

“太阳都出五六天了，水位还一点没降，真的见鬼了！“韩劲松和周自成一样，心里最担心的就是胶水能否全部安全运过河去。

“韩场长你看——”周自成伸出右手，指着东岸那边正拿着竹竿准备撑船的陈惠明说，“场长，你看这个陈副——”

韩劲松顺指望去，只见陈惠明叉开两脚，两手握着长长的竹竿，往岸边一点，然后转头侧身用力一顶，长长的木船载着空桶朝河心划去。她一把一把有节奏地抽起竹竿，再一把一把有节奏地把竹竿戳入水里……木船像一个听话的小孩，乖乖地向西偏南划驶过去。

“她怎么又上去撑船了？这个陈副怎么老讲不听！”韩劲松说道。

“哎呀——”周自成突然惊呼一声。

两颗心一下悬起来——

陈惠明用木桨划船快进入河心时，一团夹杂着木头的漂浮物对着木船悄无声息地冲下来。木船的船身太长，划船躲闪显然已经来不及。

两人屏声静气，等待两物碰撞的结果。

木船上的陈惠明并不慌张。她放下木桨，拿起长长的竹竿站起来，从船尾走到船头站定，等漂浮物距离船五六米远时，她抬起竹竿对着漂浮物斜插过去，不偏不倚正顶住了裹在杂物里的木头。奇迹出现了：木船继续向前方稳稳冲去，而杂物团则朝反方向慢慢与船体错开，移到船尾往下游漂走了。一场看来是无法避免的船物相撞，被陈惠明这轻巧地一顶，竟神奇般地化开了。

船躲过了这团杂物，陈惠明放下竹竿，走到船尾坐下来，操起木桨又若无其事地划起来……

“唉，好险哪！”韩劲松悬着的心放了下来，“这个陈副场长，今天可是吓了我两次啊。”

周自成笑道：“她岂止是把你给吓着了？大家都替她捏了一把汗。我们这个女副场长还真的不简单哪！韩场长，今天这样的场面，不知你看了有何感想？”

韩劲松苦笑道：“我也是走投无路才不得不这么做的。周副，说句心里话，我来到三叶这10个多月的折腾，累了大家，我也累了。”

“我们不是在折腾，是在拼搏，而且我们的拼搏已开始有了成效，不是吗？三叶现在已经度过了最困难的时期，现在全场上下也包括我在内，已经看到了希望，大家都充满了信心啊！”

韩劲松心里感到一阵欣慰。他转了话题：“周副，最近我的心思都放在打官司这一块上，割胶生产情况怎么样了？”

“目前全场的产胶势头很好，每一刀都有八九十吨鲜胶。这场大雨过后就要进入冬季割胶了，如果气候正常，今年拿下3800吨应该是没问题的。”

“能拿下这个数，今年有很多问题就可以解决了，明年的工作也好安排了。”

周自成还想和韩劲松多聊几句，看三轮车卸空了，就说：“场长，胶水卸完了，我得跟车走了，我还要到各队胶池去转一转。”他边说边走，小跑着赶上已经开动的三轮车，一抬脚跳了上去。这辆三轮车刚爬上坡，又一辆装满胶水的三轮车突突突地开下来。韩劲松走过去，加入了搬运胶水行列，没入了沸腾的人群中。

头顶上的太阳，随着一船一船的胶水运过河去，也一点点地向西边的群山落下去。明晃晃、亮闪闪的河面和两岸醒目的青绿也随着太阳的西沉渐渐地暗淡下来。然而，干得正酣的人们却全然不觉这天色景色的变化。

此时，大坝两边的公路、护坡，还有河边两岸的山梁、山坡上密密麻麻站满了围观的人。这场三叶史无前例的抢运胶水大战，与洪水过坝冲击而起的惊涛骇浪，共同构成了一幅气势磅礴又惊心动魄的现场画面，强烈地冲击着人们的视觉感官，让这一群一群围观的人忘记了时间，忘记了回家。还有一些旁观的人看着看着就走下去加入了抢运胶水的队伍。

太阳枕着西山的时候，最后一船胶水终于运过了河。运完胶水的木船开始紧张地载人过河。坐在船舱里的机关干部个个精疲力竭，他们从上午7点多一直干到下午5点多，整整干了10个小时的重体力活，如果不是这两年多来的劳动锻炼，很多人根本就承受不了这样的劳动强度。

韩劲松、周自成、杨明亮、王秀文和江浩成、孙志远、苏俊才、程祖荣几位科长最后一批登上了陈惠明撑的木船，准备返回东岸。

太阳已完全没入了西山，天色开始昏暗下来，四周的山水变成了灰褐色，显得有些阴森恐怖。大坝下面，水体撞击坝底的轰鸣声似乎越来越响，那响声产生的震感越来越强，连周边空气和地面也似乎在微微颤抖。

陈惠明用长竹竿把木船推到深水区后，换上木桨从容地划起来。船舱里，十个人两人一排蹲坐着，谁也不说话，默默看着眼前的黑色的水体从船舷边流过。

河对岸，李智全、严守纪和已经过河的机关干部谁也没坐车先走，全部站在岸边等最后一船人上岸。

高挑的李秋红站在父亲身边，静静地看着最后一只船从那边划过来。今天她特意挑了一件红色的短袖衬衫穿在身上。小时候，妈妈每次节日给她穿上红衣服时，都会说：穿上红衣服，就可以辟邪躲灾，大吉大利。今天红衣为谁而穿，为啥而穿，她自己也不清楚。直到最后一条船从西岸那边划过来了，她才清楚意识到，今天穿红衣是为了他，是为了他们，是为了所有过河抢运胶水的人们平平安安回来。

陈惠明划船刚过河心，昏暗的水面上，一个张开的如钳状的庞然大物突然出现在木船的正上方。这个庞然大物由粗大的树头、长长的树枝和杂物混合而成。它们互相牵扯犬牙交错，和渔船一样长短，正张开血盆大口向载满人的木船压下来。危险已悄然逼近，一船人却全然不知。

在船尾划船的陈惠明看清楚这大团黑乎乎的东西是漂浮下来的树头木枝时，它们已经逼到了眼前，并向一船人露出了狰狞面孔，朝他们乘坐的木船恶狠狠地冲了过来。

一旦船物相撞，必定船翻人落水，后果不堪设想。

船上所有的人都看清了这团漂浮物，都意识到危险已经在眼前。

可他们没有慌张，没有失措，仍然一动不动地蹲着。

陈惠明一边奋力划桨，一边快速思索摆脱杂物避免碰撞的办法。但由于杂物太庞大，使用竹竿顶开的办法已无法摆脱这团漂浮物。

顺流而下的庞然大物，两边伸出来的粗大树枝像两只大爪牙开始逼近船头船尾，一场相撞已不可避免。

“杨明亮，快拿竹竿顶住那头树枝，不要让它钩住船头。”陈惠明急喊了一声。

坐在船头的杨明亮站起来，他没有拿竹竿，而是纵身跳入水中，奋臂游入杂物中间，用身体顶住了它们。他双脚踩水使出全身力气推着树头树枝一波一波地往右上方拱。

眼看就要钩住船头的这只“大钳”开始向西倾斜，缓缓往里划了一个小弧，就这一刹那，船头挨着树枝，冲出了“大钳”的包抄。

杨明亮出人意料的举动为陈惠明赢得了最宝贵的十几秒，船头摆脱了“大钳”的拦截，船就有了脱身的可能。

在水里的杨明亮还在拼命地推、推、推，顶、顶、顶，用身体能量迸发出的力气朝右上方拼命拱、拱、拱……

扑通一声——船上又有人跳下河水中，奋力游向杨明亮。跳水的人是和杨明亮蹲在一起的王秀文。王秀文游到杨明亮身边，两个人一起用身体的力量顶着杂物，拼命向右上方推、推、推——

庞然大物仍然以不可抗拒的力量往下漂，但速度已有所减缓，方向也缓缓地向西倾斜。

倾斜的“大钳”继续擦着船舷，擦到中段时才撞向船体。由于杨明亮和王秀文使出的反推力作用，杂物没有撞翻渔船，而是推着后半截船体往下摆，横向的木船开始打转。在船尾的陈惠明神情镇定，两手不停地奋力划桨、划桨……渔船打转近90°时，终于摆脱了杂物的纠缠，脱离了险境。

陈惠明奋力划船前进了五六米，完全摆脱了杂物团后才调整木船方向朝对岸划去。

经历了一次生死瞬间的木船里的人开始寻找还在水里的杨明亮和王秀文。

此时的杨明亮、王秀文仍在杂物团里拼命地顶着推着那堆庞然大物。经过反复顶拱，这个庞然大物的内部结构开始松脱，两只“大钳”慢慢合拢，钳住了他们两个。

此时的杨明亮和王秀文已耗尽体能，无法潜水游出来。两人双手都抱着一团树枝随杂物向大坝漂去……

“明亮、秀文，快潜水游出来!”陈惠明大声喊。

“快游回来，游回来!”船上的人也一齐喊起来。

不知是大坝下的轰鸣声太大听不到，抑或什么，两人一动不动地、静静地随着杂物朝大坝一尺一尺地漂下去。

其实，他们听到了陈惠明呼叫，也听到大家的呼喊，但两人已耗尽了全部体能，被杂物挟着动弹不了。他们心里清楚，只要一松开树枝整个人就会沉入几十米深的水中……

杂物堆里，王秀文与杨明亮相隔不到两米。王秀文向杨明亮伸出了右手：“明亮，抓住我的手——”

“好兄弟，游回去——”杨明亮已经无力伸出手。

两人伏在树枝上，在一声声的叫唤声中被杂物裹挟着，往大坝一米一米地漂去。杂物团滑过坝顶，轰隆一声撞向了坝底……

陈惠明把船安全划到东岸时，这边四名熟水性且有救人经验的艄公已从坝底把杨明亮和王秀文捞救上岸。

杨明亮头部受伤，昏迷不醒，被紧急送到三叶医院救治；王秀文手脚有一些擦伤，身体并无大碍。

杨明亮在三叶医院昏迷了一夜后终于醒了过来。紧绷着神经的韩劲松这才缓了下来。如果杨明亮真的出了意外，这场过河运胶水的代价就太大了，就不值得了。

这一天，韩劲松都在办公室里反思自己。他反思自己性格上的急躁，反思自己做法上的急于求成，反思自己在遇大事时不够冷静容易冲动，反思自己为了早出政绩做事过于冲猛，只考虑经济效益，而缺乏其他方面的考虑，就如昨天组织人员过河抢运胶水一样，只考虑到胶水过期会变质，只考虑到胶水运不出来会影响7个队的割胶生产，而没有充分考虑到发大水抢运胶水的危险性等其他不确定因素……韩劲松一想到自己的欠缺处就禁不住流出了一身冷汗。

然而，昨天过河抢运胶水的场景，又再一次让韩劲松感受到，三叶的干部职工是多么可爱，多么纯朴和善良啊！他们深深爱着三叶农场这块土地，深深爱着这块土地上的橡胶事业！他们可以为这片土地奉献出青春和热血，甚至是生命！

八十

在三叶医院一楼的急救室里，躺在病床上的杨明亮已经可以听懂医生说的话，还可以喝点水，但还不能动身体。

昨晚，吴玉兰一整夜就搂着儿子杨小聪坐在医院急救室外边廊道的长木椅上。大人两眼红肿，形容憔悴。儿子扑在母亲的怀里，两只稚嫩的小手紧紧抱着母亲。

吴玉兰抱着儿子一直坐到天亮。直到小聪睡醒抬起头，用小手反复摇着母亲的衣摆喊“妈妈、妈妈”她才清醒过来。

“妈妈，你看——铁钢叔叔，还有云飞叔叔他们——”杨小聪小手指向东面的走廊道口。

吴玉兰转头望去——离他们五六米处的廊道拐口处站满了二十九

队的胶工。在最前面的正是洪铁钢和巫云飞。这群人和她一样，他们昨晚在医院的廊道上站着守了一夜。

“妈妈，铁钢叔叔他们为什么要站在那儿？他们是想保护我们吗?”

“不是的。小聪，他们不是要保护我们，他们是在守护你爸爸。”

“妈妈，他们为什么要守护着我爸爸呢?”

“因为，你爸爸，他是一个好党员，是一个好干部。”

“妈妈，我长大以后，我也要像爸爸一样，做一个好党员，做一个好干部。”

吴玉兰紧紧拥着儿子，眼泪禁不住流了出来。

天亮后，这群人在医生的反复劝说下，又确认杨明亮已经醒过来没有危险后，才陆续离开医院返回连队。

在杨明亮住院治疗的日子，这群重情重义、只知埋头干活从不巴结任何人的胶工汉子，每天轮流着给杨明亮一家三口送来营养可口的饭菜，每天轮流着去杨明亮家里帮吴玉兰喂养家里的鸡鸭，管理她的小菜园，直到杨明亮康复出院，这是后话。

八十一

三叶农场拖欠龙腾实业有限责任公司工程款一案如期在省中级人民法院开庭。开庭那天，韩劲松带着科长们赶去海口到庭旁听。当天下午，海南省中级人民法院经审理做出终审判决：三叶农场拖欠龙腾实业有限责任公司178万元工程款中，有109万元为弄虚作假金额，三叶农场不予赔付，龙腾实业有限责任公司败诉。

沸沸扬扬的三叶农场第一桩“民告官”案终于以三叶人希望看到的结局落下了帷幕。

这场官司为三叶保住了100多万元，割胶生产也捷报频传。10月份、11月份连续两个月增产近500吨，12月份刚过半就已完成当月干胶计划，全年拿下3800吨干胶已经不成问题。更令韩劲松他们振奋的是，市场上标胶价格在7200元上下徘徊了数月之后，开始缓慢回升，进入了7500元价位；而朱晋良送来的第三季度财务报表显示，三叶农场的吨干胶生产成本已降至5598元，而且还在呈下降之势。这一升一降，终结了三叶自1997年以来卖一吨胶亏一吨钱的“痛苦交易”，也宣示了三叶1998年的扭亏增盈已成定局。

虽然今年扭亏为盈工作已初见成效，但韩劲松胸口还压着机关定编减员这块沉重的石头。

总局早在10月份就已经正式下文，三叶农场机关干部总人数，除场级领导外不得超过45人，而且要在年底前完成这项工作，最迟不得超过明年1月份。

年初，机关干部分流下岗内退了57人，不久前审结的龙腾公司案又开除了几个，目前机关干部还有73人在岗，按总局的文件精神还要减掉28个人。并非韩劲松不敢减人，而是他实在不忍心再砍下这一刀。近一年来，年头减剩下的这70余名机关干部，除了要做好本职工作外，还要搞五项改革、四项清理，还要下队施肥、护林保胶、抗洪抢险，是近10年来工资拿得最少工作干得最苦的一年。如今三叶开始从困境中一步一步走了出来，这个时候却要把同甘苦共患难过的人减掉，是谁都下不了这个手。

韩劲松陷入了两难之中。

韩劲松下不了手，李智全也下不了手。俩人决定召开党委会讨论此事。党委会开了半天也没讨论出一个好的减员方案。最后严守纪提出了一个大家都默认的方案：这次定编减员，党委不讨论具体减哪个人，只给各科室定编人数，超编的科室自行讨论决定减员名单。

会议刚散去，刘金福就走进韩劲松办公室。刘金福突然进来，让韩劲松颇感意外——他事先并没有叫刘金福过来。

“刘主任，下班了，你还有什么事吗？”

“没事，我只是想来跟你坐一下。”刘金福在沙发上坐下来说，“韩场长，你来三叶当场长算起来也有一年了，我这个行政办公室主任还没有真正单独跟你坐一块聊上10分钟，这也算上是三叶农场的一个奇闻吧。”

韩劲松没有吱声，心里琢磨着他的来意。

刘金福抽出一支烟——他没有像往常一样先恭卑地递烟给韩劲松，而是塞入嘴里自点自抽起来。

韩劲松也点燃一支烟抽着。

“韩场长，以往在你面前，我抽出的第一支烟，都是先敬给你的，可今天我没有敬你，知道是为什么吗？”

韩劲松摇摇头，心里思忖：这个刘金福他今天想要干什么？

“我今天不敬烟给你，是因为我每次敬烟给你，你场长大人都不接，不管在什么场合都不接，一点面子都不给我。可是别人敬你的烟，就是一个小干事敬的你都伸手接，场长你什么意思我难道不清楚吗？”

韩劲松拧起两道浓眉——看来，今天是来者不善啊！

“韩场长，我知道你心底里从来就瞧不起我，甚至很讨厌我，很鄙视我，虽然你嘴里不说，但我从你的动作、你的眼神，还有你对我说话的表情口气，我都可以看出来。韩场长，我和你无冤无仇，你为什么这么讨厌我？无非就是有很多人在你面前说了我很多坏话，是吧？”

“不错，我这个人别的本事没有，但拍马屁捧大腿给领导出所谓的馊主意我很有一套，所以有很多人讨厌我，看不起我甚至憎恨我；不过这些都没用，因为我这一套领导他喜欢，在领导面前吃香，是吧？”

刘金福顿了一下，继续说：“1997年农场半年发不出工资，整一个大场死火了，场长换人了，这些讨厌我的人就跳起来把坏账统统算在我刘金福一个人头上，我算什么东西？啊？我刘金福就有那么大的本事一个人就把一个国有中型企业给搞瘫了？韩场长你凭良心说说，三叶搞成1997年那个样是我刘金福一个人造成的吗？”

“当然不是。”韩劲松长长吐了一口烟说，“1997年农场陷入困境，是由多方面因素造成的，比如说有胶价下跌的因素，有管理上的因素，还有体制上的因素，等等，这不是哪一个人造成的。”

“这就对了，场长，我们把刚才的话说回来。你虽然心里面很讨厌我，却又没有把我拿掉，是因为大局未稳，时机未到，所以你还让我当办公室主任对吧？但你却没给我好脸色看过，整天让我战战兢兢提心吊胆地过日子，让我这办公室主任当得——韩场长你这一招可真够阴狠的啊！”

韩劲松又拧起浓眉，只抽烟不说话。

“我在心里恨过你，骂过你，咒过你，也在背后搞了不少小动作。比如说给你取外号，比如说在下面制造谣言，挑动退休工人闹事，等等，这些都是我牵头在背后搞的，你相信不？”

“挑动退休工人闹事的不是韦小宝吗？”

“他只不过是对你不满而被我利用的一个卒子而已。我这么做，是因为你不让我好过，所以我也想叫你这个当场长的日子不好过。但是我慢慢发现，我这么做不过是螳臂当车，没有用啊！我还发现，你韩劲松就像一个拼命三郎，为企业拼命，为职工拼命，而且还拼出了名堂，我这心里不得不佩服你，真的是佩服你！”

韩劲松沉默了一会儿，说：“韦小宝现在干什么了？”

“他还在二十九队管中小苗。不过他看见大家现在闲时都在搞自营经济，也不想再闹事了，就买了一辆二手的三脚猫平时跑跑运输拉拉客，日子过得比我还好哩。”

“这小子，小聪明总算用到正道上了。”

“这是形势所逼，他不这么做也不行了。韩场长，我说句心里话，你来到这里改变了很多在过去看来似乎是很难改变的东西。比如说像韦小宝这样游手好闲的人也开始自食其力了，比如说红旗区陶志刚和那9个愤然辞职不干的区队干部，他们到大罗岭西山搞起了家庭农场，种了几千株橡胶、槟榔，还种了几百株荔枝、芒果。我真没想到，像陶志刚这样一心想当官的人，也让你韩劲松给改变了人生轨道。”

“刘主任，不是我想改变谁，而是如你刚才所说的形势使然，不得不为啊！”

“韩场长，我说过，我这个人其他本事没有，就会拍马屁捧大腿出出馊主意，可这一套在你这里根本就派不上用场。我在现在这个位置发挥不了特长，再待下去也没什么意思。机关现在不是要定编减员吗？算上我一个吧。我今天来，不为别的，就是向你毛遂自荐把我给减下来。”

“刘主任，你不要胡思乱想，方案还没最后确定——”

“韩场长，你与其让我在这个位置上难堪，提心吊胆地度日，还不如让我下到基层干点实事，我不是想为农场改革出点什么力气，而是想让自己活得自在点，心不用那么累，仅此而已。”

韩劲松愣住了。他原以为刘金福是想来闹事的，原来是主动要求下去的，一时竟不知说什么好。

“韩场长，我报名下去，其实还有另一个想法。”

“什么想法？”

“我过去的所作所为令很多人讨厌，我想下去干一点实事改变一下自己的形象，哪怕是修公路、扫大街也行。我今年48岁了，我真的想在退休之前改变一下全场干部对我的一些看法。韩场长，这也是我的心里话，真的。”

韩劲松沉默了一阵，说：“好吧。刘主任，你的要求我会在党委会上提出来的。”

“谢谢！谢谢韩场长！”刘金福站起来，抽出一支烟走过去恭恭敬敬递给韩劲松。这次，韩劲松伸手接了过来。

刘金福掏出打火机，弯腰帮韩劲松点上烟说，“韩场长，这包烟是我掏自己的钱买的，味道怎么样？”

“这烟好抽，味道不错。”

“韩场长，我走了。”刘金福直起腰转身，头也不回地走出了大门。

继刘金福之后，孙志远也向党委提出了辞职的请求。他在辞职报告中陈述了自己工作压力大，反应慢，适应不了农场改制的要求，请求辞去生产科科长职务；报告里还写了自己是学水果栽培专业的，要求场里划拨一块土地给他搞种植业发展自营经济……

刘金福和孙志远的主动请辞得到了场党委的批准。他俩的去向也都根据他们个人的意愿作了妥善的安排，那是后话。

八十二

1998年岁末，一股强冷空气从西伯利亚南下袭来，呼啸越过琼州海峡，横扫海南岛。一夜之间，温暖湿润的琼岛就被寒冷和大风包裹覆盖。

在大风降温最强劲的时候，三叶农场机关的定编减员工作也正在悄然进行。

这天上午，由于摄氏温度低于10度，全场休割。机关各科室人员都没有下队，全都缩在各自的办公室里讨论减员的事情。

三楼东边最后一间大屋子是宣传科办公室。屋里头，苏俊才穿着厚厚的军大衣正和4个手下开会。

“同志们，今天我们科室开个会。王秀文我叫他去总局开年终宣传工作会议了，要到明天下午才能回来。这个会按理要等人齐了才能开，但等不及了，他缺席我们也得开了。前段时间，场里开了个党委扩大会，李书记在会上传达了总局关于这次定编减员的文件精神。总局下给我场机关的配员是45人，不含场级领导。按照这个定编数，现有的机关干部要减掉28人。会后办公室刘主任、生产科孙科长主动提出辞职，场党委经开会讨论批准了，算上他俩，机关干部还要减掉26人。根据场党委的定编方案，我们宣传科6个人要减掉两个，只留4个，谁走谁留，由各科室自己讨论决定。走谁留谁要在后天也就是12月25日之前上报场党委，所以我们今天必须确定下来。现在大家自由发言吧。”

沉默。外面，强劲的西北风不时发出阵阵的呜咽声，噼噼啪啪拍击着窗户。

大家沉默了一会儿，科室里年纪最大的老郭首先发言：“过了1999年元旦我就满53岁了。我年纪大了，眼睛花了，身体也差了，现在写一点材料都感到力不从心。如果场党委同意我内退的话，走的算我一个。”

苏俊才打开笔记本，用钢笔边记边说：“老郭，那我就把你的名字报上去了。”

他记好后，又说：“老郭报名内退了，还差一个，大家议一议。”

“我看也不用讨论了，这个名额就留给王秀文吧。”副科长叶少华说道，“并不是他今天不参加会议我就主张他下岗，宣传科数他最年轻，才二十七八岁。他有年龄优势，有文化有头脑，又没有什么家庭负担，离开机关到外头闯一闯不是件坏事。据我了解，这次定编减员，其他科室有的年轻人还没讨论就报名要求下岗自谋出路。我们报秀文上去，相信他是不会闹什么情绪的，大家看怎么样?”

“我不同意。”黎文乐突然反对，“秀文是我们科室最年轻的同志，也是最有才华、最有发展前途的一位同志。他勤奋敬业、积极向上，各方面都称得上是优秀的同志，我们不能因为他年轻就把他列为减员的对象。我不同意报他的名字上去。”

叶少华愣住了——在他印象中，黎文乐从来没有当面反驳过他的话。

他心里很不高兴，嘴里仍心平气和地说：“不报秀文上去，那报谁好呢？报老冯？他是农场的笔杆子，很多大材料要靠他写，要不就报我这个副科长上去算了。”

老冯低头翻看由他主编的11月份农场简报，没有吭声。

“苏科长，报我上去吧。”黎文乐平静地说。

“报你上去?”苏俊才和叶少华都愣住了。

黎文乐咧开厚厚的嘴唇笑笑，说：“我两公婆都在岗，下一个，日子也过得去。再说我自己种有几百株胡椒，十几株荔枝，还养了一百几十个鳖，下去了我也好安下心来搞自己的产业。”

叶少华肚里的不高兴一下全消了：“乐哥，你真的愿意下岗?”

黎文乐又笑了笑，点点头。

苏俊才在笔记本上记上了黎文乐的名字。

八十三

为了弥补工资收入的不足，场党委采纳了徐克坚的建议，周五下午，机关干部没有要紧的事办可以不用上班，在家里搞自营经济。

黎文乐午睡起来后没有像往常大声叫上妻子黄桂芳一起去胡椒园，而是一个人坐在小屋厅的木沙发上发呆。

苏俊才把他的名字报上去后，党委一讨论通过，就意味着他很快要下岗，很快要离开他深深热爱并为之追求奋斗了近20年的新闻宣传工作。虽然这次减员要到明年2月份春节后才正式公布执行，但此时此刻，他心里已经感到空空荡荡的，平时思维很活跃的大脑也变得一片空白。

上午下班回来时，他还对自己说：下岗就下岗吧，没什么大不了的，最多辛苦三四年，等到胡椒投产了，荔枝结果了，日子就会好起来的。可午睡一觉醒来，心里就开始慢慢难受起来，而且越来越难受。这时，他才发现自己并不想下岗，他离不开自己深深热爱的新闻宣传事业。

他不敢把昨天下午自荐下岗的事告诉妻子黄桂芳。阿珠今年7月份考上了海南师范学院，每年费用大大几千块，单靠黄桂芳一人的工资和他那每月98元的下岗生活费，是支持不了女儿读书的。如果妻子知道他在这个时候主动要求下岗，脾气再好的人也会吵闹的，而且她肯定会到场长、书记那儿闹，这是他最不愿意看到的。他打定主意，先把这事压着，到公布了再说。

黄桂芳换好工作服，扛了两把锄头从后面厨房出了进来，边走边说：“哇，这鬼天怎么一下子变得这么冷啊！真是打狗都不出门！哎，老黎，快3点了你还坐喽，去不去胡椒地了？这个季节天很快就会黑的。”

“急什么急？天黑就不去了！”黎文乐突然吼了一声。

黄桂芳吓了一跳。在她记忆中，丈夫即便遇上烦心的事，或是挨了科长的批评，回到家里最多也只是一人坐着发呆生一下闷气，绝不会冲她发火吼叫。

黄桂芳冷静下来，平和地问：“老黎，是不是我做错了什么事，你对我发这么大的火？”

黎文乐愣了一下，抬头看了一眼妻子，说：“哦，我发火了么？

我什么时候发过火？我没有发火啊。”

“你没发火？刚才你冲我叫什么？”

“哦，我，我只是想说，外面天气太冷了，这样的天气就不用出去做工了。”

“不去就不去呗，你这么大声喊干什么？”

黄桂芳没好气地走下厨房，放好了锄头、畚箕。她返回来时，见黎文乐突然站起来，在窄窄的客厅里走来走去。

黄桂芳站在后门槛上看着丈夫这异常奇怪的举动，心里很纳闷——老黎今天是怎么了？

黎文乐来回走了一会儿，在书桌边停下来，开始翻桌面的书刊报纸稿件。桌面上的东西被乱翻了一通，原本码得很齐整的书刊报纸散落了一地。他翻乱了桌面上的东西，又拉开抽屉乱翻了一通后就推进去；再拉出一个胡乱翻一下又推进去……

黄桂芳看不下去了，走进来说：“老黎，你要找什么？你看你、你看你搞得乱七八糟的，有这样找东西的吗？”

黎文乐不理睬妻子，顺手从桌面上拿起一个公文袋，往大门走去。

“老黎，你要到哪里去？”

“我要去上班。”

“今天是星期五，没事下午可以不上班，在家里搞自己的地。”

“噢。”黎文乐返回来，放下公文袋，走下厨房，提了一个大红桶走了出来。

黄桂芳不解地问：“老黎，你拿桶出来干什么？”

“我要去车队后面那个鱼塘抓螺去。”黎文乐边说边往外走。

“你今天发神经了你！”黄桂芳急忙跑过去堵住门口，“外面这么冷，还下着毛毛雨，你下鱼塘抓什么螺啊？家里的螺还够鳌吃两三天的呢！”

“你这妇女婆，我干什么事你都管，真是烦人!”黎文乐一把推开她，走出家门，顶着寒风冷雨朝车队方向走去。

黄桂芳木木地站在门边发呆，心里又委屈又难过又困惑，平时和蔼和亲、笑容可掬的丈夫今天怎么突然变成了这个样子？他是不是中邪了?”

黄桂芳正伤心时，王秀文提着个旅行袋匆匆走了过来。

“芳嫂，乐哥在家吗?”

“乐哥他刚出去，他说要下鱼塘去抓螺——”黄桂芳指着车队方向说。

“啊？这么冷的天乐哥要下鱼塘抓螺?!”

“秀文，你乐哥上午上班回来还好好的，下午一觉醒来就变得古古怪怪的，一会儿乱翻东西，一会儿骂人，家里还有东西给鳖吃，可他，这么冷的天硬要去抓什么螺。秀文，你乐哥会不会中邪了?”

“乐哥他去哪抓螺了?”王秀文急忙问。

“他说去车队后面那个鱼塘——”

“芳嫂，乐哥没有中邪也不会中邪，你别担心。我这包先放在你这，我去找乐哥。”王秀文丢下包，转身就朝车队后面的那口鱼塘跑去。

原来，王秀文上午学习结束后，饭没吃就从海口赶了回来。到了场部刚下车就在三角街区碰到了老冯。老冯把昨天上午科室开会讨论人员下岗的事简单地告诉了他，王秀文听完老冯的讲述后一语不发。他没有回宿舍，而是去了科长楼苏俊才家。他见到苏科长一开口就坚决要求下岗，换下黎文乐。他说自己年轻，到哪里、干什么都不怕。苏俊才无奈，就叫王秀文去找黎文乐，如果黎文乐同意对换，他会去组织科更改名单。王秀文最了解乐哥，乐哥深深热爱着他的工作和事业，他已经把新闻宣传工作当成了生命的一部分，怎么会自愿下岗呢？他怕乐哥有什么事便火急火燎地赶回来，乐哥果然出现了不正常的举动。

王秀文顶着刺骨的寒风来到了车队后面的鱼塘塘坝上。空旷的鱼塘四周静悄悄的，只有寒风不时地掠过水面，掀起一阵阵涟漪。

离塘坝不远的水面上，黎文乐穿着厚厚的衣服，浸在齐胸深的水中。他一只手捏着红桶，身体在水中一点点地挪动。由于天冷水寒，他两片厚厚的嘴唇变成了青紫色，上下牙不停地打颤。

王秀文一看到乐哥这副样子鼻子就酸了——他和乐哥共事以来，就发现乐哥经常为了别人而吃亏，吃了亏还乐呵呵的，比没吃亏还高兴。可又有谁知道，整天笑呵呵的乐哥也和别人一样有心事，有烦恼，有委屈，有痛苦呢？乐哥有，只是没有说出来而已。

在水中专心踩螺的黎文乐发现了在塘坝上站着的王秀文。

“秀文，你来做、做什么？”

王秀文不说话，纵身一跃，跳入水中。“嘭——”水花溅起一米多高。王秀文瞬间变成了一个水人。

黎文乐大吃一惊：“秀文，水很冷，你快上坡去！”

“乐哥，你不是要抓螺吗？我来帮你抓。”

王秀文突然没入水中。一会，王秀文哗地浮出水面，右手拿着一只带泥的螺说：“乐哥，我摸到一个螺——”

“秀文，水冷啊，快、快上去……”黎文乐朝王秀文移过来。

王秀文把螺丢进红桶，又潜入水中。不一会儿他哗地浮出水面，右手高举着一只螺大声说：“乐哥，我又摸到一个。”

“秀文，我不抓螺了！上坡吧，我不抓螺了，上坡吧。”

“乐哥，你不抓螺了是吧？那好，你答应我一个条件，我就上去。”

黎文乐不问也知道他要提什么条件，没有吭声。

“乐哥，你要是不答应我这个条件，我今天就泡在这里不上坡了！”

“秀文，我，我答应……我们一起上坡吧！”

“乐哥！”王秀文游了过来。

两个人在水中相拥着一起走上了塘岸……

王秀文上岸后，回来换上干衣服直接就去科长楼苏家找到苏俊才，要求科长把他“王秀文”名字报上去，换下乐哥。苏俊才看王秀文情绪激动，只好应答了下来。

王秀文往回走时，身心一下释然了，心情变得异常平静。他调上机关后，不仅和乐哥成了同事，还和乐哥成了上下邻居。三年来，乐哥芳嫂一直视他为自家亲人，在工作和日常生活中给予了他很多的关心和照顾。王秀文嘴上不说，心里却是一件一件地记着，想等着一个机会报答他们。这次科室定编减人，他总算等到了一个机会，圆了这个心愿。

王秀文走后，苏俊才的思想开始了激烈的斗争。他心里清楚，这次科室讨论定编减员，以黎文乐的性格和为人，他一定会主动提出下岗；而黎文乐一旦提出下岗，王秀文这个愣头青也一定会和他的乐哥争抢下岗名额的。苏俊才的想法是想保住王秀文这样有激情有冲劲的年轻人。为了实现这一预想，苏俊才有意安排王秀文去海口参加原本由科室领导去参加的年终宣传工作会议，让他避开这个下岗讨论会。

组织科要求各科室在本周五下班前报送本科室下岗或内退人员名单，下周一场党委就要上会讨论。苏俊才周四下午开会定下人员后就把名单送了上去。谁料还没等到下周一场党委开会讨论，王秀文就找上门来要求换人了——他的态度很明了：就是乐哥要下岗，他也辞职不干了！

苏俊才要保王秀文，王秀文要保乐哥，那又叫谁下岗呢？

苏俊才内心经过一番思想斗争后，终于给方珏打去了电话，要他在宣传科的下岗人员名单中，把自己的名字写上去，换下黎文乐的名字。

方珏要求苏俊才说明替换的理由。

苏俊才说自己老了，黎文乐、王秀文他们还年轻有为，他们是科室的骨干力量，留下他们，他们会更加有作为，会把宣传工作做得更好。

方珏听完了苏俊才平静的陈述，一语不发，沉默了一会儿，才挂了电话。

这次机关定编减员出奇的平静和顺利。分配到各科室的下岗名额很快就报了上来，没有人吵也没有人闹，甚至还有一些人是自愿报名下岗的。

韩劲松听完方珏的汇报后，一个人在办公室里静静坐着。他内心深处，却是思绪翻腾，感慨不已——如果不是三叶干部职工这样的识大体顾大局，如果不是17000多名三叶人的理解和支持，如果不是三叶人这样的纯朴和善良，这样的坚忍和承受，他韩劲松就是有天大的本事也推动不了这场改革和清理，实现不了从根子上去扭转三叶经营亏损的目标。

三叶人经过了1997年的经济危机和1998年的低工资后，已经从恐惧、痛苦和茫然中走出来，已经具有了承受危机和重大变故的忍耐力以及初步应对危机的能力。三叶人开始自觉或不自觉地寻找着新的出路，开始懂得利用山区的土地资源和丰富的水草资源发展种植业和养殖业，以应对下一次随时都可能袭来的经济危机。他们对于下岗分流的思考，也已变得理智和成熟——下岗，从机关大楼里走下来，从单位里走出来，或许，人生新的转机就从这里开始。

尽管下岗人员的名单已定下来，尽管下岗名单要到明年2月份春节过后才正式宣布执行，但已内定好的26名下岗机关干部依然坚守着岗位，他们脸上写的不再是1997年时的惶恐、困惑和茫然，而是以平静的心态认真履行着自己的职责，坦然地面对没有预期的未来。

三叶人心理上的和观念上的转变，是韩劲松等三叶决策者们所始料未及的。以后的几年，三叶农场职工自营经济迅猛发展，竟成为农场的半壁江山。这些发展自营经济的人流中，有不少人脱颖而出成了三叶农场的富裕人家，还有更多的人走上脱贫致富的道路，这更是三叶的决策者们所始料未及的。那是后话了。

八十四

1999年农历己卯兔年春节来得较晚，春节放假前，从总局传来了好消息：1998年，三叶农场全年完成干胶4135吨，实现减亏1650万元，超额完成农垦总局下达的当年减亏1000万元的艰巨任务。农场经营亏损、经济下滑的势头得到有效遏制。

三叶农场偿还了往年部分债务788万元，补发完了1997年拖欠的职工工资。干部职工在春节前领取了1月份工资，领取了1998年年终效益和1997年拖欠了7个月的全部工资，自然喜不自禁，整个三叶农场沉浸在一片欢乐喜庆的海洋中。长达近千米的狭窄的三叶农贸市场又重现了往日的热闹。

农场腊月廿五正式放假。王秀文一早就起来收拾东西，准备回家和父母一起好好过一个年。

放假这天离春节虽然还有好几天，但年的喜庆和色彩已经上街入市，走进了三叶农场的千家万户。

王秀文作别了乐哥芳嫂，骑狗仔车搭着行李开了出去。他开车到市场街边时，长长的街道已经闹开了。很多年货摆出了街边：红对联、红灯笼、红爆竹，红柑橘、红糖果，还有农家人养的大红阉鸡……一眼望去，红了半条街。买年货的人也很多，人影绰绰，声音嘈嘈，一条长街都跟着晃动了起来。

一辆从市区开回来的中巴车在三角街区中心停了下来。中巴车里挤满了从外面回来过年的乘客。车门一打开，里面的乘客带着大包小包一个接一个走了下来。有的乘客还要到车后厢取大件的行李，取完了行李就地站着，边等待边寻找合适的三脚猫搭乘回家。一时间，三角街区成了市场人流最密集的地方。

往西线公路的入口处相对宽敞，那里沿路边一溜停了一排三轮车，有12匹马力的，也有6匹马力的。这是一款非常适合山区道路运物载客的柴油机动三轮车，本地人都把它称为三脚猫。平时，分散在各区队的职工大都依靠三脚猫往返场部，或购买生活用品，或运送自家种养的东西到场部摆卖。逢年过节，三脚猫更是成为场内交通运输的主力。可以说，三脚猫成了上个世纪90年代三叶人不可或缺的简易实用的交通工具，成了一些无业人员和下岗职工自谋生路的谋生工具，也成了那个年代三叶农场一道独特的风景。

中巴上的乘客下完后，三脚猫司机便围了过去寻找生意。

王秀文驾着狗仔车在人流中小心翼翼地开着。他双手把着车头左扭右转穿过了三叶书店，刚进入三角街区就撞上了一个正横向拖动的大行李箱，拖箱的是一个穿着时髦、身材高挑的妹子。

这妹子停下来，回过头一看就怔住了。

“水秀！”王秀文一眼就认出了拖行李箱的妹子是他日思夜想的郑水秀。

“水秀，你回来了！”王秀文又惊又喜。

郑水秀不言不语，一动不动，一双丹凤大眼只看着王秀文。

王秀文急忙下车，踹下脚架撑好狗仔车，正要迎上去。郑水秀突然伸出右手指着他大喝一声：“王秀文，你给我道歉！”

这一声惊动了很多人，周边的人好奇地围了过来。

“水秀对不起，我开车撞了你的箱子。”

“不是这个！王秀文，你给我道歉！”郑水秀喘着粗气，右手仍是直直指着他。

王秀文愣了一下，马上明白了过来。他低下头，又抬起头，上前走近一步，低声说：“水秀，那天晚上，我不该说那些话去伤害你，是我浑蛋，我错了，我向你道歉——”

“我听不见！”

王秀文又愣了一下，咽了一下口水，说：“水秀，那天晚上，我不该说那些浑话去伤害你，是我浑蛋！水秀，我错了，我知道错了，请你原谅我……”

他没说完，郑水秀就转身拖着行李箱自个走出了人圈，把王秀文晾在一边发呆。

人圈外围，站着一个身材和外貌都可与郑水秀媲美的姑娘。她今天出来本想逛下书店，看看有没有新书回来，却被三角街区的人圈吸引了过去，意外地目睹了刚才发生的一幕，亲耳听了王秀文和郑水秀两个人在大庭广众之下说的话。

她没有上去招呼站着发呆的王秀文，而是转身默默地朝着机关大楼的方向走了。

她读高中时，有一次问父亲，为什么给她取的名字叫“李秋红”，而不是叫“李秋实”？父亲回答说：秋实是收获是实惠是喜悦，秋红是一种美，美的景色，美的意境，也是人们对美的一种追求，你喜欢哪个呢？

她说：我两个都喜欢，但我更喜欢“秋红”。

从此，她把“秋红”之美当作了自己人生追求的理想和目标，不会改变。对于爱情，她一样要追求完美，不会强求，也不会苟且，顺其自然，两情相悦，方有真爱！

王秀文还站在原地发呆时，三十六队三脚猫司机阿六歪歪斜斜走过来，凑近王秀文说：“喂，水秀让我带话给你，她说，明天中午在老地方等你。”

阿六说完先诡秘一笑，突然又变了脸，咬牙切齿小声地说：“你小子要敢欺负水秀，我长脚六就开三脚猫撞死你！”说完匆匆走了。

王秀文听了阿六的传话，整个人一下如释重负。他表面如常，内心却欣喜若狂。他重新驾骑狗仔车，满怀喜悦穿过长长的街市，朝十八队父母家里稳稳开回去。

虽然还有一星期才到春节，但三叶农场每个连队的各个角落都飘起了浓浓的年香味，十八队也不例外。王秀文开着狗仔车进入连队，从北边的路口一直开下来，再转向西到南边的球场，所经之处，处处都闻到连队人家炸饺子、蒸甜粄、煮猪肉散发出的油香味和甜香味。这久违的年香味，给每一个闻到的人带去洋洋喜气，让闻到的人身体上所有的毛孔都欣喜地兴奋地张开，让整个人一下精神起来，去期盼去迎接农历新年的到来。

王秀文开车到家门边，就听到屋里传出了热闹的说笑声音。他走进家门，小屋里已坐满了人，大家正围着一台圆桌捏饺子，她们边捏饺子边谈笑，小屋子里充满了欢乐和温馨。

“哇，这么热闹啊！”

“秀文哥，你回来了，就差你了，快来包饺子。”许静霞站起来大声招呼。

苏凤英见儿子回来了，指着一桌人满心欢喜地说：“秀文，静霞的姐姐静云一家人前几天从广东回来过年，老三老四也都放假回来了，她们五姐妹今天都过来帮咱们家包饺子，你爸正在厨房里炸饺子呢，你快来帮手。静霞说她们帮咱家包完了，还要赶去阿荣哥家帮他们家包呢！”

王秀文放好行李，立马加入了集体包饺子的活计。他不会捏饺子，就替下许静霞负责擀面、压膜。王秀文的加入，让大家谈论的话题又多了许多，包饺子的速度也在欢快的谈笑声中快了许多。

三叶农场人过年包的饺子全部油炸，不用菜馅肉馅，是花生芝麻椰子丝炒香了作馅料。用这些馅料捏成的饺子，再下锅放入纯正的花生油里一炸，那香气瞬间飘到空气里，谁闻到了都会咽口水。刚炸好捞出的饺子，金黄金黄的，好吃好放又喜庆，是上世纪八九十年代三叶农场人过年待客、家家必做必备的年货。

一屋人包饺子到了收尾时，王土生端出了一碟刚蒸出锅的糯米粄招呼大家吃。他放下糯米粄又把包好的饺子匆匆端下去油炸。

许静霞快速包好了最后一块面皮，带头拿了一个还冒热气的糯米粄放嘴里咬起来。那糯米粄由芭蕉叶片托底，咬一口，里面的椰丝就入了口，红糖汁也从嘴里流了出来。这一口，糯米的米香味、炒椰丝的椰香味、红糖汁的醇甜味，还有芭蕉叶片的清香味便一起涌到咽喉，让人欲罢不能。

许静霞连咬几口，边嚼吃边呵出热气，边吞咽边说：“好吃、好吃！”

大家见许静霞这副吃相也纷纷伸手拿过糯米粄放嘴里咬起来。

苏凤英最后也拿了一个糯米粄，她拿在手里没有吃，只是看着大家吃。看到他们吃得这么香，她心里比谁都高兴。

一个足有三两重的糯米粄让许静霞三口两口就吃得只剩下了一掌芭蕉叶片。她又抓了一个放嘴里大口咬吃起来，边吃边说：“好吃、太好吃了！好久没吃过这么香的糯米粄了！”

苏凤英笑着说：“你土生叔去当兵以前，十几岁就在广东化州老家的饼店当学徒，会做各种各样的大饼和糕粄。你土生叔说，今年喜事多，农场今年有工资发了，他的腰骨今年不痛了，前年种的胡椒今年也开花了。老二在那大那边开车，老板让他当了车队长，过两天他就回家过年了。今年的喜事多啊！你土生叔说，今年过年还要做甜粄、做煎堆、做糯米粄、做花生糖、炸饺子，过一个好年！”

“妈，我也有一件喜事要告诉大家。”王秀文接过母亲的话说，“水秀今天从深圳回来了，我回来时在市场碰到了她。水秀没有变心，她约我明天中午在老地方见面！”

“啊！太好了！”许静霞边鼓掌边大声说，“秀文哥，我要有嫂子了！”

苏凤英抓着儿子的手问：“秀文，你是说水秀回来了，她没有变心，明天约你见面，是真的？”

“妈，是真的。”

苏凤英松开儿子的手站起来，一语不发，转身就直直走向厨房。王秀文也起身跟了过去。

苏凤英走到天井靠东墙的木板鸡舍前蹲下来，她打开鸡笼门，伸手进去抓了一只母鸡出来，掂了掂又塞回去，又抓了一只出来，摸了两下又放回去。直到第三只母鸡拽了出来她才自言自语地说：“这只鸡肥……”

“妈，你抓鸡干吗？”王秀文站在母亲的身后问。

“秀文，你明天去见水秀，一定不能空手去，妈抓两只鸡给你带去——哦，不行，光带鸡还不行。”苏凤英弯腰把母鸡塞回鸡笼，站起身就往正屋走。

“妈，你又要去干吗？”王秀文跟着问。

“我去小卖部买两包饼干明天给你带去——”

“妈，我明天不是去水秀家。”

“啊？”苏凤英回过身问，“你明天不是要去见水秀吗？不去她家你去哪？”

“老地方。”

“老地方是什么地方?”

“老地方，老地方就是我和水秀过去约会见面的地方。”

苏凤英点点头说：“噢，懂了懂了——我想要干吗——我去厨房，我看你爸炸好饺子没有，端些饺子给大家吃。”说着又转身去了厨房。

王秀文看着走来走去的母亲，看着她头上越来越多的黄白头发，心里涌起一阵难过和内疚。

八十五

第二天中午12时整，王秀文骑着狗仔车准时来到了山猪岭大坝。郑水秀没有食言，她已经在老地方——大坝东头的护坡观景平台上等着他。王秀文一到大坝边就看到了她。

郑水秀站在高高平台上向南而立，她穿着红色风衣和深蓝色牛仔裤，在灰白一色的护坡高台上显得十分鲜艳夺目。

王秀文踩着台阶抓着铁栏杆走了上来。

“水秀，这里风大，你冷吗?”王秀文来到郑水秀身边。

“我在广东过了两个冬天，感到特别冷，一个冬天比一个冬天冷！我穿着厚厚的冬衣，还感觉冷风刺骨，穿透心窝，全身发抖。回到了海南，回到了农场，我才感到这里二月天真暖和啊。”

“是吗？我怎么感觉今天还是有点冷呢?”

郑水秀没有接话。

两人像过去一样向南并排坐在水泥盘墩上。不同的是，这回他们不是亲密地挨着，而是拉开了两尺多的距离。两人静静地望着大坝前方的万泉河水，谁都不说话。

这里的河段，河水由南向北流淌，流过大坝后继续向北直流，然后在长长的尽头处转身一拐才向东流去。

“水秀，你不说话，是不是还生我的气？”

郑水秀摇摇头。

“那——你干吗不说话？是不是——”

“我问你，你对我变心了没有？”

“没有。”

“我去深圳的一年多时间里，你心里有没有想过别的女孩子？”

“没有。”

“真的没有？”

“没有！不信你可以去问乐哥！”

郑水秀两眼一眨不眨地盯着王秀文的眼睛。

“除了你，我没有想过别的女孩子，也没有变过心，我可以对天发誓！”王秀文迎着她的目光，没有躲闪。

“没有，没有你为什么要欺负我？为什么要欺负我？”郑水秀突然转身两手握拳轮番朝王秀文的右臂捶去。

“水秀，我错了，我知道错了，你打吧，打吧！”王秀文一动不动，任凭水秀捶打。

郑水秀一把推倒王秀文，扑在他身上。

相隔一年多之后，两个相亲相爱的年轻人在纯洁的蓝天白云之下，在纯净的青山绿水之间，又紧紧地拥抱在了一起，两个相互爱慕相互牵挂的灵魂又紧紧地融在了一块。从这一刻起，除了他们自己，这世间已经没有任何力量能够把他们分开了。

两人亲热了好一会儿才坐了回来。郑水秀依偎在王秀文的肩膀上，微红的俊俏的脸庞上露着甜美的笑——她还深深沉浸在刚才相拥在一起的甜蜜和幸福之中。

“水秀，你去深圳快一年零四个月了，你在那边怎么样？过得好吗？”

郑水秀望着远处的群山，说：“我记得我是1997年10月16日那天早上走的。我离开三叶去深圳，一方面是让你气的！一方面，当时农场经济不景气，几个月发不出工资，我也是怀揣着梦想去的。我也想像我大哥大嫂那样去外面闯一闯，干出一点事业来，然后回来和你一块实现我的梦想。我知道，只要我不变心，你王秀文就会一直等着我的。”

王秀文静静地听着。

“我来到深圳，才知道我大嫂并没有病，是他们骗了我，但深圳确实很吸引人。这里像我这样的年轻人特别多，到处是靓仔靓妹。他们像跳跃的精灵，像流动的色彩，看得我眼花缭乱。我站在深圳街头，感觉一脚踏进了一个新世界。

“说实话，刚到深圳那会儿，我感到挺新鲜挺兴奋的。我大哥大嫂在南头的一条巷道里租房开了一间饭堂经营快餐。我在他们那里住下来后，每天帮他们干活。洗碗、洗菜，端菜、摆桌子，卖饭卖菜，什么活都干。到了饭点是一天最忙的时候。每天一到吃饭时间，在附近工厂上班的打工仔打工妹就会从各条小街小巷里走出来。饭菜一摆上街边，他们就蜂拥围过来买盒饭盒菜。高峰的时候，我们六七个工人都忙不过来，老板也就是我大哥也会过来帮手。饭堂生意每天都很红火，我也每天忙到要死。我每天重复干一样的活，每天重复过一样的日子，时间一长我就有点厌倦了，就不想再干下去了。”

“干不下去干吗不回来?”王秀文问了一句。

郑水秀望着平静的河面继续说：“有一天，我找了个借口，瞒着大哥大嫂偷偷去外面找工作。但像我这样只有高中学历又没有什么技术特长的外来人，想找一份好工作很难很难。有一次，我在深圳罗湖劳务市场的入口处，看到一个纸牌，上面用大字写着：‘诚聘电脑软件工程师，年薪50万’。我围着这个牌子转了很久都舍不得离开，我很想去应聘，可我连电脑都没有摸过，更不知道什么是电脑软件——”

“后来有没有找到合适的工作？”王秀文问。

“那天，我在劳务市场转了半天，有很多工厂大量招普工，月薪600、800，初中文化、身体健康就行。进工厂做工我还不如帮我大哥打工。后来，我看到有一个公司高薪招聘一名女文秘，要求身高一米六八以上，五官端正，高中文化，工资待遇不错。老板亲自到场选人。我刚好符合这几个招聘条件，我就排队去应聘。我前面有很多靓妹去应聘都没通过面试，轮到我去面试就过了。我暗自庆幸自己命好，找到了一份好工作。

“那天我被录用后，老板用他的小车带我去吃饭。他跟我说，你现在坐的是奔驰500啊，我刚刚买的。在广东深圳能坐上这样的车，你就是一个很有面子的人，就没有人敢小看你了。在饭桌上，老板从裤袋里掏出一个厚厚的钱包拍在桌面上，叫服务员喊经理过来点菜。我问老板，我这个文秘是干什么工作的。老板说‘工作很轻松的，主要是帮公司处理一些日常事务，平时陪老细[①]到处去走走玩玩，让老细开心就可以啦’。我一听恶心极了，扭头呸了一口水，当场就起身走人了。那天，我一个人在深圳大街上走啊走啊，走了很久很久，天快黑了我才搭公交车回到我大哥家里，让大哥大嫂为我担心了一天。”

郑水秀沉默了一会儿，又继续说：“我在深圳很多时候是不开心的，但大哥大嫂对我都很好。大嫂久不久会带我去逛服装店，给我买我喜欢的衣服，大哥会抽出空闲时间开小车带我出去玩。民俗村、锦绣中华、世界之窗，大梅沙、小梅沙，深圳好玩、好看的地方，大哥都带我去玩了去看了。大哥不但带我逛了深圳，还带我去惠州、东莞

①老细，广东话中老板的意思。

转了一圈，让我开了眼界，那一带的经济确实很发达，我真的很羡慕生活在那里的人，也让我萌生了一个新的念头——”

“什么念头？”王秀文问。

郑水秀没有回答，继续说：“在广东，我外表虽然光鲜惬意，但内心经常是孤苦的。晚上，我常常独自一人在灯下看书、写日记至深夜。只有当夜深人静，城市的浮华和市井的喧嚣褪下散去的时候，我内心深处的真实世界才会显露出来。这个真实的世界就是思恋家乡，挂念家乡的亲人。你知道吗，每当月亮圆的时候，我就会跑到街头的小广场，一个人静静地坐在那块大石头上，面向着家乡的方向，暗自伤神流泪。”

郑水秀说到这，泪水顺着眼角流了出来。她用手抹了一下，叹了口气又说：“没有出过远门经历过打工的人，是永远体会不到思乡的痛苦和无奈的。1998年春节，饭堂放假，工人都回了老家过年。我是跟大哥大嫂和他们的两个儿子一块过的春节。春节那几天，饭菜虽然很丰富，可饭堂冷冷清清，街上也冷冷清清。那几天，我特别想家乡想亲人！我对自己说，下个春节我不会在这里过了，我一定要回家过年！回家过年！”

郑水秀说着声音哽咽起来。

“水秀，你已经回来了，你回来了。”王秀文轻轻拍着水秀，安抚她。

郑水秀长长舒了一口气，又说：“我在我大哥的饭堂做了一年零三个多月。大哥说，我的工钱他替我存着，到时再一起结给我。我临回海南前的那天晚上，大哥给了我一大笔钱，说是我的工钱。我也没数就拿了这笔钱。我长这么大，我还没有见过这么多钱，这些钱让我心中的那个念头就更强烈了。”

“水秀，你心中的那个念头是什么？”

“在深圳一年多，我看到了很多新东西，也想了很多事情。我经常想，我的家乡，土地这么肥沃，山水这么美丽，家乡的人们一样的勤劳耐苦，一样的聪明智慧，为什么我们不可以像深圳人那样，用双手建成一个繁荣富裕的地方？我相信，只要我们都有梦想，大家一起努力奋斗，我们这一代人是会看到这一天的！”

“说得好！”王秀文拍掌叫好，“水秀，你心中的那个念头呢。”

郑水秀抬眼眺望远处黛青色的群山，说道：“我这次回来不打算再出去了，我想用我大哥给我的钱承包一块有山有水的土地，办一个种植园和养殖场。坡地种荔枝芒果，林下养猪养鸡，水塘里养鱼养鸭，我要靠自己的双手，在自己的家乡闯出一条致富之路来！我想和你一块在这里实现我过去一直追求一直渴望的梦想。秀文，你支持我这样做吗？”

“我支持。水秀，你不是还有一个新念头吗？”

“秀文，我回来最想做的第一件事就是学电脑。在深圳一年多，我最大的感受就是我们大山里的人不学一点先进的科学知识是不行的。春节过后我就去市里拜师学习电脑。我学会了就买一台电脑回来，学精它，然后教队里的其他姐妹。这就是我的新念头。秀文，我这样做你支持吗？”

“我支持，一百个支持！”王秀文说道，“水秀，你要想拜师学电脑，用不着去市里，我们三叶农场就有一个师傅。”

“谁？”

王秀文笑笑说：“你高中的同桌同学李秋红。去年3月份，农场派她去海口专门学习过电脑，9月份农场请外面的老师来农场办了一个计算机应用学习培训班，李秋红也参加了，结业考试她两科都考了第一名。我们机关打字室的那台电脑，我看到她经常在那使用，她用得很熟练。你可以先拜她为师。”

“李秋红？”郑水秀嘴巴一努，说，“是她呀！读书的时候，她什么都比我强一点，现在她还是比我强。难怪在学校时，同学们都说我是玫瑰花，她是牡丹花，牡丹是花中之王啊！有时候，我真的有点羡慕她，也有点嫉妒她。不说了，过了年我就去找她。秀文，你要陪我一块去。”

王秀文一口应承了下来。

“秀文，我刚才给你说了我在深圳的事，现在你也给我说一说农场的事，我出去的这一年多来三叶农场都有什么变化？”

王秀文想了一会儿，才说：“这一年多来农场发生了很多事，一下子讲不完。我就挑一些重要的事简单概括地说一说。你去了广东深圳不久，1997年年底，赵场长就调走了，总局调来了一个新场长。这个新场长叫韩劲松，很年轻，才三十七八岁，个子也不高，但很有魄力。他一来三叶就推行五项改革、四项清理。经过一年多的改革清理，农场摆脱了困境，我们的工资正常发放，1997年拖欠的工资也补发完了——”

“太好了！”郑水秀右手拍了一掌膝盖说，“这个韩场长真厉害！”

“为了这场改革清理，三叶人也付出了很大的代价。”

“三叶人付出了很大的代价？”

“是的。这场改革清理，机关和区队干部减了238人；计时人员减了364人；胶工减了735人；全场一共减掉了1337人。也就是说，为了这场改革清理，三叶有1337人下岗失业了。这个人数占到了全场职工总数的23.5%，你说这个代价大不大？”

“哇，农场有这么多人下岗失业啊！那他们怎么办？”

“他们没有向农场伸手，也没有上访闹事，而是自己想办法过生活渡难关。有的人外出打工，有很多人重新开荒种地，养鱼养猪，搞自营经济，自己养活自己。”

王秀文叹了一口气，继续说道：“这一年多来，下岗的困难，在岗的也不容易。特别是我们机关干部，除了上班，还要像个农民一样要下队扛肥施肥，下队砍草压青，下队护林保胶，苦不堪言！我们虽然干得很苦很累，但大家都有一个共同信念，就是坚持、坚持，顶住、顶住！绝不能让三叶农场垮掉！我们做到了。”

“秀文——”郑水秀坐直身子，左手轻轻地握着秀文的手说，“三叶的父老乡亲会感谢你们的。”

“我们算不了什么。韩场长在职工代表大会上说，如果没有下岗人员做出的牺牲，如果没有退休工人的理解和支持，如果没有下面干部职工的任劳任怨，出大力流大汗，这场改革清理是推动不了的，农场扭亏增盈的目标是实现不了的！”

王秀文停了一下，又说道：“我调上机关宣传科后，经常接触到两个新名词，就是‘农垦人’和‘农垦精神’。对什么是农垦人，什么是农垦精神，我过去也一直迷迷糊糊的，弄不清楚。今天我明白了，纯朴善良、包容豁达、坚强坚忍，就是我们农垦人的内涵，艰苦奋斗、顽强拼搏、自强不息，就是我们农垦精神的实质！”

“秀文，你说得太好了！咱们三叶农场人就是这个样的。”

“水秀，你说咱们三叶人像什么？”

“像什么——？”

“就像我们眼前那条美丽的万泉河。”王秀文指着前方说，“你看呐，万泉河水清澈纯净，如天降甘醴；她纯朴善良，滋润人间万物；她胸怀宽广，容纳百溪千流；她生生不息，奔腾不歇！万泉河具有的特质，不正是咱们三叶人具有的特性吗？”

“秀文，我懂你的意思了。人家都说万泉河是有灵气的，我们都喝着这条河水长大的，身上也是会带着她的灵气的。”

王秀文沉默了一下，抬头仰望远处的胶林，说：“50年代初期，我们的父辈从五湖四海汇聚到万泉河畔，开荒种胶创业，到我们这一代，一路走来，艰苦创业，艰难守业，为我国的橡胶事业、为国家的经济建设和海南的开发建设做出了巨大贡献，也做出了巨大牺牲！不管三叶农场今后发展成什么样子，咱们农垦人，农垦精神，都将会被历史铭记，永远不灭！”

“秀文——”郑水秀搂着王秀文，依偎在他身上。

这两个经历过爱恨磨难、经历过生离死别，都有着纯洁心灵和纯洁爱情的年轻人，再一次紧紧地拥抱在一起。

“秀文，我还有一件事。”

“什么事?”

郑水秀站起来，从她带的小花布袋里取出一条长袖白色小花连衣裙。她脱下红色风衣，穿上了白色连衣裙。转眼间，一个时髦的靓女，变成了一个端庄、文雅、高贵的公主。

“水秀，你——?”

“秀文，这条白色连衣裙是你1997年春节前2月3日下午在这里送给我的，你还记得吗?”

“记得。那天是我们约会的日子，上午我就匆匆赶去市里花了180块钱给你买的。为了买这条裙子，约会我迟到了一个小时，你还在这里等着我。”

“你买给我的这条裙子我很喜欢，我一直放在我的小箱里舍不得穿。我上广东深圳前的那个夜晚，我把它拿了出来，贴在心口上伤心地哭了。我哭够了，又把它叠好放回去锁好。我想，如果你变心了，我就不再打开这个箱子，让这条裙子永远锁在里面。”

“水秀，我——”

“我在广东深圳看过人家结婚，新郎是要向新娘求婚的。一年前的那个夜晚，我已经把身子许给你。秀文，我今天特意带来了这条白色的连衣裙，我穿上它，今天我就是新娘子，你要是愿意娶我，你现在就在这里向我求婚。”

王秀文看郑水秀表情严肃，不像是开玩笑。他站起来，却不知所措，胸口开始“怦怦怦”激烈地起伏。

郑水秀两眼一眨不眨地看着王秀文。这双美丽的丹凤眼睛饱含深情和期待。

“水秀，你妈妈她——”

“你是跟我结婚。”

“我求婚怎么说呢?”

“怎么说都行。”

王秀文低头想了一下，想起了在书中看过的一段婚礼誓词，他抬起头迎着水秀热烈的目光，说：“青山为媒，万泉河作证！水秀，我王秀文愿意娶你为妻！无论疾病还是健康，无论贫穷还是富有，我都会爱你，照顾你，用我的生命来保护你，忠贞不渝，直到生命尽头!”

王秀文话音没落，郑水秀就扑到他的怀里失声哭起来。

王秀文和郑水秀的爱情感动了上苍，也最终打动了水秀的母亲，这两个有情人终成眷属。这是后话，暂且不提。

《万泉河水清又纯》的故事写到这里还远远没完，由于笔者的时间、精力和水平有限，后面的故事只能下回再叙说了。

这里再补充几句，本文中的黎文乐，也就是那个善良厚道、乐于助人的乐哥，不但工作出色，还出版了一本个人诗歌集；他女儿考上了海南师范大学，毕业后在本市一所学校任教，一家人互敬互爱，幸福地生活。

2005年7月初稿，2006年9月第二稿
2008年9月第三稿，2023年10月第四稿